로마인 이야기

로마인 이야기 12
위기로 치닫는 제국

시오노 나나미 지음·김석희 옮김

한길사

ROMA JIN NO MONOGATARI XII

MEISO SURU TEIKOKU

by Nanami Shiono

Copyright ⓒ 2003 by Nanami Shiono

Original Japanese edition published by Shinchosha Co., Ltd.
Korean translation rights arranged with Shinchosha Co., Ltd.
through Japan Foreign-Rights Centre

Translated by Kim Suk-hee
Published by Hangilsa Publishing Co., Ltd., Korea, 2004

塩野七生, ローマ人の物語 XII(迷走する帝國), 新潮社, 2003

로마 제국에 사는 모든 자유민에게 로마 시민권을 준다는 '안토니누스 칙령'을 만든 카라칼라 황제. 그가 발상하고 실행한 이 칙령은 인도적인 면에서는 비판할 수 없지만 로마 제국 붕괴의 계기를 만드는 데 일조했다.

카라칼라 목욕장. 이곳은 지금도 여름이 되면 오페라가 상연되어
로마 시대 유적 중에서도 가장 유명한 곳으로 꼽힌다.

아우렐리아누스 성벽. 아우렐리아누스 황제 때 짓기 시작하여
프로부스 황제 때 완공된 이 성벽은 둘레가 19km, 평균 높이가 6m,
두께가 3.5m, 요새화된 성문이 18개인 전형적인 성벽이다.
사진 왼쪽에 보이는 문이 그 성문들 가운데 하나인 산 세바스티아노 문이다.

왼쪽 | 카라칼라 황제의 얼굴이 새겨진 세스테르티우스 동화
오른쪽 | 아우렐리아누스 황제의 얼굴이 새겨진 아우레우스 금화

로마인 이야기 12
위기로 치닫는 제국

시오노 나나미 지음 · 김석희 옮김

한길사

로마인 이야기 12
위기로 치닫는 제국

독자들에게 • 5

제1부 로마 제국 · 3세기 전반

제1장(서기 211~218년) ······ 25

카라칼라 황제(211~217년 재위) • 25
누구나 로마 시민! • 29
'기득권'과 '취득권' • 36
'취득권'의 '기득권'화가 미친 영향 • 41
제국 방위 • 45
로마의 인플레이션 • 50
파르티아 전쟁 • 54
기동부대 • 59
메소포타미아로 • 62
암살 • 70
마크리누스 황제(217~218년 재위) • 74
철수 • 76
시리아의 여자 • 79
제위 탈환 • 84

제2장(서기 218~235년) ······ 87

엘라가발루스 황제(218~222년 재위) • 87
알렉산데르 세베루스 황제(222~235년 재위) • 94
법학자 울피아누스 • 99
6년간의 평화 • 104
충신 실각 • 110
역사가 디오 카시우스 • 113
사산조 페르시아 • 118
부흥의 기치 • 126
페르시아 전쟁(1) • 133

병사들의 파업 • 135
일차전 • 144
게르만 대책 • 153
라인강변 • 156

제3장(서기 235~260년) ························· 163

막시미누스 트라쿠스 황제(235~238년 재위) • 163
실력과 정통성 • 172
원로원의 반격 • 179
1년에 황제 다섯 명 • 185
실무가 티메시테우스 • 196
동방 원정 • 200
고대의 지정학 • 204
필리푸스 아라부스 황제(244~249년 재위) • 212
로마 건국 천년제 • 218
데키우스 황제(249~251년 재위) • 226
기독교도 탄압(1) • 230
야만족의 대침입 • 233
고트족 • 237
석관 • 241
야만족과의 강화 • 244
게르만족, 처음으로 지중해에 • 246
발레리아누스 황제(253~260년 재위) • 252
기독교도 탄압(2) • 254

제2부 로마 제국 · 3세기 후반

제1장(서기 260~270년) ························· 263

페르시아 왕 샤푸르 • 263
포로가 된 황제 • 266
페르시아에서 벌인 인프라 공사 • 271
갈리에누스 황제(253~268년 재위) • 274
미증유의 국난 • 275
갈리아 제국 • 281
팔미라 • 287

삼분된 제국 • 291
　　　하나의 법률 • 293
　　　'방위선'의 역사적 변화 • 296
　　　군의 구조 개혁 • 303
　　　스태그플레이션 • 305
　　　'장롱 저금'? • 309
　　　불신임 • 311
　　　클라우디우스 고티쿠스 황제(268~270년 재위) • 312
　　　고트족의 내습 • 317

제2장(서기 270~284년) 323

　　　아우렐리아누스 황제(270~275년 재위) • 323
　　　반격 개시 • 329
　　　통화 발행권 • 334
　　　'아우렐리아누스 성벽' • 338
　　　다키아 포기 • 341
　　　제노비아 여왕 • 345
　　　일차전 • 349
　　　이차전 • 353
　　　팔미라 공방전 • 354
　　　갈리아 회복 • 358
　　　개선식 • 360
　　　제국 재통합 • 363
　　　비어 있는 황제 자리 • 367
　　　타키투스 황제(275~276년 재위) • 370
　　　프로부스 황제(276~282년 재위) • 375
　　　야만족 동화 정책 • 380
　　　카루스 황제(282~283년 재위) • 384
　　　페르시아 전쟁(2) • 386
　　　벼락 • 388

제3장 로마 제국과 기독교 393

- 연표 • 430
- 참고문헌 • 439
- 그림 출전 일람 • 460

독자들에게

톨스토이의 소설 『안나 카레니나』는 이런 구절로 시작됩니다.

―행복한 가정은 모두 엇비슷하지만, 불행한 가정은 저마다 다른 불행을 안고 있다.

이 말을 역사에 적용하면 이렇게 바꿔 말할 수 있을지도 모릅니다.

"융성의 시대는 어느 민족이나 비슷하지만, 쇠퇴기에 접어들면 저마다 다른 양상을 띠게 된다."

하지만 가족의 집합체인 민족, 또는 민족의 집합체인 제국에는 이 방정식이 통하지 않습니다. 로마는 내가 제1권부터 제5권까지 서술한 융성기에도 역시 로마적으로 융성했고, 제6권부터 제10권까지 서술한 안정기에도 지극히 로마적인 방식으로 안정을 유지했습니다.

그리고 제11권부터 마지막 제15권까지 서술될 쇠퇴에서 멸망에 이르는 시대에도 로마 제국은 다른 민족과 비슷한 요인으로 쇠퇴하여 멸망하지는 않습니다. 물론 몇 가지 공통된 요소는 있겠지만 주된 요인은 어디까지나 '로마적'인 것입니다.

따라서 제11권부터 시작된 나의 '로마 제국 쇠망사'도 모든 민족의 쇠망에 공통된 요소를 찾기보다는 로마인의 쇠퇴만을 직시하면서 그 요인을 찾는 데 집중하고자 합니다. 사상 최대이자 가장 긴 수명을 자랑한 대제국 로마가 쇠망한 요인을 알 수만 있다면, 다른 제국이 쇠퇴한 요인을 찾는 경우에도 바로미터가 될 수 있다고 생각하기 때문입니다.

2003년 여름, 로마에서

'위기'의 질적 차이에 대하여

제12권에서 다룬 시기는 서기 211년부터 284년까지 73년간이다. 하지만 이 시대가 로마 역사에서 특별히 '위기의 3세기'로 불리게 된 것은 이 책 표지의 부조가 단적으로 보여주듯 로마 황제가 산 채로 적에게 붙잡히는 전대미문의 불행을 당했기 때문만은 아니다. 그 이전의 수많은 위기와 3세기의 위기는 '위기'(crisis)라는 말은 같아도 그 성질이 전혀 다르기 때문이다. 극복할 수 있었던 위기와 시종일관 대처에 쫓길 수밖에 없었던 위기의 차이라 해도 좋다. 어렵더라도 로마인 본래의 사고나 방식으로 위기를 극복할 수 있었던 시대와 눈앞의 위기에 대처하는 데 급급한 나머지 자신들의 본질까지 바꾼 결과 더욱 심각한 위기에 부닥칠 수밖에 없었던 시대의 차이라고 해도 좋다. 제12권 이후의 로마 제국은 분명 후자의 위기로 돌입하게 된다.

후세의 역사가나 연구자들은 대부분 3세기의 '위기'를 초래한 요인을 다음과 같이 열거한다.
- 제국 지도자층의 질적 수준 저하
- 야만족의 침입 격화
- 경제력 쇠퇴
- 지식인 계급의 지적 능력 감퇴
- 기독교의 대두

이것들은 모두 제대로 짚은 지적이다. 하지만 어느 것도 1천 년에 이르는 로마인의 역사에서 처음 일어난 일은 아니었다. 기독교의 대두를 제외하면 나머지는 모두 어느 정도 경험한 위기였다. 그런데 지금까지는 극복할 수 있었던 위기를 3세기부터는 왜 극복하지 못하게 되었을까. 연대순으로 상세히 기술하여 그 의문을 해명하려는 것이 제12권의 목적이지만, 우선 3세기가 어떤 시대였는지에 대해서는 다음 페이지의 도표가 첫 지침이 되어줄 것이다. 이 표를 보면 당장 알 수 있는 것은 '정국 불안정'이기 때문이다.

정국 불안정은 통신수단이 첨단화한 21세기에도 정책의 지속성에 무시할 수 없는 장애를 초래한다. 하물며 광대한 제국의 변두리에서 중앙에 있는 수도 로마까지 '뉴스'가 전달되는 데 빨라야 한 달은 걸린 2천 년 전의 옛날이다. 로마 황제가 자주 바뀌면서 정책이 지속성을 잃어버린 것은 제국 통치에 심각한 영향을 주지 않을 수 없었다.

1세기의 황제

재위 연간	황제(재위 기간 · 사인)	
기원전 30년~ 서기 14년	아우구스투스 (44년 · 병사)	제6권
14~37년	티베리우스 (23년 · 병사)	제7권
37~41년	칼리굴라(4년 · 암살)	
41~54년	클라우디우스 (13년 · 암살?)	
54~68년	네로 (14년 · 자살)	
(68년)	내란기	제8권
69~79년	베스파시아누스 (10년 · 병사)	
79~81년	티투스(2년 · 병사)	
81~96년	도미티아누스 (15년 · 암살)	
96~98년	네르바(2년 · 병사)	

128년간 황제 9명 + α

2세기의 황제

재위 연간	황제(재위 기간 · 사인)	
98~117년	트라야누스 (19년 · 병사)	제9권
117~138년	하드리아누스 (21년 · 병사)	
138~161년	안토니누스 피우스 (23년 · 병사)	
161~180년	마르쿠스 아우렐리우스 (19년 · 병사)	제11권
180~192년	콤모두스 (12년 · 암살)	
(193년)	난립기	
193~211년	셉티미우스 세베루스 (18년 · 병사)	

113년간 황제 6명 + α

3세기의 황제

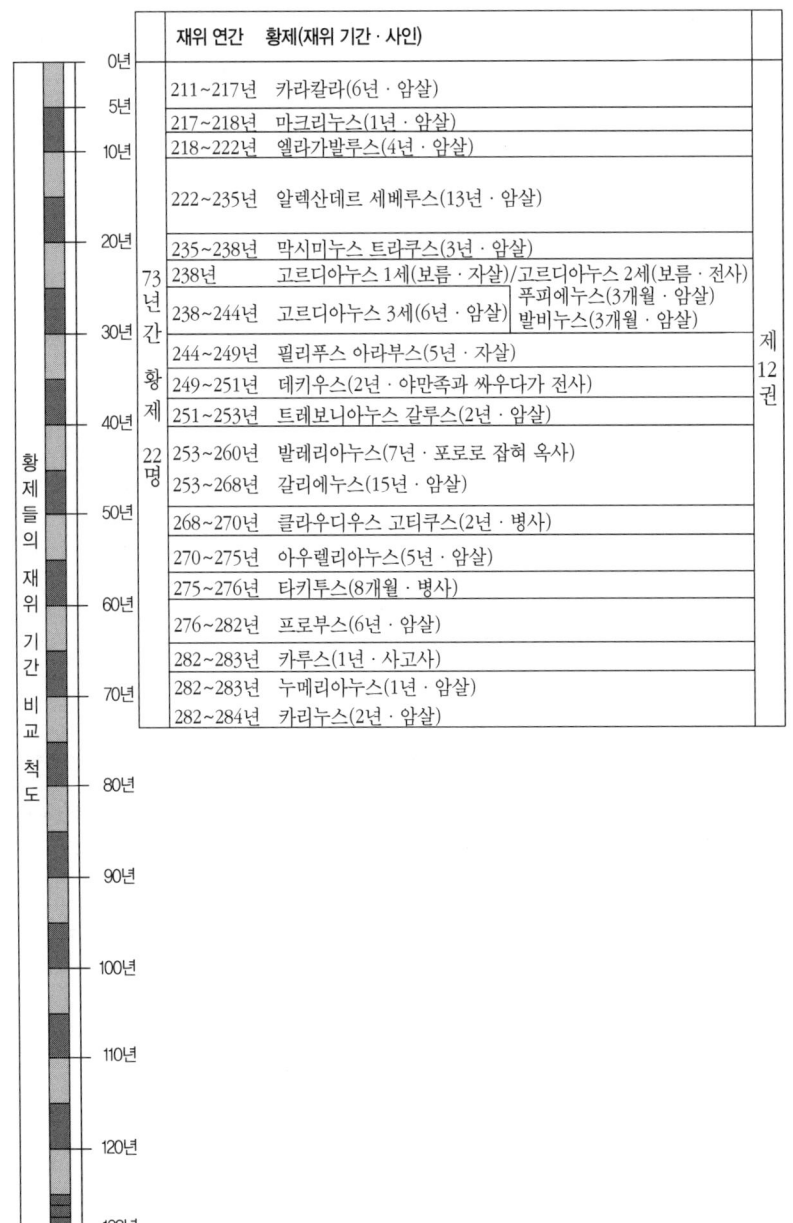

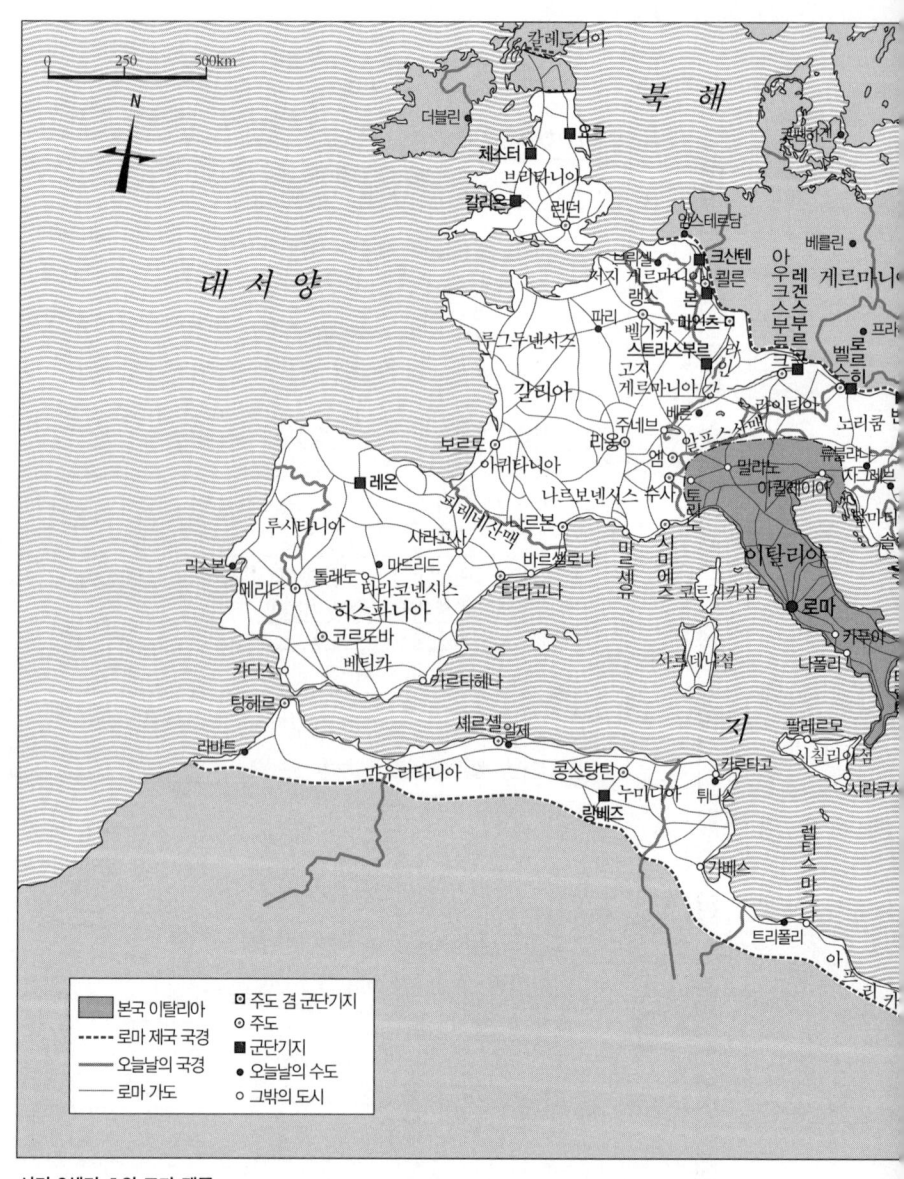

서기 3세기 초의 로마 제국

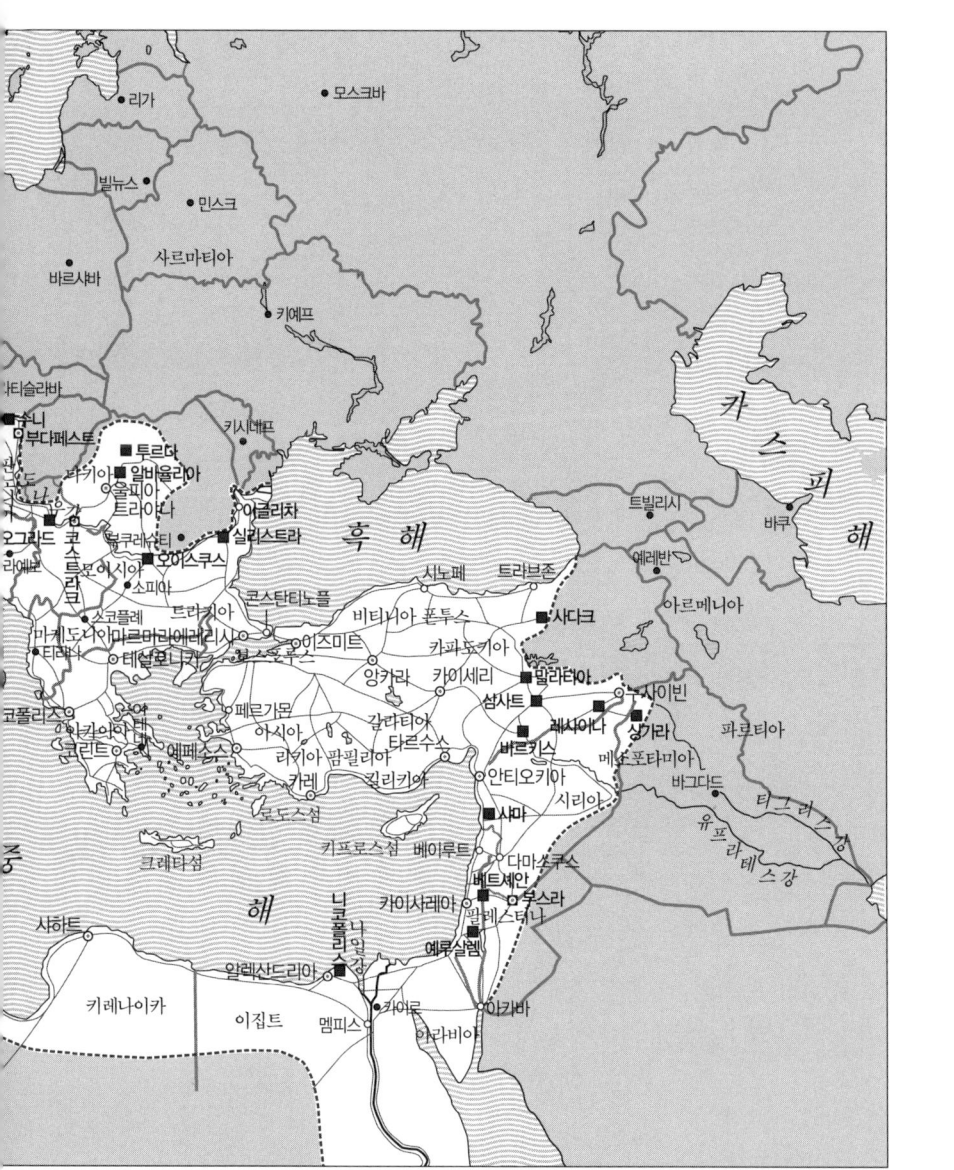

제1부

로마 제국·3세기 전반

제1장(서기 211~218년)

카라칼라 황제(211~217년 재위)

여름이 되면 오페라가 상연되는 이유도 있어서, 카라칼라 목욕장(이탈리아어로는 테르메 디 카라칼라)은 로마 시대 유적 중에서도 가장 유명할 것이다. 카라칼라(Caracalla) 황제가 지은 것으로 되어 있어서 카라칼라 목욕장이라는 이름으로 불리지만, 카라칼라는 이 황제의 본명이 아니다. 로마 황제로서 그의 공식 이름은 임페라토르 카이사르 마르쿠스 아우렐리우스 세베루스 안토니누스 피우스 아우구스투스라고 한다.

임페라토르와 카이사르와 아우구스투스는 로마 황제라면 누구에게나 붙는 경칭이니까 문제가 없다. 또한 세베루스는 카라칼라의 아버지이자 선제의 성이니까, 아무개 아들이라고 자기 신분을 밝히는 것이 일반적이었던 고대에는 이것도 당연하다. 문제는 안토니누스 피우스와 마르쿠스 아우렐리우스다. 혈연관계도 없을뿐더러, 전자는 50년 전에, 후자는 30년 전에 사망한 황제다. 그런 두 황제 이름까지 덧붙인 것은 아버지 셉티미우스 세베루스 황제의 배려였다.

셉티미우스 세베루스의 출신지는 북아프리카 속주의 렙티스 마그나다. 게다가 신분은 로마 사회에서 원로원계급에 이어 제2계급으로 되어 있는 기사계급이다. 속주 출신 로마 황제는 트라야누스와 하드리아누스, 조상까지 거슬러 올라가면 안토니누스 피우스와 마르쿠스 아우렐리우스도 속주 출신이니까 별로 드물지 않지만, 북아프리카는 450년 전에 로마와 사투를 벌인 카르타고의 영토였던 곳이다. 로마 제국의 사실상 창설자인 율리우스 카이사르 이후 일관되게 패자 동화 정책을 편 로마 제국에서는 속주 출신이라는 것도 전혀 마이너스 요인이 되지는 않았지만, 황제는 군단장이나 속주 총독과는 사정이 다르다. 트라야누스가 최초의 속주 출신 황제라는 사실을 줄곧 의식하고 있었으니까, 세베루스도 최초의 북아프리카 출신 황제라는 사실을 잊지 않았을 게 분명하다.

게다가 세베루스의 경우는 마이너스 요인이 또 하나 겹쳤다. 2세기 로마 제국에서는 사회 지도층에 올라간 속주 출신이 적지 않았다. 다시 말해서 제국의 요직을 차지할 인재를 모아놓는 '인재 풀' 역할을 맡고 있던 원로원에 들어간 속주 출신이 많았다는 뜻이지만, 로마에서는 '신참자'(호모 노부스)라고 불린 이런 신흥 엘리트들은 대부분 원로원 의원의 딸을 아내로 맞았다. 그런데 세베루스가 아내로 맞은 율리아 돔나는 제국 동방의 시리아 속주에서 제사장 노릇을 하는 사람의 딸이었다. 이들 두 사람 사이에서 태어난 카라칼라에게 본국 이탈리아 출신 로마인의 피는 거의 흐르지 않았다는 얘기다.

그런 아들을 후계자로 삼기로 결정한 단계에서 세베루스는 황제의 적자라는 것 이외에 뭔가 특별한 권위를 붙여줄 필요성을 느꼈을 것이다. 그래서 당시 사람들 사이에 명군으로 평판이 높았던 안토니누스 피우스와 마르쿠스 아우렐리우스의 이름을, 그 두 황제의 삶과 통치를 계승하겠다는 의지의 표시로 아들의 공식 이름에 덧붙였다. 말하자면 젊은 나이에 제위에 오를 아들에게 '관록'을 붙여준 것이다.

철인 황제 마르쿠스 아우렐리우스는 안토니누스 피우스 황제의 양자이기도 했기 때문에, '안토니누스'는 이 두 황제의 공통된 '성'이기도 하다. 카라칼라가 계승한 것도 이 '성'(姓)이다. 따라서 황제가 된 뒤 카라칼라의 공식 이름은 안토니누스였고, 목욕장의 정식 명칭도 '안토니누스 목욕장'이었다. 카라칼라는 갈리아인의 복장인 긴소매의 긴옷(카라칼라)을 황제가 된 뒤에도 즐겨 입었기 때문에 붙은 이름이니까, 특징을 파악하여 남들이 지어준 이름이라는 의미에서는 별명이다. 추운 고장인 브리타니아나 갈리아에서는 로마인이 카라칼라를 입고 다녀도 신기하지 않았겠지만, 남쪽 지방인 이탈리아에서는 눈에 띄었다. 아버지의 임지였던 갈리아의 리옹에서 태어난 카라칼라는 어릴 적에 입던 옷에 애착이 있었는지도 모른다. 이것은 천진난만하다고 말할 수 있지만, 23세에 제위에 오른 카라칼라는 자기과시욕이 강했다.

마르쿠스 아우렐리우스와 세베루스가 후세에는 어떻든 간에 동시대인에게는 높은 평가를 받았고, 둘 다 아들에게 제위를 물려준 것도 공통점이다. 하지만 두 황제의 후계자인 콤모두스와 카라칼라는 서로 정반대라고 해도 좋을 만큼 다르다. 황제로서 콤모두스는 소극적이었는데 카라칼라는 적극적이었다. 카라칼라는 의욕적으로 제위에 올랐다. 그리고 23세의 젊은 황제가 이상형으로 삼은 것은 알렉산드로스 대왕이었다.

211년 2월 4일, 셉티미우스 세베루스 황제는 원정지인 브리타니아의 로마군 기지 요크에서 세상을 떠났다. 당시 그의 나이 64세였다. 세베루스의 아들인 23세의 카라칼라와 22세의 게타가 뒤를 이었다. 아버지 세베루스는 이미 두 아들을 공동 황제로 만들어두었기 때문에 제

　　　　카라칼라　　　　　　　　　　게타

위 계승은 순조롭게 이루어졌다. 하지만 카라칼라는 온화한 성격만이 장점인 동생과 권력을 나누어 갖는 상태를 참을 수가 없었다. 그래서 동생이 자기를 암살하려 했다고 주장하면서 어머니가 보는 앞에서 동생을 죽여버렸다. 212년 2월 12일, 아버지가 죽은 지 1년밖에 지나지 않았을 때였다. 카라칼라는 소원대로 유일한 최고권력자가 되었다. 게타의 재능에 의문을 품고 있던 원로원은 이렇다 할 비판도 하지 않고 이 동생 살해를 추인했다. 그 직후 로마 제국 전역의 모든 광장과 모든 회랑에 칙령 하나가 나붙었다.

　지금부터 카라칼라 황제의 '시민권법'에 대해 서술하겠지만, 그 전에 독자들에게 부탁하고 싶다.
　그것은 머릿속을 21세기에서 2천 년 전의 옛날로 돌려놓아달라는 것이다. 오늘날에는 누구에게나 차별 없이 시민권을 인정하는 것이 당연하게 여겨진다. 하지만 2천 년 전의 고대에는 그것이 '당연'하지 않았다. 보통선거가 당연하게 여겨지는 현대보다 1,800년이나 전인 까마득한 옛날이다. 인권선언이 공포된 시대부터 따져도 1,600년이나 거슬러 올라가는 옛날이야기다. 그래도 '피'가 같지 않으면 시민권을 주지 않았던 아테네에 비해, '공동체'(레스 푸블리카)에 공헌하면 인종과 민족의 구별 없이 시민권을 취득할 수 있었던 로마의 시민권법은 고대에는 특수하다고 해도 좋을 만큼 진보적이었다.

이런 역사적 사정을 염두에 두고 읽어나가기 바란다.

누구나 로마 시민!

법치국가인 로마에서 정책은 모두 법률의 형태를 취한다. '안토니누스 칙령'(Constitutio Antoniniana)이라고 불린 이 법의 내용은 로마 제국에 사는 신분이 자유로운 모든 사람에게 빠짐없이 로마 시민권을 준다는 것이었다. 이렇게 결정한 이유를 법률 입안자인 카라칼라 황제는 포고문에서 다음과 같이 밝혔다.

〈나와 내 백성들은 제국을 지키는 부담을 나누어 가질 뿐만 아니라 영예도 나누어 가져야만 좋은 관계를 수립할 수 있을 것이고, 지금까지 오랫동안 로마 시민권자만 누릴 수 있었던 영예를 이 법령에 따라 비로소 모든 국민이 함께 누리게 되었다.〉

로마 제국을 특징지은 것들 가운데 하나인 '로마 시민'(romanus)과 '속주민'(provincialis)의 차별이 철폐된 것이다. 정복한 자와 정복당한 자의 차이는 로마가 제국으로 바뀐 지 250년 만인 212년에 말끔히 사라졌다. 과거의 승자와 패자의 차별만이 아니라 인종이나 민족, 종교와 문화의 구별 없이 로마 제국에 사는 모든 사람이 로마 시민권자라는 점에서는 완전히 평등해진 셈이다. 획기적이라고 해도 좋을 법률이 성립되었다고 말할 수밖에 없다. 패자 동화 노선은 그것을 처음 시작한 율리우스 카이사르 이후 줄곧 로마 제국의 일관된 정책이었지만, 그것이 이 법률로 완성되었다는 느낌마저 든다. 기독교회는 자신들이 권력을 손에 넣기 전, 즉 서기 4세기 이전의 로마 제국 정책에는 찬성한 적이 없지만, 이 법률만은 인도적인 법률이라고 칭찬했다.

그런데 이렇게 획기적인 법률인데도 로마 역사를 전문으로 연구하는 사람이나 역사가들은 거의 무시하다시피 한다. 우선 언급되는 일도 드물다. 에드워드 기번은 정면으로 다루지도 않는다. 언급한 사람도 악법이라고는 말하지 않지만 좋은 법이라고도 말하지 않는다. 일부러 논평할 필요도 없는 하찮은 역사적 사실이라는 정도로 취급한다.

이것은 연구자들의 관점에서 보면 충분한 이유에 바탕을 둔 판단이다. 문헌 사료를 중시하는 이들은 로마 시대 역사가들이 자세히 논평하지 않은 이상 후세의 우리도 동시대의 '목소리'를 존중하여 그 목소리에 따라야 한다고 판단했을 것이다. 로마 시대의 '목소리'인 디오 카시우스가 '안토니누스 칙령'에 대해 내린 평가는 시민권을 확대함으로써 세수 증대를 노렸을 뿐이라는 것이었다. 그리고 후세 역사가들의 평가를 결정한 것은 이 '목소리'뿐이다. 카라칼라가 제정한 로마 시민권 확대법은 단지 세수를 늘리려는 증세책에 불과했다는 것이다. 증세책인 것도 어느 정도는 사실이었다.

로마 제국의 세제를 확립한 사람은 초대 황제인 아우구스투스인데, 그가 정한 세제에 따르면 매상세나 관세 같은 간접세는 로마 시민과 속주민이 똑같이 내도록 되어 있었지만 직접세는 달랐다. 국방의 의무를 부여받은 로마 시민권자는 직접세가 면제되고, 그 의무가 없는 속주민만 수입의 10%에 해당하는 금액을 속주세로 내도록 되어 있었다. 속주세는 철학자 키케로의 말에 따르면 평화와 안전을 보장해주는 쪽에 내는 세금이었다.

하지만 로마 시민권자가 모두 군단에 지원하여 10년 동안 병역 의무를 이행하는 것은 아니다. 아우구스투스 시대의 군단병은 16만 명 안팎이었지만, 로마 시민권자는 제국 초기인 이 시대에도 500만 명이 넘었다. 로마 시민권자의 의무인 제국 방위에 종사하는 사람은 서른 명에 한 명도 채 안 된다는 계산이 나온다.

이래서는 너무 불공평하다고 생각했는지, 아우구스투스 황제는 로마 시민권자한테만 부과되는 직접세를 두 가지 생각해냈다. 그것은 상속세와 노예해방세였다. 세율은 둘 다 5%밖에 안 되지만, 그래도 승자가 모든 것을 독차지하고 패자는 모두를 잃는 것이 당연하게 여겨지던 고대에 승자인 로마인한테도 직접세를 받으면 맹렬한 반대가 일어날 게 뻔했다. 그 반대를 피하기 위해 아우구스투스는 상속세와 노예해방세를 목적세 형태로 만들었다. 세금을 받아서 군단병이 만기 제대할 때 퇴직금으로 주겠다고 말하면, 국방의 의무를 지고 있는 로마 시민권자는 반대할 수 없기 때문이다.

200년이 넘도록 이 형태로 유지된 로마 제국의 세제를 카라칼라는 완전히 바꾸어버렸다. 212년에 나온 '안토니누스 칙령'은 속주민을 로마 시민으로 승격시켜 속주세 부담 의무에서도 해방해주었다. 하지만 어제까지의 '속주민'도 오늘부터는 '로마 시민'인 이상 '로마 시민세'라 해도 좋은 상속세와 노예해방세를 낼 의무를 지게 된다. 그리고 카라칼라 황제는 그때까지 200년 동안 5%로 고정되어 있었던 이 '로마 시민세'의 세율을 단번에 10%로 인상했다. '안토니누스 칙령'이 증세책에 불과하다고 단정된 까닭은 바로 이것이다.

로마 제국의 역대 황제들이 세금에 대해 신경질적이라 해도 좋을 만큼 신중한 태도를 취한 것은 놀라울 뿐이다. 우선 세제부터가 단순명쾌하다. 세제가 복잡해질수록 세금 징수에 종사하는 사람의 수도 많아지고, 그러면 인건비가 늘어날 뿐만 아니라 세무 담당자의 개인적인 견해가 개입할 여지도 넓어진다. 아무리 무거운 벌을 주어도 뇌물은 줄어들지 않는다. 공정한 세제를 실시하고 싶으면 세제 자체를 세무사가 필요없을 만큼 단순명쾌하게 만들어야 한다.

공정한 세제야말로 선정의 근간이라고 말하는 까닭이다. 선정이란 정직한 사람이 억울한 꼴을 당하지 않는 사회를 실현하는 것이기 때문이지만, 세율을 최대한 낮게 억제하고 되도록 올리지 않는 것도 선정을 지향하는 사람이라면 잊어서는 안 될 중요한 일이다. 인간은 자기 주머니를 직접 공격하는 정책에는 과민 반응을 일으키게 마련이고, 이것이 폭동이나 반란으로 발전한 뒤에는 군사력으로 억누를 수밖에 없다. 로마 제국의 경우에는 국경에 배치되어 있는 군단만으로는 충분치 않게 된다. 외적에 대한 방위만이 아니라 국내 질서를 유지하는 데에도 군단을 출동시키는 사태가 일상적으로 벌어지면, 그에 따른 군사력 증강은 군비 증대로 이어지고 결국에는 또다시 세금을 늘릴 수밖에 없는 악순환으로 이어진다. 이 악순환을 피하려면 납세자가 세금이 무겁다는 느낌을 갖지 않을 정도로 세율을 억제해야 한다.

로마 제국은 무려 200년이 넘도록 여기에 성공했다. 속주민에게 부과된 속주세가 '10분의 1세'(decima). 관세도 동양에서 들어오는 사치품을 제외하면 '20분의 1세'(vicesima). 소비세와 같은 매상세는 '100

분의 1세'(centesima). 로마 시민권자한테만 부과되었던 상속세와 노예해방세는 '20분의 1세'(vicesima). 세율을 나타내는 낱말이 곧 세금 명칭으로 통용된 것은 세제가 안정되어 있었다는 증거다.

후세의 연구자들은 로마 제국이 세금을 널리 얕게 걷는 데 성공했다고 입을 모아 증언한다. 그것은 제국의 세제를 확립한 아우구스투스와 그 뒤를 이은 황제들이 세제를 경제만의 문제로 생각지 않고 정치로 생각했기 때문일 것이다.

하지만 이 '카라칼라 칙령'이 증세책에 불과하다는 동시대 역사가 디오 카시우스의 비판이 맞다면, 속주민을 로마 시민으로 격상시킨 결과 세수를 늘리는 데에도 성공했어야 마땅하다. 그런데 그 점을 언급한 사료는 전혀 없다. 디오 카시우스도 세금이 더 많이 걷혔는지 어떤지는 언급하지 않고 있다. 따라서 이것은 내 추측일 뿐이지만, 카라칼라가 아우구스투스 이래 변함없이 유지된 세제를 '안토니누스 칙령'으로 개혁한 것은 세수 증대에 전혀 도움이 되지 않았을 뿐만 아니라 오히려 세수가 줄어드는 결과를 낳은 게 아닐까.

우선 212년 당시에는 마르쿠스 아우렐리우스와 셉티미우스 세베루스가 노력한 보람이 있어서 북방 야만족의 침입을 격퇴하는 데에도 성공했고, 제국의 방위선(limes)은 아직 건재했다. '팍스 로마나'가 충분히 기능을 발휘하고 있었다는 뜻이다. 따라서 '리메스'가 지키는 속주의 경제도 누구나 알 수 있을 만큼 명백하게 그늘이 드리워진 것은 아니었다. 시장에는 물건이 넘쳐나고, 로마 제국이 얼마나 광대한 경제권인지를 보여주듯 도나우강 연안의 사람이 북아프리카의 산물을 구할 수 있는 상태였다. 이런 상황에서는 수입의 10%인 속주세가 제국의 세입에서 차지하는 비중이 당연히 높았을 것이다. 속주세는 속주의 경제력을 반영했기 때문이다. 그런데 카라칼라는 그 속주세를 완전히 폐지했다. 게다가 문제는 속주민을 로마 시민으로 승격시켜 속주세가 들어오지 않게 된 것만이 아니다. 속주세는 매년 얼마나 들어올지 대충 짐작할 수 있지만, 속주민이 로마 시민으로 격상하여 '로마 시민세'의 과세 대상이 늘어났다 해도 상속세나 노예해방세는 일시적인 세금이다. 세율을 5%에서 10%로 올려도, 속주세 완전 폐지로 생긴 구멍은 메워지지 않았을 게 분명하다.

카라칼라가 통치하게 된 로마 제국은 전임자인 세베루스 황제의 군사 강화 정책으로 방위비 지출이 크게 늘어난 상태였다. 군단의 수도 3개 군단을 새로 편성하여 33개로 늘어났고, 100년이 넘도록 1년에 300데나리우스로 묶여 있었던 군단병의 급료도 세베루스 황제가 375데나리우스로 인상했다. 이런 상황에서 세금이 대폭 줄어든 것은 제국의 재정을 더한층 악화시키지 않았을까.

또한 원래의 로마 시민권자로서는 5%로 안정되어 있었던 상속세와 노예해방세가 단번에 두 배로 늘어난 셈이다. 세금이 늘어나는 것을 기뻐할 사람은 동서고금을 막론하고 한 사람도 없다. 그리고 과세 대상이 늘어나고 세율도 두 배로 높아졌다 해도, 상속세와 노예해방세는 매년 계속해서 내지 않는다는 점에서 속주세와는 달랐다. 하지만 차이점은 그것만이 아니었다. 로마 제국에서 이 두 가지 세금이 그에 걸맞은 세입을 보장해준 데에는 다음과 같은 사정이 있었다.

그것은 우선 로마인의 성향과 깊이 관련되어 있었다. 로마에는 육친이 아니더라도 장래가 촉망되는 젊은이라든가 평소 존경하던 사람에게 유산 일부를 남기는 관습이 뿌리를 내리고 있었다. 노예해방세의 경우도 노예를 자유의 몸으로 풀어주는 것을 평소 부지런히 봉사해준

충직한 노예에게 주인이 주는 선물로 생각했기 때문에, 노예를 해방할 때 국가가 내는 세금은 말하자면 퇴직금 같은 것이었다. 경제적 능력이 있는 노예는 노예해방세를 스스로 부담했지만, 주인이 내주거나 빌려주는 경우가 많았다. 로마에는 고대에 어디에도 없었던—민주적인 아테네에도 없었던—'해방노예'(libertus)라는 계급까지 있었다. 사회에서 한 계층을 형성했다는 것은 해방된 노예가 그만큼 많았다는 것을 반증한다.

하지만 로마 사회도 변하기 시작했다. 로마인들도 점점 내향적이 되어갔고, 개인주의적으로 변해간 것은 그 당연한 결과였다. 마르쿠스 아우렐리우스 황제 시대에 이미 지방자치단체 의원이 되려는 사람이 줄어들고 있었다고 사료는 전하고 있다. 무보수 공직이라는 이유 때문은 아니다. 로마 사회에서 지방자치단체의 공직을 맡을 정도의 인물은 그 고장의 사회간접자본을 확충하기 위한 자금을 기부하는 것이 당연하게 여겨지고 있었기 때문이다. 그게 싫어서 공직자가 되려는 사람이 줄어든다면, 장래가 촉망된다는 이유만으로 피 한 방울 섞이지 않은 남에게 유산을 물려주는 사람도 줄어들게 된다. 육친이 상속하는 경우에는 상속세가 면제되었다.

노예해방세도 세입이 늘어날 전망이 전혀 없다는 점에서는 상속세와 마찬가지였다. 노예를 자유의 몸으로 풀어주려는 마음이 사라졌다기보다 로마 사회에서 노예의 절대수가 줄어들고 있었다. 제국으로 이행한 뒤 로마는 '팍스 로마나'를 수립한 대신, 새로운 노예를 공급해주는 공세적 전쟁을 거의 하지 않게 되었다. 로마 사회에서 노예의 절대수가 줄어든 것은 오현제 시대에 많이 제정된 노예보호법이 실증하고 있다. 또한 노예끼리 결혼하여 아이를 낳는 것을 장려하는 경향도 점점 강화된다. 가정 안에서 자체적으로 노예를 생산하도록 장려한 것이다. 노예가 없는 일상생활은 생각할 수도 없었던 로마 사회에서 노예의 중요성은 계속 높아지고 있었다. 이렇게 소중한 존재가 된 노예를 키케로 시대의 로마인들처럼 퇴직금을 주는 기분으로 자유롭게 풀어줄 여유는 이제 사라졌다. 이런 상황에서 상속세와 노예해방세를 세입의 주요 기둥으로 생각했다면, 카라칼라는 경제적으로 무지했을 뿐만 아니라 통치자로서도 어리석고 경솔했다고 말할 수밖에 없다.

실제로 증세책으로 받아들여진 '안토니누스 칙령'은 악평만 받고, 카라칼라 황제가 죽은 지 1~2년도 지나기 전에 원래 상태로 돌아가 버렸다. 상속세도 노예해방세도 다시 5%로 세율이 인하된 것이다. 하지만 모든 속주민에게 로마 시민권을 준다는 '안토니누스 칙령' 자체가 폐기된 것은 아니다. 원래 상태로 돌아간 것은 세율뿐이고, '속주민'과 '로마 시민'의 차별 철폐와 그에 따른 속주세 폐지는 그대로 유지되었다. 권리라는 것은 일단 주었다가 다시 빼앗기는 거의 불가능하다는 것을 보여주는 예다.

하지만 카라칼라의 '안토니누스 칙령'이 로마 사회에 미친 영향은 세입의 기둥이었던 속주세를 완전 폐지하여 제국의 재정 악화를 재촉한 것만은 아닌 듯하다. 로마 제국을 떠받치고 있던 '로마 시민'이라는 존재의 의미까지 완전히 바꾸어버린 것도 그 칙령이 초래한 결과가 아닐까.

'기득권'과 '취득권'

원래 도시국가로 출발했다는 점에서는 로마도 그리스의 아테네와 마찬가지다. 후세가 '그리스-로마 시대'라고 부르는 것이 보여주듯, 종교와 풍속과 문화에서도 아테네와 로마는 앞뒤로 연속된 관계에 있었다. 하지만 시민권에 대한 사고방식은 양극단이라 해도 좋을 만큼 달랐다. 시민권은 오늘날의 국적이라고 생각해도 좋다. 아테네는 부모가 둘 다 아테네 시민이 아니면 아테네 시민으로 인정하지 않았다. 어머니가 같은 그리스 민족이라도 아테네가 아닌 다른 도시국가 태생이면 아테네 시민이 될 수 있는 길은 막혀버렸다. 하물며 부모가 둘 다 그리스 북부 태생이거나 이탈리아 남부에 수없이 존재한 그리스 식민도시 출신이면, 그 사람 자신이 아무리 아테네를 위해 봉사해도 그의 신분은 여전히 외국인으로 남아 있었다. 소크라테스와 플라톤은 아테네 시민이었지만, 아리스토텔레스는 '리케이온'이란 이름으로 후세에까지 알려진 고등학교를 창설하는 등 아테네 문화 수준을 향상하려고 애썼지만, 도시국가 아테네는 이 위대한 철학자에게 시민권도 주지 않았다. 아니, 아테네인의 머리에는 외국인에게 자국 시민권을 준다는 생각이 들어갈 여지도 없었을 것이다. 그것은 아테네인이 생각하는 '시민권'이 '혈연'을 기반으로 삼고 있었기 때문이다.

또한 아테네 사회의 본래 모습이 이 폐쇄적인 경향을 더욱 조장했다. 도시국가 아테네는 왕정→귀족정→민주정으로 바뀌어 이른바 '페리클레스 시대'라고 불리는 민주정 시대에 가장 번영을 누린 나라다. 민주주의가 그 시대의 아테네인이 만들어낸 정치체제라는 것은 2,500년 뒤인 오늘날에도 상식으로 되어 있다.

민주정체는 유권자인 시민 모두의 지위가 평등하지 않으면 성립될 수 없다. 유권자 각자의 능력이 평등하다기보다 각자가 갖는 권력이 평등해야만 성립한다는 뜻이다. 한 표는 누가 갖든 똑같은 한 표라는 것이 민주주의의 기본 이념이기 때문이다.

모든 사람이 평등해야 하는 사회가 이질분자, 즉 외국인에 대해 폐쇄적인 경향을 갖게 되는 것은 당연한 귀결이다. 어제까지만 해도 남이었던 타관 사람을 오늘부터 우리 가족의 일원으로 받아들여 동등한 발언권을 준다고 가정해보라. 어제까지 오랜 세월 '우리 가족의 일원'으로 온갖 고생을 참고 노력해온 사람들이 반발하는 것은 오히려 자연스럽지 않을까. 전원이 평등하다는 것은 이질분자를 받아들이는 데 가장 성가신 장애물이 된다. 아테네에서는 숙적 페르시아를 멸망시킨 알렉산드로스 대왕조차 시민권을 받지 못했을 게 분명하다.

한편 로마에서는 테베레강가에 처음 나라가 세워졌을 때부터 '시민권'에 대한 사고방식이 아테네인과는 전혀 달랐다.

건국 직후의 로마는 주변 부족과 전쟁만 했지만, 전쟁에서 이겨도 패자를 노예로 삼지 않았다. 스파르타처럼 반은 노예 신분인 농노로 삼아 호되게 부려먹지도 않았다. 패자가 로마의 승리를 인정하고 강화조약을 맺은 뒤에는 패자의 유력자와 일반 시민을 로마로 이주시켜 로마 시민권을 부여하고, 유력자에게는 로마 원로원 의석까지 주었다. 이것은 인구 증가책이기도 했기 때문에 공화정으로 이행하여 국가 형태를 이루게 된 뒤로는 수도로 강제 이주시키지는 않게 되었지만, 패자 동화정책은 그 후에도 계속되었다. 패자가 그대로 패자인 채 남겨졌다면, 후세의 율리우스 카이사르도 아우구스투스도 클라우디우스 황제도 존재하지 않았을 것이다. 족보를 거슬러 올라가면 이들은 모두 과거의 패자 출신이기 때문이다. 아니, 이들만이 아니라 그 후 로마의 지도층을 형성한 이들은 대부분 패자의 자손들이었다. 하지만 로마인들에게는 이것이 너무나 당연한 일이어서 문제삼지도 않았으니 재미있다.

로마인은 '시민권'을 아테네인처럼 '피'를 기반으로 한 것이 아니라 '뜻'이나 '의욕'과 관련된 것으로 생각했기 때문일 것이다. 따라서 패자라 해도 로마라는 '공동체'를 지키는 데 협력을 아끼지 않으면 시민권을 얻어 로마인과 동격이 될 자격은 충분하다고 생각했다.

　율리우스 카이사르는 그가 통솔한 갈리아 전쟁에 협력했다는 이유로 북부 이탈리아에 사는 모든 주민과 남프랑스와 에스파냐에 사는 유력자들에게 로마 시민권을 주었다. 게다가 전쟁에 패한 갈리아의 유력자 계급도 로마 시민으로 만들었고, 강력한 부족의 족장에게는 원로원 의석까지 제공했다. 카이사르는 유력자한테만 로마 시민권을 준 것이 아니었다. 종신 독재관이 되어 제국 전역을 이끌 수 있는 위치에 오른 뒤에는 교육과 의료에 종사한다는 조건으로 인종도 민족도 피부색도 따지지 않고 모든 교사와 의사에게 시민권을 주었다. 아리스토텔레스가 로마에 살았다면 맨 먼저 로마 시민이 되었을 것이다.

　초대 황제 아우구스투스는 카이사르의 이런 개방 노선을 충실히 따랐을 뿐만 아니라, 더욱 규모가 큰 로마 시민권 공여 체제까지 확립했다. 로마군 밑에서 보조병으로 병역에 종사한 속주민이 15년 뒤에 만기 제대하면 일개 병졸로 제대했어도 로마 시민권을 주기로 결정한 것이다. 만기 제대병에게 주는 시민권은 교사나 의사의 경우와 달리 세습권이다. 새로 로마 시민이 된 속주민의 아들은 어엿한 로마 시민이고, 로마인의 피는 한 방울도 섞이지 않았어도 본국 이탈리아 태생의 '로마 시민'과 똑같은 권리를 누리고 의무를 지게 된 것이다.

　여기서는 몇 가지 예를 들었을 뿐이지만, '시민권'에 대한 로마인의 개방적 사고방식은 인간적인 감정에서 생겨난 착상은 전혀 아니다. 패자 동화 정책은 로마인에게 제국을 운영하기 위한 '정략'이었다. 그래서 제국을 창설할 때 카이사르와 아우구스투스가 발상하고 실시한 이 개방 노선을 그 후의 황제들도 이어받았다. 그런데 광대한 영토를 통치하게 된 로마 제국에 적합한 체제로 바꾼 것은 카이사르와 아우구스투스지만, 근원을 더듬어가면 로마 건국 당시부터 이미 실행되었던 정책이다. 말하자면 개방 노선은 로마인에게 DNA 같은 존재였기 때문에 일관된 정략이 될 수 있었을 것이다. 인간은 자기 본질에 바탕을 둔 행위를 했을 때 성공할 가능성이 가장 높아지는 법이다.

『영웅전』의 저자로 유명한 플루타르코스는 패자를 동화시킨 것이 로마가 강대해진 요인이라고 단정한다. 플루타르코스는 오현제 시대에 살았던 그리스인이다. 패자를 동화시키기는커녕 동맹국 시민에게도 자국의 시민권을 주기를 거부한 역사가 있는 그리스인의 입에서 나온 말인 만큼 의미가 깊다.

그리스인에게 시민권은 태어날 때부터 갖는 '기득권'이었다. 반대로 로마인이 생각하는 시민권은 의지와 그 성과에 대해 부여되는 '취득권'이었다. 전자보다 후자가 남에게 문호를 개방한 것은 당연하다. '피'는 누구나 가질 수 있는 게 아니지만, '의지'는 마음만 먹으면 누구나 가질 수 있기 때문이다.

그리고 로마 사회의 구성 자체가 이질분자를 받아들이기에 편리하게 되어 있었다.

그리스 시대의 대표적 도시국가인 아테네는 지도자—시민—노예로 사회계층이 구분되어 있었지만, 로마 제국의 사회계층은 더욱 세분화되어, 황제—원로원계급—기사계급—일반시민—해방노예—노예로 구분되어 있었다. 이런 세분화가 가능했던 까닭은, 민주정체를 채택하지 않은 로마에서는 시민 전원의 평등을 유지하는 데 신경을 쓸 필요가 없었기 때문이다. 이 계급 세분화가 이질분자 도입을 촉진하는 결과를 낳았다. 계층 간의 유동성만 제대로 기능을 발휘하고 있으면, 동질 사회보다는 이질 사회가 통풍이 잘된다. 외국인 같은 이질분자에게도 "우선 맨 뒤에 줄을 서주세요. 그다음에 앞으로 나아가는 것은 어디까지나 당신 하기 나름입니다"라고 말할 수 있기 때문이다.

광대한 로마 제국을 종횡으로 누빈 도로망은 인체 구석구석까지 피를 보내는 데 꼭 필요한 혈관 역할을 맡고 있었다고 제10권에서 말했지만, 로마 시민권도 도로망과 비슷한 역할을 맡고 있었다. 그것은 새 피, 즉 새로운 인재를 항상 공급해주는 혈관과 마찬가지였다. 로마 시민권은 의욕만 충분하면 획득할 수도 있는 취득권이었기 때문에 아직 시민권을 갖지 못한 속주민은 매력을 느꼈고, 그래서 로마 제국을 살리는 힘이 되었다.

그런데 카라칼라 황제는 그것을 완전히 바꾸어놓았다. 속주민도 업적을 쌓았든 못 쌓았든 관계없이 누구나 로마 시민권을 받았기 때문에, '취득권'이었던 로마 시민권이 아테네의 경우와 마찬가지로 '기득권'으로 바뀌어버린 것이다.

'취득권'의 '기득권'화가 미친 영향

이에 따른 영향은 인도적인 법이라고 찬양할 수 없을 만큼 엄청난 것이었다.

첫째, 종래의 로마 시민권자는 자신들이 제국의 기둥이라는 기개와 긍지를 잃어버렸다. 이제 누구나 동등하니까 자기만 앞장서서 고생할 필요도 없다.

둘째, 새로 로마 시민 대열에 낀 속주민들은 향상심이나 경쟁심을 잃어버렸다. 이제는 시민권을 얻기 위해 고생할 필요가 없어졌기 때문이다.

셋째, 카라칼라 황제의 의도와는 정반대되는 결과였겠지만, 로마 시민으로 격상된 속주민들이 적극적으로 제국을 짊어지고 나갈 기개를 전혀 보이지 않았다. 인간은 공짜로 얻은 권리는 소중하게 생각지 않는다. 현대 선거에서 투표율이 낮은 것도 이를 실증하는 예일 것이다. 그것은 실리를 실감할 수 없기 때문이다. 이제 속주민이 아니니까 속주세를 낼 필요는 없게 되었지만, 수입의 10%에 이르는 세금을 면제받았다고 기뻐한 것도 잠시뿐이었다. 로마 시민이 된 뒤에 새로 부과되는 상속세와 노예해방세는 일시적인 세금이고, 이런 종류의 세금을 의식해야 할 정도의 자산가는 벌써 오래전에 로마 시민권을 취득했다. 따라서 문제는 새로 로마 시민권을 얻은 속주민인데, 속주세 철폐로 국가 재정에 뚫린 구멍을 메우기 위해 남발된 임시 세금이 그 새로운 로마 시민들에게 직격탄을 날린 것이다. 황제가 전선으로 나갈 때마다 군사비 조달을 이유로 부과된 이런 종류의 세금은 일시적인 특별세로 되어 있었지만, 차츰 보통세가 될 것은 뻔하다. 카라칼라 황제는 시민권의 의미를 완전히 바꾸어놓았을 뿐만 아니라, 임시세를 남발하여 단순명쾌했던 로마 세제를 복잡기괴한 방향으로 돌려놓았다. 상속세와 노예해방세의 세율을 원래대로 돌려놓는다고 해서 해결할 수 있는 문제가 아니었다.

넷째, '안토니누스 칙령'은 속주민과 로마 시민의 경계를 없앰으로써 로마 사회의 특질인 유동성까지 없애버렸다. 사회의 경직화는 인간의 동맥경화 현상과 마찬가지였다.

끝으로 로마 시민과 속주민의 차별이 없어진 대신, 두 계층을 합한 일반시민 계급이 '호네스타스'와 '후밀리우스'로 양분되었으니 절망적

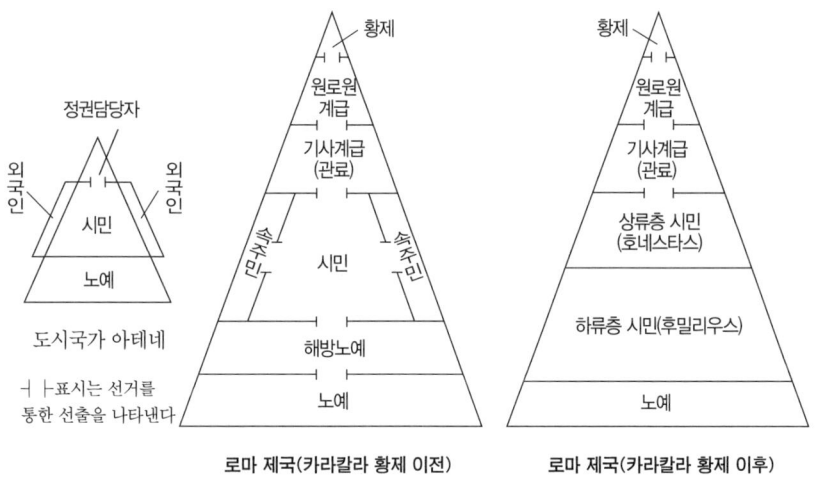

이다. '호네스타스'와 '후밀리우스'는 직역하면 '존귀한 자'와 '비천한 자'라는 뜻이다. 인간은 모두가 평등한 것을 참지 못하고 어떻게든 차별하지 않으면 살아갈 수 없는지도 모른다. 하지만 이로 말미암아 노예나 '비천한 자'로 태어난 사람은 로마 사회에서 상승할 기회를 차단당했다. 로마도 신분이 낮은 사람은 평생 출세할 수 없는 사회가 되어버린 것이다.

카라칼라 황제의 '안토니누스 칙령'은 부정적인 의미에서 획기적인 법률이었다고 나는 생각한다. 로마 제국의 한 모퉁이가 이 법률로 무너졌다. 요새 하나가 벌써 함락되었다는 느낌마저 든다. 게다가 붕괴의 계기를 만든 것은 적이 아니라 로마인 자신이었다.

카라칼라는 칙령의 문면이 보여주듯 진심으로 '국민 일치 체제'를 실현하고 싶어 했고, 그러기 위한 방책으로 '속주민의 일괄적인 로마 시민화'를 실시했을 것이다. 알렉산드로스 대왕을 동경한 이 젊은이는 몇 년 뒤에는 로마와 파르티아를 합칠 계획까지 세우게 된다. 오랜 숙적 파르티아와 합칠 생각까지 했으니까, 로마 제국 내부의 계급을 철폐하는 것은 당연하다고 생각했는지도 모른다. 나는 카라칼라가 단지 세금을 많이 걷으려고 '안토니누스 칙령'을 공포했다고는 생각지 않는다. 상식적으로 생각해도 이 법률로 세금을 더 많이 걷을 수는 없기 때문이다. '안토니누스 칙령'이 사실은 증세책이었다고 주장하는 것은 칙령의 이면을 읽은 것이지만, 오히려 문면 그대로 읽는 편이 사실에 가깝지 않을까 생각한다. 24세의 젊은 이상주의자의 발상으로 순수하게 받아들이자는 것이다. 물론 경박하고 생각이 짧은 시책이었지만, 카라칼라 황제가 율리우스 카이사르의 다음 말이 무슨 뜻인지 알고 있었다고는 생각되지 않는다.

"아무리 나쁜 결과로 끝난 일이라 해도 그 일을 시작한 애초의 동기는 선의였다."

나는 212년에 공포된 '안토니누스 칙령'을 대다수 연구자의 해석보다 지나치게 깊이 읽었는지 모르지만, 나를 그런 해석으로 이끌어간 것은 하나의 의문과 하나의 비문이었다.

'안토니누스 칙령'이 기독교회의 평가대로 인도적이고 올바른 법률이었다면, 뛰어난 정치가였던 오현제 가운데 그것을 생각하고 실시하려 한 사람이 왜 하나도 없었을까. 그중에서도 특히 인권 존중을 황제의 책무로 확신하고 속주 출신을 골라 사위로 삼는 데에도 저항감을 느끼지 않을 만큼 개명한 철인 황제 마르쿠스 아우렐리우스가 그것을 실시하기는커녕 생각한 흔적조차 보이지 않는 것은 무엇 때문일까.

로마 시대 묘비의 이면에는 이력서처럼 그 사람의 일생이 새겨져 있다. 그리고 이름 없는 평범한 사람의 묘비에는 '로마 시민'이라고 명기되어 있는 경우가 적지 않다. 이들의 성이 로마인의 조상인 라틴계가 아니라 그리스나 갈리아 계통인 것도 시민권을 취득하여 로마 시민이 된 속주 출신의 묘비임을 보여준다. 개중에는 '안토니누스 칙령' 이전의 로마 시민이라고 일부러 밝힌 것도 있다. 자기는 모든 속주민이 로마 시민으로 승격하기 전에 이미 로마 시민이었다고 말하고 싶은 것처럼.

카라칼라 때문에 로마 시민권은 오랫동안 유지해온 매력을 잃었다. 매력을 느끼지 않으면 시민권에 딸린 의무감과 책임감도 느끼지 않게 된다. 그것은 다민족·다문화·다종교의 제국 로마가 서 있는 기반에 균열을 초래했다. 누구나 갖고 있다는 것은 아무도 갖고 있지 않은 것과 마찬가지다. 이 현상을 현대식으로 바꾸면 '브랜드는 죽었다'고 말할 수 있다.

제국 방위

속주민과 로마 시민의 차별을 철폐하기만 하면 제국의 '거국일치'가 이루어진다고 믿었다는 점에서는 어리석다고 말할 수밖에 없지만, 황제의 최대 책무는 안전보장이라고 확신했다는 점에서는 카라칼라도 훌륭한 황제였다. 나이도 이제 겨우 24세. 온건하고 소극적인 동생 게타를 경멸했을 정도니까 성격도 적극적이고 행동적이었다. 젊은 최고 권력자는 뭐든지 마음대로 할 수 있는 사치스럽고 안일한 생활을 깨끗이 버리고, 동생 게타를 죽여 유일한 황제가 된 지 2년째인 213년에 벌써 로마를 떠나 북부 전선으로 향했다. 알프스 북쪽에서도 사람과 말의 움직임이 활발해지는 봄을 애타게 기다린 것처럼 소수의 근위병만 거느리고 홀가분하게 출발했다.

황제가 수도를 비운 동안 내정은 '콘실리움'에 맡겼다. 원로원은 국회, 콘실리움은 '내각'이라고 생각해도 좋다. 이 시기의 내각을 뒤에서 떠받치게 된 것은 절묘한 균형감각을 지닌 여성인 율리아 돔나였다. 이 현명한 모후에게는 카라칼라가 아니더라도 안심하고 뒷일을 맡길 수 있었을 것이다. 율리아 돔나도 제 눈앞에서 차남이 장남에게 살해된 불행을 쉽사리 극복할 수는 없었겠지만, 흉중의 생각이야 어떻든, 그 후에는 아들 카라칼라의 통치에 협력을 아끼지 않는 어머니로 일관했다.

알프스를 넘은 카라칼라의 행동 범위가 어디까지 미쳤는지를 보여주는 확실한 사료는 없지만, 시찰과 전투에 소비한 기간이 반년 남짓에 불과했다는 것과 그 기간에 확실히 이룩한 업적으로 미루어보아 라인강 방위선과 '게르마니아 방벽' 주변에 한정되었다고 생각해도 좋을 것이다. 하지만 방위선을 둘러보면 당연히 방위기지에 '피'를 보내는 역할도 맡고 있는 도로망에 관심이 갈 수밖에 없다. 실제로 카라칼라는 갈리아만이 아니라 이베리아반도의 도로까지 보수공사를 명령했다. 3세기에는 간선도로만 해도 8만 km가 넘어서 새 도로를 건설할 필요는 없었지만, 로마 도로망의 완벽한 기능을 중시한다면 유지·보수는 늘상 필요했다. 그것은 다른 황제들도 잊지 않았지만, 카라칼라가 명령한 것은 보수 사실을 기록한 돌비가 후세에까지 남을 만큼 본격적인 공사였다.

군사적 인프라인 '게르마니아 방벽'도 카라칼라의 정비를 통해 더한층 강화되었다. 깊이 파 내려간 참호 안쪽에 목책만 쳐두었던 곳도 돌과 벽돌로 보강했다.

라인강과 도나우강의 상류가 모이는 일대를 로마인들은 '아그리 데

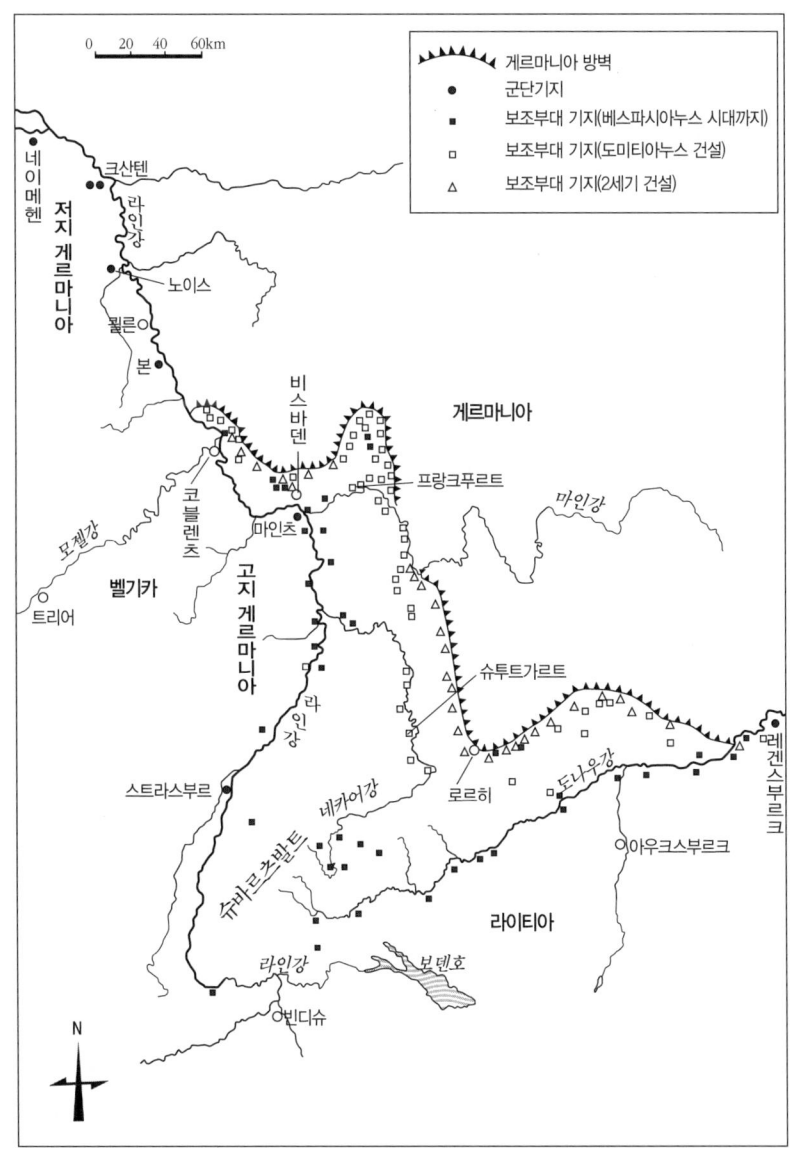

완성된 게르마니아 방벽(E.N. Luttwak, "The Grand Strategy of the Roman Empire"에서)

쿠마테스'(Agri Decumates)라고 불렸다. 10분의 1의 농경세 지대라는 뜻일까. 안전보장 면에서는 라인 방위선과 도나우 방위선 사이에 끼어 있기 때문에, 인체에 비유하면 옆구리에 해당하는 곳이다. 산악지대로 들어가는 지형 때문에 하천을 따라 방위선을 건설하기가 어렵고, 산골짜기를 흐르는 시내가 많아서 발 디딜 곳이 없고, 게다가 광대한 '슈바르츠발트'(검은 숲)가 절반을 차지하고 있다. 숲은 게르만의 어머니라고 호언할 만큼, 게르만 민족은 숲에 발을 들여놓기만 하면 당장 기운이 솟아나는 체질을 갖고 있다.

  이 '옆구리' 보호책을 맨 먼저 생각한 사람은 티베리우스 황제였다. 라인강과 도나우강을 로마 제국의 북쪽 방위선으로 확정한 사람이 그였기 때문이다. 하지만 슈바르츠발트를 포함한 이 일대 전역을 둘러싸는 방위선이 실제로 건설된 것은 도미티아누스 황제가 즉위한 뒤였다. 그 후 라인강 연안의 본나(오늘날의 본)와 콘플루엔테스(코블렌츠) 중간쯤에서 남하하기 시작하여 모곤티아쿰(마인츠) 북쪽 30km 지점을 지나 도나우강 연안의 카스트라 레기나(레겐스부르크)에 이르는 '게르마니아 방벽'이 로마 제국의 북쪽을 지키는 중요한 방위선으로 정착되었다. 라인강과 도나우강의 양대 방위선도 '게르마니아 방벽'으로 연결되어 일체화했다. 일체화했다는 것은 방위체제가 더욱 합리화했다는 뜻이다. 합리화란 경비를 적게 들이면서 필요한 방위력을 유지할 수 있다는 뜻이었다.

  하지만 방심하면 당장 원래의 '옆구리'로 돌아가버리는 지형인 만큼, 역대 황제들도 보강하는 것을 잊지 않았다. 특히 하드리아누스 황제와 마르쿠스 아우렐리우스 황제의 보강은 본격적이었다. 카라칼라 황제는 40년 뒤에 그것을 더욱 견고하게 보강했다. 대중심리까지 파악하여 통치할 정도의 정치가는 아니었지만, 군사전략 면에서는 상당한

제정으로 이행한 뒤의 군사비 추이

	황제	군단수	군단병수 (legionaris)	급여(연) (데나리우스 은화)	보조병수 (ausiliaris)
기원전 23년	아우구스투스	25	150,000명 이상	225	150,000명 이하
서기 90년	도미티아누스	25	150,000명 이상	300	150,000명 이하
서기 106년	트라야누스	30	180,000명 이상	300	180,000명 이하
서기 138년	하드리아누스	28	168,000명 이상	300	168,000명 이하
서기 170년	마르쿠스 아우렐리우스	30	180,000명 이상	300	180,000명 이하
서기 197년	셉티미우스 세베루스	33	198,000명 이상	375	198,000명 이하
서기 213년	카라칼라	33	396,000명 안팎 (원래의 보조병 포함)	375	———

재능이 있었던 게 아닌가 싶다.

그리고 '옆구리'를 강화하는 방식이 카라칼라다웠다. 하드리아누스 황제는 로마 영토 밖에 사는 야만족한테는 눈길도 주지 않고 보강공사를 추진했고, 마르쿠스 아우렐리우스 황제는 침입한 야만족을 격퇴한 뒤에 무너진 '게르마니아 방벽'을 재건했지만, 카라칼라 황제는 20대 전반의 젊은이답게 우선 '게르마니아 방벽'을 넘어가서 방어에 나선 게르만 군대를 철저히 쳐부수고 방벽 안쪽으로 개선하는 군사행동을 벌인 뒤에 개수공사를 시작하는 방식을 택했다. 이 방식은 병사들에게 대단한 호평을 받았다. 적극전법으로 대승을 거두는 것만큼 병사들에게 기분 좋은 일도 없기 때문이다. 카라칼라는 이해 가을에는 벌써 수도로 돌아와, 게르만에 대한 승리를 축하하는 개선식을 거행했다. 원로원은 이 젊은 황제에게 '파카토르 오르비스'(pacator orbis), 직역하면 '제국에 평화를 가져온 자'라는 존칭을 주었다. 하지만 승리를 기뻐하고 있을 때가 아니었다. 제국의 재정이 구멍나기 직전이었기 때문이다. 3세기 초에는 그 주요 요인을 아직 군사비 증대 탓으로만 돌릴 수 있었다.

로마의 인플레이션

카라칼라는 아버지인 세베루스 황제처럼 군단 수를 늘리지는 않았다. 군단병의 급료를 인상하지도 않았다. 하지만 속주민에게 로마 시민권을 주는 '안토니누스 칙령' 때문에, 그때까지는 로마군의 주력이라는 이유로 로마 시민권자에게만 문이 열려 있던 군단병과 속주민도 지원할 수 있는 보조병 사이의 경계가 무너졌다. 법적으로는 모두 군단병이 된 셈이다. 따라서 카라칼라의 칙령 이후에는 로마군의 병사 수를 계산하려면 원래의 군단병과 보조병을 합해야 한다. 이것은 원래의 보조병한테도 군단병과 같은 액수의 급료를 주고 만기 제대할 때 군단병과 같은 액수의 퇴직금을 주어야 한다는 뜻이기도 했다.

기록이 남아 있지 않아서 카라칼라 이전에 로마군 '보조병'의 급료가 어느 정도였는지는 알 수 없지만, 군단병 급료와의 차이가 적었을 리는 없다.

첫째, 그들은 로마군에 정복당하여 속주가 된 지방 출신이다. 요컨대 로마인의 지배를 받는 사람들이다. 고대는 지배자가 피지배자의 모든 것을 차지하는 것이 당연하게 여겨진 시대였다.

둘째, 속주병의 임무는 어디까지나 주전력을 돕는 보조전력이었다.

셋째, 군단병은 만기 제대할 때까지 20년이 걸리는 반면, 보조병은 15년이면 만기 제대할 수 있다.

넷째, 아우구스투스가 고안한 군단병 퇴직금 제도는 고대에는 유례를 찾아볼 수 없는 것이었지만, 보조병의 퇴직금은 로마 시민권이었다. 시민권과는 별도로 얼마간의 퇴직금까지 주었다고는 생각할 수 없고, 그것을 언급한 기록도 존재하지 않는다.

이런 사실로 보아, 군단병과 보조병의 급료에는 상당한 차이가 있었을 것으로 여겨진다. 그런데 이제 차이를 둘 이유가 없어졌다. 물론 '안토니누스 칙령'과 동시에 보조병의 급료가 군단병과 같은 수준으로 올라가지는 않았을 것이다. 하지만 속주민을 로마 시민으로 격상시킨 이상, 군대의 급료 차이만 남겨두는 것은 용납되지 않을 것이다. 옛 보조병의 급료는 단계적으로 올라가 결국에는 군단병의 급료와 같아졌을 게 뻔하다.

카라칼라가 발상하고 실행한 '안토니누스 칙령'은 인도적인 면에서는 비판할 수 없지만, 그 영향은 국가 재정에까지 미치게 되었다. 또한 속주민을 로마 시민으로 격상시킨 파장은 인기가 없다는 이유로 상속세와 노예해방세의 세율을 원래대로 되돌린다고 해서 상쇄될 문제가 아니었다. 이 법률이 로마 사회 전체에 일으킨 현상—구성원 모두가 '시민'이 되었기 때문에 오히려 시민이 상하로 양분되는 현상—은 군대 내부에서도 일어났을 것이다. 이 경우에는 정규 보조병과 '누메루스'(numerus)라고 불린 시간제 병사, 즉 계절 노동자와 비슷한 병사들 사이에 생겨났을 것이다.

계급 간 격차를 완전히 철폐하면 오히려 계급 간 유동성이 사라져버리는 법이다.

세베루스 황제가 군사비를 늘린데다 카라칼라 황제는 보조병에게 군단병과 같은 급료를 주어야 하는 요인까지 만들어버렸으니 이것만으로도 국가 재정은 상당한 압박을 받았을 텐데, 카라칼라는 지난 30년 동안 조용히 진행되고 있던 통화의 평가절하에 대해서도 무언가 손을 써야 하는 '유산'까지 물려받았다.

셉티미우스 세베루스 황제의
데나리우스 은화

로마 제국의 경제를 떠받치고 있던 기축통화는 크게 나누면 '아우레우스 금화'와 '데나리우스 은화'와 '세스테르티우스 동화' 세 종류다. 그중에서도 '데나리우스 은화'는 유통 정도로 보아 특히 중요했다. 은본위제라고 불러도 좋지 않을까 싶을 정도다. 속주에 파견되는 관료의 급료와 군단병의 연봉도 모두 데나리우스 은화로 표시되었다.

통화제도를 전면 개혁한 초대 황제 아우구스투스는 액면가치와 소재가치의 일치 여부에 통화의 신용도가 달려 있다는 것을 알고 있었다. 또한 세제와 마찬가지로 통화도 일반에 널리 수용되려면 무엇보다 먼저 단순명쾌해야 한다고 생각했던 모양이다.

기원전 23년에 실시된 통화개혁으로 '1아우레우스=25데나리우스=100세스테르티우스'의 체제가 확립되었다. 이 체제가 87년 동안 그대로 유지되다가 64년에 네로 황제가 조금 손질했다.

네로의 통화개혁을 역사학자들은 네로의 낭비 탓으로 돌리지만, 나는 그렇게 생각하지 않는다. 아우레우스 금화의 무게를 7.8g에서 7.3g으로 줄이고, 데나리우스 은화도 3.9g에서 3.41g으로 줄이고, 은화의 은 함유량을 100% 순은에서 92%로 떨어뜨린 네로 황제의 개혁이 '도무스 아우레아'(황금 궁전)를 비롯한 낭비로 국가 재정에 생긴 구멍을 메우기 위해서였다면, 네로가 죽은 뒤 제위에 오른 황제들 가운데 누군가가 얼마든지 원래대로 돌려놓을 수 있었을 것이다. 아우구스투스 시대의 금화와 은화로 돌아가고 싶으면, 그 시대에는 그것을 충분히 실행할 수 있는 경제적 여유가 있었다.

제정으로 이행한 뒤 로마의 화폐 변화

1리브라≒300g
1웅키아≒30g

아우구스투스 황제의 화폐개혁(기원전 23~서기 64년)

금속	명칭	환산치	무게 (로마 리브라, 또는 로마 웅키아)	무게 (g)	함유율
금	아우레우스	25데나리우스	$\frac{1}{42}$리브라	7.80g	금 100%
은	데나리우스	4세스테르티우스	$\frac{1}{84}$리브라	3.90g	은 100%
동	세스테르티우스	4아시스	1웅키아	28g	구리 $\frac{4}{5}$, 아연 $\frac{1}{5}$

네로 황제의 화폐개혁(서기 64~214년)

금속	명칭	환산치	무게	무게 (g)	함유율
금	아우레우스	25데나리우스	$\frac{1}{45}$리브라	7.30g	금 100%
은	데나리우스	4세스테르티우스	$\frac{1}{96}$리브라	3.41g	은 92%
동	세스테르티우스	아우구스투스 동화와 동일			

카라칼라 황제의 화폐개혁(214~260년경)

금속	명칭	환산치	무게	무게 (g)	함유율
금	아우레우스		$\frac{1}{50}$리브라	6.50g	금 100%
은	데나리우스		$\frac{1}{108}$리브라	3g	은 70%
은	안토니누스	2데나리우스	$\frac{1}{60}$리브라	5.5g	은 50%, 동 50%
동	세스테르티우스	종래의 동화와 동일, 다만 주조량은 감소			

갈리에누스 황제 시대(253~268년)

금속	명칭	환산치	무게	무게 (g)	함유율
금	아우레우스		$\frac{1}{60}$리브라	5.5g	금 100%
은	안토니누스		$\frac{1}{108}$리브라	3g	은 5%, 동 95% (은도금)
동	거의 주조하지 않음				

아우렐리아누스 황제의 화폐개혁(274~294년)

금속	명칭	환산치	무게	무게 (g)	함유율
금	아우레우스		$\frac{1}{50}$리브라	6.5g	금 100%
은	안토니누스	5데나리우스	$\frac{1}{84}$리브라	3.9g	은 5%, 동 95%
동	동화의 소재 가치 저하가 멈추지 않고 동화의 존재 이유가 없어져서 주조 정지				

그런데 황제들은 아무도 그런 시도조차 하지 않았다. 네로가 드넓은 인공호수를 만들려고 했던 곳에는 베스파시아누스 황제가 콜로세움을 지었고, 파괴된 '황금 궁전'터에는 티투스 황제와 트라야누스 황제가 제각기 거대한 공중목욕장을 지어 네로 황제의 도시 계획을 완전히 백지 상태로 돌려놓았지만, 네로가 정한 통화체제만은 바꾸지 않았다. 네로 시스템은 그 후에도 120년 동안이나 그대로 유지되었다. 그렇다면 네로 황제의 개혁이 1세기 중반부터 2세기 후반까지의 로마 제국에 적합했다는 이야기가 아닐까.

이때는 로마 제국이 가장 융성을 자랑한 시대였다. 당연히 경제력도 절정에 달해 있었다. 경제가 활발해지면 통화 유통량도 늘어난다. 따라서 통화 공급량을 더 늘릴 필요가 있었다. 그렇다고 해서 경제성장과 병행하여 광산에서 금은 채굴량을 늘리면 광맥이 고갈된다. 네로 황제는 광산 채굴량을 늘리지 않고 통화 유통량을 늘려야 했다. 따라서 네로의 통화개혁은 단순한 평가 절하가 아니라 '팍스 로마나'의 보급으로 계속 성장한 경제의 필요에 따른 금융 완화가 아니었을까 하고 나는 생각한다.

하지만 네로 시대보다 150년 뒤에 카라칼라가 실시한 개혁은 이와는 달리 군사비 증대에 따라 국가 재정에 생긴 구멍을 메우기 위한 것이었다. 앞의 도표는 아우구스투스 이후 로마 통화의 변천을 보여준다. 이것을 보면 3세기의 로마 제국이 경제면에서도 위기에 빠져들어 간 것을 한눈에 납득할 수 있을 것이다.

파르티아 전쟁

26세의 카라칼라는 기분이 우울해지는 국가 재정 상황과 대결하는 데 싫증이 나서 전쟁터를 뛰어다니던 1년 전의 생활로 돌아가고 싶었는지도 모른다. 214년, 갓 완성된 통화개혁을 실시하는 일은 '내각'에 맡기고, 봄이 되자마자 수도를 떠나 북쪽으로 갔다. 이번에는 어머니 율리아 돔나도 동행했다. 첫 목적지는 도나우강 전선이지만, 원정의 진짜 목적이 파르티아 전쟁인 이상 시리아에 발을 들여놓지 않을 수는 없다. 시리아는 율리아 돔나가 태어나서 자란 곳이었다. 대국 파르티아와 전투를 앞두고 있기 때문에 근위대도 모두 빠짐없이 종군했다. 근위대장 마크리누스도 이번에는 황제의 측근으로 가담했다.

　동시대인으로 나중에 로마사를 쓰게 된 디오 카시우스는 도나우강 방위야말로 로마 제국의 안전보장체제가 제대로 기능을 발휘하는지를 가늠하는 바로미터라고 말했다. 그 말대로 빈에서 부다페스트와 베오그라드를 지나 흑해에 이르는 도나우 방위선은 '팍스 로마나'의 생명선이었다. 황제가 이 중요한 방위선을 순행한다는 것은 로마 제국이 그 일대의 방위선을 강화하는 작업에 진지하게 맞붙는다는 뜻이었다.

　카라칼라는 평화적인 방법과 군사적인 방법을 둘 다 구사하여 이 일을 해낸다. 같은 게르만계이지만 다른 부족인 마르코만니족과 반달족 사이를 교묘한 외교로 갈라놓는 한편, 다키아족과는 동맹을 맺었다. 그렇게 해놓고 카라칼라의 제의를 거부한 콰디족 족장을 그 자리에서 붙잡아 처형했다. 또한 짧은 기간에 격파할 수 있는 작은 부족은 군사력으로 공격하여 로마 영토에 쉽사리 침입할 수 없는 상태로 떨어뜨린다. 요컨대 로마인의 전통적 대외정책인 '분리하여 통치하라'를 실행한 것이다. 이리하여 카라칼라는 아버지 세베루스 황제 시대에 브리타니아 전쟁을 치렀고, 자기 시대가 된 뒤에는 라인 방위선과 '게르마니아 방벽'을 강화한 데 이어 도나우 방위선의 강화 작업도 이룬 셈이다. 이제 비로소 배후를 걱정하지 않고 동쪽으로 진격할 수 있는 상태가 갖추어졌다. 카라칼라는 깊은 통찰력을 지닌 정치가라고는 할 수 없었지만, 군사적인 면에서는 상당한 능력이 있었던 것 같다.

라인 방위선과 '게르마니아 방벽'을 강화할 때도 마찬가지였지만, 도나우 방위선을 강화하는 순행 과정에서도 젊은 황제를 보는 병사들의 눈이 달라지는 것은 인상적이기까지 했다. 적과 맞서는 것이 일상인 병사들에게 지휘관의 능력은 생사를 좌우하는 요소이다. 또한 그들은 승리로 얻는 자신감이 어떤 무기보다도 중요한 승리의 요인임을 알고 있었다. 그가 입고 다니는 갈리아풍 색다른 복장에서 딴 카라칼라라는 별명은 수도 주민에게는 신기한 통칭에 불과했지만, 전선의 병사들 사이에서는 애칭이 된다. 야릇한 옷차림으로 돌아다니는 황제지만 군사적 재능은 최고사령관으로서 합격이라고 인정한 것이다. 선제 세베루스의 아들로밖에 여겨지지 않았던 카라칼라도 이렇게 황제가 되어가고 있었다. 카라칼라에 대한 병사들의 이런 생각은 카라칼라 황제가 죽은 뒤에도 오랫동안 계속되었다.

도나우 방위선을 강화한 카라칼라는 그대로 강을 따라 흑해로 나가지 않고 하류의 '먼 모이시아' 속주까지 왔을 때 남동쪽으로 방향을 잡는다. 발칸반도를 비스듬히 가로질러 헬레스폰투스해협(오늘날의 다르다넬스해협)에 이르는 길인데, 물론 이 일대에서도 종횡으로 뻗은 로마 가도만 따라가면 된다.

좁은 헬레스폰투스해협을 건너 소아시아로 들어간 카라칼라는 정치적으로나 군사적으로 중요한 니코메디아로 곧장 가지 않고, 당시 일리움이라고 불린 트로이로 직행했다. 트로이는 호메로스의 서사시『일리아스』의 무대가 된 옛 전쟁터로 유명한 곳이다. 카라칼라 자신이 애독했다기보다 카라칼라가 동경하는 알렉산드로스 대왕이 『일리아스』를 애독했기 때문이지만, 페르시아 원정을 앞두고 이곳을 찾은 젊은 대왕과 똑같은 일을 카라칼라도 해보고 싶었을 것이다. 트로이를 찾았을 때 알렉산드로스는 22세, 카라칼라는 26세였다.

옛 영웅들의 꿈같은 유적을 찾은 카라칼라는 500년 전에 이곳을 찾은 알렉산드로스와 똑같은 일을 했다. 『일리아스』의 주인공들 가운데 하나로 젊어서 죽은 아킬레우스의 무덤을 참배하고, 이 영웅에게 바치는 제사 의식으로 부하인 젊은 장수들과 격투기 대회를 열었다. 그리스에서도 로마에서도 경기대회는 체력 향상을 위해서라기보다 신들에게 바치는 제사 의식이었다. 쓴웃음이 나오는 일이지만, 트로이를 방문했을 때 얼마 전에 죽은 해방노예이자 친구인 페스토스를 애도하는 카라칼라의 모습은 친구 파트로클로스의 전사에 마음이 어지러워진 아킬레우스를 연상시켰다.

트로이의 옛 전쟁터를 떠난 뒤에는 바다를 따라 남쪽으로 내려가서 페르가몬을 방문했다. 로마 시대의 페르가몬은 그리스 아테네와 이집트 알렉산드리아에 버금가는 학문과 예술의 도시였다. 이곳을 찾은 것은 동행한 교양 있는 어머니 율리아 돔나에게 주는 선물이었는지도 모른다. 카라칼라 자신은 어떤 신도 존중하는 다신교 국가의 황제답게 의술의 신 아스클레피오스를 위한 제례에 참석했다. 페르가몬을 방문한 뒤에는 북동쪽으로 방향을 돌려, 다가오는 겨울을 나기 위해 니코메디아로 갔다.

마르마라해에 면해 있고 비잔티움(오늘날의 이스탄불)과도 가까운 니코메디아는 여러 가지로 중요하다. 비티니아 속주의 주도일 뿐만 아니라, 유럽에서 아시아로 건너갔을 때 맨 처음 만나는 도시다운 도시

3세기 초의 소아시아와 그 주변

이고, 보스포루스해협이 가까이 있어서 흑해의 제해권을 지키는 후방 기지 역할도 맡고 있었다. 일부러 니코메디아를 월동지로 선택한 것도 흑해를 순찰하는 함대를 시찰하기 위해서였다. 제국의 '서방'(옥시덴트)과 '동방'(오리엔트)을 잇는 소아시아의 안전은 '팍스 로마나'가 충분히 기능을 발휘하고 있는 남쪽 지중해가 아니라 항상 야만족의 남하가 예상되는 북쪽 흑해의 제해권 유지에 달려 있었다.

이듬해인 215년, 니코메디아를 떠난 카라칼라 일행은 이번에는 소아시아를 북서쪽에서 남동쪽으로 가로질러 시리아로 직행한다. 지중해의 동쪽 끝을 돌아 5월에는 벌써 안티오키아에 들어갔다. 파르티아 왕국과 싸울 경우 로마군의 후방기지는 이집트의 알렉산드리아와 더불어 제국 동방의 최대 도시인 안티오키아에 두는 것이 로마의 전통적 방식이다. 카라칼라도 파르티아와의 전투를 앞두고 이 시리아 속주의 주도에서 군대 편성에 착수했다.

파르티아 전쟁에서 카라칼라가 지휘하게 된 군대의 진용은 알려져 있지 않다. 하지만 도나우 방위선을 담당하는 여러 군단 기지에서 내놓은 분대를 동방까지 데려왔다는 기록도 없으니까, 동방에 주둔하는 로마 군단으로 편성했을 게 분명하다. 제국 동방 방위, 즉 유프라테스 방위선을 지키는 중책을 맡고 있는 군단을 북쪽에서부터 차례로 열거하면, 소아시아 동쪽 끝의 속주 카파도키아에 주둔하는 2개 군단, 시리아에 주둔하는 3개 군단, 팔레스티나에 기지를 둔 2개 군단, 로마인들이 아라비아라고 부른 오늘날의 요르단에 주둔하는 1개 군단, 그리고 세베루스가 파르티아에서 빼앗은 이래 로마의 속주가 된 북부 메소포타미아에 기지를 둔 2개 군단을 합쳐서 모두 10개 군단이었다. 10개 군단이면 군단병만 6만 명, 보조병을 합하면 10만 명이 넘는 대군이다. 이들 군단에서 각 기지를 지키는 데 필요한 최소한의 병력을 남기고 나머지 병사들만 동원해도, 파르티아가 대국이라고는 하지만 완전히 우세에 설 수 있는 군사력을 편성할 수 있었다. 지금까지의 황제들은 이런 방식으로 싸웠다. 하지만 카라칼라는 여기서도 로마의 전통을 깨뜨린다. 그 후 로마군의 전투에서 차츰 주역을 맡게 되는 기동부대를 신설한 것이다.

기동부대

라틴어로 '벡실라티오네스'(vexillationes)라고 부른 기동부대를 활용한 사람은 카라칼라가 처음은 아니다. 트라야누스 황제와 마르쿠스 아우렐리우스 황제도 활용했다. 하지만 명칭은 같아도 카라칼라의 기동부대는 새로 편성했다고 해도 좋을 만큼 내실과 용도가 달랐다.

그 이전의 '기동부대'는 우선 소속 군단에서 일시적으로 파견된 임시부대였다. 따라서 당면한 임무가 끝나면 원래 군단으로 복귀했다. 하지만 카라칼라의 '기동부대'는 각 군단에서 뽑힌 병사들을 모아 군단과는 별도의 새로운 독립 부대로 편성되었다. 그리고 당초의 임무가 끝난 뒤에도 그 형태대로 남겨졌다. 카라칼라는 33개 군단으로 이루어져 있던 로마군을 33개 군단과 '기동부대'로 개편한 것이다.

기동부대원의 선발 기준을 살펴보면, 전에는 '정예'만을 기준으로 삼고 나이는 문제삼지 않았지만, 카라칼라는 확실히 젊음을 기준으로 삼았다. '아직 가정을 갖지 않은 독신이고, 따라서 주둔 기지에서 멀리 떨어진 곳에 장기간 파견되어도 견딜 수 있는 병사'라는 것이 카라칼라가 세운 선발 기준이었으니까, 나이가 젊은 병사들로 채워지는 것은 당연했다.

이것은 어떤 연구자도 쓰지 않았으니까 내 상상일 뿐이지만, 카라칼라가 속주민에게도 로마 시민권을 준 '안토니누스 칙령'의 입안자라는 점을 생각하면 기동부대 편성은 다음과 같은 착상에서 나온 개혁이 아니었을까 하는 생각이 든다.

전략 단위로서 로마 군단은 원래 로마 시민권자인 군단병과 속주민인 보조병으로 구성되어 있었지만, 3년 전의 칙령으로 속주민도 로마 시민이 되어버렸기 때문에 군단병과 보조병의 구별도 사라졌다. 하지만 법률이 공포되자마자 군단병과 보조병의 구별을 없앨 수는 없었을 것이다. 군단병은 오랫동안 주전력으로 훈련을 받았고, 중무장 보병용의 각종 무기를 사용하는 데에도 익숙해져 있다. 반면에 속주병은 어디까지나 보조전력으로 훈련을 받았고, 무기도 마찬가지다. 군단병과 보조병을 하루아침에 일체화할 수는 없었을 것이다. 또한 '안토니누스 칙령' 이전부터 로마 시민이라고 묘비에 명기한 사람도 있었을 정도니까, 군단병이 로마 시민으로서 갖고 있던 긍지도 무시할 수 없다. 칙령 이후에도 한동안은 군단병과 보조병의 차별이 계속되었겠지만, 그 상태대로 존속하는 것과 무언가 새로운 일을 한 상태에서 존속하는 것은 역시 달랐다.

카라칼라는 군단병과 보조병을 불문하고 젊은 병사만으로 기동부대를 편성하는 방법으로 그 구별을 없애려 한 게 아닐까. 가정을 가진 고참 병사들은 군단에 남아서 기지를 지키고 젊은 병사들은 전선을 따라 이동하는 이 새로운 체제는 양쪽에서 모두 호평을 받은 모양이다. 이에 대한 비판은 전혀 기록에 남아 있지 않다. 참고로 로마인이 생각하는 '현역'은 사병인 경우에는 45세까지였고, 군대에 지원할 수 있는 나이는 17세부터였다. 또한 로마 군단에서는 만기 제대할 때까지 결혼이 금지되어 있었지만, 카라칼라의 아버지 세베루스가 그 금지를 풀어주었다. 따라서 만기 제대하기 전에도 정식으로 결혼할 수 있게 된 것은 겨우 10년 전부터였고, 이제 군단병들은 세베루스 황제가 준 이 선물을 한참 만끽하는 중이었다.

하지만 카라칼라의 이 시책도 '안토니누스 칙령'과 마찬가지로 해가 갈수록 장점보다는 단점이 커져간 예가 아닌가 싶다. 시행한 직후에는 좋아도, 그 후에는 조금씩 나쁜 영향을 가져오기 시작하는 사례가 있다.

20년도 지나기 전에 로마 제국은 쳐들어오는 야만족과 싸우지 않은 해가 없다고 할 만큼 야만족의 침입에 시달리게 되는데, 그때 반드시 일어난 비판이 방위선을 지켜야 할 전력의 노령화였다. 기지를 지키는 군단과 기동부대가 항상 분리되어 있었기 때문이다.

카라칼라 이전의 황제들이 기동부대를 편성했다가도 목적을 달성하면 군단으로 돌려보낸 데에는 그럴 만한 이유가 있었다. '방위선의 철벽화'라는 확실한 이유가 존재했기 때문에, 분대를 파견했다가 돌려보내는 일을 우직하게 되풀이한 것이다. 이동하는 전선과 함께 홀가분하게 이동할 수 있는 젊은 집단도 중요하지만, 그 때문에 방위선에 남아서 싸우는 병사들이 노령화하면 본전도 못 찾는다. 그리고 군단과 기동부대 양분화의 단점이 누가 보아도 분명해졌을 무렵에는 이미 트라야누스나 마르쿠스 아우렐리우스의 방식으로 돌아갈 수 없게 되어버렸다. 기지를 지키는 전력의 노령화가 야만족에게도 알려져서 야만족의 침입이 더한층 격렬해졌고, 어디서 쳐들어올지 예측할 수 없는 적을 맞아 싸울 수 있는 것은 기동부대밖에 없었기 때문이다.

정책이란 장기적으로 어떤 영향을 초래할지도 통찰한 뒤에 생각하고 실시해야 한다. 깊은 통찰과 정반대되는 극에 있는 것이 얕은 생각이다. 카라칼라의 기동부대 상설화가 야만족의 침입을 불렀다고는 말할 수 없지만, 야만족의 침입을 격화한 한 요인은 되었을 것이다.

메소포타미아로

215년 시점으로 돌아가면, 27세의 황제는 자기와 같은 세대인 젊은 병사들에게 둘러싸여 자신감에 넘쳐 있었을 테고, '기동부대'에 속하게 된 병사들도 사기가 올라갔을 게 분명하다. 어쨌든 그들의 직속 사령관은 나이는 젊지만 패배를 모르는 카라칼라다. 싸우면 반드시 이긴다는 자신감만큼 병사를 강하게 만드는 것도 없다. 카라칼라가 총지휘를 맡은 파르티아 전쟁을 앞두고 병사들은 싸움이 시작되기도 전에 승리의 분위기로 들떠 있었다.

볼로가세스 5세

 젊은 최고사령관은 그래도 로마의 전통에 따라 군대를 내보내기 전에 먼저 외교사절을 보낸다. 파르티아 왕 볼로가세스 5세에게 파견된 특사는 문제를 평화적으로 해결하기 위해 로마 황제가 내놓은 조건을 제시했다. 그 조건이란 전부터 로마에 반대해온 궁정 내부의 유력자 티리다테스와 그 일파를 로마 쪽에 넘기라는 것이었다. 이 조건을 파르티아가 받아들이면 로마도 양국의 상호불가침을 명기한 강화조약을 맺을 용의가 있지만, 거부하면 전쟁을 피할 수 없다고 통고했다.
 카라칼라는 파르티아가 거절할 거라고 확신했던 모양이다. 티리다테스는 파르티아 국왕의 백부니까, 아무리 강화조약을 체결하기 위해서라 해도 그런 사람을 로마 쪽에 넘길 수는 없을 거라고 예상했다. 외교사절을 보낸 것은 로마의 관례에 따랐을 뿐이고, 카라칼라 자신은 전쟁을 바라고 있었다.
 그런데 파르티아 왕 볼로가세스 5세는 조건을 받아들이겠다는 회답을 보내왔다. 뜻밖의 회답을 보낸 이유를 추측해보면, 카라칼라가 도착한 이후 동방에 주둔해 있는 로마군의 움직임이 한층 활발해진 사실을 알기 때문일 것이다. 궁정 내부의 세력 다툼에 골치를 앓고 있던 파르티아 국왕은 로마와 다시 싸우는 것을 바라지 않았다. 파르티아가 조건을 수락했으니 카라칼라는 싸울 명분이 없어졌다. 파르티아와 로마는 강화조약을 체결하기에 앞서 휴전협정을 맺었다. 이 휴전 기간을 이용하여 카라칼라는 이집트를 방문하기로 했다. 파르티아의 사절들과 교섭하는 일은 신하들에게 맡기고, 지중해를 따라 팔레스티나 지방을 남하하여 이집트로 들어갔다.

알렉산드로스 대왕의 영묘를 참배하고 나일강변에 서 있는 수많은 신전과 피라미드를 구경하는 동안은 좋았지만, 사건은 알렉산드리아의 젊은이들이 카라칼라를 큰 소리로 비난한 데에서 시작되었다. 그들이 무엇을 비난했는지는 어떤 역사가도 기술하지 않았고 아무 기록도 남아 있지 않아서 알 수 없지만, 그것이 카라칼라의 기분을 몹시 해친 것은 사실이었다.

카라칼라가 만나서 이야기하자고 했는지, 젊은이들은 체육관(김나시움)에 모여들었다. 그런데 문득 정신을 차리고 보니 병사들에게 둘러싸여 있었다. 그리고 모조리 학살당했다. 게다가 이 학살에 항의하여 봉기한 시민들을 제압하기 위해 알렉산드리아 인근 도시에 기지를 두고 있는 로마 군단이 출동해야 했다. 이 사건으로 알렉산드리아 시민 수천 명이 살해당했다고 한다. 카라칼라는 속주민이었던 그들에게 로마 시민권을 주었는데 항의를 하는 것은 용서할 수 없다고 생각했는지도 모른다. 하지만 변명할 여지가 없는 잔인한 만행인 것은 틀림없는 사실이었다. 그때까지는 특별히 카라칼라에게 반대하지 않았던 로마 원로원도 이 사건이 전해진 뒤로는 젊은 황제를 다른 눈으로 보게 되었다. 원로원 의원들도 일반 시민들도 카라칼라가 지난 10년 동안 장인과 아내와 동생을 죽였다는 사실을 새삼 생각해낸 것이다.

이 참극이 일어난 뒤 재빨리 이집트를 떠나 시리아로 돌아간 카라

아르타바누스

칼라에게 파르티아 왕국에서 정변이 일어났다는 소식이 들어온다. 왕의 동생인 아르타바누스가 형을 제거하고 스스로 왕위에 올랐다는 소식이었다. 새 파르티아 국왕은 벌써 바빌로니아와 왕국 남부를 제외한 전역을 장악하는 데에도 성공했다고 한다.

이것은 처음부터 전쟁을 하고 싶었던 카라칼라에게는 좋은 소식이었다. 휴전 기간에는 공격이 허용되지 않지만, 휴전협정은 선왕과 맺은 것이다. 협정을 맺은 상대가 퇴장하고 다른 사람이 등장했으니까, 협정을 이행해야 할 의무도 사라진 셈이다. 카라칼라는 휘하 부대에 동방으로 출정할 준비를 시작하라고 명령했다.

이듬해인 216년 봄에 시작된 파르티아 전쟁은 전반까지는 확실히 로마군이 우세한 가운데 진행되었다. 북부 메소포타미아에서 남하해온 군대와 시리아에서 동쪽으로 행군한 로마군이 북쪽과 서쪽에서 공격해 들어가자 파르티아군은 후퇴에 후퇴를 거듭할 수밖에 없었다. 하지만 한여름이 되면서 전황도 바뀌었다. 북쪽에서의 공격은 군단 단위로 이루어진 반면, 서쪽에서의 공격은 카라칼라가 자랑하는 '기동부대'가 주력을 이루었던 모양이다. 전투가 계속되는 동안, 새로 편성된 기동부대의 경험 부족이 드러나기 시작했다. 베테랑의 이점은 예측할 수 없는 사태가 일어나도 스스로 수습할 수 있고, 어떻게든 타개책을 찾아낼 수 있다는 것이다. 그런데 경험이 부족한 병사들은 전황이 불리해지면 당장 공황 상태에 빠져 도망칠 생각밖에 하지 않는다. 또한 새로운 조직인 만큼 지휘관의 역량도 부족했고, 인재를 등용할 때 카라칼라가 저지른 잘못까지 이를 계기로 드러나버렸다. 그 잘못이란 새로운 조직에 신인 지휘관을 배치한 것이었다.

그래도 선제 세베루스가 애써 강화한 로마군은 쉽사리 무너지지 않았다. 베테랑의 활동도 도움이 되었다. 유프라테스강과 티그리스강 사이에서 치러진 전투는 일진일퇴의 상황으로 계속되었다.

이 교착 상태를 타개해야 할 필요에 쫓긴 것은 적지로 깊숙이 쳐들어간 로마군이었다. 카라칼라는 파르티아 국왕 아르타바누스와 교섭할 길을 찾는다. 그래서 왕의 딸을 아내로 맞고 싶다고 제의했다. 이 결혼으로 로마와 파르티아라는 양대 강국이 맺어진다면 로마의 보병과 파르티아의 기병이라는 최강 전력이 통일전선을 형성하게 되니까 천하 무적이라고 말한 모양이다. 적이었던 페르시아의 공주와 결혼한 알렉산드로스 대왕을 이상형으로 삼았던 카라칼라는 파르티아도 옛 페르시아 땅에 세워진 왕국이니까 마찬가지라고 생각했는지도 모른다. 확실히 알렉산드로스는 그리스와 페르시아라는 이민족의 통합을 꿈꾸었지만, 그 꿈을 실현하기 위해 세 차례에 걸친 대규모 전투에서 완승을 거두어 페르시아 제국을 멸망시킨 뒤 남은 공주를 아내로 맞았다. 요컨대 이긴 뒤에 손을 내민 것이다. 그런데 카라칼라가 손을 내민 파르티아는 지기는커녕 로마군을 두 강 사이(메소포타미아)에 꼼짝없이 못박아놓고 있었다. 그리고 로마인은 예부터 강화는 이긴 뒤에 맺는 것이고, 지고 있는 동안은 이를 악물고 끝까지 버텨야 한다는 생각이 머리에 박혀 있다. 또한 황제가 외국 공주를 아내로 맞는 것도 그렇게 간단한 일이 아니었다. 로마에는 로마 나름대로 사정이 있었기 때문이다.

 군단병이 주둔하는 지방의 원주민 여자와 결혼하여 아이를 낳으면 그 혼혈아는 로마 시민권을 갖게 된다. 그런데 로마인은 최고권력자가 외국 여자를 아내로 맞는 것을 용납하지 않았다. 군단병과 원주민 여자 사이에 태어난 아이는 국가의 행방을 좌우하지 않지만, 최고권력자와 외국 공주 사이에 태어난 아이는 사정이 다르다. 그 아이가 아버지 뒤를 이으면 로마라는 '공동체'(레스 푸블리카)의 운명을 좌우하는 존재가 될 수 있기 때문이다. 자칫하면 로마가 황후의 모국에 합병되어버릴 위험도 있다. 로마 시민은 그것을 미리 막을 권리가 있다. 원로원과 시민은 로마라는 '국가'(레스 푸블리카)의 주권자로 되어 있었다. 황제는 주권자들한테서 이 '레스 푸블리카'의 통치를 위임받았을 뿐이다. 강대한 권력을 부여받은 이상, 그에 따른 의무도 커진다. 율리우스 카이사르가 말했듯이, "지위가 높을수록 개인적인 자유는 제한된다." 이런 사고방식이 일개 시민이라면 허용되는 일도 지위나 권력을 가진 자에게는 허용되지 않는 것이 당연하다는 생각의 바탕이 되어 있었다.

 카이사르는 클레오파트라를 애인으로는 삼았지만 아내로 삼지는 않았다.

 그런데 안토니우스는 이 이집트 여왕과 정식으로 결혼했다. 이 일로 로마인의 마음은 그를 떠나버렸다. 카이사르 암살 주모자인 브루투스와 그 일파를 배제한 뒤, 같은 카이사르파인 안토니우스와 옥타비아누스(나중에 아우구스투스) 사이에 권력투쟁이 일어난다. 군사적

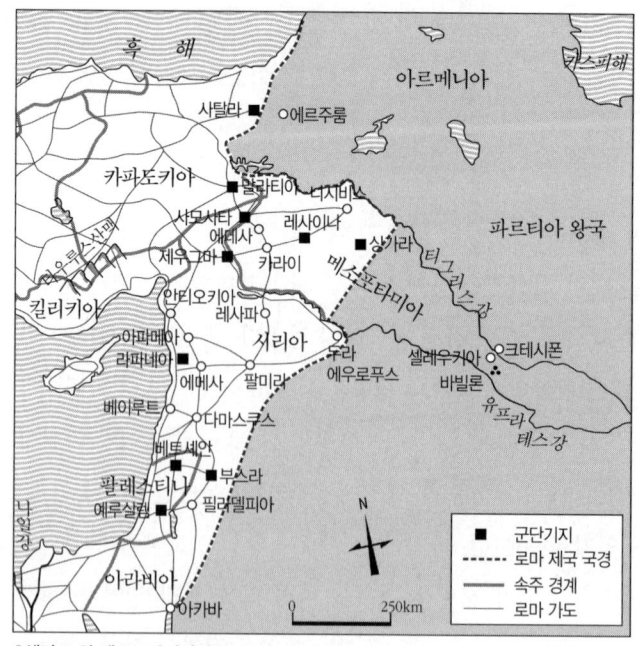
3세기 초의 메소포타미아와 그 주변

재능은 훨씬 뛰어났던 안토니우스가 권력투쟁에서 패배한 것은 로마인의 태반이 이제 그를 지지하지 않고 옥타비아누스 쪽에 섰기 때문이다.

티투스 황제는 로마 제국과 동맹관계에 있었던 유대 왕의 누나를 사랑하여 결혼할 생각이었지만, 그것을 안 로마 민중은 콜로세움 특별석에 앉아 있는 티투스에게 맹렬한 항의와 야유를 보냈다. 낙으로 삼고 있던 검투사 시합도 잊어버린 이 '여론' 때문에 황제는 사랑하는 여자와 결혼하는 것을 단념해야 했다. 아내로 삼고 싶었던 여자가 유대인이었기 때문이 아니라, 단지 외국 왕녀였기 때문일 뿐이다. 속주에서 태어난 여자라면 상관없다. 속주도 로마 제국의 일부니까. 하지만 아무리 동맹국이라 해도 외국 여자라는 것이 문제였다.

로마인도 내란이 일어나면 로마인끼리 싸웠다. 하지만 아무도 외국을 내란에 끌어들이려 하지 않았다. 내란이라는 이름의 세력 다툼은 몇 번이나 일어났지만, 외국과 결탁하여 같은 로마의 라이벌을 밀어낸 사람이 한 사람도 없는 것은 로마인의 특질로 꼽아도 좋을 듯하다. 그 이유는 아마 그런 짓을 저지르면 당장 동포의 지지를 잃게 되기 때문일 것이다.

실제로 카라칼라가 파르티아 공주에게 청혼했다는 소식이 전해지자마자 로마 원로원은 반(反)카라칼라 일색으로 돌변한다. 이 반감이 수도 시민들 사이에 퍼지는 것은 이제 시간문제일 뿐이었다.

카라칼라 자신은 국민의 지지를 잃는 비싼 대가까지 치러야 한다는 것을 미처 깨닫지 못한 모양이지만, 그렇다 해도 로마 황제가 로마인의 심정을 거스르면서 파르티아 공주에게 청혼했는데도 깨끗이 거절당했으니 구제받을 길이 없다. 로마 원로원이 이 일에 대해 로마 황제의 권위를 손상시킨 경거망동이라는 평가를 내린 것도 당연했다.

한편 청혼도 강화 제의도 거부당한 카라칼라에게 가을은 군대를 철수하기 위한 좋은 명분이 되었다. 병사들은 지붕 밑에서 겨울을 보낼 필요가 있었다. 하지만 병사들도 최고사령관인 카라칼라 자신도 후방기지인 안티오키아까지는 후퇴하지 않았다. 유프라테스강에서 동쪽으로 50km쯤 떨어진 곳에 있는 도시들 가운데 이 파르티아 전쟁에서 전선기지 역할을 맡고 있었던 에데사가 황제의 월동지로 결정되었다. 병사들도 그 일대에 분산하여 겨울을 난다. 황제도 병사들도 전쟁터가 된 메소포타미아 지방에 남은 셈이다. 이것은 이듬해 봄이 오면 곧바로 전투가 재개된다는 것을 의미했다.

암살

전투로 바쁜 병사들보다 숙영지에서 겨울을 나느라 남아도는 시간을 주체하지 못하는 병사를 통제하는 쪽이 훨씬 어렵다. 216년에서 217년에 걸친 겨울도 거의 끝나갈 무렵, 불상사를 일으킨 병사들을 카라칼라 황제가 호되게 꾸짖은 일이 있었다. 대인관계에서는 남을 꾸중하는 것도 어려운 일 가운데 하나지만, 상대에게 심한 굴욕감을 주는 것은 좋은 방식이라고 말할 수 없다. 게다가 카라칼라가 준 벌이 병사들에게는 부당하게 무거웠다.

병사들은 상관인 마크리누스에게 불만을 호소했다. 아니, 불만을 호소했을 뿐만 아니라, 파르티아를 상대로 고전하고 있는 카라칼라보다는 당신이 나으니까 당신이 마음만 먹으면 우리도 협력하겠다고 말했다.

근위대장 2명 가운데 하나인 마크리누스는 오늘날의 알제리에 해당하는 북아프리카 누미디아 속주 출신으로, 무어인 해방노예의 아들이라는 낮은 계층에서 현재의 높은 지위까지 올라온 인물이었다. 그렇다고 눈부신 업적으로 출세가도를 달린 것도 아니었다. 아무도 알아차리기 전에 어느새 출세해 있었다. 그는 현재 지위가 자신을 그 자리에 임명한 카라칼라의 기분에 달려 있다는 것을 알고 있었다. 병사들의 호소를 들었을 때 그의 마음속에는 무엇보다 먼저 불안이 퍼져갔을 것이다. 더욱 곤란한 일은 은밀히 이루어졌을 터인 병사들과 그의 회담을 카라칼라의 친구가 눈치챈 것이었다. 그 친구가 황제에게 고자질하면 자기는 끝장이라고 생각한 마크리누스는 자신의 지위를 이용하여 직속 부하인 황제 경호대장을 불렀다. 그 경호대장이 카라칼라가 파르티아 공주에게 청혼한 데 분개한 것을 생각해냈기 때문이다.

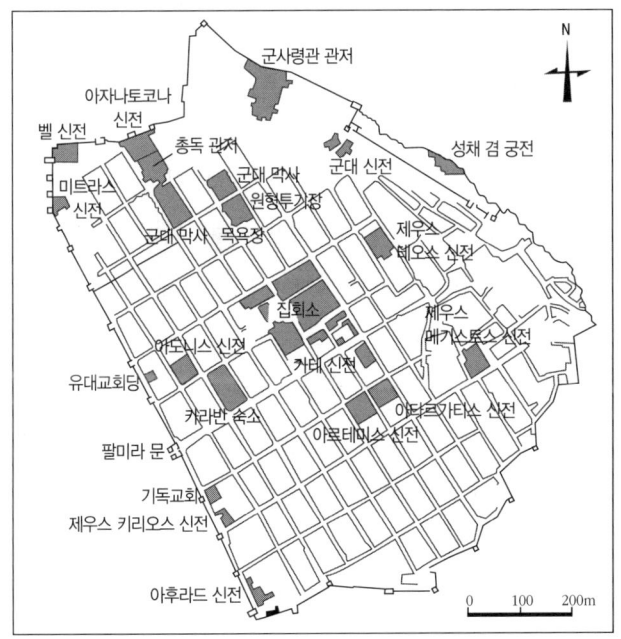

두라 에우로푸스

217년 4월에 접어들자 메소포타미아 북부에서 겨울을 난 로마군이 일제히 움직이기 시작했다. 로마군의 목표는 결정되어 있었다. 유프라테스강과 티그리스강이 서로 접근하는 지대에 집중해 있는 파르티아 수도와 주요 도시를 공격하는 것이다. 4월 8일에 숙영지인 에데사를 떠난 카라칼라는 올해야말로 파르티아를 무찌르고야 말겠다는 기개에 불타고 있었다.

작은 하천이 큰 강으로 흘러들어가듯 각자의 겨울 숙영지를 떠나 남하해오는 로마군은 유프라테스강변에 있는 기지에 집결한 뒤, 그 강을 따라 남동쪽으로 가서 파르티아의 수도 크테시폰을 노리는 작전이었던 모양이다. 집결지는 두라 에우로푸스(Dura Europus)였는지도 모른다. 주위에 성벽을 둘러치고 도시 구조를 보아도 로마인이 만든 것이 분명한 이 성곽도시는 마르쿠스 아우렐리우스 황제 시대에 파르티아 전쟁에 대비한 로마 제국 최전선 기지가 된 지 벌써 반세기가 지났다. 그런데 카라칼라는 이 기지에도 도달하지 못했다.

에데사에서 유프라테스강으로 가려면, 군단 주둔지인 사모사타에서 에데사와 카라이를 지나는 로마 가도를 따라 남하하기만 하면 된다. 에데사에서 다음 도시인 카라이까지는 30km밖에 안 된다. 그 30km를 절반쯤 오면, 가도에서 한참 떨어진 들판에 태양신을 모신 신전이 서 있다. 사당이라고 부르는 편이 어울리는 작은 신전이지만, 카라칼라는 길을 우회하여 그 신전에 참배할 마음이 들었다. 가도를 버리고 들판으로 들어가는 황제와 호위병들을 사모사타 군단기지에서 출전한 제14플라비아 군단 병사들이 앞질러 갔다.

경호대장이 아무도 없는 작은 신전 안에서 기도를 드리는 카라칼라의 등에 칼을 꽂았다. 밖에서 기다리던 호위병들도 외침소리를 듣자마자 안으로 달려들어가, 다친 황제를 보살피는 체하면서 갑옷을 벗기고 카라칼라의 가슴에 모두 칼을 꽂았다.

호위병들은 피투성이가 된 시신을 양쪽에서 어깨에 메고, 앞장선 경호대장을 따라 로마 가도로 돌아왔다. 거기에는 근위대장인 마크리누스가 기다리고 있었다.

황제의 갑작스러운 죽음에 어떤 이유를 붙였는지는 알려져 있지 않다. 신전 안에 숨어 있던 미치광이한테 살해되었다고 설명한다 해도, 황제 호위병들한테 책임을 묻지 않는 것을 미심쩍게 생각한 사람도 있었을 것이다. 그거야 어쨌든 카라칼라는 29세가 되자마자 살해된 셈이다. 로마군이 움직이기 시작한 것을 안 파르티아 국왕과 군대는 로마군을 맞아 싸우기 위해 메소포타미아를 북상하고 있었다.

카라칼라가 죽은 뒤 마크리누스가 황제에 취임하기까지 사흘이 걸렸다. 그 사흘 동안 군단장과 장군들이 어떤 이야기를 나누었는지는 알 수 없다. 어쨌든 사흘 뒤인 4월 11일, 마크리누스를 황제로 추대한 병사들이 환호성을 지르는 가운데 마크리누스는 제위에 올랐다. 로마 시민인 병사들은 어엿한 유권자다. 그 유권자들이 모여서 거수로 결정하는 것이니까, 병사들의 황제 추대는 일종의 직접 민주주의였다. 그리고 직접 민주주의는 선동자와 그에 동조하는 몇 사람만 있으면 쉽게 결정을 내릴 수 있는 면도 있다. 병사들 대다수는 카라칼라의 갑작스러운 죽음에 의문을 품었을지도 모른다. 하지만 그들도 병사다. 강대한 적군이 바싹 다가오고 있을 때 최고사령관 자리를 빈 채로 놓아둘 수 없다는 것을 잘 알고 있었다.

카라칼라의 시신은 그 자리에서 로마식으로 화장되어 유골만 안티오키아로 보내졌다. 안티오키아에 있던 어머니 율리아 돔나는 아무 말도 하지 않고 자결을 택했다. 새 황제인 마크리누스가 추격대를 보낸 것도 아니다. 세베루스 황제의 아내였던 이 여인은 둘째 아들 게타의 죽음은 견딜 수 있었지만, 맏아들 카라칼라의 죽음까지는 견딜 수 없었던 것이다. 배에 실려 로마로 돌아간 어머니와 아들의 유골은 테베레강변에 우뚝 솟은 '하드리아누스 영묘'에 매장되었다. 마크리누스는 원로원에 카라칼라의 신격화를 요구했고 원로원도 이를 승인했기 때문에, 카라칼라는 죽은 뒤에나마 신이 되었다. 로마인은 무엇이든 신으로 만들어버리는 민족이기도 했다.

무어인의 아들로 태어나 원로원 의원도 아니었던 마크리누스는 이렇게 해서 53세에 로마 제국 황제가 되었다. 적군이 닥쳐오는 상황에 놓였던 병사들의 심정은 이해가 가지만, 원로원까지 마크리누스의 황제 취임을 간단히 승인한 것은 원로원 의원들이 카라칼라를 싫어했기 때문이다. 그리고 마크리누스는 메소포타미아에서 로마로 보낸 편지에서 마르쿠스 아우렐리우스의 통치를 본받겠다고 말했다. 또한 카라칼라가 정한 상속세와 노예해방세의 세율 10%를 다시 5%로 되돌리는 법률을 제정해달라고 요구했다. 이 두 가지 세금의 세율이 두 배로 인상되어 손해를 본 것은 부유층이고, 원로원 의원들은 바로 부유층에 속해 있었다. 또한 신분이 낮은 황제라면 원로원에 신경을 쓰지 않을 수 없고, 원로원이 황제를 마음대로 조종할 수 있다는 생각도 있었을 것이다. 하지만 파르티아군과 맞닥뜨리게 된 마크리누스 쪽에서는 일이 그렇게 간단히 돌아가지는 않았다.

마크리누스 황제(217~218년 재위)

카라칼라의 죽음을 사고사로 위장하고 카라칼라 신격화를 원로원에 요청한 이상, 마크리누스(Marcus Opellius Macrinus)도 속으로는 어떻게 생각하든 간에 카라칼라가 시작한 파르티아 전쟁을 계속할 수밖에 없다. 하지만 지금까지는 권력의 공백을 피하기 위해 황제가 죽으면 바로 다음 황제가 취임했는데 이번에는 취임까지 사흘을 허비한 데다, 새 황제가 각 군단의 사령관을 소집하여 협의하는 동안 또 날짜가 지나서 적의 본거지를 공격하는 것은 아예 생각도 못할 일이 되어버렸다.

오히려 파르티아군이 로마군에 접근해왔다. 파르티아를 공격할 작정이었던 로마군이 거꾸로 파르티아군을 맞아 싸워야 할 처지가 된 것이다. 그래도 병력을 집결하기는 했지만, 회전을 벌이기 전에 일단 시간을 벌려고 했다. 파르티아 진영에 사절을 보내 강화를 요구했지만,

로마 쪽 사정을 눈치챈 파르티아 국왕의 대답은 예상을 뛰어넘었다.

로마가 메소포타미아 전역에서 군대를 철수한다면 강화를 맺어도 좋다는 것이었다. 메소포타미아는 유프라테스강과 티그리스강 사이에 끼어 있는 땅 전체를 가리키는 명칭이다. 메소포타미아에서 철수하라는 말은 유프라테스강 서쪽으로 물러가라는 뜻이다. 그러면 80년 전에 하드리아누스 황제가 정한 로마 제국과 파르티아 왕국의 경계선으로 돌아가게 된다. 마르쿠스 아우렐리우스와 세베루스 황제가 많은 희생을 치르고 얻은 북부 메소포타미아를 포기하라는 것이다. 마크리누스는 아직 자기 실력을 보여주지도 않았고, 카라칼라처럼 전임 황제의 아들이라는 정통성도 갖고 있지 않다. 파르티아의 조건을 받아들이면 병사들이 반란을 일으킬 것은 뻔했다.

결국 여름이 다가올 무렵, 세베루스 황제가 로마와 파르티아의 국경으로 정한 메소포타미아 북동쪽의 니시비스(오늘날 터키 남동부의 누사이빈) 근처에서 로마와 파르티아의 1차전이 벌어졌다. 무슨 까닭인지, 이 시대의 로마와 파르티아를 가르는 국경선은 오늘날 시리아와 이라크의 국경선과 일치한다.

로마군이 지휘 계통을 통일하지 못한 사정도 있어서, 고대의 양대 강국이 격돌한 1차전은 승패를 가리지 못하고 무승부로 끝났다. 하지만 전투를 우세하게 진행한 것은 파르티아 쪽이었다. 가을로 접어든 뒤에 벌어진 2차전에서도 승패를 가리지는 못했지만, 시종일관 우세를 차지한 것은 이번에는 로마 쪽이었다.

가을빛이 감돌 무렵이 되면, 대단한 일이 일어나지 않는 한 자연히 휴전에 들어간다. 양쪽이 진지를 걷어치우고 겨울 숙영지로 물러간다. 파르티아 국왕도 수도로 돌아갔지만, 로마 황제인 마크리누스는 카라칼라처럼 이듬해 봄이 오면 당장이라도 전투를 재개할 수 있도록 전쟁터 근처에 숙영하면서 겨울을 난 것이 아니라 곧장 안티오키아로 돌아가버렸다. 전선기지보다 쾌적한 대도시에서 겨울을 나고 싶었는지도 모른다. 그것도 참모의 한 사람이 아니라 황제로서. 하지만 안전하고 쾌적한 로마 영토 깊숙한 곳에 겨울철 숙영지를 정한 것은 무엇보다 개인적인 만족을 위해서였을 뿐이라고 말할 수는 없었다. 병사들의 숙영지도 메소포타미아가 아니라 시리아 내부에 분산시켰다. 이것은 이듬해 봄에 전투를 다시 시작할 것을 염두에 둔 겨울나기가 아니었다.

철수

실제로 218년 봄이 되어도 전쟁은 재개되지 않았다. 겨울을 이용하여 강화교섭이 은밀히 진행되고 있었다.

마크리누스는 하루라도 빨리 수도 로마에 가서, 자신에게 호의를 보이는 원로원의 도움을 얻어 제위를 확실하게 굳히고 싶었다.

파르티아 국왕도 형을 죽이고 얻은 왕위를 탄탄히 다지기 위해 내정에 전념하고 싶었다.

두 사람의 이해관계가 일치한 것이다. 하지만 마크리누스가 진행한 것은 외교가 아니었다. 외교는 되도록 적게 '주고' 되도록 많이 '받는' 기술이지만, 마크리누스는 상대의 요구를 모두 들어주더라도 빨리 교섭을 매듭짓자는 자세였기 때문이다. 결국 파르티아 국왕이 내건 조건을 모두 받아들여 간신히 강화를 맺을 수 있었다.

카라칼라가 볼모로 잡고 있었던 파르티아 국왕의 어머니를 돌려보냈다.

액수는 알 수 없지만 배상금도 지불했다.

그때까지 전투에서 로마가 손에 넣은 전리품도 모두 파르티아에 돌

마크리누스

려주었다.

왕의 요구에 따라 아름답게 세공한 금관도 선물했다. 오리엔트에서 그때까지 금관을 선물받은 '서방인'은 알렉산드로스 대왕과 로마 황제들이었다. 어제까지의 적에게 금관을 선물하는 행위는 순종의 뜻을 보인 것과 마찬가지로 받아들여졌기 때문이다.

파르티아 국왕은 로마가 메소포타미아 지방에서 완전 철수할 것을 강력하게 주장하면서 한 걸음도 양보하지 않았고, 이 요구도 물론 받아들여졌다. 세베루스 황제 시대에 공식으로 로마 속주가 된 지 20년이 지난 북부 메소포타미아는 다시 파르티아의 지배를 받게 되었다. 그 땅에 배속되어 있던 2개 군단도 시리아로 철수하여, 새로 선정된 주둔지로 보내졌다.

이로써 로마 제국의 속주인 메소포타미아 지방에 있는 도시들까지 40년 만에 로마 치하에서 벗어나 다시 파르티아의 지배를 받게 되었다. 하지만 에데사, 카라이, 니시비스, 싱가라 같은 도시의 유력한 시민들은 대부분 그리스인이다. 근원을 더듬어 올라가면 알렉산드로스 대왕의 동방 원정으로 시작된 헬레니즘 시대에 서방에서 이주해온 그리스인이 건설한 도시였다. 오리엔트화한 지 오래된 그리스계 주민은 오로지 통상에 종사했기 때문에, 지배자가 로마든 파르티아든 별로 영향을 받지 않는다. 지배자가 누구로 바뀌든, 전쟁터만 되지 않으면 좋다고 생각한다.

하지만 그래도 역시 로마의 지배를 더 환영한 모양이다. 로마의 지배 방식이 합리적이고, 그래서 장사 계획을 세우기 쉬운 체제였기 때문인지도 모른다. 로마 황제들은 속주민을 거의 부역에 동원하지 않았지만, 오리엔트의 전제군주에게 피지배계급은 필요하면 언제든지 징용할 수 있는 노동력이었다. 메소포타미아 지방은 그 후에도 종종 로마 제국과 파르티아, 다음에는 로마와 사산조 페르시아의 전쟁터가 되지만, 로마 제국이 버리지 않는 한 그들은 항상 로마 편에 서서 싸웠다. 하지만 218년에는 로마가 그들을 버렸다.

참고로 '메소포타미아'는 기원전 4세기 무렵부터 역사책에 얼굴을 내밀기 시작한 그리스어 낱말로, 두 강(유프라테스와 티그리스) 사이의 지역이라는 뜻이다. 오늘날에는 시리아 영토인 북서부를 제외하면 모두 이라크 영토가 되어 있다. 고대에는 '서방'(옥시덴트)과 '동방'(오리엔트)의 두 세력이 항상 격돌한 땅이었다. 고대 페르시아든 파르티아든 동방 제국의 주요 도시들은 이 지역에 집중되어 있었기 때문이다. 로마가 이 지방에서 철수하는 것은 동방에서 보면 서방 세력의 후퇴를 의미했다.

마크리누스 황제도 이런 사정은 알고 있었을 테지만, 이만한 대가를 치르고라도 강화를 맺고 싶었을 것이다. 하지만 그것이 그에게는 돌이킬 수 없는 실패의 원인이 되었다. 황제는 속주 메소포타미아를 포기하라는 요구를 받아들였지만, 병사들은 받아들일 수 없었다. 병사들의 이런 심리 변화를 마크리누스도 알아차린다. 하루라도 빨리 수도 로마로 떠나기 위해 서둘러 강화를 맺었는데, 강화를 맺은 뒤에도 출발할 수 없게 되어버렸다. 그리고 마크리누스가 제위에 오를 수 있도록 도와준 것을 후회하기 시작한 병사들의 동요를 주의 깊게 지켜보는 여인이 하나 있었다.

시리아의 여자

지방 출신이 권력자의 지위에 오르면 일족이 모두 중앙으로 진출하는 것은 동서고금을 막론하고 언제 어디서나 변함없는 현상이다. 193년에 셉티미우스 세베루스가 즉위한 뒤에도 똑같은 현상이 일어났다. 황후가 된 율리아 돔나에게는 율리아 마이사라는 여동생이 하나 있었는데, 그 율리아 마이사도 고향 시리아를 떠나 로마의 팔라티노 언덕 전체를 차지한 웅장한 황궁에서 살게 되었다. 시리아의 태양신을 모시는 사제의 딸도 이제 황제의 처제였다. 결혼 상대도 원로원 의원이었다. 언니인 돔나는 카라칼라와 게타라는 두 아들을 낳았지만, 동생 마이사는 딸 둘을 낳았다. 이 두 딸도 일찌감치 로마에서 결혼하여 아들을 하나씩 낳았다. 다만 두 딸은 결혼한 뒤 시리아 근무를 명령받은 남편을 따라 시리아로 돌아갔고, 아들들은 시리아에서 태어났다. 그래도 어쨌든 황제의 처조카니까, 다른 시리아 여자들과는 다른 대우를 받았을 것이다.

이처럼 일족의 여자가 황제와 결혼한 덕분에 시리아의 도시 에메사의 제사장 일가는 제국의 지배계급에 들어갔고, 그 지위를 누구보다도 만끽한 사람은 황후 율리아 돔나의 여동생 율리아 마이사였다. 하지만

율리아 마이사

조카인 카라칼라 황제가 죽자 수도 로마에서의 화려한 생활도 막을 내렸다. 마크리누스 황제가 선제와 관계가 있는 사람은 모조리 수도에서 추방하라고 원로원에 요구했고, 카라칼라를 싫어한 원로원이 기꺼이 그 요구에 따랐기 때문이다. 카라칼라에게는 자식이 없고 어머니인 율리아 돔나도 자살했기 때문에 핏줄은 끊겼지만, 카라칼라와 가장 가까운 관계자인 율리아 마이사는 고향 에메사로 돌아갈 수밖에 없었다.

오늘날 시리아의 도시 홈스에 해당하는 고대의 에메사는 예부터 태양신앙의 중심지로 알려져 있었다.

태양신앙은 오랜 옛날부터 오리엔트에 있었던 종교의 하나로, 오리엔트에서 생겨난 종교들이 으레 그렇듯이 세습 사제라는 독립된 계급을 갖고 있었다. 20년 만에 고향으로 돌아온 율리아 마이사는 남편을 잃고 과부가 된 두 딸과 이제 소년으로 성장한 두 외손자의 환영을 받았다. 두 외손자 가운데 손위인 엘라가발루스는 열세 살의 나이에 벌써 조상 대대로 내려오는 직업인 제사장이 되어 있었다. 또 다른 외손자인 알렉산데르는 아직 아홉 살의 소년이었다. 제국의 수도 로마에서의 생활을 그리워하며 그것을 빼앗은 마크리누스를 타도하고야 말겠다고 속으로 굳게 맹세한 사람은 시리아에서 산 지 오래된 두 딸도 아니고 시리아밖에 모르는 두 외손자도 아니었다. 로마 생활을 20년 동안이나 만끽한 율리아 마이사였다. 그리고 기회는 예상했던 것보다 일찍 찾아온다. 휘하 병사가 하나도 없기 때문에, 율리아 마이사가 세운 계략은 참으로 교묘했다.

에메사는 오리엔트적 종교인 태양신앙의 중심지라는 것으로도 알 수 있듯이 로마에 정복되기 전부터 존재한 도시다. 서쪽으로 70km만 가면 지중해에 이르고, 북쪽으로는 그 두 배의 거리를 가면 안티오키아에 이른다. 동쪽으로 가면 사막을 가로지르게 되지만, 팔미라를 지나 두라 에우로푸스까지 가면 유프라테스강변에 설 수 있다. 남쪽으로는 다마스쿠스와 필라델피아(오늘날 요르단의 수도 암만)를 지나 아카바에서 홍해로 빠질 수도 있다. 이렇게 동서남북 어디로도 통해 있는 에메사의 중요성을 전략적 사고에서는 타민족을 압도하는 로마인이 못 보고 넘어갈 리가 없다. 실제로 시리아-팔레스티나 지방의 로마 도로망은 에메사를 축으로 하여 사방팔방으로 뻗어 있다. 이런 전략적 요충은 군단을 주둔시켜 지킬 필요가 있지만, 에메사는 오리엔트 사람들의 도시였다.

로마 시대의 도시들 가운데 군단기지와 주민의 거주구역이 근접해 있는 빈이나 부다페스트, 스트라스부르 같은 도시는 군단기지가 먼저 건설되고 거주구역은 나중에 그 근처에 생겨났다. 군단기지의 존재가 일반 사람들을 끌어들인 것이다. 이런 유형과는 반대로 로마가 정복하기 전부터 사람들이 살고 있는 도시일 경우, 로마인은 전략적 요구를 충족시키기 위해 주민을 강제로 몰아내고 그 자리에 기지를 건설하는 짓은 하지 않았다. 기존 도시에서 조금 떨어진 곳에 군단기지만 건설했다. 쓸데없이 주민을 자극하지 않기 위해서지만, 한나절 행군으로 도착할 수 있는 거리라면 무슨 일이 일어났을 때 당장 달려갈 수 있기 때문이고, 근처에 군단기지가 존재하는 것만으로도 주민들에게 무언의 압력을 줄 수 있었다. 중동 전역에 뻗어 있는 로마 도로망의 축 가운데 하나인 에메사의 경우, 40km도 떨어지지 않은 라파네아에 제3갈리카 군단이 상주해 있었다.

로마 제국 안전보장의 기본 이념은 물론 다민족·다종교·다문화 국가인 제국 전체의 안전을 지키는 것이었지만, 구체적으로는 각자 자기가 태어나서 자란 고장을 지키겠다는 마음의 총화로 성립되어 있다. 따라서 전시에 이동하는 경우를 제외하면 기본적으로 각 군단은 정해진 기지에 상주한다. 군단병과 현지 여자의 결합은 완전히 인정되고, 그 사이에 태어난 아이가 군단병이 되는 것도 환영했다. 그것은 제국 전체의 방위라는 추상적 이념보다는 자기가 태어난 고장을 지키겠다는 구체적인 생각이 사람의 마음을 묶어놓는 데 효과적이라는 사실을 로마인들은 알고 있었기 때문이다. 이런 현실적 시야가 로마의 안전보장체제를 떠받치는 토대라는 것을 생각하면, 초대 황제 아우구스투스 시대의 25개 군단이 250년 뒤인 셉티미우스 세베루스 시대에도 그대로 존속한 이유를 납득할 수 있을 것이다.

하지만 군단을 정착시키는 것이 기본 방침이라 해도, 각 방위선이 갖는 중요성의 변화에 따라 군단기지를 옮겨야 할 경우도 많았다. 세베

아퀼라

루스 황제 시대에는 전체 군단이 33개로 늘어나 있었는데, 그 대부분이 250년 동안 서너 번은 주둔지를 바꾸었다. 한 번도 주둔지를 바꾸지 않고 계속 같은 곳에 주둔한 군단은 아우구스투스 시대부터 존재한 25개 군단 가운데 2개밖에 없었다. '서방'에서는 라인강 북쪽의 게르만족한테서 로마를 지키는 마인츠의 제22프리미게니아 군단, '동방'에서는 유프라테스 강 건너편에 있는 파르티아 왕국의 동태에서 한시도 눈을 떼지 않는 라파네아의 제3갈리카 군단이다. 시리아 속주 전체에 주둔해 있는 3개 군단 가운데 250년 동안 한 번도 다른 곳으로 옮기지 않고 시리아에 계속 주둔한 것은 제3갈리카 군단뿐이었다.

명칭만 보아도 알 수 있듯이, 제3갈리카 군단이 처음 편성되었을 때는 갈리아 출신 병사들로 구성되어 있었을 것이다. 하지만 그것도 250년 동안 현지화와 혼혈화가 진행되어, 이제 태반이 시리아 출신 병사들로 채워져 있었을 것이다. 하지만 이런 조직에서는 전통이 중요시된다. 역사와 전통을 의식하고 소속 군단의 이름만 대면 누구에게나 통하는 것은 인간이 가진 소속감을 만족시키고, 따라서 조직에 대한 충성심을 불러일으키는 데에도 효과적이기 때문이다. 그래서 은독수리를 끝에 매단 통칭 '독수리'(아퀼라)라는 군단기도 은제 독수리 밑에는 각 군단의 상징인 동물 모형이 달려 있다. 이 군기 밑에서 싸우는 병사는 그 군단에 소속된 병사인 동시에, 어디 출신이든 관계없이 은독수리 깃발을 내걸고 싸우는 한은 로마 제국의 전사였다.

이런 배경을 생각하면, 제3갈리카 군단 병사들이 같은 시리아에 주둔해 있는 다른 군단 병사들보다 강한 자부심을 갖고, 파르티아에 맞서 로마를 지킨 것은 우리라는 의식이 더 강했던 것은 당연하다. 그런 그들이 파르티아에 대한 마크리누스 황제의 저자세 외교에 참을 수 없는 울분을 느낀 것도 역시 당연한 일이었다. 이 제3갈리카 군단에 마크리누스를 타도할 마음을 품은 율리아 마이사가 접근했다.

제위 탈환

군단기지가 있는 라파네아에서 에메사까지는 말을 달리면 4시간 만에 도착할 수 있다. 에메사는 그 일대에는 하나뿐인 도시다운 도시이기도 하다. 제3갈리카 군단 장병들도 기분전환을 위해 에메사를 찾을 때가 많았을 것이다. 그들이 그 무렵에 자주 찾아가게 된 곳이 율리아 마이사의 저택이었다. 선제 카라칼라의 이모니까 군단장과 장교들도 방문할 이유는 있었다.

율리아 마이사는 장교들에게 열네 살이 된 외손자 엘라가발루스를 소개했다. 그리고 말했다. 이 아이의 친아버지는 내 딸 소아이미아스의 남편이 아니라 사촌인 카라칼라라고. 물론 거짓말이지만, 인간은 사실이니까 믿는 것이 아니라 사실이기를 바라는 마음만 있으면 믿어버린다. 생전의 카라칼라는 병사들에게 인기가 있었다. 제3갈리카 군단 장병들은 마크리누스를 타도하러 나설 구체적인 명분을 얻게 되었다.

제3갈리카 군단을 자기편으로 끌어들인 뒤에는 일이 아주 순조롭게 진행되었다. 에메사에서 북쪽의 안티오키아로 올라가는 길에 아파메아라는 도시가 있다. 마크리누스 황제는 파르티아와 강화를 맺은 뒤 메소포타미아 속주에서 철수한 제1파르티카 군단과 제3파르티카 군단 장병들을 주둔지가 결정될 때까지 이 아파메아에 놓아두었다. 2개 군단을 한 기지에 주둔시키는 일은 없었으니까, 일시적인 조치였던 것은 분명하다. 그런데 이 2개 군단 장병들도 이유는 다르지만 제3갈리카 군단 장병들과 마찬가지로 마크리누스를 경멸하고 있었다. 그들에게는 훨씬 직접적인 이유가 있었다. 마크리누스가 포기한 메소포타미아 속주를 얼마 전까지 지킨 것은 그들이기 때문이다. 20년 동안이나 최전방을 지켰는데, 강화조약으로 결정된 일이니까 철수하라는 한마디로 그 노고가 백지상태로 돌아가버렸다. 너희들 인생은 헛되었다는 말을 들은 거나 마찬가지다. 그들이 제3갈리카 군단의 유혹에 넘어가는 것은 시간문제일 뿐이었다.

율리아 마이사가 비록 악녀라 해도 현명한 여자였던 것은 자기편을 더 늘리려고 시간을 낭비하지 않은 것만 보아도 분명하다. 218년 5월 15일 해질녘, 외손자 엘라가발루스를 데리고 남몰래 에메사를 떠난 이 여인은 40km 떨어진 라파네아 군단기지로 갔다. 제3갈리카 군단장이 일행을 맞았다. 열네 살 소년이 병사들에게 소개된 것은 이튿날 아침이었다. 준비는 모두 갖추어져 있었기 때문에, 대대장 한 사람의 발의로 시작하여 백인대장 몇 명이 거기에 찬성하고 마지막에는 병사 전원이 엘라가발루스(Elagabalus)를 황제로 추대하는 환호성을 지르는 것까지 모두 예정대로 진행되었다.

시리아 속주의 주도인 안티오키아에 있던 마크리누스가 그 사실을 아는 것은 빨랐지만, 토벌군을 조직하는 데 시간이 걸렸다. 그 사이에 율리아 마이사는 제3갈리카 군단에 제1파르티카 군단과 제3파르티카 군단까지 가세한 병력을 아파메아까지 진격시켰다.

마크리누스 쪽에서는 겨우 모은 병력을 근위대장이 이끌고 안티오키아를 떠났지만, 아파메아까지 남하했을 때 엘라가발루스파의 3개 군단과 마주친다. 여기서 로마군 병사들끼리 싸울 판이었지만 실제로는 그렇게 되지 않았다. 포진을 끝낸 마크리누스파 장병들이 볼 수 있도록 군장을 갖춘 엘라가발루스가 가까운 언덕 위에 올라섰고, 그 옆에 죽은 카라칼라의 전신상이 세워졌다. 이것을 본 마크리누스파 장병들은 누가 시킨 것도 아닌데 모두 무기를 버렸다. 양쪽 병사들은 서로 다가가서 얼싸안고, 같은 편끼리 싸우지 않게 된 것을 자축했다. 이날의 사망자는 근위대장 한 사람뿐이었다. 그가 살해된 이유는 그를 그 자리에 앉힌 사람이 마크리누스라는 것뿐이었다.

병사들한테 버림받은 마크리누스는 안티오키아에 머무는 것도 위험해졌다. 그래서 도망쳤다. 목적지는 까마득히 먼 로마였다. 자신에게 호의적인 원로원이 있는 로마에만 가면 어떻게든 될 거라고 생각했는지도 모른다. 하지만 배를 준비하면 탈출을 숨길 수 없으니까 배를 탈 수는 없는 노릇이었다. 육로를 이용할 수밖에 없는 마크리누스는 국영 우편마차를 호위하는 병사로 변장하여 안티오키아를 탈출한다. 이제 제국 동방의 병사들은 모두 그의 적이 되어 있었다. 권력자는 설령 미움을 받더라도 경멸당하는 것만은 절대로 피해야 한다. 그런데 파르티아에 대한 저자세 외교로 그가 얻은 것은 경멸뿐이었다.
도피행은 소아시아의 비티니아 속주까지 왔을 때 막을 내렸다. 가도를 경비하는 병사들한테 들켜버린 것이다. 우편마차에서 뛰어내려 달아나려 했지만, 쫓아온 병사들에게 살해되었다. 병사들이 상관에게 보고해야 하는 의무를 생각해낸 것은 혐오감에 사로잡혀 모두 마크리누스를 마구 찔러버린 뒤였다. 마크리누스 황제의 통치는 겨우 1년 만에 끝났다. 그는 자신이 다스리는 제국의 수도 로마에 황제로서는 한 번도 발을 들여놓지 못한 채 죽었다.

제2장(서기 218~235년)

엘라가발루스 황제(218~222년 재위)

동서에 걸친 로마 제국에 처음으로 '동방' 출신 황제가 등장했다. 속주 출신 황제를 로마인들이 저항 없이 받아들인 지 벌써 120년이 지났지만, 에스파냐 태생인 트라야누스와 하드리아누스, 북아프리카 태생인 세베루스와 그의 아들 카라칼라 등 지금까지 제위에 오른 속주 출신 황제는 모두 제국의 '서방' 출신이었다. 겨우 1년짜리 황제였던 마크리누스도 북아프리카 태생이다. 엘라가발루스는 태어난 곳도 자란 곳도 시리아 속주였고, 오리엔트의 종교인 태양신앙의 제사장이기도 했다.

게다가 카라칼라 황제가 젊었기 때문에, 엘라가발루스의 어머니인 소아이미아스는 제위가 제 아들한테 굴러들어올 줄은 미처 예상치 못했을 것이다. 그래서 엘라가발루스는 제사장이 되기 위한 교육만 받은 것 같다. 요컨대 장차 제국의 지도층에 가담할 것을 예상한 교육은 전혀 받지 않았다는 뜻이다. 더구나 다른 호기심을 만족시킬 만한 시간도 환경도 주어지기 전에 열네 살의 나이로 덜컥 황제가 되어버렸다. 트라야누스나 하드리아누스, 세베루스 같은 과거의 속주 출신 황제, 심지어는 카라칼라조차 자신은 에스파냐인이나 북아프리카인이 아니라 로마인이라는 긍지를 갖고 있었지만, 엘라가발루스에게 그런 기개는 기대할 수 없었다. 그는 어디까지나 시리아인이었고, 거기에 털끝만큼도 의문을 품지 않았다. 로마 황제가 된 이상 어느 누구보다도 철저한 로마인이 되어야 한다는 생각은 그의 머리에 한 번도 떠오르지 않았던 모양이다.

그런데 황제가 된 뒤의 공식 이름이 마르쿠스 아우렐리우스 안토니누스 카이사르 아우구스투스(Marcus Aurelius Antoninus Caesar Augustus)니까, 누가 보아도 어울리지 않았다. 그래서 사람들은 황제와 얼굴을 마주했을 때는 황제의 호칭인 '카이사르'라고 부르지만, 뒤에서는 누구나 '엘라가발루스'라고 불렀다. 그 자신도 이 이름으로 불리는 것을 더 좋아했다. 시리아식 이름인 엘라가발루스는 '성소를 관리하는 자'라는 뜻이었기 때문이다. 황제가 된 뒤에도 그는 태양신을 모시는 제사장 신분을 내놓으려 하지 않았다.

열네 살의 황제는 이름만이 아니라 행동에서도 로마 황제라기보다 오리엔트의 군주를 연상시켰다. 무슨 일을 하든 느긋했다. 행동을 시작하는 것도 느리지만, 시작한 뒤에도 굼떴다. 많은 궁정인과 사제에다 악사들까지 가세한 행렬을 거느리고 다니니까 늦어지는 것도 당연했다. 그는 218년 4월 말에는 실질적으로 황제가 되어 있었지만, 원로원의 승인을 얻기 위해서는 로마에 가야 했다. 그런데 여행에 시간이 너무 오래 걸려서, 황제 일행이 로마에 도착한 것은 시리아를 떠난 지 무려 1년 5개월이 지난 이듬해 가을이었다.

219년 9월 29일, 부드러운 가을 햇살을 받으며 수도에 들어간 황제 일행을 맞은 로마 서민들은 깜짝 놀랐다. 열다섯 살이 된 새 황제는 로마식 군장으로 말을 타고 수도에 들어간 모양이지만, 바로 뒤를 따라간 것은 건장한 노예 여섯 명이 짊어진 가마였다. 비단 커튼이 사방에 드리워져 있는 그 가마에는 황제의 외할머니 율리아 마이사도 타고 있겠거니 하고 누구나 생각했지만, 커튼이 바람에 날렸을 때 언뜻 보인 것이 원뿔 모양 검은 돌뿐이었기 때문에 모두 아연실색한 것이다. 그것이 태양신앙의 상징인 신체(神體)라는 소문이 순식간에 퍼졌다. 에메사 신전에 안치되어 있던 신체를 엘라가발루스가 로마로 옮기겠다고 고집을 부렸다는 것이다.

로마인은 패자의 신에게까지 신전을 지어주는 다신교 민족이니까 새로운 신이 와도 놀라지는 않는다. 하지만 신전에는 신을 본뜬 신상을 세워도, 단순한 돌덩이를 참배 대상으로 삼지는 않았다.

인간의 나체만큼 아름다운 것은 없다고 믿었던 그리스인과 로마인은 그만한 가치는 오직 신에게만 바쳐져야 한다고 생각했기 때문에 그들의 신은 모두 나체로 표현되어 있다. 따라서 죽은 뒤에 신격화한 황제들도 나체로 표현된다. 발가벗은 황제상이 있으면, 그것은 그 황제가 죽은 뒤에 만들어진 것이다. 살아 있는 사람은 반드시 옷을 입은 모습으로 표현된다.

그래서 로마인은 전신이든 상반신이든 발가벗은 대리석 신상에 익숙해져 있었지만, 원뿔 모양의 검은 돌은 처음이었다. 이리하여 모두 어안이 벙벙해진 가운데 엘라가발루스 황제의 통치가 시작되었다.

태양신앙은 예부터 중동에 널리 퍼져 있었지만, 일신교라 해도 유대교나 기독교처럼 자신들이 믿는 신밖에는 인정하지 않고 그 점만은 절대 양보하지 않는 배타적인 일신교는 아니다. 그래서 이 종교도 모든 신을 용인한 로마인의 사고방식으로 보면 조금도 나쁠 게 없었고, 로마 제국의 한 종교로서 박해받지 않고 신자를 모을 수 있었다. 따라서

엘라가발루스

개인의 신앙에 머물러 있으면 문제는 없었을 것이다.

하지만 엘라가발루스는 이제 로마 제국 황제다. 그리고 로마 황제는 최고제사장도 겸하고 있다. 유피테르와 그의 아내 유노와 미네르바라는 세 주신(主神)만이 아니라 무엇이든 신으로 만들어버리는 로마인은 거국일치의 상징으로 '화합'(콩코르디아)까지 신격화했고, 로마인들이 국가 로마를 지켜준다고 믿는 그런 신들의 축제일에는 최고제사장인 황제가 제의에 앞장서야 한다. 로마는 전문적인 사제계급을 두지 않았기 때문에 특별한 제의용 복장은 없고, 평소에 입는 토가 자락으로 머리를 가릴 뿐이지만, 황제가 수도 로마에 있는 한 국가의 축제일에는 반드시 제의에 참석해야 했다.

그런데 엘라가발루스 황제는 그 책무는 수행하겠지만 그런 제의보다 태양신에게 바치는 제의를 더 중시해야 한다는 주장을 굽히지 않았다. 그러기 위해서라도 신성한 신체를 안치할 태양신전을 반드시 건립해야 했다. 실제로 그 신전은 콜로세움이 바라보이는 팔라티노 언덕 한 귀퉁이에 건설되기 시작했다.

엘라가발루스가 아무리 오리엔트 방식에 매료되어 있었다 해도, 그를 비롯한 고대인의 특징은 다른 종교를 배척하지 않았다는 점이다. 태양신만 신이고 다른 신에 대한 신앙은 사교라고 몰아붙이지는 않았다. 다만 태양신앙이 유피테르나 미네르바에 대한 신앙보다 상위에 와야 한다는 것을 로마인에게 인정시키려고 필사적이었다. 하지만 로마인에게는 이런 노력이 로마인의 정신과 문화를 무시하고 저만 잘났다고 우쭐대는 것으로밖에 보이지 않았다.

로마의 서민들도 처음 얼마 동안은 이국의 풍속을 재미있어하며 구경했지만, 그들조차 불쾌해지는 일이 거듭되었다.

하나는 포로 로마노 안에 집까지 받은 여사제를 애인으로 삼았을 뿐만 아니라 그 직후에 버린 것이었다. 양갓집 규수 중에서 선발되는 여사제는 사제직을 맡는 동안은 처녀로 지내야 하는 의무를 지는 대신, 공식 행사에서는 황후보다 상석에 앉을 만큼 높은 지위를 누렸다. 그런데 엘라가발루스는 그런 여사제를 오리엔트 신전에 반드시 있는 무녀(巫女)처럼 다룬 것이다. 오리엔트에서는 그런 여자들이 신전을 참배하는 남자들에게 몸을 파는 것이 당연하게 여겨졌다. 그런데 로마에서는 여사제가 남자와 연애를 했다면, 구덩이에 생매장당하는 엄벌까지 각오해야 했다.

엘라가발루스 황제가 저지른 잘못은 수없이 많고, 연대기 작가도 오랜만의 일이라서 그것을 자세히 기록해주었지만, 일일이 열거하다 보면 앞으로 나아갈 수 없기 때문에 여기서는 한 가지만 더 소개하겠다. 그것은 이 황제의 동성애 성향이다.

로마인은 남자가 남자를 사랑하는 것을 칭찬하지는 않았지만 그렇다고 큰 소리로 비난하지도 않았다. 그리스 사회만큼 당당한 '시민권'

을 주지는 않았지만, 동성애자라고 해서 공직을 맡기에 부적당하다고는 생각하지 않았다. 하지만 그것도 동성애 관계에서 수동적인 역할을 맡지 않았을 경우다. 그런데 엘라가발루스는 많은 사람 앞에서 가까이 다가온 남자한테 아양을 떨고, 교태를 떤 눈길을 남자한테서 한시도 떼지 않고, 공식 행사가 끝날 때까지 남자의 손을 잡아 제 손에 포갠 채로 있었던 적이 한두 번이 아니었다. 원로원 의원들은 불쾌한 표정을 지었을 뿐이지만, 서민들은 잠자코 있지 않았다. 사람들이 비웃음과 야유를 퍼부어도, 오리엔트 방식이 좋다고 믿는 엘라가발루스는 전혀 개의치 않았다.

그러고도 용케 4년 동안이나 제위를 유지할 수 있었구나 하는 생각이 들지만, 역사가들은 그것을 뒤에서 엘라가발루스를 조종한 외할머니 율리아 마이사의 통치 덕분으로 돌리고 있다. 아마 그럴 것이다. 하지만 그보다는 제국의 국경 바깥쪽이 조용했던 것이 엘라가발루스가 제위를 유지할 수 있었던 진짜 요인이 아닐까 하고 나는 생각한다.

파르티아 왕국은 국내 사정이 절박해서 로마를 공격할 여유가 없었다.

북방 야만족도 카라칼라가 강화한 방위선을 돌파하여 로마 영토로 침입하기에는 아직 힘이 부족했다. 어쨌든 카라칼라가 국경의 방위시설을 강화했을 뿐만 아니라 국경을 넘어 적지에까지 쳐들어가 철저히 공격하는 적극전법으로 게르만 부족들을 혼내주었기 때문이다. 엘라가발루스가 그 시기에 제위에 오른 것은 참으로 행운이었다.

하지만 최고권력자가 스스로 무덤을 파는 것은 경박한 언동으로 남의 경멸을 샀을 때다. 엘라가발루스가 수도 로마에 들어간 해, 즉 그의 실질적 통치가 시작된 해로부터 2년 뒤인 221년, 이 오리엔트 스타일의 로마 황제를 단념한 것은 외할머니 율리아 마이사였다. 율리아 마이사는 황제에게 네 살 아래인 사촌동생 알렉산데르를 '카이사르'로 삼으라고 권한다. 카이사르의 칭호를 준다는 것은 곧 후계자로 지명했다는 뜻이다. 할머니는 엘라가발루스에게, 알렉산데르를 카이사르로 승격시키면 황제의 공무도 맡길 수 있으니까 너는 태양신을 섬기는 제사장의 직무에 전념할 수 있다고 말했다. 열일곱 살의 황제는 외할머니의 청을 승낙하고, 율리아 마이사의 또 다른 손자인 열세 살의 알렉산데르를 마르쿠스 아우렐리우스 세베루스 알렉산데르라는 이름으로 원로원에 정식으로 소개했다.

하지만 엘라가발루스는 얼마 후 이를 후회하기 시작한다. 공식 후계자로 결정된 알렉산데르를 찾아가는 원로원 의원과 유력자들이 늘어났고, 그것을 안 엘라가발루스가 차기 황제를 너무 일찍 결정했다고 후회한 것이다. 외할머니에게 '카이사르' 칭호 수여를 철회하겠다고 말했지만, 외할머니는 상대도 하지 않았다. 그러는 동안 해가 바뀌어 222년을 맞았다. 그 무렵 엘라가발루스의 머리를 차지하고 있었던 생각은 라이벌을 죽이는 것뿐이었다. 누군가를 암살하고 싶으면 눈에 띄지 않는 사람에게 은밀히 명령해야 하는데, 그는 근위대 사령관을 불러서 명령했다니까 제정신이 아니다. 그런데 사령관이 부하인 근위병들에게 명령한 것은 알렉산데르가 아니라 엘라가발루스를 죽이라는 것이었다.

222년 3월 11일, 열여덟 살의 황제는 황궁에서 붙잡혀 병사들의 조롱을 받으며 살해되었다. 시신은 팔라티노 언덕에서 포로 로마노로 질질 끌려가, 그곳에서 다시 시민들의 비웃음을 충분히 받은 뒤 테베레 강까지 끌려가 다리 위에서 강물 속으로 던져졌다. 어머니인 소아이미아스도 이때 함께 살해되었다.

엘라가발루스의 죽음과 함께 수도 로마의 태양신앙과 그밖의 온갖 오리엔트 스타일도 말끔히 사라졌다. 팔라티노 언덕 한 귀퉁이에 세워진 태양 신전은 성난 유피테르 신에게 바쳐진 신전으로 바뀌었다. 하지만 그 원뿔 모양의 검은 돌은 시리아의 에메사 신전으로 돌아갔다. 로마인은 믿지 않았지만, 시리아에서는 많은 사람이 신으로 믿는 신체였다. 다신교는 남이 믿는 종교도 용인한다. 다른 종교를 용인하는 이상, 남의 신앙 대상을 파괴할 수는 없는 일이다. 요컨대 로마적인 사고방식으로는 절대로 해서는 안 될 일이었다. 신체는 원래 있던 곳으로 돌아갔다.

알렉산데르 세베루스 황제(222~235년 재위)

율리아 마이사가 그 후에도 황궁에 군림하고 싶으면, 이제 실패는 용납되지 않았다. 외손자 엘라가발루스와 딸 소아이미아스의 비참한 죽음도 이 시리아 여인에게는 지나간 과거일 뿐이었다. 과거는 과거로서 잊어버려야 한다. 작년에 알렉산데르를 '카이사르'로 지명해놓았기 때문에 제위 계승은 순조롭게 이루어졌다. 문제는 그다음이다. 새 황제의 외할머니와 어머니도 이번만은 긴밀한 공동작전을 펴서, 눈에 띄지 않게 일을 추진하자는 데 의견이 일치했다. 엘라가발루스의 전철을 밟아서는 안 되었다. 황제 자신이 참살당할 뿐만 아니라 모후까지 살해된 것을 보았기 때문이다. 다음에는 할머니까지 살해될 게 분명했다.

222년 3월 11일, 원로원의 승인을 얻어 정식으로 황제에 취임한 알

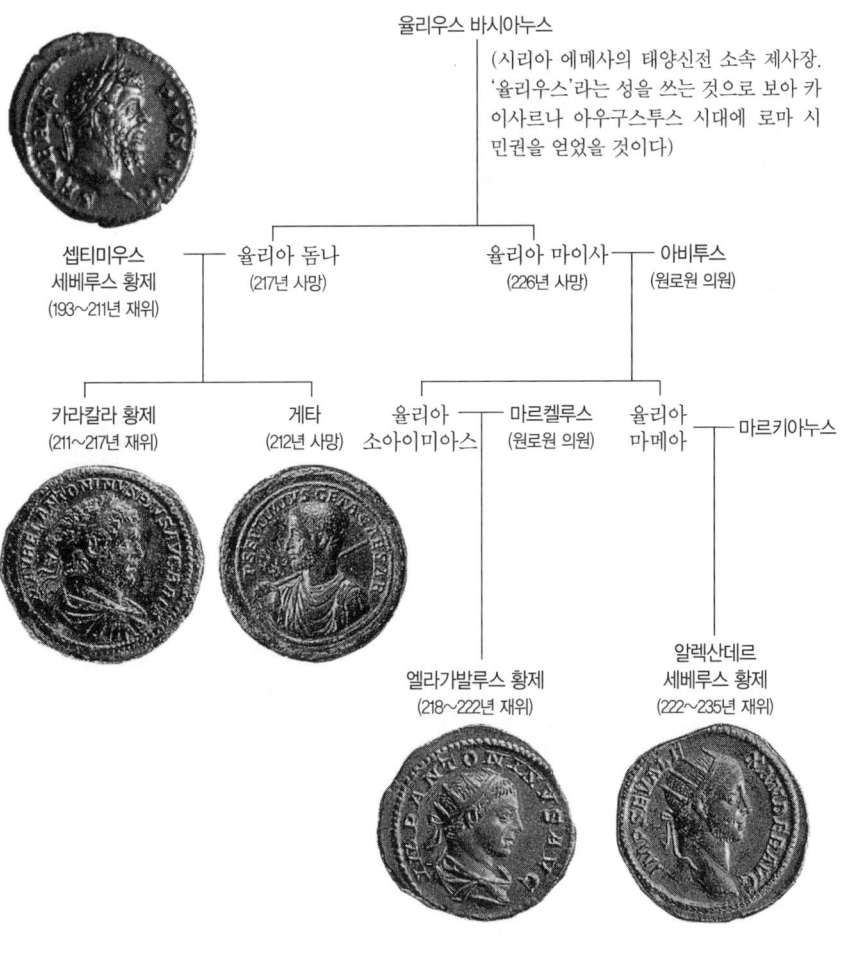

세베루스 왕조 세계도(世系圖)

알렉산데르 세베루스

렉산데르는 208년 10월 1일 시리아의 소도시 알카 카이사리아에서 태어났다. 셉티미우스 세베루스에서 시작되어 이 알렉산데르에서 끝나는 왕통을 역사에서는 '세베루스 왕조'라고 부르는데, 그 왕통에서 특히 눈에 띄는 것은 시리아의 에메사 출신 여자들의 활약이다. 알카 카이사리아도 에메사에서 그리 멀지 않고, 5km만 가면 지중해에 이른다. 이 일대에는 그리스인이 세운 도시가 많다. 주민도 유력한 계층은 그리스계와 유대계로 양분된다. 분위기는 '국제적인 동양풍'이라는 느낌이 강했다.

알렉산데르는 이런 곳에서 태어나 이런 분위기에서 자랐다. 교육은 엘라가발루스의 경우와 달리 그리스-로마식이었다. 로마 사회에서는 자녀 교육을 어머니가 담당했으니까, 어머니 율리아 마메아의 뜻이었을 것이다. 요컨대 알렉산데르는 태양신 제사장 집안에서 태어났지만, 제사장이 되기 위한 교육은 받지 않았다. 그가 태어난 것은 세베루스 황제 시대였으니까, 어머니 마메아는 이모부인 세베루스 황제나 사촌 오빠인 카라칼라가 통치하는 로마 제국에서 중요한 공직에 임명되어도 충분히 직무를 수행할 수 있도록 아들을 키웠을 것이다. 즉위할 때는 열네 살 생일을 반년 남겨둔 소년이었지만, 이 알렉산데르가 두 시리아 여인에게 남아 있는 마지막 카드였다.

황제가 된 뒤의 정식 이름은 마르쿠스 아우렐리우스 세베루스 알렉산데르(Marcus Aurelius Severus Alexander)였다. 이름을 이렇게 정한 첫 번째 목적은 세베루스나 카라칼라와의 혈연을 강조하는 것이었고, 두 번째 목적은 당시 로마인들 사이에서 선정으로 일관한 황제라는 데 의견이 일치했던 철인 황제 마르쿠스 아우렐리우스의 통치를 본받겠다는 의사를 표시하는 것이었다. 군대의 강력한 지지를 받은 것으로 알려진 세베루스와의 혈연을 강조한 것은 국경을 지키는 병사들에게 호감을 사기 위해서였고, 철인 황제의 통치를 본받겠다는 의사 표시는 원로원의 호감을 사기 위해서였다.

원로원은 즉석에서 알렉산데르의 제위 계승을 가결했다. 게다가 황제에게 주어지는 모든 권리를 열네 살도 채 안 된 이 소년에게 단번에 인정해주었다.

- 아우구스투스라는 존칭
- 로마군 최고사령관의 칭호인 '임페리움 프로콘술라레'
- 내정의 최고 책임자임을 나타내는 칭호인 '트리부니키아 포테스타스'
- 로마 제국이라는 대가족의 가장이라는 의미를 가진 존칭인 '파테르 파트리아이'(국가의 아버지)
- 원로원 회의에서 하루에 다섯 건까지 정책을 입안할 수 있는 권리

원로원과 항상 좋은 관계를 유지한 철인 황제를 본받겠다는 소년 황제의 선언을 원로원 의원들이 믿었기 때문은 아니다. 그들이 이렇

게 서둘러 황제의 모든 권리를 인정해준 것은 군대가 움직이기 전에 알렉산데르의 즉위를 기정사실로 만들어두고 싶었기 때문이다. 마크리누스와 엘라가발루스는 국경을 지키는 병사들에게 인기가 없는 황제였다. 국경을 지키는 각 군단의 병사들이 엘라가발루스가 죽은 것을 알고, 자기네 총독이나 군단장을 저마다 황제로 추대하면 내란이 일어난다. 그것을 우려한 원로원이 내란을 회피하는 동시에 자신들의 기득권을 지키기 위해 아직 나이 어린 알렉산데르에게 황제의 모든 권리를 인정해준 것이다. 하지만 이것으로 군대의 움직임은 막을 수 있었다.

알렉산데르 황제는 미소년은 아니었지만 진지한 표정에 온화한 성품을 지닌 소년이었다. 그리고 그에게는 묘한 분위기가 있어서, 그를 만난 사람은 모두 보호자 같은 감정을 품게 되었다. 알렉산데르는 원로원 의원이든 총독이든 그보다 나이가 많은 사람은—그보다 어린 원로원 의원이나 총독은 한 사람도 없었지만—황제 앞에서도 의자에 앉는 것이 허용되는 관습을 되살렸다. 이 관습은 마르쿠스 아우렐리우스 황제 이후 쇠퇴해 있었다. 황제 앞에서 무릎을 꿇는 것은 '동방'의 관습이니까 '서방'인 로마에서는 찾아볼 수 없다. 하지만 황제 앞에서는 우선 누구나 서 있다. 그런데 알렉산데르는 원로원 의원쯤 되는 사람은 황제 앞에서도 의자에 앉아야 한다고 결정한 것이다.

로마 원로원은 공을 세우고 명성을 얻은 노인이 모이는 곳은 아니다. 선거로 의원이 되지 않는다는 점을 제외하면 현대 국가의 국회와 마찬가지다. 원로원이 가결하지 않으면 법률로 제정되지 않으니까 입법기관이라고 말할 수도 있었다. 로마 황제는 절대 권력을 부여받고 있었지만, 그 황제가 입안한 법률도 원로원이 가결하지 않으면 항구성을 보장받은 국가 정책이 되지는 않는다. 황제 혼자 결정한 정책은 잠정법으로 취급되어, 그 황제가 죽은 뒤에는 자연히 폐지된다. 자기 생각을 제국의 정책에 반영하고 싶으면 반드시 원로원에서 승인을 받아야 했다. 따라서 그 원로원과 좋은 관계를 유지하는 것은 행정의 최고 책임자인 황제에게는 대단히 중요한 일이었다. 원로원 의원에 대한 알렉산데르의 겸손한 태도는 즉위하자마자 의원들의 호감을 얻는 데 도움이 된 모양이다. 또한 소년 황제의 이름으로 시작된 몇몇 정책에 대해서는 의원들도 반대할 이유를 찾을 수 없었다.

법학자 울피아누스

이번만은 신중하게 일을 추진하기로 결정한 율리아 마이사는 우선 외손자인 황제가 모든 일을 의논할 수 있는 상담역으로 고명한 로마법 전문가인 울피아누스를 등용했다.

도미티우스 울피아누스는 오늘날 레바논 영토인 지중해 연안의 항구도시 티루스에서 태어났다. 아마 그리스계의 동방 사람일 것이다. 성이 울피아누스인 것으로 보아 트라야누스 황제 시대에 로마 시민권을 얻고 그 황제의 성까지 나누어 받은 집안에서 태어난 모양이다. 로마 태생도 이탈리아 태생도 아닌 사람이 로마법 전문가가 된 것도 재미있지만, 속주 태생이라도 로마 시민권만 갖고 있으면 어떤 분야에서도 활약할 기회가 주어져 있었으니까 로마 제국은 정말로 국제적인 '레스 푸블리카'(국가, 공동체)였다.

또한 로마라는 '레스 푸블리카'가 갖고 있는 또 하나 재미있는 점은 자신들이 법체계를 만들어놓고도 법률을 사회와 동떨어진 서재의 학문으로 만들지 않았다는 점이다. 자녀에게 가르치는 교양과목에 수사

울피아누스상
(현재 로마의 대법원 앞 광장에
키케로를 비롯한 법률가들과
나란히 놓여 있다)

학·논리학·기하학·역사·지리는 있는데 법률은 없다. 법률(lex)은 각기 다른 문화와 종교를 가진 사람들이 하나의 '공동체'를 형성하여 함께 살아가기 위해 꼭 필요한 규칙이라고 생각했기 때문이다. 로마인에게 법률은 가정에서는 식탁의 화제였고, 밖에서는 포룸의 공회당에서 매일 열리는 재판을 방청하며 실제로 배우고 익히는 것이었다.

따라서 로마에서는 법률 전문가라 해도 학자를 의미하지 않는다. 법률 전문가는 법무관이 되어 재판관을 맡거나 변호를 맡았고, 그밖에 무슨 일을 하더라도 공무와 결부된 실무에 종사하는 사람이었다.

다만 후세의 'jurist'(법학자) 같은 존재는 있었다. 그것은 법률에 관한 책을 저술한 사람을 가리킨다. 울피아누스는 수도 로마에서 풍부한 공직 경험을 쌓았을 뿐만 아니라 법률에 관한 책을 100권이 넘게 저술했다. 율리아 마이사는 외손자의 보좌관으로 법률에 밝은 실무가를 등용한 것이다. 그리고 오늘날 대통령 보좌관을 지내다가 국무장관이 되듯이, 울피아누스도 '황제 보좌관'(magister libellorum)과 '식량청장'(praefectus annonae)을 거쳐 마침내 황제의 최고 측근인 '근위대장'

(praefectus praetorio)에 같은 법률가인 파울루스와 함께 취임하게 된다. 근위대장은 마치 황제의 왼팔과 오른팔처럼 항상 두 명이 정원이었다.

율리아 마이사는 울피아누스가 공식 석상만이 아니라 사적인 자리에서도 항상 알렉산데르 황제 옆에 붙어 있게 했다. 두 사람은 마치 풀로 붙여놓은 것처럼 온종일 찰싹 붙어 지냈다. 특히 처음 몇 년 동안은 황제가 잠자리에 들 때까지는 어디에 가든 반드시 울피아누스가 동행했다. 얼마 후 울피아누스가 기관장에 취임한 뒤에도 황제의 저녁 식탁에 그의 모습이 보이지 않을 때가 없었다. 로마인의 생활 습관에서 저녁식사 시간은 하루에 한 번 있는 느긋한 시간이다.

울피아누스가 소년 황제에게 가장 크게 기여한 것은 황제와 원로원의 '2인3각' 통치 시스템을 부활시킨 것이다.

로마에는 초대 황제 때부터 이미 황제의 통치를 돕는 '콘실리움'이 존재했다. 콘실리움은 오늘날의 내각이다. 그런데 알렉산데르의 통치가 시작되자마자 여기에 섭정단 같은 기관이 병설되었다. '콘실리움'에서 결정된 법안은 원로원 의원 16명으로 구성된 이 섭정단의 승인을 받아야만 비로소 원로원에 회부되었다. 이 개혁이 원로원을 존중하겠다는 의사 표시인 것은 물론이다. 그때까지는 어떤 과정을 거쳐 정책이 수립되는지를 원로원이 알 수 없는 상태에서 법안이 원로원에 상정되었다. 그런데 이제는 정책을 입안하는 단계부터 원로원이 관여할 수 있게 된 것이다. 또한 알렉산데르는 활발한 토론을 환영한다고 거듭 밝혔기 때문에, 거의 독단으로 통치한 세베루스나 카라칼라 시대를 알고 있는 원로원 의원들은 마르쿠스 아우렐리우스 시대가 돌아온 것처럼 기뻐했다. 이것도 미숙한 소년 황제가 피할 수 없는 불신을 최대한 제거하기 위해 보좌관 울피아누스가 생각해낸 방책이었다. 그렇기는 하지만 불신을 없앨 필요가 있을 경우 최선책은 어디까지나 '공정'(justitia)이다. 공정한 정치로 원로원의 불신을 없앨 수 있다면, 군대에 이 방책을 적용하여 장병들의 불신도 없앨 수 있을 터였다.

로마의 위정자는 무엇이든 기록해두기를 좋아하는 사람들이었다. 그렇지 않으면 유럽과 중동과 북아프리카에 걸친 대제국을 다스리기가 불가능했기 때문일 것이다. 기록은 이제 거의 다 사라져버렸지만, 4세기 말부터 5세기에 걸친 「Notitia Dignitatum」만은 남아 있다. 굳이 번역하자면 「고위 공직자 명단」인데, 모든 공무원과 장교의 이름과 관직을 지방별로 나누어 기록한 문서다. 4세기 말부터 5세기까지는 제국의 말기인데, 그렇게 어수선한 시대에도 이런 자세한 기록을 작성했다면 '팍스 로마나'가 지배하던 초기와 중기에는 기록이 틀림없이 존재했다고 생각해도 좋을 것이다. 그렇다면 알렉산데르 황제가 이 두툼한 문서를 어디에나 갖고 다니면서 틈만 있으면 펼쳐놓고 외웠다는 『황제전』의 기술도 믿을 수 있지 않을까. 그중에서도 소년 황제가 특히 열심히 외운 것은 로마군에 관한 기록이었다.

그 문서에는 장교에 관한 모든 것이 근무 지방과 군단별로 기록되어 있었다. 경력·공훈·연령·포상 내역을 포함하여 모든 것이 기록되어 있었지만, 그것이 또 자주 바뀌니까 외우는 사람도 힘들었을 것이다. 하지만 알렉산데르는 그것을 모두 머리에 넣어두고 있었다고 한다. 장군과 이야기할 때는 그 장군 휘하 대대장의 이름을 금방 말할 수 있을 정도였다. 고지식하다고 해도 성격은 좋았던 모양이다. 하지만 이것은 장병들로 하여금 황제가 자신들한테 신경을 쓰고 있다고 믿게끔 하는 효과가 있었다. 진급도 전속도 공정하게 이루어지고 있다고 생각하면 사람은 쉽게 납득하는 법이다.

율리아 마이사의 후원을 얻은 울피아누스의 지도가 주효하여, 미숙한 황제였던 알렉산데르의 통치는 사람들의 마음에 신뢰감을 불러일으키게 되었다.

엘라가발루스 황제 시대에 기세등등했던 환관이나 수상쩍은 점쟁이나 배우들은 모두 황궁에서 쫓겨났다. 그들 중에는 엘라가발루스가 공직에 임명한 자들도 있었지만, 그들은 수도에서 추방되었다. 황궁에서 일하는 사람의 수도 크게 줄어들었다. 국가 재정을 다시 일으켜 세우기 위해 어쩔 수 없이 긴축을 한다기보다, 알렉산데르도 그의 '스승'인 울피아누스도 화려하고 떠들썩한 것을 싫어했던 모양이다. 화려한 연회는 옛날 일이 되었다.

젊은 황제인데도 사생활은 수수했다. 원로원 의원의 딸을 아내로 맞았지만 계집질은 하지 않은 모양이다. 그렇다고 해서 사교성이 없는 성격은 아니었다. 동년배 친구들과 한바탕 신나게 운동을 한 뒤에는 혼자 책을 읽으며 시간을 보내기를 좋아했다. 애독서가 플라톤의 『국가』와 키케로의 『의무론』뿐이라면 가엾은 생각도 들겠지만, 남녀의 사랑을 노래한 오비디우스의 시도 좋아했다니까 정상적인 젊은이의 독서였을 것이다. 하지만 수없이 되풀이해 읽은 책은 자기와 이름이 같은 알렉산드로스 대왕의 전기였다고 한다. 다만 이 영웅이 자주 보인 추태와 소년 시절부터 친구들에게 한 잔인한 행동에는 동의할 수 없다고 말했다니까, 반어적인 의미에서 정상적인 사람의 독후감이었다고 말할 수밖에 없다.

침실에는 존경하는 사람의 초상화를 장식해두었다. 그들은 소아시아 태생의 신피타고라스 학파 철학자인 아폴로니우스, 전설 속의 시인이고 하프의 명수였던 오르페우스, 유대 민족의 조상이라는 아브라함, 예수 그리스도까지 4명이었다고 한다. 이는 알렉산데르의 머리가 혼란스러웠기 때문이 아니라 로마 제국이 많은 이민족을 끌어안은 제국이었다는 것을 보여준다. 그래서 직사각형으로 길쭉한 네르바 황제의 포룸 양쪽에 죽은 뒤 신격화한 로마 황제들의 입상을 즐비하게 세워놓는 것도 모순이 아니었다. 신격화된 뒤에 만든 조각상이기 때문에 황제라도 모두 알몸이었던 것은 말할 나위도 없다.

6년간의 평화

알렉산데르 황제의 통치는 공정하고 온건했다. 그것은 울피아누스의 지도에 따른 것이기도 하지만, 그 자신의 성격을 반영하는 것이기도 했다.

공공사업 분야에서는 역대 황제들이 건물과 도로를 거의 다 완성했기 때문에 새로 공사를 할 필요는 없었지만, 보수작업은 항상 필요했다. 그 일을 성실하게 해낸 것은 칭찬해주어도 좋다. 때로는 토대부터 다시 세워야 하는 경우도 있었다.

수도 로마에서 두 번째로 규모가 큰 공중목욕장을 건설한 것은 네로 황제인데, 판테온 바로 옆에 있는 그 목욕장도 건설한 지 160년이 지났다. 160년 동안이나 사용할 수 있었던 것은 그 후의 황제들이 유지·보수를 게을리하지 않았기 때문이지만, 그래도 언젠가는 대규모 개조가 필요하다. 그 일을 한 사람이 바로 알렉산데르 황제였다. 그 후 이 거대한 목욕장은 최초 건설자인 네로와 재건자인 알렉산데르의 이름을 함께 붙여서 '네로 알렉산데르 목욕장'(Thermae Neronianae Alexandrinae)이라고 부르게 되었다.

역대 황제들이 항상 중요한 정책 가운데 하나로 꼽은 것은 수도에 사는 사람들의 식량을 보장하는 일이었다. 울피아누스는 그 조직을 재정비하는 작업에 직접 나서서 진두지휘를 맡았다. 100만이 넘는 인구를 거느린 대도시 로마에 항상 식량 공급을 보장하려면 그 일에 관여하는 모든 조직이 서로 긴밀한 관계를 유지하면서 제대로 기능을 발휘해야 한다. 그런데 식량 수송은 민간 기업이 도급을 맡고 있다. 상인은 국가를 위해서보다 이윤을 얻기 위해서 일한다. 로마 제국은 운수업을 국영화하지 않고, 항만시설을 완비하거나 관세 등의 세금을 경감하거나 배가 침몰할 경우 보상하는 등의 방법으로 운수업자를 우대하는 쪽을 택했다. 하지만 이런 우대책을 누릴 수 있는 것은 주식인 밀을 수송하는 운수업자뿐이고, 주식인 밀을 제외하면 로마 제국에서는 요즘 말하는 시장경제가 대세를 차지하고 있었다. 따라서 '식량'을 보장한다는 것은 곧 주식을 보장하는 것과 마찬가지였다. 그 '식량' 보장을 담당하는 '식량청장'에 취임한 울피아누스가 애쓴 보람이 있어서, 알렉산데르 치세 13년 동안 수도 로마는 식량 부족을 모르고 지냈다.

치안은 공정한 세제와 함께 선정의 근간이라고 나는 생각하지만, 알렉산데르 황제도 치안을 어지럽히는 자는 '레스 푸블리카'(국가, 공동체)의 적이라고 공언했다. 치안이 어지러워졌을 때 가장 큰 피해를 입는 것은 일반 시민이다. 권력자의 경호 비용은 국비로 충당된다. 부자는 자기 돈으로 경호원이나 경비원을 얼마든지 고용할 수 있다. 일반 시민은 그 어느 쪽도 아니니까 '국가'(레스 푸블리카)가 치안을 배려해야 한다.

로마 제국은 이 분야의 중요성을 잘 이해하고 있었다. 초대 황제 아우구스투스 때부터 이미 경찰 조직이 만들어졌다. 티베리우스 황제 시

'맹견 조심'이라고 쓰인 모자이크

대에는 도시만이 아니라 도시와 도시를 잇는 가도에도 '만시오네스'(역참)마다 경찰이 배치되었다. 국내의 안전도 보장하지 못하면 사람들은 여행을 떠나지 않게 되고 경작지에도 나가고 싶어 하지 않기 때문이다. 로마 시대에는 수도만이 아니라 속주 도시에도 권력자와 부유층이 모여 살면서 주위에 높은 돌담을 둘러치고 무기를 휴대한 경비원이 온종일 출입구를 지키는 구역은 한 군데도 없었다. 지금까지 그런 곳은 한 군데도 발굴되지 않았다. '팍스 로마나'는 외적을 막는 데 성공했기 때문에 실현된 평화만을 의미하지는 않는다. 내부의 적을 막아냈기 때문에 실현된 평화도 포함된다. '평화'(팍스)는 그 양쪽을 모두 보장할 수 있어야만 비로소 성립된다. 치안을 어지럽히는 자에 대해 로마 당국은 시종일관 엄벌로 대처했다. 알렉산데르 황제도 그것을 답습했을 뿐이다. 하지만 답습하는 것도 쉬운 일은 아니다. 강한 자각과 꾸준한 노력으로 그것을 지속할 필요가 있었다. 그의 치하에서는 살인범은 물론 강도도 엄한 처벌을 받았다. 일반 시민의 방범 대책은 적절한 문단속, 그리고 현관 앞 토방에 사납게 짖고 있는 개와 맹견을 조심하라는 글자를 모자이크로 새기는 정도에 그쳐야 한다.

치안 대책을 언급한 김에 알렉산데르 황제의 이름으로 남아 있는 또 다른 법률도 언급하고자 한다. 그것은 지금까지 줄곧 황제와 원로원이 갖고 있었던 사법상의 최종 결정권을 속주 총독에게 이양하는 법률이다.

로마사 전문가들이 이 법률에 주목하는 것은 이 법률 때문에 기독교도를 탄압하기가 쉬워졌다는 점이다. 법률이 제정된 지 20년 뒤부터 기독교도 탄압이 눈에 띄게 늘어났기 때문이다. 하지만 이 법률의 영향은 그 정도로 끝난 것이 아니라 훨씬 깊은 곳까지 미쳤다는 생각이 든다. 카라칼라 황제가 제정하여 사실상 노예 이외의 모든 사람에게 로마 시민권을 부여한 '안토니누스 칙령'이 뜻밖에도 로마 제국의 기반을 뒤흔들어버린 것과 마찬가지다.

로마에서는 공화정과 제정을 막론하고 로마 시민권자에게는 항소권이 인정되어 있었다.

속주에 사는 시민권자는 속주 총독에게 유죄 판결을 받아도 공화정 시대에는 집정관에게, 제정으로 이행한 뒤에는 황제에게 항소할 권리가 있었다. 사전에 따르면, 항소는 제1심 판결에 불복할 경우 상급 법원에 재심리를 요구하는 것이다. 제1심 재판은 속주 총독이 맡고 황제와 원로원은 상급 재판을 맡는 것이 로마 시대의 '사법'이었다.

그것을 보여주는 실례로 네로 황제 시대 사람인 성 바울을 들 수 있다. 성 베드로와 함께 기독교회의 양대 기둥인 이 인물은 로마 제국 동방에서 포교하다가 체포되었다. 사회 질서를 어지럽히는 가르침을 퍼뜨린다는 것이 로마 시대 기독교도가 받은 혐의였다. 바울도 역시 그 죄로 체포되어 유죄 판결을 받았지만, 로마 시민권자로서 항소권을 행사했다. 당연한 권리니까 로마 당국도 백인대장을 시켜 바울을 수도 로마까지 호송했다. 로마법에서는 최종 판결이 나오기 전까지는 죄인이 아니다. 지중해를 지나 서쪽으로 가는 항해는 길었다. 바울이 탄 배는 자주 기항했지만, 기항지에서 바울은 감옥에 들어가지 않고 출항할 때까지 그곳 신자의 집에서 손님으로 지냈다. 이런 대우는 이탈리아 본국에 들어간 뒤에도 달라지지 않았다. 로마 시민권자는 어디에서 무엇을 하든 로마법의 적용을 받는다는 이점이 있었다. 2천 년 전인 옛날치고는 빈틈이 없었던 로마법의 보호를 받을 수 있다는 것도 시민권을 갖지 않은 자에게 로마 시민권이 갖는 매력 가운데 하나였다.

이런 상태를 알렉산데르 황제의 법률이 바꾸어버린 것이다. 항소권도 상급 재판도 사실상 사라졌다. 법률가로서 공정함을 중시한 울피아누스가 황제를 받쳐주던 시기니까, 이 변화가 황제의 부담을 줄이려는 얕은 생각의 결과가 아닌 것은 분명하다. 하물며 20년 뒤에 표면화된 기독교 탄압책도 아닐 것이다. 현실적으로 처리할 수 없게 되었기 때문에 권한을 이양한 게 아닐까.

카라칼라 황제의 칙령에 따라 광대한 로마 제국에 사는 자유민은 유대계든 그리스계든 북방 야만족의 피를 이어받았든 관계없이 모두 로마 시민권을 갖게 되었다. 시민권자 수가 늘어나면서 항소하는 사람의 수도 늘어났을 것이다. 카라칼라 이전의 황제들도 밀려드는 항소를 처리하는 데 상당한 시간을 소비하고 있었다. 물론 황제의 임무는 수도 로마에 있는 상급 법원장에게 처리 방침을 시사하는 것이었지만, 그래도 시간이 필요했다. 도나우 전선에서 마르쿠스 아우렐리우스가 낮에는 전쟁터에서 총사령관의 임무를 수행하고 밤이 되어야 비로소 사법 관계 업무를 처리한 정경을 생각해보라. 치세의 절반 이상을 제국 전역을 순행하면서 보낸 하드리아누스를 어디에나 따라다닌 것이 바로 이 '사법'이었다.

로마 시민권자의 수가 계속 늘어났다 해도 아직 소수파였던 시대의 실태는 그러했다. 그런데 카라칼라 황제가 시민권 잔치를 베푼 뒤 항소가 폭주하여 사법 기능이 정지했다고 해도 이상할 게 없다. 카라칼라의 칙령이 나온 지 15년 뒤에는 도저히 처리할 수 없는 상태가 되었을 것이다.

하지만 그 후 로마인은 항소권을 잃고 말았다. 이것도 전원에게 주어졌기 때문에 오히려 전원이 잃어버린 예였다. 물론 나하고는 다르게 생각하는 사람이 있는 것도 당연하다. 그들은 아마 이렇게 말할 것이다. 일부만 누리는 권리는 모두가 누리지 않는 편이 옳다고. 원래 로마 시민권은 기득권이 아니라, 얻으려고 생각하는 자에게는 문호가 열려 있는 취득권이라는 데 특징이 있었다. 그것을 중시하는 것은 자유주의적 관점이다. 그 자유주의적 견지에 서 있던 '취득권'을 '기득권'으로 바꾼 것이 카라칼라의 '안토니누스 칙령'이었다. 로마는, 로마가 로마인 이유를 제 손으로 조금씩 잃어가고 있었다.

항소권이 사실상 폐지된 책임을 알렉산데르 황제에게 돌릴 수 없는 이유도 여기에 있다. 모든 것이 카라칼라의 칙령이 낳은 당연한 귀결이었기 때문이다. 알렉산데르로서는 직무를 성실히 수행하려고 하면 할수록 일을 처리할 수 없는 정도가 심해지는 현상을 어떻게든 타개할 수밖에 없었을 것이다. 속주 총독들이 그것을 점수따기에 이용할 기회로 삼는다 해도.

알렉산데르 세베루스는 황제로서 열심히 임무를 수행할 마음은 충분히 갖고 있었다. 그 자신은 제 몸 속을 흐르는 피에 시리아의 색깔

이 짙은 것을 부끄러워하지는 않았지만, 시리아인이라고 불리는 것을 싫어했다. 농담으로라도 그렇게 부르면, 로마 제국을 위해 일하는 사람은 모두 로마인이며, 자기도 그중 한 사람이라고 진지하게 대답하곤 했다. 황제로서의 책임감은 갖고 있었던 것이다. 그런데 신하의 노고를 치하할 때 그냥 '고맙다'(gratia)고 하지 않고 항상 '국가는 그대에게 감사한다'(gratias tibi agit res publica)고 말했다니까 웃음이 나온다. 기분은 이해하지만, 그렇게까지 무리하지 않아도 좋은데 하는 생각이 든다. 고지식하게 직무를 완수하려고 애쓰는 타입이었을 것이다. 아무 일도 일어나지 않았다면, 즉 '팍스 로마나'에 얼룩 한 점 보이지 않는 시대라면 천수를 누릴 수 있었을 것이다. 하지만 운명의 여신은 그것을 허락하지 않았다. 좋은 황제로서의 통치에 그늘이 지기 시작한 것은 즉위한 지 4년이 지난 226년, 외할머니 율리아 마이사가 사망한 뒤부터였다. 권세를 휘두른 이 시리아 여인의 사인은 노쇠에 따른 자연사였다. 로마에서는 드물게 비가 내리는 가운데 성대한 장례 행렬이 테베레강 서안에 우뚝 서 있는 '하드리아누스 영묘'를 향해, 역시 하드리아누스 황제가 건설한 아일리우스 다리를 건너갔다.

충신 실각

율리아 마이사 대신에 젊은 황제의 후견인이 된 것은 모후인 율리아 마메아였다. 하지만 마이사가 악녀라 해도 현명한 여자였던 반면, 그의 딸 마메아는 악녀에다 현명하지도 않은 여자라는 점이 달랐다. 요컨대 대악녀가 아니라 소악녀다. 하지만 이것은 일을 추진할 때 후원이 필요한 자에게는 일하기가 무척 어려운 환경이 되었음을 의미했다. 율리아 마이사의 죽음이 가져온 변화로 누구보다 큰 타격을 받은

율리아 마메아

것은 제국의 재상 같은 지위에 있었던 울피아누스였을 것이다.

  율리아 마메아는 황제의 배후에 모후가 버티고 있다는 것을 일반 시민이 느꼈을 때의 위험성에 무관심했다. 그녀는 알렉산데르 황제가 최고권력자가 아니라 모후인 자기가 진정한 최고권력자라는 것을 기회 있을 때마다 과시했다. 속된 말로 중뿔나게 나서기 시작한 것이다. 그런 마메아에게 당장 거추장스러운 걸림돌은 황후인 살루스티아였다. 마메아는 아직 아이를 못 낳았다는 이유로 며느리를 구박했다. 결국 이혼시켜 북아프리카로 추방하는 데 성공했다.
  황궁 분위기가 이렇게 바뀌면, 최고의 충신이라고 해도 좋은 울피아누스에게 영향이 미치는 것도 시간문제였다. 제국 통치는 순조롭게 진행되고 있으니까, 실무 관료로서 그의 능력을 비난할 수는 없다. 하지만 율리아 마이사의 후원을 받아 황제의 최고 측근으로서 권력을 휘두르던 울피아누스에게는 항상 적이 있었다. 마이사가 죽고 그 뒤를 이은 마메아가 울피아누스에게 거리를 두자, 그 적들이 고개를 쳐들기 시작했다.

　울피아누스만이 아니라 알렉산데르 황제에게도 어려운 시기였다. 저울 눈금이 오른쪽이나 왼쪽으로 조금만 움직여도 방향이 결정되어 버릴 만큼 미묘한 이 시기에 알렉산데르 황제는 18세에서 20세에 이르는 나이였다. 이제 '소년'(푸에르)은 아니었다. 알렉산데르만 결연한 태도를 보였다면 비극은 피할 수 있었을 것이다. 하지만 이 젊은이에게는 어려운 사태에 대처할 때 반드시 필요한 유연성이 부족했고, 필요하면 '악'에도 감히 손을 대는 결단력도 모자랐다. 선량하고 책임감이 강한 것만으로는 지도자가 될 수 없다. 228년, 율리아 마이사가 죽은 지 2년 뒤, 충신 울피아누스는 자신의 부하인 근위대 병사들에게 살해되었다. 모후의 묵인에 힘을 얻은 반대파가 그들을 선동했을까.

　4년이 지났다. 알렉산데르 황제는 24세가 되어 있었다. 이 4년 동안 그는 재혼도 거절하고 통치에만 전념했다. 그 노고가 보답을 받았는지 제국은 질서있는 평화를 만끽하고 있었다. 동시대 역사가인 헤로디아누스는 이렇게 기록했다. 원로원 의원 가운데 반역죄로 고소당한 자는 하나도 없고, 원로원 회의장에서도 거리에서도 자유롭게 반대 의견을 말할 수 있고, 알렉산데르 세베루스의 제국은 모든 의미에서 '무혈'이라고 말할 수 있었다고.

　하지만 그것은 표면적인 현상일 뿐이었다. 겉으로는 평온하게 지내는 것 같지만, 물밑에서는 그렇지 않았다. 이제 울피아누스가 활약했던 시대로 돌아갈 수는 없었다. 하물며 알렉산데르가 이상으로 삼고 있던 마르쿠스 아우렐리우스 황제 시대로 돌아가는 것은 전혀 불가능해져 있었다. 그렇기 때문에 지도자는 좋은 시절을 최대한 오래 연장하기 위해서라도 냉철하고 세심하게 키를 잡아야 한다. 어쨌든 변해버린 뒤에 그것을 원래 상태로 되돌리는 것은 여간 어려운 일이 아니기 때문이다.

역사가 디오 카시우스

2세기 후반부터 3세기 전반에 걸친 로마 제국을 묘사한 역사책으로 맨 먼저 꼽히는 것은 디오 카시우스의 『로마사』일 것이다. 그리스어로 쓰인 80권짜리 대작이었다지만, 지금까지 남아 있는 것은 단편을 포함해도 25권 정도에 불과하다. 또한 역사책으로서 가치도 의심스럽다. 자신이 살았던 시대를 서술한 부분은 믿을 수 있지만, 그 이전의 일은 왜곡한 부분이 눈에 띄어서 처음부터 의심하고 들어가는 편이 안전하다는 게 내 솔직한 독후감이다. 하지만 이 사람의 인생은 로마 제국 후기에 살았던 재능있는 사람의 전형이어서 흥미롭다.

디오 카시우스는 165년 무렵에 소아시아 서북부에 있는 비티니아 속주의 주도 니코메디아에서 이 고장 명문 집안의 아들로 태어났다. 그리스인이지만 로마 시민권을 갖고 있었고, 할아버지 때는 당시의 황제 네르바한테서 코케이아누스라는 성까지 받았다. 따라서 그의 정식 이름은 카시우스 디오 코케이아누스다. 3대 전부터는 분명 로마화한 속주 태생의 그리스인이었다.

아버지는 철인 황제 마르쿠스 아우렐리우스에게 등용되어, 속주 출신인데도 제국의 상층부에 들어간 사람이다. 원로원 의원을 지내고 철인 황제의 추천으로 집정관에도 뽑혔다. 그 후 '전직 집정관'으로 소아시아 남동부에 있는 킬리키아 속주 총독으로 부임했다. 아들 카시우스도 당시의 관례에 따라 아버지 임지에 동행하여 현지 체험을 쌓으면서 소년기를 보냈다. 하지만 학교 교육을 받을 나이가 되자 수도 로마로 보내졌다. 이 시기에 아버지는 아드리아해를 사이에 두고 본국 이탈리아와 마주 보고 있는 달마티아 속주로 전임했다. 그리스계인데도 아테네나 페르가몬이나 알렉산드리아에서 대학 교육을 받지 않은 것도 재미있다. 아들이 자기와 같은 길을 걷게 하려는 아버지의 방침 때문이었을 것이다.

이것도 속주 출신 로마인에게는 전형적인 진로였고, 제정 시대에 들어와 더욱 강력하게 추진된 패자동화 정책이 성공한 것을 보여준다. 승자가 아무리 패자를 동화하려고 애써도 패자 쪽에 그럴 마음이 없으면 성공할 수 없다. 로마가 강대해진 첫 번째 요인은 패자를 동화한 것이라고 단언한 『영웅전』의 저자 플루타르코스도 디오 카시우스의 아버지와 같은 시대에 살았던 그리스인이었다.

미래의 역사가 디오 카시우스는 원로원 의원의 아들이라는 이점도 있어서, 아버지의 기대대로 순조롭게 제국의 요직 경력을 밟기 시작한다. 그리고 마르쿠스 아우렐리우스 황제가 사망한 180년에 원로원 의원이 되었다. 죽은 아버지를 대신하여 원로원에 들어간 모양이다.

콤모두스 황제 시대의 디오 카시우스는 풋내기라는 이유도 있어서 의석만 차지하는 존재일 뿐이었지만, 타고난 관찰력은 이때부터 날카로워서 나중에 저술활동을 시작했을 때 되살아나게 된다. 평판 좋은 마르쿠스 아우렐리우스 황제를 아버지로 둔 콤모두스의 불안정한 언행을 서술하는 그의 펜은 그 황제의 속마음까지 도려내는 듯하다. 나이도 동년배였다.

이 콤모두스 황제가 살해된 뒤 제위에 오른 사람이 페르티낙스였다. 이 황제 시대에 디오 카시우스는 법무관에 당선했다. '명예로운 경력'

이라고 불린 제국의 요직 코스를 절반까지 밟은 셈이다. 하지만 곧 페르티낙스가 살해된 뒤에 장군이 셋이나 황제를 자칭하고 나섰기 때문에 제국은 내란 상태에 들어갔다. 이 시기에 카시우스는 재빨리 세베루스 진영에 붙었다. 세 사람 가운데 가장 젊고 냉철한 성격을 지닌 셉티미우스 세베루스한테서 내란을 끝낼 가능성을 보았는지도 모른다. 애국자인 디오 카시우스는 진심으로 로마 제국을 걱정하고 있었기 때문이다.

내란이 수습된 뒤, 세베루스 황제 치하에서 카시우스는 처음으로 집정관을 지냈다. 비록 보조 집정관이기는 했지만, '전직 집정관'으로서 속주 총독으로 파견될 자격은 얻은 셈이다.

카라칼라 시대에는 이 황제를 따라 파르티아 전쟁에도 참가했지만, 세베루스 황제와 사이가 좋았던 것과 달리 그의 아들 카라칼라와는 사이가 서먹해서, 황제와 원로원 의원의 관계에 머물렀다. 카라칼라를 죽이고 제위에 오른 마크리누스는 디오 카시우스를 소아시아의 주요 도시인 스미르나와 페르가몬의 행정 책임자에 임명했다. 마크리누스가 살해되고 엘라가발루스 시대가 된 뒤에도 한동안 그 자리에 남아 있었던 모양이다.

디오 카시우스의 공직 생활에 더욱 탄력이 붙게 된 것은 알렉산데르 세베루스가 제위에 오른 뒤였다.

우선 아버지가 맡은 적이 있는 달마티아 속주 총독에 임명된다. 그리고 그 임기가 끝나자마자 아프리카 속주 총독에 임명되어 지중해를 건넌다. 주도인 카르타고의 총독 관저에서 1년을 보냈다. 이 두 속주에서 보여준 통치 능력이 평가를 받은 게 분명하다. 아프리카에서 돌아온 디오 카시우스를 기다리고 있었던 것은 북아프리카와는 지형도 기후도 정반대인 도나우 방위선에서 근무하라는 명령이었다. 요즘으로 치면 크로아티아와 튀니지와 오스트리아로 해마다 전근을 다닌 셈이지만, 알렉산데르 황제의 통치에 모든 것을 걸었던 디오 카시우스로서는 기뻐할지언정 고생으로 생각지는 않았을 것이다.

새 근무지인 '가까운 판노니아 속주'의 주도는 오랫동안 카르눈툼이었지만, 마르쿠스 아우렐리우스 시대부터 총독 관저는 빈도보나(오늘날의 빈)로 옮겨졌다. 주거 환경이 좋아서 빈으로 옮긴 것은 아니다. 두 도시가 모두 군단기지였고, 둘 다 도나우강을 앞에 둔 군사 요지였다. 부다페스트가 주도인 '먼 판노니아 속주'와 함께 이 도나우강 중류 일대는 로마 제국 북부의 최전방이었다. 총독이 된 디오 카시우스는 속주 전역의 행정과 사법이라는 문관의 임무만이 아니라, 2개 군단을 지휘하는 군사적인 임무도 맡아야 한다. 이것이 국경에서 멀리 떨어져 있고 군단도 주둔하지 않는 속주와 국경에 접해 있고 군단기지를 둔 속주의 차이였다. 전자는 '원로원 속주', 후자는 '황제 속주'로 구분되지만, 방위까지 담당하는 후자가 중요시되는 것은 당연했다. '원로원 속주'의 총독을 지낸 사람이 '황제 속주'의 총독에 임명된다는 것은 곧 능력을 인정받은 발탁이었다. 디오 카시우스는 이 중요한 최전선에 224년부터 227년까지 3년 동안 머물렀다. 59세부터 62세까지의 시기에 해당한다. 그는 이 3년 동안의 체험을 토대로 나중에 '로마 제국의 안전보장체제가 제대로 기능을 발휘하고 있는지를 가늠하는 바로미터는 도나우 방위선'이라고 쓰게 되었다. 이 최전방에서 그는 울피아누스의 후원자였던 율리아 마이사가 죽은 것을 알았다.

수도로 돌아온 뒤 2년 동안의 소식은 알 수 없다. 하지만 울피아누스가 살해된 데 충격을 받지 않았을 리는 없다. 울피아누스와 카시우스가 친한 사이였다는 기록은 없지만, 둘 다 알렉산데르 황제의 통치에 협력을 아끼지 않았다는 공통점이 있으니까, 카시우스가 울피아누스 반대파의 일원이 아니었던 것은 확실하다. 어쩌면 알렉산데르의 오른팔이었던 울피아누스의 죽음을 침통한 마음으로 받아들이지 않았을까.

그런데 1년 뒤인 229년에 디오 카시우스는 두 번째로 집정관에 선출되었다. 이번에는 보결이 아니라 정규 집정관이었고, 게다가 알렉산데르 황제를 동료 집정관으로 둔 명예로운 지위였다. 64세의 나이에 카시우스는 로마 제국의 공직 경력에서 황제를 제외하고는 맨 꼭대기에 올라선 것이다.

하지만 수도의 분위기는 울피아누스의 죽음을 고비로 완전히 달라져 있었다. 황제와 함께 집정관에 취임했으면서도 디오 카시우스는 지병인 통풍이 도졌다는 구실로 나폴리 근처의 별장에 틀어박혀버렸다. 로마에서 열린 원로원 회의에는 한 번도 출석하지 않았다. 병든 집정관 대신에 보결 집정관이 직무를 수행했을 것이다. 정열적인 애국자이기는 했지만 살해될지 모른다는 공포심은 이겨내지 못한 모양이다. 아니면 강력한 후원자가 없는 상태에서 '울피아누스 흉내를 내는 것'의 비현실성을 깨닫고 냉정하게 사보타주를 한 것일까.

수도 로마를 버렸을 뿐만 아니라 쾌적한 이탈리아 남부의 생활도 버리고 고향 비티니아 지방으로 은퇴한 것이 언제인지는 모르지만, 비티니아로 은퇴한 뒤에 본격적으로 저술활동을 시작한 것은 확실한 모양이다. 『로마사』 80권 외에도 저술이 적지 않으니까, 아마 장수를 누렸을 것이다. 도졌던 통풍도 스트레스가 적은 생활 덕분에 다시 가라앉았을지 모른다. 언제 죽었는지는 알려져 있지 않지만, 은퇴한 지 2

년 뒤에 알렉산데르 황제가 동방 원정에 나섰을 때는 그가 살고 있는 곳이 황제의 행군로와 가까웠으니까 인사 정도는 하러 가지 않았을까. 그로부터 3년 뒤에 황제가 죽었다는 소식을 들었을 때는 어떤 심정이었을까.

알렉산데르 황제의 치세가 겉으로는 상당히 좋은 상태로 진행되고 있었지만, 그 상태를 완전히 바꾸어놓는 불행은 내부가 아니라 제국 외부의 정황이 격변했기 때문에 일어났다. 먼 '동방'에서 로마의 숙적이었던 파르티아 왕국이 멸망하고, 대신 사산조(朝) 페르시아가 등장한 것이다.

사산조 페르시아

내 작업실에는 토스카나 수도원 스타일의 나무책상이 두 개 있는데, 작은 책상은 글을 쓰는 데 사용하고 긴 책상은 사전이나 지도를 펼쳐놓는 데 쓰고 있다. 그 긴 책상은 요즘 당분간 지도 두 장으로 점령되어 있다. 한 장은 고대이고 또 한 장은 현대니까 시대는 다르지만, 둘 다 중동 지역을 나타낸 지도다. 날마다 이 지도를 바라보며 시간을 보내는 동안, 나는 '동방'이 항상 '서방'에 위협이 된 이유를 비로소 납득하게 되었다.

동방과 서방의 충돌은 트로이 전쟁까지 거슬러 올라가지 않더라도 역사상으로는 기원전 5세기에 페르시아와 그리스 사이에 벌어진 페르시아 전쟁이 유명하다. 살라미스 해전과 마라톤 전투로 유명한 페르시아 전쟁은 '역사의 아버지'라고 불리는 헤로도토스를 통해 후세에까지 전해졌다.

이 전쟁으로 페르시아 세력은 지중해 세계에서 패퇴했을 터인데, 그 후에도 그리스 도시국가들은 유능한 군주를 배출하며 조금도 쇠퇴하지 않는 페르시아에 항상 위협을 느끼면서 지낼 수밖에 없었다.

그 위협을 말끔히 없애는 데 성공한 것이 기원전 334년부터 기원전 323년까지 계속된 알렉산드로스 대왕의 동방 원정이다. 그리스의 오랜 숙적이었던 페르시아는 왕중왕을 자처한 다리우스를 마지막으로 멸망하고, 동방은 서방의 지배에 굴복한 듯했다. 하지만 이런 상황도 실질적으로는 10년밖에 지속되지 않았다. 군사의 천재였던 젊은 정복자가 33세의 나이에 죽어버렸기 때문이다. 그리고 알렉산드로스가 죽은 뒤 그의 영토를 물려받은 부하 장군들은 지중해와 가까운 지역에만 관심을 보였고, 유프라테스강 동쪽은 사실상 방치되었다.

이런 상태를 활용한 것이 유목민족인 파르티아인이다. 그들이 과거 페르시아 제국의 심장부였던 티그리스강과 유프라테스강이 흐르는 비옥한 메소포타미아 땅에 진출한다. 파르티아 왕국이 탄생한 것이다. 기원전 247년의 일이었다.

이 시기에 로마는 어떤 상태였을까. 이탈리아반도를 이제 겨우 제패했을 뿐인데 강국 카르타고와 적대하게 되어, 20년이나 계속될 제1차 포에니 전쟁을 치르는 중이었다. 이 전쟁에서 이긴 뒤에도 카르타고의 명장 한니발이 16년 동안이나 이탈리아에 눌러앉은 제2차 포에니 전쟁, 그리고 카르타고의 멸망으로 끝나는 제3차 포에니 전쟁을 치르느라 동방에는 신경을 쓰지 못한 채 100년을 보냈다. 그동안 페르시아 민족을 포함한 수많은 부족과 민족 위에 올라선 전제군주 국가 파르티아는 항상 동방의 부를 낳는 양대 원천이었던 농업과 교역을 하며 강대국으로 성장하고 있었다.

카르타고를 무찌르고 지중해 세계 서부의 패권을 장악한 로마는 헬레니즘 국가들을 차례로 정복하여 지중해 동부에도 세력을 확장한다. 처음에는 마케도니아와 그리스, 다음은 시리아, 마지막에는 이집트도 로마 산하에 들어왔다. 지중해는 로마인에게 '내해'였고, '우리 바다'가 되었다. 시대는 기원전 1세기. 술라, 루쿨루스, 폼페이우스를 비롯하여 그 시대의 로마가 낳은 유능한 장군들은 모두 동방에 원정한 경험이 있다. 카이사르는 암살당하는 바람에 실현하지 못했지만, 파르티아와 직접 싸워서 무찌르고 로마의 동방 방위선을 확립할 생각이었다.

초대 황제 아우구스투스는 카이사르의 정략을 거의 다 계승했으니까, 제국 동방의 방위는 곧 파르티아에 대한 정략임을 알고 있었다. 하지만 그는 파르티아 문제를 군사보다 외교로 해결하는 쪽을 택했다. 카이사르가 암살된 직후부터 14년 동안이나 계속된 내란 상태를 겨우 수습할 수 있었던 시기인 만큼, 국내 질서를 회복하고 내정을 충실하게 다지는 것이 무엇보다 먼저라고 생각했을 것이다. 또한 아우구스투스는 카이사르처럼 전장에서 재능을 발휘하는 타입이 아니었다. 요컨대 전투에 서툴렀다. 전쟁터에서는 무엇이든 즉석에서 결정을 내려야 한다. 그런데 아우구스투스는 이와 반대로 차분히 생각하고 차분히 실행하는 사람이다. 신들도 그것을 알았는지, 제패에 이은 통치 기간을 카이사르한테는 2년도 주지 않았는데 아우구스투스한테는 40년이나 주었다. 참고로 말하면 알렉산드로스 대왕은 제패한 뒤에 통치한 기간이 전혀 없었다.

여담은 그만두고 본론으로 돌아가면, 카이사르와 아우구스투스에 이은 역대 황제들도 유프라테스강을 국경으로 삼으려 했다는 점에서는 일치한다. 이렇게 목적은 같지만, 그 국경을 방위선으로 철벽화하는 수단은 카이사르 타입과 아우구스투스 타입으로 나뉜 것 같다.

하나는 적의 본거지를 공격하여 적의 침략 의도를 꺾어버리는 방식이고, 또 하나는 방위체제를 확립하고 방위설비를 강화하여 적의 침략을 막는 방식이다. 트라야누스는 대표적인 카이사르 타입이고, 하드리아누스는 대표적인 아우구스투스 타입이라고 말할 수 있을 것이다.

트라야누스 황제는 동방 원정에서 파르티아의 수도 크테시폰을 함락하고 티그리스강을 따라 페르시아만까지 진격했지만, 티그리스강을 건너 그 동쪽까지 쳐들어가지 않은 것이 역사가들의 말마따나 그의 나이 때문이었다고는 생각되지 않는다. 파르티아라는 나라가 얼마나 깊은 배후지를 갖고 있었는지만 알아도, 패배를 모르는 트라야누스가 회군한 이유를 짐작할 수 있을 것이다. 고대의 파르티아는 오늘날의 이라크·이란·아프가니스탄·파키스탄을 합한 광대한 지역을 다스리고 있었다. 그것을 알고 있었던 당시 로마인들에게 '동방 원정'은 국경인 유프라테스강을 건너 티그리스강까지 쳐들어가는 것을 의미했다. 파르티아 왕국의 주요 도시들이 모여 있는 것은 이 두 강 유역이다. 이곳은 현대의 이라크에 해당하고, 이란부터 파키스탄까지는 말하자면 이 메소포타미아 지방의 광대한 배후지다. 로마가 거기까지 쳐들어가지 않은 것은 로마 지도자들의 머릿속에 파르티아 전역을 정복할 생각까지는 없었기 때문이 아닐까.

오늘날 이라크의 수도 바그다드는 이 지역이 이슬람화한 7세기에 건설된 도시인데, 그때까지 800년이 넘도록 수도였던 크테시폰에서 북쪽으로 40km밖에 떨어져 있지 않다. 유프라테스강과 티그리스강이 가장 근접하는 지대라는 조건은 크테시폰과 바그다드가 똑같다. 한편 현대 이란의 수도인 테헤란은 몽골의 공격을 받은 13세기에는 '마을'이었고, 19세기에도 '읍' 정도의 규모에 불과했다. 20세기에 들어와 이

지역을 이라크와 이란으로 분할했을 당시 영국인의 의도가 어디에 있었는지는 알 수 없다. 하지만 이라크와 이란, 거기에다 아프가니스탄과 파키스탄까지 합쳐진 상태로 내버려두었다면 어땠을까. 그것을 생각만 해도 이 '동방'에 위협을 느낀 '서방' 사람들의 심정을 실감할 수 있지 않을까. 석유 문제가 존재하지 않아도, 그곳에 사는 사람들의 수만으로도 충분히 위협이 될 수 있다. 로마 제국이 항상 의식하지 않을 수 없었던 것은 이 '동방'이었다.

하지만 파르티아 왕국은 많은 의미에서 로마 제국이 다루기 쉬운 적이기도 했다.

첫째, 유프라테스강을 건너 로마 영토로 쳐들어올 군사력은 갖고 있었지만, 로마 제국의 동부만이라도 정복하여 계속 지배할 힘은 갖고 있지 않았다.

로마도 그것을 용납할 리가 없었다. 유프라테스 방위선 서쪽은 시리아 속주인데, 시리아가 파르티아의 지배 아래 들어가면 그다음은 눈사태처럼 걷잡을 수 없게 된다. 시리아 북쪽에 있는 소아시아, 남쪽의 요르단과 팔레스티나, 그리고 마지막에는 로마의 곡창인 이집트까지 잃게 될 것이다. 그래서 로마는 이 유프라테스 방위선을 북방 방위의 생명선인 라인강이나 도나우강과 마찬가지로 중요하게 여겼다. 방위선의 중요성은 그 방위선이 뚫렸을 경우의 피해 정도로 가늠할 수 있다. 로마는 이 동방 방위선의 직접적 책임자인 시리아 속주 총독이 소집만 하면 당장 10개 군단 6만 명이 집결하는 체제를 확립했다. 오리엔트 지방의 군주는 휘하 병력의 규모로 힘을 과시하는 경향이 강하다. 광대한 배후지를 가진 파르티아 국왕은 저마다 직속 병사들을 거느리고 있는 봉건 제후들 위에 서 있었기 때문에 많은 병력을 충분히 동원할 수 있었다.

요컨대 유프라테스라는 큰 하천을 사이에 두고 강대국끼리 맞서 있었던 셈이다. 이것은 어떤 의미에서는 군사력이 균형 상태에 있었다는 뜻이고, 따라서 '공생'할 수도 있었다는 뜻이다.

파르티아가 적이기는 하지만 다루기 쉬운 적국이었던 두 번째 이유는 로마도 파르티아도 최고권력자의 존재가 명확했다는 점이다. 두 나라 모두 지휘체계가 통일되어 있었다. 그러면 정상회담에서 문제를 해결할 길도 열린다. 북유럽의 게르만 민족은 적이라는 점에서는 마찬가지지만 이 점이 달랐다. 정상회담이나 협정을 맺는 장소가 항상 유프라테스강에 떠 있는 작은 섬이었던 것도 이 양대국의 관계를 상징한다.

세 번째 이유로는 양국의 지도층이 현실적 시야를 가진 사람들이었다는 점을 들 수 있다. 로마 제국의 동방 도시들은 안티오키아도 다마스쿠스도 팔미라도 아시아와의 교역으로 살고 있다. 완제품도 원료도 파르티아를 거쳐 들어온다. 아시아에서 들어오는 수입품은 흑해를 경유하거나 홍해를 경유하는 경우도 있었지만, 태반은 역시 파르티아 영토를 지나 서방으로 운반되었다. 스텝(중앙아시아의 초원지대)을 지나오는 육로는 물론 해로를 이용할 때도 배에 실려온 물건은 페르시아만까지 와서 파르티아에 상륙했다.

로마인들에게 파르티아는 '그들에게 필요한 물산을 갖고 있는 적'이었다. 반대로 게르만 민족은 '로마인이 원하는 물산을 갖고 있지 않은 적'이었다.

이런 사정을 뒤집으면 파르티아 쪽에도 적용된다. 동양에서 들어온

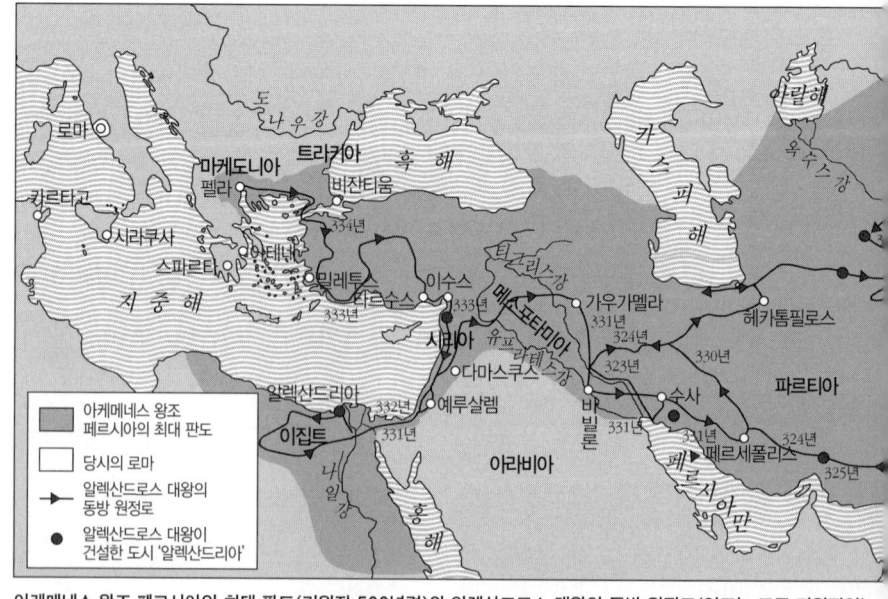

아케메네스 왕조 페르시아의 최대 판도(기원전 500년경)와 알렉산드로스 대왕의 동방 원정로(연도는 모두 기원전임)

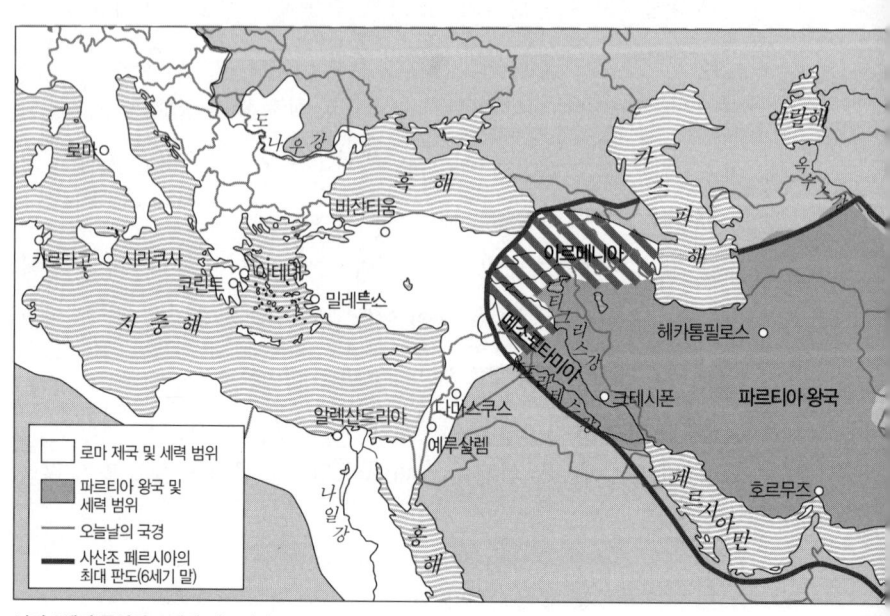

서기 2세기 중엽의 로마와 파르티아

값비싼 물건을 아무리 많이 갖고 있어도 그것만으로는 이윤을 얻을 수 없다. 그것을 수입해줄 곳이 있어야 비로소 현실적으로 번영을 누릴 수 있다. 거기에 필요한 거대 시장이 바로 로마 제국이었다. 그리고 두 나라에 걸친 이 시장에서 활약한 것이 동방 원정을 떠난 알렉산드로스 대왕을 뒤따라 이주해온 그리스인과, 이윤이 생기는 곳이라면 어느새 정착하여 살고 있는 유대인 상인들이었다. 뛰어난 장사 솜씨와 디아스포라(이산)의 성향에서 그리스인과 유대인은 완전한 공통점을 갖고 있었다.

로마 영토 안에 사는 그리스인과 파르티아 국내에 사는 그리스인, 로마 영토 안에 사는 유대인과 파르티아의 도시에 사는 유대인이 그 지방의 유력한 주민층을 이루고 있었다고 말해도 좋다. 이런 상황에서는 로마도 파르티아도 국경을 폐쇄할 수 있을 턱이 없었다. 설령 국경을 폐쇄할 마음이 났다 해도, 강과 사막에서는 불가능했다. 이 지방의 방위선은 항상 열려 있었고, 그 상태를 유지하는 편이 피차 이롭다는 것을 로마도 파르티아도 알고 있었다. 전쟁은 두 나라의 국내 사정도 있어서 자주 일어났다. 하지만 군사적 충돌이 격화하여 어느 한쪽에 치명적 타격을 주는 사태는 이들 두 강대국이 '적대'한 300년 동안 한 번도 일어나지 않았다.

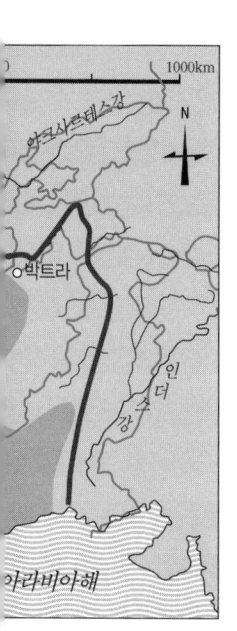

이러한 파르티아 왕국이 500년의 역사를 닫고, 그 대신 '동방'의 지배자로 등장한 것이 사산조 페르시아였다. 알렉산데르 세베루스 황제가 직면해야 했던 것도 이 사산조 페르시아였다.

사산조 페르시아 시대에도 수도는 페르세폴리스가 아니라 파르티아 시대와 마찬가지로 크테시폰이었다는 사실이 증명하듯, 지배자는 바뀌어도 동서 교역으로 성립되는 '동방'의 사정은 변하지 않으니까 '서방'인 로마와의 관계도 파르티아 시대와 똑같이 진행될 거라고 생각해도 좋을 듯싶지만, 실제로는 그렇게 되지 않았다.

부흥의 기치

사산조 페르시아의 창시자 아르다시르는 오랫동안 페르시아 민족을 지배한 파르티아의 왕을 224년 전투에서 격파하고, 파르티아를 지배자의 자리에서 몰아낸다. 그런 다음 국내를 제압하는 데 2년을 더 소비하고 226년에 왕위에 올랐다. 이 아르다시르가 기치로 내세운 것은 키루스와 다리우스(키루스는 기원전 550년에 페르시아 지역을 통일하여 제국을 건설했으며, 다리우스[기원전 522~486년 재위]는 정복과 제도 정비로 대제국을 완성했다—옮긴이)가 지배한 시대의 페르시아 제국을 부흥하자는 것이었다.

알렉산드로스 대왕이 정복한 지역의 지도와 파르티아와 로마가 '공생'하던 시대의 지도를 비교해보라. 그것을 보기만 해도 알렉산드로스가 정복한 땅이 고대 페르시아 제국의 영토와 일치한다는 사실을 깨달을 수 있을 것이다. 그도 그럴 것이, 알렉산드로스가 정복한 땅은 바로 페르시아 제국이었기 때문이다.

그리고 두 지도를 비교해보면 알렉산드로스의 영토는 그 후 헬레니즘 시대를 거쳐 파르티아 왕국과 로마 제국 동부로 양분되었다는 사실도 알게 될 것이다.

아르다시르

이것만 알면 사산조 페르시아의 목표가 파르티아 왕국과는 달랐다는 점도 납득할 수 있을 것이다. 사산조 페르시아는 알렉산드로스에게 정복당하기 전의 페르시아를 부흥하겠다고 선언한 것이다. 이래서는 로마가 가만히 있을 수 없게 된 것도 당연하다. 로마와 사산조 페르시아의 대결이 로마와 파르티아의 대결과 같은 느낌으로 진행된다는 것은 이제 생각도 할 수 없는 시대가 되었다.

500년 전의 페르시아 제국이라는 까마득한 옛날 일을 들고 나온 비합리를 비난해봤자 별수없다. 합리를 부르짖으면 사람들을 하나의 운동으로 끌어들이기가 어려운 것이 인간성의 일면이기도 하다. 유대 민족은 하드리아누스 황제에 의해 강제로 이산당했을(제9권 393쪽 참조) 때부터 1,800년 세월이 지났는데도, 1,800년 전의 자기네 땅으로 돌아가겠다고 고집했기 때문에 이스라엘 국가가 탄생할 수 있었다. 여기에 비하면 500년은 그래도 짧은 편이다. 파르티아인의 지배에 굴복한 채 500년 세월을 보낸 페르시아 민족의 감정에 불을 붙이는 효과는 충분히 있었다. 실제로 사산조 페르시아는 국교를 조로아스터교(배화교)로 되돌려놓았다.

후세에 살고 있는 우리는 사산조 페르시아가 결국 이 꿈을 이루지 못한 것을 알고 있다. 이 꿈이 실현되려면 그보다 400년 뒤에 이슬람이 대두하기를 기다려야 했다는 것도 알고 있다. 하지만 3세기 당시의 페르시아인에게 알렉산드로스 대왕 이전의 페르시아 제국을 부흥하는 것은 민족적 긍지를 안겨주고 그로써 통일전선 결성도 이루어질 테니까 물심 양면에서 효과적이었다. 이것은 같은 오리엔트 민족인데도 파르티아인에게는 존재하지 않은 기개였다.

그리고 다음과 같은 원리도 동서고금을 막론하고 모든 인간 사회에 적용할 수 있다. 현실주의자가 잘못을 저지르는 것은, 상대도 현실을 직시한다면 자기와 똑같이 생각할 테니까 어리석은 짓을 하지는 않을 거라고 믿었을 때다. 유프라테스강을 양국의 국경으로 정하고, 로마가 공세로 나온 경우에도 기껏해야 메소포타미아 북부를 속주화하는 정도에 머물렀던 시대, 다시 말해서 두 나라가 적당한 선에서 타협할 수 있었던 시대는 이제 끝났다.

게다가 옛 페르시아 제국 지배층의 자손들이 이 변화를 가져온 것이 아니라, 같은 민족의 페르시아인이라 해도 500년 전의 지배층과는 전혀 혈연관계가 없는 신흥 페르시아인들이 이런 변화를 이룩했다는 점이 로마에는 새로운 위협이 되었다. 역사에서 '사산조 페르시아'라고 부르는 것이 보여주듯, 3세기의 로마가 적대하게 된 상대는 알렉산드로스 대왕에게 완패당한 페르시아 지배층의 직계 자손이 아니었다. 사산조 페르시아는 옛 페르시아의 부흥이 아니라 신흥 페르시아라고 부르는 편이 적절했다. 그리고 신흥 민족은 기세를 타고 마구 돌진하는 경향이 강하다.

227년에 시작된 이런 '동방'의 변화를 '서방'인 로마 쪽이 올바로 인식한 것 같지는 않다. 게다가 시기도 나빴다. 1년 전에 알렉산데르 황제의 후견인 율리아 마이사가 세상을 떠났다. 그리고 227년에 페르시아 민족의 본거지인 페르세폴리스에서 페르시아 스타일의 화려한 대관식을 올린 아르다시르가 수도 크테시폰에 지배자로 등장한 지 겨우 1년 뒤에는, 후원자 율리아 마이사를 잃고 지위가 흔들리던 울피아누스가 반대파에 살해당했다. 갓 스무 살이 된 알렉산데르 황제는 이 어려운 시기에 신뢰할 수 있고 힘도 있는 협력자가 하나도 없는 최고권력자가 되어버렸다. 어머니 마메아는 외할머니 마이사의 기량은 물려받지 못했다. 이 시기에 '동방'의 커다란 변화를 정확히 인식하고 대책을 세울 수 있는 사람은 '서방'에는 한 사람도 없었다는 얘기가 된다. 쇠퇴하기 시작한 로마 제국은 신흥 세력의 긍지에 불타는 사산조 페르시아와 적대하게 되었다.

참고로 말하면 로마 황제에게는 대관식이 없다. 대관은 누군가가 황제관이든 왕관이든 관을 내려주기 때문에 성립한다. 관을 내려줌으로써 그 관을 머리에 쓴 사람이 행사하게 될 통치권의 정당성을 공인하는 데 대관식의 의미가 있었다. 로마 제국에서 그 '누군가'는 제국의 양대 주권자인 원로원과 시민권자여야 한다. 하지만 주권자 전원이 주권자 한 사람에게 통치권을 위임할 뿐이라면, 다시 말해서 인간이 다른 인간에게 통치권을 맡기는 것뿐이라면, 일부러 거창한 의식까지 치를 필요는 없다. 아니, 그런 의식을 치르면 오히려 의미가 사라져버린다. 반면에 동방에서는 위임이 아니라 수여니까, 호화로운 의식을 거행하여 일반 서민한테까지 깊은 인상을 심어줄 필요가 생긴다.

두 종류의 황제관을 새긴 동전(왼쪽은 '햇빛관', 오른쪽은 '시민관')

로마 제국에서는 황제관이라는 것도 존재하지 않았다. 화폐나 조각상에서 흔히 볼 수 있는 관은 떡갈나무 잎을 리본에 줄줄이 꿰붙여서 만든 관인데, 공화정 시대부터 존재한 이 관은 전쟁터에서 동료를 구출한 병사들에게 준 '시민관'이었다. 목덜미에 리본 매듭을 늘어뜨린 이 시민관이 황제의 상징이 된 것은 시민의 안전을 지키는 것이 로마 황제의 첫 번째 책무로 되어 있었기 때문이다.

이 시민관 이외에 로마 황제임을 단적으로 보여주는 관이 또 하나 있다. 그것은 햇빛이 모여드는 느낌을 낸 관인데, 시민관이 제국의 '서방'에 보급되어 있었던 반면 이 '햇빛관'은 오로지 제국의 '동방'용으로 사용되었다. 시민의 전통이 없는 오리엔트에서는 시민관도 의미를 잃어버리기 때문이다. 그보다는 태양이 납득시키기가 쉬웠을 것이다. '케이스 바이 케이스'는 이민족을 통치할 때의 철칙이었다. 로마인은 황제의 관에서도 이 방침을 지켰다.

이처럼 대관식은 인간이 다른 인간에게 권력을 위임하는 것이 아니라 인간을 초월한 누군가가 권력을 주어야만 의미가 있는데, 언젠가는 죽을 운명인 인간을 초월한 누군가는 불사신밖에 없다. 신, 구체적으로는 신의 뜻을 나타내는 제사장이나 사제나 성직자가 권력을 수여해야만 비로소 권력자도 통치의 정당성을 공인받게 된다.
 따라서 대관은 신과 밀접하게 결부되어 있다. 그리고 이런 의미의 대관식이 '서방'이 아니라 '동방'에서 중요하게 여겨진 사실과, 모든 일신교—유대교·기독교·이슬람교—가 '동방'에서 태어난 사실은 무관하지 않다. '대관'을 '유럽의 제왕이 즉위한 증거로 관을 머리에 쓰는 것'이라고 풀이한 사전도 있지만, 여기서 '유럽의 제왕'은 기독교 시대에 접어든 이후의 제왕을 말한다.

 아직 기독교의 지배 아래 들어가지 않은 로마 제국으로 이야기를 되돌리면, 대관식이 존재하지 않는 로마의 황제 알렉산데르 세베루스가 적대하게 된 것은 조로아스터교의 제사장에게 왕관을 받은 아르다시르였다. 그 아르다시르가 로마 제국에 위협이 되는 것은 사산조 페르시아가 과거의 파르티아에 비해 종교색이 더 짙기 때문이 아니라 신흥 국가였기 때문이다.
 신흥 국가는 국내의 반대파를 침묵시키기 위해서라도 외부에 공격적으로 나오는 경우가 많다. 아르다시르가 북서쪽으로 군대를 보내기까지는 4년도 채 걸리지 않았다.
 페르시아 대군 앞에서는 유프라테스강도 있으나마나 한 존재로 바뀐다. 북쪽에서 유프라테스강을 건넌 군대는 로마와 동맹관계에 있는 아르메니아 왕국을 유린했을 뿐만 아니라, 로마 제국 방위선을 돌파하여 카파도키아 속주로 물밀듯 밀어닥쳤다. 한편 서쪽에서 유프라테스강을 건넌 군대는 시리아 속주를 공포의 도가니로 몰아넣는다. 교역상들도 여행을 떠나기는커녕 높은 성벽을 둘러친 도시 안에서 숨을 죽이고 있었다. 로마 황제들, 특히 트라야누스와 하드리아누스가 방위와 동서 교역의 활성화를 위해 사막 지대에 판석을 깔아 건설한 로마식 포장도로에서도 오가는 사람이나 마차가 사라졌다. 곧이어 거기에 나타난 것은 페르시아 대군이었다. 페르시아군은 사람은 물론 말까지 중무장한 기병과 밭일을 하다가 징용되어 참전한 경무장 보병으로 이루어져 있었다. 이 대군을 맞아 싸워야 하는 시리아 주둔군은 이 위기에 대처할 능력을 잃고 있었다. 마크리누스의 굴욕적인 강화에 따른 철수로 사기가 떨어진데다, 엘라가발루스 치하에서 4년, 알렉산데르 치하에서 10년 동안 중앙의 관심에서 멀어져 방치되어 있었으니까 당연한 일이기도 했다.

하지만 이 상태를 방치해두는 것은 로마 제국 동부의 주민들에게 죽으라는 것과 마찬가지였다. 알렉산데르 황제는 몸소 출전하기로 결정한다. 232년, 제위에 오른 지 10년 만인 24세에 비로소 알렉산데르 세베루스는 황제로서 진가를 시험받게 되었다.

로마인들이 황제에게 요구하는 첫 번째 사항은 무엇보다 먼저 제국의 안전과 그 영토에 사는 주민들의 안전을 보장하라는 것이었다. 즉 필요할 때는 유능한 무인으로 변신하기를 황제에게 요구했다. '황제'라는 낱말의 어원은 'Imperator'다. '임페라토르'라는 라틴어 낱말은 원래 전투에 승리한 사령관에게 전투가 끝난 뒤 휘하 병사들이 찬양과 존경의 마음을 담아서 외치는 호칭이다. 따라서 승리자를 의미하는 '임페라토르'라는 말은 초대 황제 아우구스투스가 로마를 제정으로 바꾸기 오래전부터 존재했다.

군대를 이끌고 싸워서 승리한 사령관에게 바쳐진 이 호칭이 제정시대가 되자 그대로 '황제'(임페라토르)에게 옮겨진다. 로마에서는 황제가 최고사령관이기도 했으니까 이렇게 부르는 것도 당연한 일이었다.

이것으로도 분명히 알 수 있듯이, 로마에서 황제는 군인을 겸해야 할 숙명을 지고 있었다. 알렉산데르는 10년 동안 상당히 선정을 베푼 뒤에 비로소 황제로서 진가를 시험받게 되기는 했지만, 그것을 특별히 불운하다고 말할 수는 없었다. 그의 불운은 하필이면 긍지와 기개에 불타는 신흥 민족을 상대하게 되었다는 데 있었다.

페르시아 전쟁(1)

몸소 출전하기로 결정한 뒤 알렉산데르의 행동은 재빨랐다. 이런 상황에서는 행군 속도가 중요하다는 것을 인식했기 때문이라기보다, 허영을 부리지 않는 성격이라서 수행원 선발이나 가져갈 짐을 준비하는 데 시간을 들이지 않았기 때문이지만, 결정한 뒤의 행동은 빠를수록 좋다. 수도 로마를 떠난 황제 일행이 도나우강에 도착하는 데 한 달도 걸리지 않은 것은 확실하다. 도나우 방위선으로 먼저 간 것은 동방에 데려갈 원정군을 편성하기 위해서였다. 시리아 주둔군에만 의존하면 위험하다는 것은 페르시아군이 처음 침공했을 때 그들이 칠칠치 못하게 군 것이 잘 말해주고 있었다.

6개 군단에 보조부대가 딸려 있었다니까, 이때 페르시아 전쟁에 참전하게 된 로마군 병력은 5만 안팎이었을 것이다. 하지만 주전력인 군단병, 즉 중무장 보병은 3만 정도밖에 안 된다. 시리아 속주에 도착한 뒤, 시리아와 그 주변에 상주하는 군단을 원정군에 포함시킬 작정이었기 때문이다.

그래도 이만한 규모의 군대가 동쪽으로 행군하는 광경은 장관이라고 말할 수밖에 없다.

도나우강에서 트라키아로 남하한 뒤, 거기에서 동남쪽으로 길을 잡아 유럽과 아시아를 가르는 좁은 헬레스폰투스해협을 건너 소아시아로 들어간다. 당시 사람이 남긴 기록에 따르면, 로마군은 군단병만이 아니라 보조병까지도 모두 충분한 군장을 갖추고 있었으며 역할에 따라 다르게 휴대한 무기는 철저히 손질되어 있고, 대열도 흐트러뜨리지 않고 질서정연하게 로마 가도를 따라 행군해 갔다고 한다. 이 질서는 해가 진 뒤에도 유지되었다. 행군 중에는 황제부터 일개 병사에 이르기까지 천막을 치고 야영한다. 로마군은 전통적으로 병참을 중시했기 때문에, 야영이라 해도 단순한 노숙은 아니다. 야영을 하면 병참 능력이 더 잘 드러나기 때문이다. 병사들에게 꼭 필요한 사기도 물질적인 면이 충족되어야만 올라가는 법이다. 군대와 함께 행군하고 있던 알렉산데르 황제도 이 로마의 전통을 유지하려고 애쓰는 점에서는 남에게 뒤지지 않았다.

알렉산데르는 커튼을 치면 누구의 눈에도 띄지 않게 누워서 갈 수 있는 가마도 타지 않았고, 체력 소모가 적은 마차도 이용하려 하지 않았다. 대개는 군단장이나 대대장처럼 말을 타고 갔지만, 때로는 백인대장이나 병사들처럼 걸어가기도 했다.

음식도 병사들과 똑같은 것을 먹었다. 차이점이 있다면, 병사들은 자취를 했지만 황제는 수행한 요리사가 조리해주었다는 것뿐이다. 식사하는 동안은 막사의 사방을 걷어올려 황제가 무엇을 먹고 있는지 병사들이 볼 수 있게 했다. 행군 도중에 슬쩍 빠져나가 가까운 농가에서 물건을 훔치다 들킨 병사는 황제 앞에 끌려가 호된 채찍질을 당했다. 군율은 엄수되어야 하고 질서 있는 군대야말로 싸움터에서도 강하다는 것은 로마군의 전력이 증명해주었다. 알렉산데르는 그것을 체험하지는 않았어도 배워서 알고 있었다. 그렇게 믿어 의심치 않은 알렉산데르가 먼 여행 끝에 목도한 광경에 절망할 수밖에 없었던 것도 당연하다.

병사들의 파업

유프라테스 방위선을 지키는 주력 군단이 된 지 오래인 시리아 속주의 3개 군단은 전략 요충마다 기지를 두고 있다. 2개 군단은 오늘날 터키 영토인 유프라테스강 상류 연안의 사모사타와 제우그마, 나머지 1개 군단은 에메사 근처의 라파네아 기지에 상주하고 있다. 하지만 232년 당시 시리아에는 북부 메소포타미아에서 철수한 제1파르티카 군단과 제3파르티카 군단이 일정한 기지도 배정받지 못한 채 머물러 있었다. 도시 안에 군단기지를 두지 않는 것이 로마의 전통이다. 그래서 일시적이기는 하지만 갈 곳이 없어져버린 2개 군단은 안티오키아 남쪽 10km 지점에 있는 다프네에서 숙영을 하고 있었다. 그리스 신들을 모신 신전을 중심으로 발달한 다프네는 도시라기보다 조금 큰 마을이었고, 그래서 병사들이 많아도 불편이 적을 거라고 판단했기 때문이다. 알렉산데르 황제가 안티오키아에 들어갔을 때 그를 맞이한 것은 이 병사들이었다.

다음에 소개할 것은 이때 일어난 에피소드다. 역사는 '디테일'의 집적으로 이루어지는데, 이것도 그 '디테일' 가운데 하나다. 그런데 디테일도 중요하지만, 동시에 많은 것을 생각할 실마리도 준다. 지도자로서 알렉산데르 세베루스의 역량, 역사는 되풀이되는가 되풀이되지 않는가…….

소개할 내용은 '옛날'과 '지금'의 둘로 나뉜다. '옛날'은 알렉산데르가 '되풀이' 읽은 고사 가운데 하나다. 일반 병사들까지 알고 있었는지 어떤지는 모르지만, 적어도 장교급이라면 그 고사를 알고 있었을 것이다. 로마 시대 역사가들 중에는 수에토니우스, 플루타르코스, 아피아누스, 루카누스, 타키투스 등이 이 고사를 다루었고, 다루지 않은 사람이 소수파라 해도 좋을 만큼 유명한 에피소드였기 때문이다. 그 '옛날'의 주인공은 율리우스 카이사르, '지금'의 주인공은 알렉산데르 세베루스 황제다. 다만 '옛날'은 『로마인 이야기』 제5권 「율리우스 카이사르─하권」(249~251쪽)에서 서술했기 때문에 그것을 그대로 옮기겠다.

　─기원전 47년의 에피소드

아피아 가도를 따라 수도로 향하는 카이사르에게 안토니우스한테서 긴급 보고가 잇달아 도착했다. 고참병들 가운데 일부가 종군을 거부하고 있다는 것, 특히 주동자격인 제10군단 병사들은 무기를 들고 수도까지 쳐들어와, 성벽 밖의 마르스 광장에서 기세를 올리고 있다는 것, 법무관 살루스티우스(나중에 『카틸리나의 음모』를 쓴 작가)를 파견하여 급료를 일시불로 지급하겠다는 타협안을 제시했지만 병사들은 거부해버렸다는 것.

카이사르의 제10군단이라면 지중해 세계에서는 이제 모르는 사람이 없는 카이사르의 심복 중의 심복이었다. 그런 군단이 반기를 들었다니까 사태는 중대하다. 게다가 카이사르에게는 북아프리카에서 병력을 모으고 있는 폼페이우스파 잔당을 제압하는 일이 남아 있었다. 그 일을 해내려면 신뢰할 수 있는 고참병들이 꼭 필요했다.

아피아 가도를 따라 수도로 들어갈 때는 마르스 광장과는 반대 방향인 남쪽에서 들어가게 된다. 수도에 입성한 카이사르는 그의 신변을 걱정하는 측근들의 만류도 뿌리치고, 그대로 시내를 가로질러 파업으로 기세를 올리고 있는 부하들 앞에 모습을 나타냈다. 이제는 그의 호위병처럼 된 게르만 기병대도 거느리지 않은 채 무장집단 앞에 나타난

카이사르

것이다. 카이사르에게도 제10군단 병사들에게도 1년 만의 재회였다.

연단에 모습을 나타낸 카이사르는 거두절미하고 다짜고짜 말했다.
"무엇을 바라는가?"
병사들은 저마다 제대시켜달라고 외쳤다. 다음에 그들을 기다리고 있는 것이 북아프리카 전선이라는 것은 그들도 알고 있었다. 카이사르가 북아프리카에서 싸우기 위해서는 그들이 필요하다는 것도 알고 있었다. 따라서 제대를 요구하면, 카이사르도 일시불이나 급료 인상을 약속하여 타협으로 나올 수밖에 없을 거라고 생각했다. 원래 그들에게는 카이사르가 전쟁을 계속하는 한 제대할 마음은 추호도 없었다. 그런데 카이사르한테서 돌아온 대답은 천만 뜻밖이었다.
"제대를 허락한다."
예기치 못한 대답에 병사들이 치켜들었던 칼은 저절로 내려가고, 요란한 외침소리도 뚝 그쳤다. 무거운 침묵이 내리덮였다. 그런 병사들 위에 카이사르의 목소리만이 울려퍼졌다.
"시민 여러분(퀴리테스), 여러분의 급료도 그밖의 보수도 모두 약속대로 지불하겠다. 다만 그것은 나를 따라와주는 다른 병사들과 함께 전투를 끝내고 개선식까지 함께 끝낸 뒤에 지불하겠다. 여러분은 그동안 어디든 안전한 곳에서 기다리고 있으면 된다."

카이사르의 심복 중의 심복이라고 자부하는 제10군단 병사들은 카이사르가 그들을 '시민 여러분'이라고 부른 것에 이미 충격을 받았다. 이제까지 카이사르는 항상 '전우 여러분'(콤밀리테스)이라고 불렀다. 그런데 이제는 이미 제대하여 카이사르와의 인연도 끊어진 보통 시민을 부르듯 '시민 여러분'이라고 부른 것이다. 카이사르가 자신들을 벌써 남으로 여기고 있다고 생각한 그들은 종군 거부도 급료 인상도 다 필요없다는 심정이 되어 있었다. 울음을 터뜨린 병사들은 저마다 외쳤다.

"병사로 돌아가게 해주십시오."

"카이사르 밑에서 싸우게 해주십시오."

여기에 대해 카이사르는 대답도 하지 않았다. 지금까지는 카이사르의 제10군단이라는 자부심으로 우쭐대던 그들도 의기소침해졌다. 다음 전쟁터인 북아프리카로 가는 군단의 집결지가 시칠리아섬의 마르살라로 결정된 뒤에도 제10군단에만은 출동명령이 하달되지 않았다. 제10군단 병사들은 출동명령을 받고 시칠리아로 가는 다른 군단을 풀죽은 개처럼 슬금슬금 뒤따라갈 수밖에 없었다. 카이사르가 그들에게 참전을 허락한 것은 마르스 광장에서 '단체교섭'이 있었던 날부터 두 달 가까이 지난 뒤였다.

물론 카이사르는 보너스도 주지 않고 급료도 올려주지 않고 제10군단을 참전시키는 데 성공했다. 게다가 제발 참전해달라고 애원해서 참전시킨 게 아니라, 병사들이 스스로 원해서 따라온 형태로 참전시켰다. 현대의 연구자 가운데 한 사람은 이렇게 말했다.

"카이사르는 휴먼 코미디를 능숙하게 연기한 희극배우였다."

고대의 역사가들도 이 에피소드를 소개할 때는 이구동성으로 말한다.
"카이사르는 단 한마디로 병사들의 기분을 역전시켰다."
'문장은 어휘 선택으로 결정된다'고 쓴 적이 있는 카이사르의 면모가 생생하게 드러난 에피소드다.

—서기 232년의 에피소드

안티오키아에 도착한 알렉산데르 황제를 맞이한 것은 대열도 흐트러지고 군장도 갖추지 않은, 게다가 결원도 많은 군단이었다. 듣자하니 이 병사들은 다프네의 숙영지에는 거의 돌아가지 않고, 안티오키아에 있는 공중목욕탕이나 투기장이나 갈봇집에서 시간을 보낸다는 것이다. 결원이 많은 것은 황제가 도착한다는 사실을 알렸는데도 그런 곳에 틀어박혀 집합 시간에 늦은 병사가 적지 않다는 것을 보여주었다.

격분한 알렉산데르는 결석한 병사를 모조리 체포하여 감옥에 가두라고 명령했다. 그 명령은 엄격하게 집행되었다.

그런데 이 소식이 퍼지자, 다른 병사들이 동료에 대한 처벌에 항의하여 황제가 머물고 있는 속주 총독 관저를 포위했다. 물론 무기도 들었다. 이를 안 알렉산데르는 투옥된 병사들을 쇠사슬로 묶어서 총독 관저 앞 광장으로 끌어내라고 명령하고, 자신은 발코니로 나갔다. 항의하러 온 병사들도 반원형으로 모여서 발코니에 선 황제를 쳐다보았다. 그들이 지르던 분노의 외침소리는 잠잠해졌지만, 험악한 분위기는 여전했다. 그런 가운데 황제의 목소리만 높이 울려퍼졌다.

"전우 여러분, 여러분의 항의가 여러분의 동료들에게 내려진 처벌이 지나치게 관대하다는 항의라면, 우리 조상들의 군율은 아직도 통용되고 있고 로마 제국은 건재하다는 뜻이기도 하다. 하지만 동료들에 대

알렉산데르 세베루스

한 처벌이 지나치게 가혹하다는 항의라면, 로마 제국의 미래는 매우 걱정스러워진다. 선제(엘라가발루스를 뜻함)라면 군율 위반도 너그럽게 봐주었을지 모르나, 나는 용납할 수 없다. 도가 지나친 이런 방종은 제국 방위를 짊어진 병사에게는 어울리지 않는다고 믿기 때문이다.

제국 방위의 중책을 부여받은 병사가 일반 시민과 같은 향락을 즐기는 것은 허용되지 않는다. 이는 여러분의 최고사령관인 나도, 여러분을 직접 지휘하는 장교들도 마찬가지다. 이렇게 생각하는 나에게 여러분은 군율을 어긴 자라도 처벌하는 것은 인정할 수 없다고 말하고 싶은가. 그 처벌이 사형이 아니라 태형이라도 너무 가혹하다고 말하고 싶은가."

병사들은 잠자코 듣고 있다가 여기서 분노를 폭발시켰다. 24세의 알렉산데르는 병사들이 지르는 분노의 외침소리에 지지 않으려고 더욱 목청을 높였다.

"왜 목소리를 절약하지 않는가. 그렇게 큰 목소리는 너희들의 최고사령관한테 지를 것이 아니라 전쟁터에서 질러야 한다. 병사는 게르만이나 사르마티아나 페르시아 같은 적을 위해 목소리를 아껴두어야지,

자기에게 봉급을 주고 의식주를 보장해주고 게다가 적에게서 빼앗은 전리품이나 땅까지 분배해주는 황제에게 소리를 질러서는 안 된다. 협박이라도 하듯 소리지르는 것은 그만두어라.

큰 소리는 전쟁터에서 지르라고 말했지만, 과연 그렇게 될지도 확실치 않다는 것을 알아두기 바란다. 너희가 병사답지 않을뿐더러 서민들도 하지 않을 법률 위반 행위를 앞으로도 계속한다면 나도 퇴역을 명령할 수밖에 없으니까."

황제가 제대를 무기 삼아 강하게 나왔다고 생각한 병사들은 더욱 험악해졌다. 분노의 외침소리는 그치지 않고, 병사들은 손에 든 칼을 황제 쪽으로 내뻗었다. 알렉산데르는 더욱 목청을 높인다.

"칼을 든 손을 내려라. 너희에게 전사의 혼이 남아 있다면 그 오른손은 적을 죽이기 위해 있다는 사실을 상기할 것이다.

너희의 협박 따위는 조금도 두렵지 않다. 지금 여기서 내가 죽는다면, 나 자신은 한 남자에 불과하지만 그래도 너희는 원로원과 로마 시민 전체의 분노와 복수를 면할 수 없을 것이다."

병사들의 분노는 그래도 가라앉지 않았다. 24세의 황제는 소리쳤다.
"시민 여러분, 무기를 놓고 떠나라!"

여기서 병사들은 외침소리를 멈추었다. '시민 여러분'이라는 말을 듣고 후회했기 때문은 아니었다. 무기를 놓고, 병사가 걸치는 짧은 망토도 벗어 던지고 모두 광장을 떠났다. 하지만 다프네의 숙영지로 돌아간 것은 아니었다. 대도시 안티오키아에 수없이 많은 여관에 흩어져 투숙했다.

무기를 놓고 떠나는 것은 군단 해산을 의미한다. 병사들이 다프네의 숙영지로 돌아가 군단이 다시 기능을 발휘하기까지는 한 달이 걸렸다. 이것이 어떤 타협의 결과인지, 병사들의 기분이 어디쯤에서 가라앉았는지는 기록이 남아 있지 않아서 알 수 없지만, 항의 집회를 선동한 몇 명은 참수형에 처해진 모양이다. 어쨌든 이듬해인 233년에 시작될 페르시아 전쟁에는 이 병사들도 참전하기로 결정되었다.

이 두 가지 에피소드는 많은 것을 생각하게 해준다. 카이사르는 쉰세 살, 알렉산데르는 스물네 살이었으니까 나이는 아버지와 아들만큼 차이가 나지만, 젊은 나이를 불리한 조건으로 꼽을 수는 없다. 알렉산드로스 대왕도 20대의 나이에 병력을 수만 명 이끌고 동방 원정을 결행했다.

나이보다 문제삼아야 할 것은 인간 심리에 대한 통찰력이다. '시민'이라는 한 마디가 효과를 발휘한 것은 '전우' 대접에 익숙한 사람들을 상대로 그 말을 썼기 때문이다. 카이사르와 제10군단 병사들은 갈리아 전쟁 8년과 그에 뒤이어 시작된 내란 5년을 합하여 모두 13년 동안 동고동락하며 함께 싸운 동지였다. 다시없는 '전우'였다는 뜻이다. 이 에피소드가 일어난 시점에서도 벌써 10년의 세월을 함께 고생한 사이였다. 그래서 국법을 어기는 것을 알면서도 루비콘강을 건넌 카이사르를 따라왔다. 그런데 별안간 '시민'이라고 부르면서 남처럼 취급하니까 충격을 받는 것도 당연하다고 말할 수밖에 없다. 물론 카이사르는 이 심리까지 다 읽고 연극을 한 것이다.

한편 알렉산데르 황제와 제1·제3파르티카 군단 병사들의 사이는 이것과는 정반대다. 병사들은 지금까지 최고사령관의 얼굴도 본 적이 없었다. 알렉산데르는 현대에 비유하면 전선으로 날아온 헬리콥터에서 내린 최고사령관이었다. 게다가 이제 곧 시작될 페르시아 전쟁을 앞두고 병사들을 격려하거나 호기롭게 보수를 내놓는다면 또 모르지만, 이 최고사령관이 맨 먼저 한 일은 체포와 투옥이었다. 물론 '사리에 맞는 쪽은 황제다. 상관의 소집명령을 무시한 행위는 충분히 처벌 대상이 된다. 하지만 '사리'에만 맞으면 되는 것은 아니다. 지렁이도 밟으면 꿈틀한다는데, 제1·제3파르티카 군단은 상주 기지도 받지 못했다. 로마 군단의 상주 기지에는 병영 이외에 목욕장과 극장, 경기장에 원형투기장까지 갖추어져 있는 것이 보통이었다. 병사들이 가까운 도시에 너무 자주 드나들지 않게 하기 위한 방책이었지만, 기지 안에서도 어느 정도는 긴장을 풀고 느긋하게 쉴 수 있도록 되어 있었다. 그런데 다프네 마을에 발이 묶인 병사들에게는 그런 환경이 주어지지 않았다. 그래서 10km 북쪽에 있는 안티오키아에 가서 그 욕구를 채울 수밖에 없었다. 병사들 처지에서는 그렇게 말할 수도 있다. 욕구를 채우는 방법이 지나쳤던 것은 확실하지만.

그런데 알렉산데르는 이 병사들에 대한 질책을 '전우 여러분'이라는 말로 시작했다. 동료가 받은 처벌이 너무 가혹하다고 항의하기 위해 모인 병사들은 우선 이 한 마디에 속이 뒤틀려버렸을 것이다. 지금까지 10년을 통치하는 동안 군단 기지도 정해주지 않은 황제에 대한 불만도 있었다. 게다가 오늘 처음 만난 사이인데 허물없이 전우라고 불릴 이유는 없다고 생각한 것도 당연하다. 알렉산데르는 어휘를 잘못 선택했다. 지도자에게 중요한 자질은 설득력(언변, 수사법)이고, 설득력을 발휘하려면 적절한 어휘 선택이 중요한데, 알렉산데르는 그 점에서 뒤떨어졌다고 말할 수밖에 없다.

역사는 현상으로는 되풀이되지 않는다. 하지만 이 현상에 즈음하여 드러나는 인간 심리는 되풀이된다. 따라서 인간 심리에 대한 깊고 날카로운 통찰력, 자기가 체험하지 않은 것을 이해하는 데 반드시 필요한 상상력과 감수성, 이 가운데 하나라도 모자라면 과거에 성공했던 선례를 그대로 따른다 해도 실패할 수 있다는 것을 이 에피소드는 가르쳐주고 있다.

마지막은 전술적인 문제다. 연극을 한 이상, 순간적으로 결정해버리지 않으면 안 된다. 간곡하게 설득해서는 해결할 수 없으니까 연극을 한 것이고, 이런 경우에 가장 부적절한 일은 시간을 끄는 것이다. 알렉산데르는 병사들의 불만을 가라앉히는 데 한 달이나 걸렸다. 그런데 그것으로 황제와 병사들의 관계가 좋아졌다는 보장도 없으니까 문제 해결에 실패했다고 말할 수밖에 없다.

일차전

로마 제국과 신흥 국가인 사산조 페르시아가 처음으로 정면 충돌한 전쟁은 233년 봄에 시작되었다. 그때까지 로마와 파르티아의 전쟁이 수없이 벌어진 메소포타미아 지방이 한쪽 상대가 바뀐 이번에도 전쟁터가 되었다. 양군이 황제와 국왕이라는 최고사령관의 지휘를 받고 있는 이상, 양쪽 다 대군이었을 것이다. 로마군은 6만 내지 7만 명. 페르시아 쪽은 10만 명이 넘었다지만, 어느 쪽에도 기록이 없어서 정확한 수는 알 수 없다. 페르시아가 건국 7년째에 이만한 병력을 동원할 수 있었던 것은 광대한 배후지를 갖고 있었기 때문일 것이다. 게다가 서방 세력을 지중해로 몰아낸다는 기치는 페르시아 민족의 자긍심을 부추겼다.

그래서 233년의 페르시아 전쟁은 로마 쪽에는 방위 전쟁이었지만, 로마는 수세보다 공세를 전략으로 삼는다. 전군을 셋으로 나누어, 상류에서 유프라테스강을 건너 메소포타미아로 쳐들어가는 부대, 시리아 사막을 동쪽으로 나아가 유프라테스강 중류를 건너 메소포타미아로 쳐들어가는 본대, 그리고 남서쪽에서 치고 올라가는 부대, 이렇게 세 방향에서 협공하는 전법을 택했다. 전략으로는 나쁘지 않았다. 다만 이런 경우 세 부대를 유기적으로 활용하기 위해서는 일관된 전략이 반드시 필요하다. 그 전략을 생각하고 전황에 따라 명령이라는 형태로 현실화하는 것은 최고사령관인 알렉산데르의 임무였다.

'지중해'(Mediterraneus)를 둘러싼 모든 땅을 제패하여 지중해를 '내해'(mare internum)로 부를 자격까지 갖고 있었던 것이 로마 제국이라면, 그 로마를 서쪽으로 몰아내어 지중해를 로마인의 내해가 아니게끔 하려고 한 것이 사산조 페르시아다. 유프라테스강이라는 방위선을 철벽화하기 위한 방책으로 그 방위선에 접해 있는 아르메니아 왕국과 메소포타미아 북부를 둘러싸고 전쟁을 벌인 시대는 파르티아 왕국의 멸망과 함께 과거가 되어버렸다. 그래서 앞으로 동방에서 로마 제국과 상대하는 적은 항상 사산조 페르시아가 되지만, 두 나라의 일차전인 233년의 페르시아 전쟁이 어떤 식으로 전개되었는지에 대해서는 정확한 기록이 존재하지 않는다. 원래 기록을 하지 않았는지, 기록은 했는데 후세에 사라졌는지는 알 수 없다. 페르시아 쪽에 기록이 없는 까닭은 상상하기 어렵지 않다. 전제군주국은 으레 이긴 전쟁만 기록을 남긴다. 하지만 로마 쪽에도 기록이 적은 것은 이 전쟁이 시대의 변화를 구획하게 되리라는 것을 깨달은 사람이 당시 로마에 없었기 때문이 아닐까. 우선 알렉산데르 황제도 깨닫지 못했다. 깨달았다면 그런 형태로 전쟁을 끝내지는 않았을 것이다.

그래서 233년에 벌어진 로마와 페르시아의 일차전에 대해 분명히 알려진 사실은 다음과 같다.

(1) 양쪽의 손실이 막대해서, 결국 승패를 가리지 못하고 양쪽이 출

발지로 회군하는 형태로 전쟁이 끝났다. 강화도 맺지 않았고, 강화 교섭을 위한 휴전협정도 맺지 않았다.

(2) 로마 쪽도 손실을 분명히 밝히지는 않았지만, 한꺼번에 입은 큰 손실로는 1천 내지 2천 명의 대대 규모 부대가 전멸한 것을 들 수 있다.

(3) 그래도 15년 전에 마크리누스가 파르티아 국왕과 맺은 강화로 잃어버린 북부 메소포타미아(오늘날의 시리아 영토. 유프라테스강과 티그리스강 사이)는 되찾았다. 제1·제3파르티카 군단은 다시 자신들의 상주 기지를 가질 수 있게 되었다.

(4) 로마 쪽의 공식 발표로는 전쟁에 승리한 것으로 되어 있으니까, 그것이 사실이라면 우세를 타고 페르시아의 주요 도시가 집중해 있는 메소포타미아 중부, 유프라테스강과 티그리스강이 가장 근접한 지대로 쳐들어가는 것이 사산조 페르시아의 공세에 제동을 거는 최선책이었을 것이다. 전쟁은 여름에 접어들기 전에 끝났으니까 공격을 계속할 시간 여유는 충분히 있었다. 하지만 알렉산데르 황제는 월동을 이유로 군대를 철수해버렸다. 이듬해 봄에 전쟁을 재개하겠다고 생각했다면 카라칼라 황제처럼 전선 근처에서 겨울을 날 수도 있었다. 하지만 알렉산데르는 그렇게도 하지 않고 제1·제3파르티카 군단만 메소포타미아 북부에 남겨놓은 채 나머지 병력은 유프라테스강 서쪽으로 모두 철수시켰다. 그리고 황제 자신은 수도 로마로 돌아온다. 개선식을 거행하기 위해서다. 같은 해 9월 25일에는 원로원에서 승전을 보고했다. 메소포타미아에서 로마까지의 거리를 생각하면, 전쟁이 무승부로 끝난 것을 확인하자마자 서방으로 출발했다고 생각할 수밖에 없다.

『황제전』에 따르면 9월 25일 회의장을 가득 메운 원로원 의원들 앞에서 25세의 알렉산데르 세베루스는 다음과 같은 승전 보고를 했다.

"원로원 의원 여러분, 우리는 페르시아에 이겼습니다. 그것을 증명하려면 많은 말이 필요하지 않을 것입니다. 사실을 열거하기만 해도 여러분은 당장 납득하실 것입니다.

적의 선봉대는 700마리나 되는 전투용 코끼리였습니다. 등에는 높은 탑이 가죽띠로 고정되어 있었고, 그 위에 진을 친 궁수들이 화살을 쏘면서 돌진해왔습니다. 아군 병사들은 여기에 주눅들지 않고 적극적으로 과감하게 공격하여 200마리를 쏘아 죽이고 30마리를 포획했습니다. 포획한 30마리 가운데 18마리는 개선식을 위해 로마까지 데려왔습니다.

적은 코끼리 무리에 이어 1,800대에 이르는 전차를 투입했습니다. 이것도 오리엔트식이어서, 전차를 떠받치는 네 바퀴가 모두 바깥쪽에 낫을 달고 있었습니다. 우리는 전차를 끄는 말을 죽이는 방법으로 전차 200대를 무력화하는 데 성공했습니다. 그 200대는 마음만 먹으면 전리품으로 가져올 수도 있었지만, 심하게 파손된 것도 있고 나머지는 조잡하게 만들어져서 가지고 올 만한 가치는 없다고 판단되었기 때문에 전쟁터에 버렸습니다.

아군은 12만 정도로 추산되는 페르시아군에서 주전력인 중무장 기병 1만을 무찌르는 데 성공했습니다. 그밖에 페르시아 보병도 많이 죽이고 사로잡았지만, 포로가 너무 많아서 병사들한테 노예로 나누어준 뒤에도 남은 포로는 노예시장에 내다 팔아서 그 수입을 국고에 넣었습니다.

아군이 오랫동안 발을 들여놓지도 못했던 두 강 사이의 땅을 되찾은 것은 특기할 만한 전과입니다.

우리는 페르시아군을 격퇴하고, 아르다시르 왕을 패주시켰습니다. 이 왕은 지위만이 아니라 권력도 한손에 움켜쥐고 있는 강력한 군주입니다. 하지만 페르시아인들은 자신들이 두려워하고 굴복하는 그 왕이 모든 것을 팽개치고 수도인 크테시폰까지 도망치는 꼴을 자기네 눈으로 보았습니다. 그저 달아날 생각밖에 없는 왕이 미친 듯이 말을 채찍질하여 달아난 길은 먼 옛날 우리의 군기가 적의 전리품으로 질질 끌려갔던 바로 그 길이었습니다(기원전 53년, 크라수스의 군대가 전멸했을 때의 일을 말한다. 제4권 411~413쪽 참조). 그런데 이제 페르시아의 군기는 우리 수중에 들어왔고, 로마까지 질질 끌고 와서 지금 여기에 있습니다.

원로원 의원 여러분, 이상이 아군이 이룩한 전과입니다. 다른 말을 덧붙일 필요는 없다고 생각합니다. 여러분에게 남아 있는 일은 이 승리가 신들에게 감사할 만한 것인지 아닌지를 결정하는 것이고, 감사를 받는 신들도 만족할 만한 개선식을 거행하기로 결의하는 것입니다."

황제가 보고를 마치자 원로원 의원들은 모두 일어나서 이렇게 외쳤다.

"알렉산데르 아우구스투스, 앞으로도 오랫동안 신들의 가호가 있기를!"

원로원 회의장을 나온 알렉산데르는 이번에는 포로 로마노에 모여든 시민들의 환호를 받았다.

"당신에게 게르만에 대한 승리도 기대합니다!"

"어떤 적과 싸워도 당신은 승리자가 될 것입니다!"

"승리하는 자만이 군대를 수족처럼 부릴 수 있습니다!"

『황제전』에서 알렉산데르에 대해 쓴 저자는 콘스탄티누스 대제 시대의 사람이니까, 위의 글을 쓴 것은 이 사건이 일어난 지 100년 뒤였다. 역사를 이야기하는 자는 대부분 사실 앞에서는 겸허해지는 법인데, 이 사람도 예외는 아니다. 알렉산데르 황제의 페르시아 전쟁에 대해 서술한 뒤, 다음과 같은 감상을 덧붙였다.

―이상은 모두 저자가 로마의 공문서 보관소에 소장되어 있는 공식 기록과 연대기를 토대로 쓴 것이지만, 이론을 제기하는 사람도 없지 않다. 그중 몇 사람은 로마와 페르시아의 일차전이 패배로 끝나는 것을 피하려고 패배가 분명해지기 전에 알렉산데르 황제가 철수명령을 내렸다고 주장했다.

하지만 수많은 공식·비공식 기록을 참고할 수 있었던 사람은 이것이 당시에는 소수파 의견이었음을 알 것이다. 그중에서도 특히 당시 여론에 분명하게 반대 의견을 말한 사람은 헤로디아누스인데, 그는 다음과 같은 극단적인 주장까지 남겼다.

"알렉산데르 황제는 페르시아 전쟁에 참전한 병사 대다수를 추위와 굶주림과 질병으로 잃었다."

헤로디아누스는 철인 황제 마르쿠스 아우렐리우스 시대에 시리아 속주에서 태어난 그리스인으로, 192년부터 12년 동안 수도 로마에 머물렀다. 고등교육을 받기 위해 로마로 갔지만, 교육을 마친 뒤 수도에서 무엇을 하고 있었는지는 알 수 없다. 취직을 했다면 교사나 관료로 일했을 것이다. 어쨌든 204년 이후에는 시리아로 돌아와, 로마 제국 동부의 대도시이자 그에게는 고향이기도 한 안티오키아에서 살았다. 이 사람이 역사가로 불리는 것은 『마르쿠스 아우렐리우스 황제 사후의 로마 제국사』라는 제목으로 180년부터 238년까지의 역사를 썼기 때문이다. 모두 8권이니까 장편은 아니다. 사실을 잘 조사하여 쓴 것은 분명하지만, 서술이 평면적이고 인간에 대한 통찰이 천박해서 재미가 없다. 그런 이유도 있어서 후세에는 잊히게 되었다. 하지만 동시대인의 증언이고 '동방' 태생이라 그 지방의 사정에 밝다는 점에서는 오늘날에도 충분히 참고가 된다.

하지만 동시대에 살았고 현장 증인이기도 한 사람의 증언이라면 무조건 믿을 수 있는가 하면, 꼭 그렇다고는 말할 수 없다. 사건 현장에 파견된 기자의 보도를 상기할 필요도 없이, 자기가 실제로 보고 들은 것만 진실이라고 믿어버리는 성향은 인간이라면 누구나 다소 갖고 있다. 시리아 속주의 주도인 안티오키아는 233년의 페르시아 전쟁 때도 후방 기지였다. 그런 안티오키아에서 보고 들은 사실은 전쟁 전체의 객관적 사실이 아니라 참전한 병사들의 목소리에 불과했는지도 모른다. 이겼는지 졌는지 확실치 않은 상태로 단 한 번 회전을 치르고, 아직 전투하기에 알맞은 계절인데 재빨리 철수명령을 내린 황제에게 많은 장병이 좋은 감정을 품지 않은 것도 사실이다.

어쨌거나 233년의 페르시아 전쟁이 로마가 패하지는 않았지만 자랑할 만한 승리도 얻지 못한 상태에서 일찍 마침표를 찍은 것은 확실하다. 이것은 현장 증인의 말을 기다릴 필요도 없이, 알렉산데르 황제가 원로원에서 행한 보고를 분석하기만 해도 충분히 알 수 있다.

우선 코끼리 700마리 가운데 200마리는 죽이고 30마리는 포획했다면, 470마리는 페르시아 쪽에 남았다는 얘기가 된다. 카르타고와 페르시아에서는 예부터 코끼리를 오늘날의 전차처럼 사용했는데, 그 '전차'의 3분의 1만 무력화했을 뿐이라고 말할 수밖에 없다.

바퀴에 낫을 단 전투용 마차도 역시 '동방'에서 많이 쓰인 무기인데, 이것도 1,800대 가운데 200대만 무력화할 수 있었을 뿐이다. 전차는 무력화한 비율이 9분의 1밖에 안 된다.

10만이 넘는 보병은 패주시키고 많은 포로를 잡았다지만, 오리엔트의 보병은 로마의 중무장 보병과는 다르다. 로마군에서는 그들이 주전력이지만, 동방 군주국의 보병은 모두 강제로 징집된 농민들이고 보조 전력으로만 이용되었다. 그런 보병을 아무리 패주시켜도 전투 결과에는 거의 영향을 미치지 않는다. 실제로 오리엔트 군대와 싸워서 계속 이긴 알렉산드로스 대왕은 수가 아무리 많아도 보조전력에는 눈길도 주지 않았고, 자신이 앞장서서 속공을 벌일 때는 항상 적의 주전력을 격파하는 것을 목표로 삼았다.

페르시아의 주전력은 기사도 말도 중무장한 기병이다. 알렉산데르는 이 중무장 기병을 1만 기나 격파했다고 한다. 기사만이 아니라 말까지 무장시키려면 상당한 비용이 들고, 중무장을 하고 싸우려면 상당한 훈련 기간이 필요하니까, 아무리 전쟁터를 대군으로 가득 메우기를 좋아하는 동방 군주라 해도 기병을 몇만 기나 동원하는 것은 불가능하다. 1만 기가 궤멸했다면 중무장 기병의 태반이 궤멸했다고 생각해도 좋을 것이다. 따라서 233년의 회전에서 로마군은 페르시아군의 주전력을 궤멸시켰다고 말할 수 있다. 로마가 페르시아와 맞붙은 일차전에서 승리했다고 말할 수 있다면 그 이유는 여기에 있고, 페르시아 국왕이 수도로 달아난 것도 자기 군대의 주전력이 궤멸하는 참상을 보았기 때문이 아닐까.

그렇게 할 수 있었던 것은 당시에는 아직 로마 군단병이 주전력으로 기능을 발휘하고 있었기 때문이다. 그래서 전투를 양군의 주전력인 중무장 보병과 중무장 기병의 대결로 끌고 갈 수 있었다.

기병, 특히 중무장 기병의 무서운 공격력이 위력을 발휘하는 것은 돌격을 시작했을 때부터 적과 부딪칠 때까지 상당한 거리가 있는 경우다. 출발한 뒤 전력 질주를 거쳐 표적에 부딪힐 때까지의 거리가 충분치 않으면, 중세 기사처럼 사람은 물론 말까지 중무장을 갖춘 페르시아 기병은 공격력을 거의 잃어버린다. 움직임이 자유롭지 않으면 기병은 제대로 기능을 발휘할 수 없다. 또한 장비가 무겁기 때문에, 보병이 접근하여 둘러싸기라도 하면 보병의 공격을 피하기도 어려워진다.

이것은 카이사르가 기원전 48년에 파르살로스 회전에서 폼페이우스를 상대로 사용한 병법이다. 233년에 페르시아와의 전투에서 로마가 사용한 병법도 적의 기병을 포위하고 고립시켜 마음대로 움직이지 못하게 되었을 때 쳐죽이는 전술이 아니었을까. 페르시아와의 일차전에서 중무장 보병의 활약이 돋보였다는 기록으로 보아, 이때 로마군은 그들 본래의 전투 방식을 구사할 수 있었던 것 같다. 인간은 처음부터 끝까지 자기 방식을 유지할 수 있으면 가진 능력을 더욱 효과적으로 발휘할 수 있다.

알렉산데르 황제가 원로원에서 승리를 보고할 때 사실을 모두 밝힌 것은 아니지만, 거짓말을 한 것도 아니었다.

첫째, 쳐들어온 페르시아군을 격퇴한다는 당초의 목적은 완전히 이루었다. 둘째, 적의 주전력을 궤멸시키는 방법으로 그 목적을 달성했다. 이것은 매우 중요하다. 실제로 사산조 페르시아는 그 후 20년 동안이나 로마 영토로 쳐들어오지 못했기 때문이다. 셋째, 15년 만에 북부 메소포타미아를 되찾은 공적이다. 이 일대가 로마의 속주가 되면, 로마 제국은 사산조 페르시아를 북서쪽과 서쪽에서 견제할 수 있기 때문이다.

요컨대 알렉산데르의 페르시아 전쟁은 평가받아 마땅하다고 생각하지만, 그의 불행은 승리가 과대 평가된 데 있다. 그것도 원로원이나 시민들이 그가 지휘만 하면 페르시아도 게르만도 물리칠 수 있다고 믿었기 때문에, 25세의 황제에게는 그것이 중압감을 준 게 아닐까. 어쨌든 이듬해인 234년에 벌써 로마 제국의 양대 주권자인 '원로원과 시민'은 일치단결하여 알렉산데르를 라인 전선으로 내보냈다. 하지만 이것이 젊은 황제에게 파멸을 가져왔다.

게르만 대책

야만족의 로마화가 로마 제국을 쇠퇴시켰다는 견해도 있지만, 나는 거기에 동의할 수 없다. 야만족의 로마화는 당시 로마인이 문명화라고 부른 현상인데, 구체적으로는 로마 제국의 지배권이 미치지 않는 방위선 바깥에 독립해 살면서 방위선 안쪽에 사는 로마인과 많은 면에서 접촉한 것을 가리킨다. 야만족은 로마 영토에서 열리는 장에 산물을 가져와서 팔고 그 돈으로 자신들한테 필요한 물건을 사는 등 방위선으로 격리되어 있었지만 방위선 안팎의 접촉은 뜻밖에 활발했다. 역대 황제들도 이런 접촉을 장려했는데, 그것은 잃을 것이 있는 사람은 과격해지지 않는다는 사실을 알고 있었기 때문일 것이다. 로마 통치자들이 주의를 게을리하지 않은 것은 로마화한 이들 야만족이 결집하여 통일된 행동을 취하지 않도록 하는 것뿐이었다. 로마인은 이런 부류의 야만족을 '가까운 야만족'(바르바리 수페리오르)이라고 불렀다. 가상 적이기는 하지만 항상 적대 관계에 있는 '적'은 아니라는 느낌을 주는 호칭이다. 로마 제국은 이들 '가까운 야만족'과는 일단 좋은 관계를 유지하는 데 성공하고 있었다.

제11권에서 말했듯이 철인 황제 마르쿠스 아우렐리우스 시대의 로마가 직면한 '시대의 변화'는 그때까지는 '야만족'이라고만 불렸던 이

민족이 그 시대를 고비로 '가까운 야만족'과 '먼 야만족'(바르바리 인페리오르)으로 나뉘어 불리게 된 것만 보아도 분명하다. '가까운 야만족'이 로마의 방위선 밖에 사는 반면, '먼 야만족'은 오늘날의 스칸디나비아반도와 독일 북동부, 폴란드, 그리고 더 먼 러시아에 기원을 둔 민족이나 부족이었다. 이들은 인구가 늘어나면, 불어난 강물이 저지대를 향해 기세 좋게 흐르듯 남쪽이나 서남쪽으로 이동하기 시작한다. 하지만 황무지로 가는 것은 아니다. 황무지는 누구나 살기 힘든 곳이니까, 사람을 먹여 살릴 만한 식량이 나는 곳은 이미 사람들이 살고 있는 곳이다. 황무지를 개척하여 사람이 살 수 있는 땅으로 바꾸려 할 정도라면 그것은 야만족이 아니다. 야만족은 잽싸고 손쉽게 목적을 이루는 것만 생각하는 사람들이다. 이렇게 생각하는 이상, 이동하는 곳에 사람이 살고 있으면 붙잡아 노예로 삼거나 항복시켜 합병하는 두 가지 방식뿐이다. 로마 제국 방위선 밖에서는 2세기 후반부터 이런 변화가 확실히 진행되고 있었다. 마르쿠스 아우렐리우스 황제가 북방 야만족의 침입으로 고생한 것은 바로 그의 시대에 이 변화가 표면화했기 때문이다. '먼 야만족'의 노예가 되거나 합병되기를 싫어한 '가까운 야만족'이 로마 영토로 침입하고, 그중에서도 특히 약한 부족들이 로마 영토 안으로 이주해 살게 해달라고 요구한 사실이 이런 현상의 표면화를 실증한다. 로마 역사는 침입해오는 야만족을 격퇴한 역사라 해도 좋을 만큼 야만족의 침입은 옛날부터 있어왔지만, 시대의 변화와 함께 야만족 침입의 실태도 변화하고 있었다.

로마 제국의 북쪽 방위선인 라인강과 도나우강이 카라칼라 황제 이후 15년 동안이나 평온할 수 있었던 것은 방위선 밖까지 진격하여 야만족을 공격한 카라칼라의 적극전법으로 말미암아 야만족이 그렇게 간단히 로마 영토로 침입할 수 없을 만큼 호된 타격을 받았기 때문이기도 하다. 하지만 15년 동안 평화가 지속된 원인은 그것만이 아니었다. 방위선 밖에서 '먼 야만족'이 '가까운 야만족'을 제압하고 합병하는 상황이 진행되고 있었던 것도 이유로 꼽을 수 있다고 생각한다. 그리고 15년 뒤에 야만족의 침입이 재개된 것은 그동안 부족 재편성을 끝낸 그들이 서쪽이나 남쪽으로 눈을 돌리고, 라인강 방위선을 돌파하여 갈리아가 있는 서쪽으로 우르르 밀어닥쳤기 때문이다. 잽싸고 손쉽게 목적을 이룬다는 것은 요컨대 약탈이다. 약탈할 만한 재물이 있는 곳이라면 로마 제국밖에 없었다.

이리하여 3세기에도 로마 제국은 침입해오는 야만족에게 시달리게 된다. 흥미롭게도 3세기의 로마인은 '가까운 야만족'과 '먼 야만족'을 구별하지 않고 그냥 '야만족'이라는 호칭으로 되돌아갔다. 하지만 이 '야만족'은 마르쿠스 아우렐리우스 이전의 '야만족'처럼 로마화하여 로마인과의 공생 관계를 받아들인 야만족이 아니었다. 로마와는 접촉도 없고, 따라서 로마화하지 않은 '먼 야만족'이 '가까운 야만족'을 대신하여 라인강과 도나우강 건너편의 주민이 되었다고 생각해도 좋다. 요컨대 3세기에 로마 제국이 점점 빠른 속도로 쇠퇴해간 요인 가운데 하나는 로마화한 야만족이 아니라 로마화하지 않은 야만족이었다. 25세의 알렉산데르가 대결해야 했던 것도 야만족다운 야만족이라고 말할 수 있는 이 야만족이었다.

황제가 출전할 때는 원로원 의원과 시민 대표가 수도 로마에서 100로마마일이나 떨어진 곳까지 함께 나가서 배웅했다니까, 이 로마마일을 킬로미터로 바꾸면 환송객들은 150km나 되는 거리를 배웅하러 간 셈이다. 알렉산데르에게 나라 전체가 얼마나 큰 기대를 걸었는지 짐작할 만하다. 젊은 황제는 이번에야말로 완벽한 승리를 거두고 돌아와야 했다.

라인강변

지금은 독일의 마인츠라는 도시가 되어 있는 로마 시대의 모곤티아쿰은 근원을 거슬러 올라가면 켈트족의 촌락이 있었던 땅이지만, 이 마을에 군단기지를 두어 도시화한 것은 로마인이다. 마인강이 라인강으로 흘러드는 지점에 있고 강폭이 비교적 좁았기 때문에, 로마인은 일찍부터 최전방 군사기지로서 이곳이 지닌 이점을 깨닫고 있었다. 지금도 마인츠에는 로마 시대 유적이 많은데, 그것은 이곳이 어느 곳보다도 일찍부터 게다가 대규모로 군사기지화했기 때문이다. 초대 황제 시대부터 150년 동안 마인츠에는 다른 기지와 달리 항상 2개 군단이 상주해 있었다. 도나우강 쪽이 방위선으로 더욱 중요해진 2세기 중엽부터는 상주 군단이 1개로 줄어들기는 했지만, 필요하면 당장 라인강 하류의 본과 라인강 상류의 스트라스부르에서 군단이 달려올 수 있도록 로마 가도가 뚫려 있었다.

로마 시대의 마인츠는 중요한 군사 거점이었고 쾰른도 마찬가지지만, 로마인은 강변에 기지를 건설할 때는 그 건너편에도 외성 같은 느낌의 소규모 요새를 짓는 것이 보통이었다. 방위용이 아니라 감시용 요새니까, 강에는 군단기지와 이 요새를 잇는 다리를 놓는다. 다만 이 다리는 적이 쳐들어오면 끊어야 하기 때문에, 항구적인 구조물이 아니라 작은 배들을 늘어놓고 그 위에 두꺼운 널빤지만 걸쳐놓은 배다리다. 보병은 물론 기병도 건널 수 있지만, 대군이 강을 건널 때는 카이사르처럼 나무다리라도 본격적인 다리를 짓거나, 배다리를 몇 개나 평행하여 놓을 수밖에 없었다. 마인츠에 도착한 알렉산데르 황제가 명령한 것은 그런 다리를 놓으라는 것이었다. 기록에 나와 있지 않아서 두 가지 다리 가운데 어느 쪽인지는 알 수 없지만, 어쨌든 다리를 놓으라고 명령한 것은 확실하다. 라인 전선은 황제를 맞아 오랜만에 전투 분위기가 고조되고 있었다. 라인강에 대군도 건널 수 있는 다리를 놓는다는 것은 라인강을 건너 적지로 쳐들어간다는 뜻이었기 때문이다.

마인츠에 상주하는 제22프리미게니아 군단 이외에 본에서 제1미네르바 군단, 스트라스부르에서 제8아우구스타 군단이 은독수리가 햇빛을 받아 빛나는 군단기를 앞세우고 도착하여, 당시에는 요새에 불과했던 오늘날의 프랑크푸르트보다 훨씬 도시화한 마인츠도 집결한 병사들로 북적거렸다. 어쨌든 본국 이탈리아에 기지를 둔 유일한 군단인 제2파르티카 군단까지 소집명령을 받고 북쪽으로 올라오고 있었다. 총독이나 군단장에서 일개 병사에 이르기까지 모든 사람이 병력을 본격적으로 투입한 전쟁이 벌어질 것을 믿어 의심치 않았다. 그들의 총사령관인 알렉산데르만 다른 생각으로 기울어지기 시작했다.

알렉산데르 세베루스 황제는 목적을 달성하기 위해서는 수단 방법을 가리지 않겠다는 심경이었는지도 모른다. 하지만 수단 방법을 가리지 않는다는 말은 윤리나 도덕을 따지지 않는다는 뜻이고 목적 달성에 효과적인지 어떤지는 따져볼 필요가 있다는 것을 아직 인생의 수라장을 겪지 않은 26세의 황제는 알지 못했다.

이것도 그의 성격이지만, 중요한 순간에 발을 빼고 물러나버린다. 좋게 말하면 신중하고 나쁘게 말하면 겁쟁이다. 페르시아 전쟁에서도 패주하는 페르시아 국왕을 수도 크테시폰까지 뒤쫓아가려고 마음만 먹었다면 할 수도 있었다. 그보다 1년 뒤의 게르만 전쟁에서도 같은 성향이 고개를 쳐든 것이다.

마인츠를 전선 본부로 삼은 로마군은 234년 겨울을 맞기 전에 전투 준비를 끝냈다. 이제 다가오는 북유럽의 혹한을 로마 영토 안에서 보내고, 이듬해 봄에 라인강을 건너 대공세를 펴는 일만 남아 있었다. 하지만 이 겨울 동안 황제는 게르만인과 외교 교섭을 시작했다. 목적은 게르만 부족들이 로마 제국 영토로 침입하지 못하게 막는 것이니까, 군사적 수단이 아니라 경제적 수단을 사용해도 목적만 달성할 수 있으면 된다고 생각했는지도 모른다. 황제는 게르만인에게 경제 원조를 제안하고, 그것으로 게르만 문제를 해결하려고 했다.

이것은 로마 황제들에게 새로운 수단은 아니었다. 오현제 시대에도 자주 이 수단에 호소했다. 하지만 그 시대에 로마가 상대한 야만족은 로마화의 이점을 이해하고 있었던 '가까운 야만족'이었다.

로마 쪽의 경제 원조는 현금과 기술지원·시장개방의 세 가지로 나뉘어 있었다. 하지만 이것은 모두 '가까운 야만족'의 생활 기반을 사냥에서 농경으로 바꾸려는 의도에서 마련된 정책이다. 농경을 주로 하게 되면 한곳에 정착한다. 설령 적대 관계가 생긴다 해도, 줄곧 이동하는 적보다는 한곳에 정착해 있는 적이 대처하기 쉽다. 또한 생활 수준이 높아지면 사람은 보수적이 된다. 카이사르가 정복한 갈리아인은 그 후 수렵민족에서 농경민족으로 바뀌었지만, 땅에 정착하여 풍요로워진 갈리아인은 이탈리아로 쳐들어갈 이유도 없고 그럴 마음도 없어졌다. 갈리아가 로마화의 우등생이라고 말하는 까닭이 그것이다. 고대에도 사냥보다는 농경이 생활 수준을 영속적으로 향상시키는 데 알맞았다는 것을 알 수 있다.

제정이 전성기를 맞은 오현제 시대의 로마는 고도성장기라 해도 좋은 카이사르 시대와 달리 영토 확장을 제국의 기본 정략으로 삼지 않았다. 트라야누스 황제가 다키아(오늘날의 루마니아)를 정복한 것이 유일한 예외일 만큼 안정된 성장기를 구가하고 있었다. 하지만 그것은 방위선 너머에 사는 야만족이 로마 제국 백성이 아니라는 이유로 어떤 생활을 하든 관심을 갖지 않았다는 뜻은 아니다. 적이 될 수 있는 그들이 온건해지면 그것도 '방위선'을 강화하는 결과를 낳았기 때문이다. 황제들의 '경제 원조'는 그것을 목적으로 삼았고, 줄곧 성공해왔다. '가까운 야만족'의 로마화는 인도주의가 아니라 로마 제국 안전보장의 일환, 다시 말해서 안전보장 정책을 구성하는 수많은 '고리' 가운데 하나였다. 이것이 성공한 이유는 로마의 압도적인 군사력을 배경으로 한 평화적 정책이었기 때문이라는 사실도 잊어서는 안 된다. 로마 황제의 '경제 원조'를 받은 야만족도 그것이 로마가 겁을 먹은 증거라고는 도저히 생각할 수 없었기 때문이다.

그보다 1세기 뒤에 알렉산데르 세베루스가 하려고 한 일도 겉보기에는 그것과 똑같았다. 공부에 열심인 알렉산데르는 공문서 보관소에서 찾아낸 참고 사례를 토대로 그 방법을 생각해냈겠지만, 그 사례가 기록된 시대와 지금은 야만족의 성격이 다르다는 사실을 미처 깨닫지 못했다. 철벽화가 진행되어 절대 침략할 수 없는 로마 제국의 방위선을 제 눈으로 본 100년 전의 야만족과 지금의 야만족은 다르다는 것을 깨닫지 못했다. 3세기의 야만족은 로마 제국과 접촉한 경험도 적고, 농경민족으로 바뀌는 데 대한 관심도 적고, 그저 손쉬운 약탈밖에는 염두에 없는 게르만인이었다. 당연히 경제 원조를 하겠다는 로마의 제의도 게르만족이 로마 영토로 침입하지 않는 데 대한 보상으로밖에 생각지 않는다. 그리고 공문서 보관소의 기록만 참고한 알렉산데르와는 반대로 게르만인과 대결한 경험이 풍부한 라인강 방위선의 장병들은 야만족의 질적 변화를 알아차리고 있었다. 경제 원조를 해도 야만족은 그것으로 땅을 개척하지 않고 다른 약소 부족을 합병하거나 무기의 질을 높이는 데 사용하리라는 것을 알고 있었다.

알렉산데르가 교섭을 추진하는 동안, 마인츠 일대에 집결해 있던 장병들 사이에 야만족과 교섭할 생각밖에 하지 않는 황제에 대한 불만이 고조되어갔다. 누가 선동한 것은 아니었다. 누구랄 것도 없이 모든 사람의 마음에 자연히 알렉산데르 황제에 대한 경멸이 싹텄고, 그런 감정이 날이 갈수록 강해진 것이다. 이것은 라인강 방위선을 지키는 모든 로마 병사가 황제에게 반기를 들고 일어선 거나 마찬가지였다.

235년 3월, 그들은 일제히 봉기한다. 마인츠 근처 마을에 머무르고 있던 알렉산데르는 황제의 막사로 몰려든 병사들에게 살해되었다. 칼로 찌를 때 병사들은 "언제까지나 젖내 나는 놈!"이라고 외쳤다고 한다. 전선에 동행하여 이웃 막사에 있었던 어머니 율리아 마메아도 이때 살해되었다. 그래도 알렉산데르 세베루스와 어머니의 유해는 수도 로마로 보내져, 황제와 모후에게 어울리는 장례식을 치른 뒤 역대 황제들이 잠들어 있는 하드리아누스 영묘에 안장되었다. 27세도 되기 전에 삶을 마쳤지만, 재위 기간은 13년이나 되었다.

황제 살해는 치밀한 계획에 따른 행위가 아니었고, 많은 병사가 동원된 것도 아니었다. 그래서 알렉산데르가 살해된 뒤 마인츠 일대에 숙영하고 있던 부대에는 혼란이 일어나지 않았다. 장교들은 쾰른에서 신병 훈련을 지도하고 있던 막시미누스 장군에게 연락을 취했는데, 그가 황제에 취임하는 것을 병사들까지도 동의했기 때문이다. 이 막시미누스가 알렉산데르 살해 계획에 가담했다는 증거는 없다.

이때부터 50년 동안을 로마사에서는 군인 황제 시대라고 부른다. 군단이 원로원의 의향 따위는 완전히 무시하고 자기네 사령관을 황제로 추대하고, 그 때문에 나라가 방향을 잃고 헤매는 반세기가 시작되었다는 것이다. 그리고 로마 제국의 쇠퇴는 군인 황제들이 배출된 데 원인이 있다고 한다. 알렉산데르 세베루스 황제의 통치가 상당히 높은 평가를 받고 있는 것도 그가 군인 황제는 아니었기 때문이다.

앞으로 전개될 반세기가 방향을 잃고 갈팡질팡한 시대인 것은 확실하다. 하지만 그 원인을 군인 출신 황제들한테만 돌리는 것도 납득할 수 없다. 카라칼라도 알렉산데르도 군인이 아니라 문민 황제였지만, 그들이 로마의 쇠퇴를 재촉하는 씨앗을 뿌린 게 아닐까. 이런 내 생각이 지금까지 카라칼라와 알렉산데르의 업적을 자세히 추적한 이유이기도 하지만, 군인 황제의 배출도 3세기라는 시대의 요청에 따른 현상의 하나가 아닐까 생각한다.

군인 황제라는 이유만으로 비난하는 것은 문민 지배라는 현대의 개념으로 과거까지 재단하려 드는 일종의 알레르기가 아닐까 하는 생각마저 든다.

하지만 아무리 시대의 요청이었다 해도, 군인 출신이기 때문에 갖는 부정적 측면이 군인 황제에게 없었던 것은 아니다. 없기는커녕 바로 그것이 나라가 방향을 잃고 갈팡질팡하는 요인이 되었다. 앞으로 차차 드러나겠지만, 현대의 개념으로 과거까지 재단해서는 역사를 배우는 의미가 없다. 역사를 접할 때 가장 명심해야 할 태도는 안이하게 거부 반응을 일으키지 않는 것이다. 참고로 로마 제국의 '문민'은 원로원 출신이고 '군인'은 군단에서 경력을 쌓은 사람으로 생각해도 좋다.

그런데 초일류 군인이면서 동시에 초일류 문민이기도 한 사람들이 있다. 율리우스 카이사르가 대표적인 예지만, 카이사르만큼은 아니더라도 군사의 중요성을 인식하고 거기에 정통한 황제가 로마 제국 중기까지는 적지 않았다. 3세기에 없었던 것은 바로 이런 부류의 통치자였다.

제3장(서기 235~260년)

막시미누스 트라쿠스 황제(235~238년 재위)

마치 율리우스 카이사르와 마르쿠스 아우렐리우스 황제를 조상으로 두었다고 말하고 싶은 것처럼 가이우스 율리우스 베루스 막시미누스라는 이름을 사용한 이 사람한테는 안된 일이지만, 로마 역사에서는 '트라키아 사람 막시미누스'(Maximinus Tracus)라는 이름으로 알려져 있다. 이 사람의 출신지가 트라키아 속주이기 때문이다.

속주 출신 로마 황제는 100여 년 전부터 이미 로마 제국에서 드물지 않게 되었다. 하지만 동시대인 중에도 '에스파냐 사람 트라야누스'나 '에스파냐 사람 하드리아누스'라고 부른 사람은 없었다. 그것은 두 황제가 300년 전에 본국 이탈리아 태생인 군단병이 만기 제대한 뒤에 이주한 식민도시(콜로니아) 가운데 하나인 이탈리카에서 태어나, 그들이 등장하기 전부터 원로원에 의석을 가진 속주 출신 엘리트 계급에 속해 있었기 때문이다. 그들 자신도 출생지에 구애받지 않고 로마인으로 살았고 또한 로마 황제로서 통치했다.

막시미누스도 속주 출신 황제라는 점에서는 두 사람과 마찬가지지만, 본국은 물론 속주의 엘리트 계급에도 속하지 않는다. 그래서 수도의 지배계급과도 연고가 없었다. 아버지가 양치기였기 때문이다.

막시미누스 트라쿠스

트라키아는 도나우강 하류의 남쪽 연안 일대에 펼쳐진 '먼 모이시아 속주' 바로 남쪽에 자리 잡고 있어서, 도나우 방위선에서 소아시아로 가는 통로가 된다. 서쪽은 마케도니아다. 지중해에 면해 있는 남부를 제외하면 산악 지형이고, 예부터 좋은 말의 산지로 알려져 있었다. 알렉산드로스 대왕은 기병을 유기적으로 활용한 최초의 무장인데, 그가 오리엔트로 데려간 것이 트라키아 기병이다.

트라키아에서는 양치기라 해도 양만 키우는 것을 의미하지 않는다. 소도 키웠고, 특히 말 사육이 성행했다. 지중해 세계의 지배자가 로마로 바뀐 뒤에도 트라키아산 말에 대한 수요가 줄지 않았기 때문이다. 소년 시절의 막시미누스는 아버지 일을 거들면서 자랐다고 한다. 당시 트라키아의 양치기는 지팡이를 들고 양치기개의 도움을 받아 목가적으로 양을 치는 것이 아니라, 도둑에 대비하여 무기를 들고 말을 달리는 카우보이 같은 존재가 될 수밖에 없었다. 아버지는 영세한 목축업자였던 모양이다. 막시미누스는 아버지 일을 거들기는 했지만 아버지 뒤를 잇지는 않았다. 소년기를 벗어나자마자 로마 군단에 지원한 것이

트라키아와 그 주변

다. 트라키아에는 군단기지가 없으니까, 기지가 있는 모이시아에 가서 지원했을 것이다. 하지만 로마 시민권이 없는 그는 군단병에 지원할 자격이 없다. 속주민에게도 로마 시민권을 인심 좋게 나누어준 카라칼라의 칙령이 나오기 전의 일이다.

그래서 속주민에게도 문호가 열려 있는 보조부대에 지원했지만, 자격 연령인 17세에 한 살이 모자랐는데도 입대가 허용된 것은 16세라고는 생각할 수 없을 만큼 뛰어난 체격이 신병 선발을 맡은 부대장들의 인상에 남았기 때문이라고 한다. 로마군의 공용어인 라틴어도 트라키아 사투리 억양이 그대로 드러난 엉터리인데다 교양은 말할 필요도 없고 예의조차 모르는 젊은이였지만, 태도만은 당당했다. 이 초년병은 입대한 해에 벌써 훗날의 황제 세베루스에게 자신을 '파는' 데 성공했으니 유쾌하다.

그가 입대한 189년은 황제 세베루스의 장남인 카라칼라에 이어 차남인 게타가 태어난 해였다. 둘째 아들의 탄생을 축하하여 세베루스가 순행하고 있던 군단기지에서도 병사들이 무술과 기량을 겨루는 행사가 열리게 되었다. 물론 막시미누스는 의욕이 넘쳤지만, 보조병에다 초년병은 세베루스의 눈에 띄지 않는 곳에서 경기하는 것이 고작이다. 그래도 적수가 없는 기세로 승승장구했기 때문에, 마지막에는 싸울 상대가 없어졌다.

그러자 막시미누스는 세베루스 앞에 나아가 엉터리 라틴어로 청을 넣었다. 초년병과 싸우면 재미가 없으니까 계급이 높은 병사들과 겨루게 해달라고.

세베루스는 기분이 상하지는 않았지만 그의 청을 들어줄 수는 없었다. 로마 군단에서는 상급자와 하급자가 칼을 맞대는 것은 시합이나 연습으로도 금지되어 있었다. 로마군의 훈련은 엄격하기로 유명해서, 연습과 실전의 차이는 피가 흐르지 않는다는 것뿐이라고 할 정도였다. 훈련할 때도 대개의 경우는 진지하게 싸웠다. 그래서 어떤 이유로든 원한을 품은 하급자가 그 기회에 상급자를 살상하는 사고가 일어나는 것을 막기 위해, 연습이나 시합이라도 계급이 같은 병사끼리 싸우도록 군율로 정해져 있었다.

하지만 세베루스는 로마군의 규율을 어기지 않는 범위 안에서 이 젊은이의 청을 들어줄 마음이 들었다. 그래서 트라키아의 젊은이가 군단의 포도주 저장실을 담당하고 있는 병사와 시합하는 것을 허락했다. 포도주 담당이라고는 하지만 전방기지에서 근무하는 병사들이다. 무기는 충분히 다룰 수 있었다.

그런데 막시미누스는 덤벼드는 병사들을 차례로 쓰러뜨렸고, 시합은 열여섯 명째에서 끝났다. 상대가 한 사람도 남지 않았기 때문이다.

트라키아의 초년병은 세베루스가 보조병들을 위해 준비해둔 은팔찌와 망토 장식, 은제 버클이 달린 허리띠 같은 상품을 모두 독차지했다.

이날 열여섯 명을 이긴 일이 소문이 나서, 트라키아의 젊은이는 병사들에게 인기를 얻었다. 체격이 남달리 건장했을 뿐만 아니라 성격도 소탈하고, 커다란 눈에는 음험한 데가 없이 솔직한 성격이 드러나 있어서 왠지 호감이 갔다.

그로부터 이틀 뒤, 말을 타고 기지 안을 돌아다니던 세베루스는 보조부대 숙소 밖에서 막시미누스가 다른 병사들과 떠들고 있는 것을 보았다. 세베루스는 저 야만스러운 젊은이에게 로마군의 규율을 가르치라고 수행한 대대장에게 명령했다.

대대장한테 어떤 꾸중을 들었는지는 모르지만, 대대장이 데려온 트라키아의 젊은이는 말에 올라앉은 세베루스를 쳐다보면서 얌전히 사과했다. 세베루스는 거기에 대해서는 아무 대답도 하지 않고 이렇게 말했다. "지금부터 말을 달리게 할 작정인데 따라올 수 있겠느냐." 그러고는 정말로 전속력으로 질주하기 시작했다.

군단이 상주하는 기지라면 어디에나 기병 훈련용 경마장이 있다. 세베루스는 그 주위를 따라 몇 번이나 전속력으로 말을 몰았다. 그래도 말을 따라 달려오는 젊은이를 떼어놓을 수가 없었다. 말을 세운 세베루스는 이 초년병에게 물었다.

"트라쿠스(트라키아 사람)여, 이 경주가 끝난 뒤에도 격투(후세의 레슬링)를 할 수 있겠느냐."

숨도 헐떡이지 않는 젊은이한테서 돌아온 대답은 물론 "할 수 있습니다"였다. 이번에는 무기를 쓰지 않는 시합이니까, 세베루스가 막시미누스의 상대로 고른 것은 로마군의 주전력으로 자타가 인정하는 군단병이었다. 16세의 트라키아 젊은이는 이때도 일곱 명을 이겼다. 세베루스는 이 초년병을 황제용 막사 경호원으로 발탁했다. 트라키아의 양치기 아들의 인생은 이렇게 시작되었다.

211년, 세베루스 황제는 브리타니아로 원정을 떠났다가 요크에서 죽고 아들 카라칼라의 치세가 시작되었다. 그해에 막시미누스는 38세. 그 무렵에는 군단병 80명을 지휘하는 백인대장으로 승진한 모양이니까, 벌써 로마 시민권을 얻었을 것이다. 이듬해인 212년에 나온 '안토니누스 칙령'에 따라 '로마 시민'으로 격상한 것은 아니다. 그래도 카라칼라 황제 치세 6년 동안 막시미누스는 38세에서 44세까지 남자로서는 절정기를 맞았는데도 백인대장이라는 지위에는 변함이 없었다. 병사들한테 인기가 있고, 항상 앞장서서 적진으로 뛰어들기 때문에 중대 규모 지휘관으로 가장 적합했다는 이유도 있다. 편리하게 무슨 일이든 시킬 수 있었던 것은 트라키아의 양치기 아들이라는 천한 신분과 무관하지 않을 것이다. 하지만 세베루스 일가에 대한 막시미누스의 충성심은 그런 이유로는 끄떡도 하지 않았다.

217년에 카라칼라가 살해되고, 근위대장인 마크리누스가 황제에 취임했다. 카라칼라 살해의 배후에 마크리누스가 있다는 것은 장병들도 짐작했지만, 파르티아 왕국과 전쟁이 벌어지고 있을 때 일어난 사건이다. 모두 새 황제 밑에서 싸우기로 동의했으나 막시미누스만은 달랐다. 은인의 아들을 죽인 사람 밑에서 싸울 수는 없다고 충성 서약도 거부하고 고향 트라키아로 돌아가버린 것이다. 그것은 명백한 명령불복죄에 해당하고 군인으로서는 폭거였지만, 마크리누스는 그냥 내버려두었다. 병사들 사이에 막시미누스의 인기가 높았고, 장병 통솔에 신경을 쓰고 있던 새 황제는 그렇게 인기있는 사람을 처벌했을 경우의 파장을 우려했기 때문이다.

트라키아로 돌아간 막시미누스는 군대에서 모은 돈으로 농지를 사서 농업과 목축업을 시작했다. 어머니는 고트족 산하의 부족인 알라니족 출신이었던 모양이다. 농부가 된 막시미누스는 수확물을 어머니의 연줄로 고트족에 팔았다. 고트족은 제국의 북쪽 방위선인 도나우강 북쪽 연안에 살고 있다. 그들도 막시미누스를 동포처럼 대해서, 도나우강을 사이에 둔 야만족과 로마인의 교역은 순조롭게 시작되었다. 하지만 그것도 1년 만에 끝난다. 마크리누스가 살해되고 카라칼라의 사촌누이의 아들인 엘라가발루스가 제위에 올랐기 때문이다.

45세가 된 '트라키아인'은 수도 로마로 가고 있는 새 황제를 찾아간다. 세베루스 시대처럼 황제의 막사를 경호하는 임무로 돌아가고 싶은 마음을 전하기 위해서였다. 자기가 백인대장의 지위를 박차고 곁을 떠나지 않았다면, 황제의 막사를 경호하는 일을 계속 맡고 있었다면 카라칼라 황제는 살해되지 않았을 거라고 생각했기 때문이다. 하지만 새 황제인 엘라가발루스는 막시미누스의 요청에는 대답하지 않고 이렇게 말했다.

"세간의 평판에 따르면 너는 전에 열여섯 명, 스무 명, 아니 서른 명이나 되는 병사와 격투를 벌여도 숨도 헐떡이지 않았다던데, 그렇다면 한 여자와 서른 번을 계속해서 할 수 있겠느냐?"

막시미누스는 아연실색한 표정을 감추지도 않고 말없이 황제 앞에서 물러났다. 그런 말을 하는 황제의 신변을 경호하기는 싫다고, 그대로 곧장 고향으로 돌아갈 생각이었다. 하지만 황제의 외할머니 율리아 마이사가 엘라가발루스에게 충고한 모양이다. 막시미누스는 로마군 장병이라면 누구나 알고 있는 유명인사니까, 제멋대로 하게 방치해두지 않는 게 상책이라고. 새 황제도 이 충고를 받아들여 막시미누스를 대대장에 임명했다. 그래서 이 트라키아 사내는 번창하고 있던 목축업도 남에게 넘기고, 병사 1천 명을 지휘하는 대대장이 되어 전방으로 돌아갔다. 하지만 대대장으로 승진한 것을 고맙게 여긴 기색은 전혀 보이지 않는다. 엘라가발루스 치세 4년 동안 막시미누스는 황제를 만날 기회를 계속 피했다. 대대장급 장교쯤 되면 군단장이나 속주 총독으로 출세하기 위해 황제와 만날 기회가 있으면 피하지 않는 것이 보통이다. 그런데 막시미누스는 그런 기회가 찾아와도 일이 바쁘다거나 병이 났다는 이유로 수도 로마에는 절대 발걸음을 하지 않았다.

222년에 엘라가발루스도 살해되고 알렉산데르 세베루스가 제위에 오른다. 쉰 살을 앞두고 있던 막시미누스는 그것을 알자마자 로마로 갔다. 소년 황제도 기꺼이 그를 맞이했다. 그리고 대대장 자격을 가진 이 트라키아 남자를 신병 훈련 책임자로 임명했다.

이 인사는 아마 황제의 최측근인 울피아누스의 뜻에 따른 것이겠지만, 이것이야말로 적재적소라고 말할 수밖에 없다. 카라칼라의 칙령 이후에는 속주민도 로마 군단에 지원할 수 있게 되었지만, 근무할 군단기지가 있는 지역에서 병사의 지원을 받는 것이 로마군의 관례가 된 지는 100년이 지났다. 3세기에는 신병 대부분을 현지에서 채용하고 있었다. 사정이 이렇게 되면 지원자들 가운데 야만족의 피가 흐르는 사람이 많아지는 것은 당연한 추세다. 국경지대는 국경 안팎을 불문하고 민족이 섞이는 것이 보통이기 때문이다. 그들을 훈련하는 막시미누스의 몸속에도 고트족 산하인 알라니족의 피가 흐르고 있었다. 키가 크고 체격이 건장한 것도 북방민족의 특징이지만, 햇볕에 타면 까무잡잡해지지 않고 붉어지는 하얀 피부도 막시미누스가 북방민족의 피를 이어받았음을 증명하고 있었다. '트라쿠스'(트라키아인)라고 불리는 막시미누스에게 신병들이 친밀감을 느낀 것도 당연하다. 그 자신도 성실하게, 그리고 기꺼이 신병을 훈련하는 임무를 수행하고 있었다.

요즘으로 치면 미국 해병대원의 입대 전 훈련에 해당하겠지만, 막시미누스가 부여하는 훈련은 엄하기는 해도 결코 비인간적인 것은 아니었다. 나흘에 한 번 무장하고 벌이는 모의전투는 실전처럼 격렬했고, 날마다 흉갑과 투구·칼·창·방패, 군복과 군화까지도 엄격하게 검사했지만, 그것은 상관이 신병에게 명령한다기보다 아버지가 아들을 가르치는 것과 비슷한 분위기에서 진행되었다. 웃통을 벗고 레슬링을 할 때는 막시미누스도 신병들처럼 발가벗고 참가했다. 60대에 접어든 나이에도 덤벼드는 신병을 차례로 눕히고, 일곱 명을 쓰러뜨린 뒤에도 "다음, 다음" 하고 외치는 그의 목소리는 힘이 빠진 기색을 전혀 보이지 않았다.

하루는 동년배인 대대장이 말했다.

"막시미누스, 아직 제구실도 못하는 훈련병을 몇 명 이겨봤자 그게 무슨 자랑거리가 되겠나?"

막시미누스가 대답했다.

"그럼 자네가 상대할 텐가?"

그 대대장도 좋다고 해서 두 사람이 대결하게 되었지만, 막시미누스가 가슴을 손바닥으로 한 번 때렸을 뿐인데 상대는 땅바닥에 길게 뻗어버렸다. 막시미누스는 상대를 일으켜주려고도 하지 않고 소리를 질렀다.

"다음은 누구야? 앞으로 나와. 대대장만 상대하겠다!"

이러니 병사들한테 인기가 높았던 것도 당연하다. 알렉산데르 황제의 약한 태도에 불만을 억누르지 못하던 장병들이 황제를 타도한 뒤에 추대한 사람이 바로 막시미누스였다. 그해에 '트라키아 남자'는 예순두 살이 되어 있었다. 그때까지 군단장도 되지 못하고, 속주 총독도 경험하지 않았고, 당연히 원로원 의석도 갖고 있지 않았다.

실력과 정통성

병사들이 기정 사실을 들이대자 원로원은 그것을 추인할 수밖에 없었다. 막시미누스는 원로원의 승인을 얻었지만, 원로원 의원들은 로마 제국의 주류인 기득권층이다. 뒤에서는 막시미누스를 거리낌없이 '반(半)야만족'이라고 불렀다. 새 황제가 수도 로마에 오는 것을 진심으로 바라는 사람은 아무도 없었다.

막시미누스는 기득권층은커녕 로마인이 말하는 '신참자'(호모 노부스)도 아니었기 때문에, 역시 나름대로 열등감을 갖고 있었던 모양이다. 라틴계도 그리스계도 아니고 발칸 지방의 하층민임이 분명히 드러나는 아버지 이름과 그보다 더 귀에 선 어머니 이름을 공식 기록에서 삭제했다. 그리고 그 자신도 자신이 다스리는 제국의 수도에 발걸음을 할 마음이 나지 않았다.

인기도 실력에 포함되지만, 실력만으로는 지위를 정당화할 수 없다. 지위를 정당화하려면 실력만이 아니라 정통성도 필요하다. 세습제가 아직도 끈질기게 살아남아 있는 것은, 아직 실력은 알 수 없지만 정통성은 있다는 것을 사람들이 쉽게 이해할 수 있기 때문이다. 시리아의 태양신을 모시는 제사장이었던 엘라가발루스를 황제로 추대할 수 있었던 것도 그가 선제 카라칼라의 사촌누이의 아들이었기 때문이다. 오현제 가운데 마르쿠스 아우렐리우스를 제외한 나머지 황제들은 모두 실력을 인정받은 인물을 후계자로 삼을 때 우선 양자로 받아들이지만, 그것은 후계자를 황제의 '아들'로 만들어 정통성을 부여하는 의미가 있었다.

로마는 일신교 세계가 아니라 다신교 세계다. 일신교라면 신이 정통성을 인지하도록 되어 있지만, 다신교 세계에서는 인간이 인지한다. 따라서 정통성을 가지고 출발한 사람도 실력을 가지고 있다는 것을 인간이 알 수 있는 형태로 보여줄 필요가 있다. 실력으로 그 자리를 차지한 사람도 그 후 계속해서 실적을 쌓아, 그 높은 지위를 차지할 만한 정통성을 가지고 있다는 것을 항상 증명할 필요가 있었다. 그것을 게을리하면 전 황제의 친아들도 살해되었다. 황제는 종신직이다. 이런 제도 아래에서 황제를 죽이는 것은 곧 황제를 불신임하는 일이었다.

'트라키아인 막시미누스'는 자기한테는 제위를 정당화할 실적도 정통성도 없다는 것을 알고 있었던 모양이다. 실적이라고는 신병 훈련 전문가라는 것뿐, 외적을 상대로 눈부신 전공을 세운 것도 아니었다.

그래서 막시미누스는 실적을 쌓는 것을 수도 방문보다 우선하기로 했다. 그것은 그에게 희생이 아니었다. 원로원과의 대면을 미룬 것 때문에 기가 죽어 있던 막시미누스로서는 아무리 격렬해도 게르만과 대결하는 편이 훨씬 견디기 쉽다고 생각했을 것이다. 병사들이 그를 따라와줄 것은 분명했기 때문이다. 적어도 그것만은 자신이 있었다.

알렉산데르 황제가 살해된 235년부터 지체없이 시작된 게르만인과의 전투에서 로마군은 필사적으로 싸우는 황제를 앞세워 각지에서 적극전법을 펴고 있었다. 라인강을 건너 적지 깊숙이 50km가 넘게 쳐들어가는 것은 당연했고, 막시미누스가 이끄는 부대는 나중에 베스트팔렌이라고 불리게 된 일대까지 진격하여 게르만인과 치열한 격투를 벌였다. 갈리아까지 쳐들어와 분탕질을 한 야만족을 추적하여 격파하는 것이 아니라, 야만족의 본거지를 공격하여 그들이 갈리아를 떠나지 않을 수 없도록 압박하는 전략은 옳았다. 따라서 어느 전선에서나 많은 전과를 올릴 수 있었다. 그때마다 막시미누스는 원로원에 보고서를 보냈다.

"원로원 의원 여러분, 우리 로마 병사들이 이룩한 일을 무슨 말로 전달해야 할지 모르겠소. 우리는 방위선에서 40~50로마마일(60~75km)이나 깊숙이 진격하여 닥치는 대로 게르만인의 마을을 불태우고, 가축을 빼앗고, 병사들을 죽이고, 여자들을 포로로 삼았소. 아군의 진격을 방해한 것은 게르만인이 아니라 늪지대요. 이 습지대가 방해하지만 않았다면 아군 병사들은 유명한 게르만의 숲속 깊이 진격했을 것이오."

초토화 작전이라 해도 좋은 이 적극전법은 전선이 라인강변에서 '게르마니아 방벽'으로 옮아간 뒤에도 바뀌지 않았다. 의기양양해진 황제는 또 원로원에 보고서를 보낸다.

"원로원 의원 여러분, 즉위한 뒤 지금까지 그 짧은 기간에 내가 치른 전투의 수는 어떤 황제한테도 뒤지지 않는다고 자부하는 바이오. 게다가 계속 승리를 거두었소. 그 승리를 통해서 나는 로마인이 누구보다도 놀랐을 만큼 많은 전리품을 얻었소. 또한 아군 병사들이 잡아온 게르만 포로는 너무 많아서, 그들을 모두 수도로 보내면 광대한 도시인 수도에서도 다 수용할 수 없을 것이오."

이어서 황제는 로마군이 승리한 장면을 패널화로 그려서 도심 회랑에 장식해달라고 원로원에 부탁했다.

로마군이 오랜만에 눈부신 전과를 거두었으면 원로원은 기쁨의 환성에 휩싸여야 마땅할 텐데, 의원들은 황제의 승전보를 하나같이 씁쓸한 표정으로 듣고 있었다. '반야만족'이라고 경멸한 남자가 거둔 뜻밖의 전과를 순순히 기뻐할 수 없었기 때문이기도 하지만, 그보다는 막시미누스의 보고를 들을 때마다 그 품위 없는 문장을 참을 수 없었기 때문이다. 우리가 저런 교양 없는 자의 아래 자리에 있는가 하는 생각에 기분이 언짢아졌을 것이다.

　간결한 것은 좋다. 솔직한 것도 나쁘지 않다. 하지만 간결하고 솔직하면서 품격도 가질 수 있다. 품격이 더해지면, 듣는 사람은 같은 문장에서도 무게를 느끼게 된다. 그것이 듣는 사람을 진심으로 납득시키는 힘이 된다. 막시미누스는 열등감 때문인지 교양있는 사람을 곁에 두기를 싫어했다. 황제에게는 구술을 받아 적는 서기나 비서관이 꼭 필요한데, 알렉산데르 시절에 그 일을 맡았던 유능한 궁정 관료를 막시미누스는 쫓아내버렸다. 자기가 말하는 것을 그대로 받아 적는 서기만 있으면 충분하다고 생각했는지도 모른다. 하지만 막시미누스는 구술을 그대로 받아 적기만 하면 명문이 된 율리우스 카이사르가 아니었다.

　원로원 의원들이 황제의 노골적인 보고서를 계속 들은 것은 3년이나 된다. 그것은 곧 '트라키아 남자'가 3년 동안이나 승리에 승리를 거듭했다는 뜻이다. 그리고 즉위한 지 3년째인 238년에 막시미누스 황제는 전선 본부를 시르미움으로 옮겼다. 적극전법으로 라인강 방위선과 '게르마니아 방벽'의 방위력을 재확립한 이상, 다음 전선이 도나우강 중류가 되는 것은 당연하다. 동시대 역사가 헤로디아누스는 이렇게 말했다.

　"신들이 그에게 몇 년의 생명을 더 주었다면, 라인강과 '게르마니아 방벽'과 도나우강이라는 로마 제국의 북쪽 생명선은 평온해졌을 것이다."

로마인은 '평온화'를 자기네 나라 로마가 평화로워진다는 의미에서 'pacificatio'라고 말했다. 따라서 로마인이 평화를 누리려면, 기원전 1세기에는 갈리아인, 서기 2세기부터는 게르만인이 군사력으로 로마인에게 압도당할 필요가 있었다. 따라서 '팍스 로마나'는 로마인에 의한, 로마인을 위한 평화였다. 그렇기는 하지만 그 '팍스'(pax)의 이익을 누린 것은 유럽과 중동, 북아프리카에 사는 모든 사람이었다.

막시미누스는 이 로마 제국의 북쪽 방위선을 '평온화'하는 데 이바지했다. 하지만 그에게 딴죽을 건 것은 같은 로마인이었다. 발단은 북아프리카 속주에서 일어난 국지적인 항의 운동이었다.

집정관 시절의 율리우스 카이사르가 성립시킨 '농지법'은 어떤 의미에서는 중소 규모의 자영 농민을 보호하기 위한 정책이다. 그리고 이 법률은 제정 시대에도 계승되었기 때문에, 본국 이탈리아에서는 역사적으로 대규모 농장보다 중소 규모의 농원을 보호하는 것이 중요하게 여겨졌다. 한 표를 가진 유권자로서 중소 규모의 농민을 보호하는 것은 그라쿠스 형제나 율리우스 카이사르처럼 민중을 지지 기반으로 하는 정치가에게는 중요한 정책이 될 수 있었기 때문이다. 그리고 제정 시대에 들어온 뒤에도 황제의 권력을 견제하는 기관으로 자처한 원로원을 상대해야 하는 황제는 여전히 자영농을 포함한 중견층에 지지 기반을 두고 있었다. 본국 이탈리아에서는 자영 농민만을 대상으로 한 '금리 우대 정책'까지 실시되었다.

하지만 로마인이 정복하여 속주로 삼은 지방은 사정이 다르다. 이런 지방은 로마에 정복당하기 전부터 이미 대규모 농장에서 많은 노예

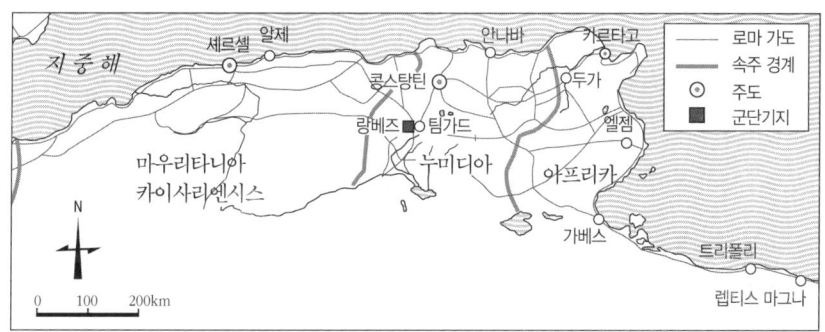

북아프리카

를 부려 농사를 짓는 방식이 정착되어 있었다. 로마 제국 영토에 편입된 뒤에도 그 방식이 그대로 유지되었다. 로마인의 지배 방식이 '케이스 바이 케이스'인데다, 속주 농민은 로마 시민이 아니라 속주민이니까 황제의 '유권자'가 아니었기 때문이기도 하다.

대농장 체제는 특히 북아프리카에서 지배적이었다. 그 이유는 세 가지다.

(1) 산이 있고 골짜기가 있는 이탈리아반도와 북아프리카는 우선 지세가 다르고, 포에니 전쟁 전에는 카르타고의 지배를 받은 북아프리카 사람들은 효율적인 농장 경영에서 선진국이었던 카르타고의 전통 때문에 중소 농원보다 대농장 경영 방식에 익숙해져 있었다.

(2) 지금은 상상할 수도 없지만, 고대의 북아프리카 일대는 이집트와 함께 본국 이탈리아가 필요로 하는 주식(밀)의 3분의 1을 공급하는 농업지대였다. 밀 외에도 많은 농산물을 수출하는 농업국이었다. 본국 이탈리아라는 대규모 수요지가 가까이 있으면 공급지인 북아프리카 일대는 수요를 충족하기 위해 생산을 효율화하는 데 민감해진다. 지금까지 북아프리카 일대에 남아 있는 로마 시대의 훌륭한 유적이

당시 이곳의 강대한 경제력을 보여주지만, 경제적으로 힘을 축적하면 그 힘이 사회적으로나 정치적으로나 문화적으로 적극적인 기운이 되어 나타나는 것은 당연하다. 철인 황제 마르쿠스 아우렐리우스의 스승은 북아프리카 태생인 프론토였다. 마르쿠스 아우렐리우스가 사위로 고른 남자들 중에도 북아프리카 출신의 훌륭한 무장이 여럿이었다. 셉티미우스 세베루스는 최초의 아프리카 속주 출신 황제가 되었다. 이런 인재를 중앙에 보낸 기반은 북아프리카의 대농장이었다. 238년의 항의 시위는 바로 이 계층에 속하는 사람들이 일으킨 것이었다. 제국 전체로 보면 국지적인 사건인데도 이것이 전국적인 영향력을 갖게 된 것은 북아프리카의 진정한 세력이 일으킨 사건이었기 때문이다.

오늘날의 튀니지에 해당하는 로마 시대의 '아프리카 속주'는 카르타고에 주도를 두고 있다. 그 카르타고에서 남동쪽으로 200km쯤 간 곳에 티스드루스(오늘날의 엘젬)가 있다. 지금도 원형투기장을 비롯한 로마 시대 유적이 적지 않아서, 로마 시대에는 주변에 펼쳐진 넓은 농업지대의 중심으로 번영한 도시였다는 것도 납득이 간다.

주도 카르타고에서 세금을 징수하러 이 도시에 파견된 황제 재무관에게 농장주들이 반발한 것이 사건의 발단이었다. 이 재무관은 아무래도 꼼꼼한 관료 타입이었던 모양이다. 북방 전선에서 전투를 벌이고 있는 막시미누스 황제의 명령이라면서 수확량도 고려하지 않고 사무적으로 전시 특별세를 부과한 뒤, 이의 제기는 받아들이지 않겠다고 말했다. 농장주들은 여기에 강력하게 반발했다. 그중에서도 특히 젊은 농장주들이 격분하여 몸싸움을 벌이다가 그만 재무관을 죽여버렸다. 세금에 대한 불만으로 시작된 항의가 공권력에 대한 봉기로 탈바꿈한다. 젊은 농장주들은 자신들의 농장에서 일하는 농민을 무장시켜 그들을 이끌고 주도 카르타고로 몰려갔다. 속주 총독에게 재무관의 가혹한 과세를 호소하기 위해서였다. 고르디아누스(Gordianus) 총독이 임지의 사정을 배려하는 사람으로 알려져 있기 때문이었다.

그런데 카르타고에 도착하여 총독 관저에서 회담을 하다 보니 이야기가 예상치도 않은 방향으로 진행되었다. 젊은 농장주들이 총독에게, 당신을 황제로 추대할 테니까 수락해달라고 부탁한 것이다.

원로원의 반격

알렉산데르 세베루스가 황제였던 5년 전부터 황제의 두터운 신뢰를 받아(황제의 편지가 남아 있다) 북아프리카 속주 총독에 취임한 고르디아누스는 그해에 여든 살이 되어 있었다. 하지만 이 사람은 여러 가지 면에서 3세기 로마 사회의 기득권층을 대표하고 있었다.

우선 가문이 좋았다. 친가는 공화정 시대부터 명문으로 400년 동안 계속 원로원에 의석을 갖고 있는 집안이었다. 외가는 트라야누스 황제의 피를 이어받았고 역시 원로원의 단골 가문이다. 아내는 안토니누스 피우스 황제의 증손녀였고, 둘 사이에 아들과 딸을 하나씩 두었다. 아들인 고르디아누스 2세는 아직 독신으로 카르타고에 와서 아버지를 돕고 있었지만, 딸은 율리우스 카이사르의 측근으로 유명한 에스파냐 태생의 발부스를 시조로 하는 가문의 원로원 의원과 결혼하여 아들을 하나 낳았다. 고르디아누스에게 하나뿐인 그 외손자는 이제 열세 살이었다.

또한 기득권층의 조건 가운데 하나인 재력에서도 고르디아누스 가문은 동료들을 압도했다. 로마의 일곱 언덕 가운데 카일리우스(오늘날

고르디아누스 1세 　　　　　고르디아누스 2세

의 첼리오) 언덕에 있는 저택은 원래 '위대한 폼페이우스'가 지은 것이었다. 폼페이우스의 생가는 중부 이탈리아의 대지주이기도 했기 때문에, 그 저택의 호화로움은 건축 당시에도 유명했다. 폼페이우스가 카이사르에게 패한 뒤에는 카이사르의 부장이었던 마르쿠스 안토니우스가 그 저택을 사들여 자기 집으로 삼았다. 안토니우스도 클레오파트라와 손잡고 옥타비아누스와 싸우다가 패하여 이집트에서 죽자, 안토니우스의 아이들이 그 집을 물려받았다. 그 후 주인이 몇 번 바뀌었지만, 오현제 시대에 고르디아누스 가문의 소유가 된 모양이다. 개축과 개장을 거듭한 결과인지, 아니면 집을 수리한 시대가 로마 제국의 전성기와 겹쳤기 때문인지, 로마 시내에 있는 이 '도무스'의 호화로움은 2세기에도 유명해서 같은 언덕에 서 있는 마르쿠스 아우렐리우스 황제의 생가보다 훨씬 화려했다.

하지만 고르디아누스의 부를 상징한 것은 이 본가가 아니라 로마 도심에서 동쪽으로 5km쯤 떨어진 교외에 서 있는 광대한 별장이었다. 이 별장은 프라이네스티나 가도와 카실리나 가도 사이에 끼어 있었다.

교외에 많이 있는 별장은 토지에 제한이 있는 시내와 달리 재력만 있으면 넓은 부지도 차지할 수 있다. 그리고 그 광대함과 웅장함을 가장 잘 나타내는 것은 원기둥이 늘어서 있는 회랑으로 사방을 에워싼 널찍한 안뜰이었다. 고르디아누스의 별장 안뜰을 둘러싼 회랑에 있는 대리석 원기둥의 수는 무려 200개. 그 200개도 흰색과 초록색 줄무늬가 박힌 그리스산 대리석, 붉은색의 이집트산 대리석, 노란색의 누미디아산 대리석, 흰색과 회색의 반점 무늬가 박힌 소아시아산 대리석으로 나뉘어, 그 네 가지 색깔의 대리석 기둥이 번갈아가면서 안뜰을 한 바퀴 돌고 있었다. 대리석 원기둥이 재산 조사의 척도이기도 했던 시대다. 게다가 200개나 되는 대리석 원기둥이 모두 수입품이었다. 수입품은 운송비도 많이 들고 대리석 자체도 아름다워서 이탈리아 국산보다 값이 비쌌다. 하얗게 빛나는 대리석보다 색채가 풍부한 대리석이 귀하게 여겨진 이유는, 하얀 대리석이라면 이탈리아에서도 질좋은 대리석을 얼마든지 채굴할 수 있었기 때문이다. 하얀 대리석이 중심인지 아니면 색채 대리석이 풍부하게 사용되었는지를 보면, 제정 초기인 1세기와 제정 중기인 2세기의 건조물을 구분할 수 있다고 해도 좋을 정도다. 그래서 고르디아누스 별장의 주랑은 로마 제국의 부를 상징한다는 말을 들었다.

당시 사람들을 놀라게 한 고르디아누스 별장의 아름다운 원기둥도 중세와 르네상스 시대를 거치는 동안 어느 추기경의 저택으로 옮겨지거나 해서 오늘날에는 하나도 남아 있지 않다. 하지만 고르디아누스의 별장이 있었던 터는 1,700년 뒤인 지금도 '보르가타 고르디아니'라는 이름으로 남아 있다. 이탈리아어로 '보르가타'는 신도시라는 뜻인데, 뉴타운도 자연발생적으로 생긴 것은 저소득층이 사는 지역이 되기 쉽다. 여기도 예외는 아니다. 고대에는 널찍한 별장들이 점점이 흩어져 있었던 수도 로마의 교외는 이제 대부분 '고르디아누스 신도시'와 같은 운명을 걷고 있다.

1,700년 뒤에도 자신의 집안 이름이 남으리라고는 상상도 못했겠지만, 엉뚱하게 황제로 추대된 고르디아누스가 3세기 로마 제국의 대표적인 원로원 의원이었던 것은 확실하다. 3세기 로마의 상류층에서는 자제의 군대 경험을 중요하게 여기는 풍조가 사라져가고 있었고, 고르디아누스도 전방 생활을 전혀 체험하지 않았다. 그래도 원로원 계급의 일원인 이상, '명예로운 코스'라고 부르는 무보수 공직은 남들처럼 경험했다. 회계감사관·법무관·집정관을 거쳐 전직 집정관으로 속주 총독에 파견될 때까지 순조롭기 이를 데 없는 길을 걸어왔다.

혜택받은 환경에서 태어났기 때문에 사회적 의무도 충실히 수행하여, 6만 권에 이르는 장서를 소장한 도서관도 공립도서관처럼 공개했고 시인이나 예술가들을 후원하는 데에도 열심이었다. 지금은 사라져 버렸지만 안토니누스 피우스와 마르쿠스 아우렐리우스 황제 시대를 다룬 서사시를 20권 짓기도 했다. 말과 행동도 온건하고, 몸은 3세기에 살고 있지만 마음과 머리는 2세기에 살고 있었다. 한마디로 평가하면 3세기 전반 로마 제국의 기득권층을 그림으로 그려놓은 듯한 인물이었다.

이런 사람은 황제로 추대되어도 원로원의 뜻을 묻지 않고는 결정을 내리지 못한다. 238년 6월 26일, 소집을 받고 원로원 회의장에 모인 의원들 앞에서 그해의 집정관인 율리우스 실라누스는 아프리카 속주 총독 고르디아누스가 보낸 편지를 낭독했다.

"원로원 의원 여러분, 아프리카 속주의 미래를 담당할 젊은이들은 나를 황제로 추대했소. 나 자신은 나이도 많아서 내키지 않지만, 이 어려운 시기에 감히 중책을 맡는 것도 우리에게 부과된 책무가 아닐까 생각하오. 다만 그것을 결정하는 것은 어디까지나 여러분이고, 내가 제위에 앉을지 어떨지도 원로원의 결정에 따르겠소."

'트라키아 남자'를 혐오하던 원로원은 여기에 넘어갔다. 편지가 낭독되자마자 원로원 회의장은 폭발했다. 흥분한 의원들은 자리에서 일어나 저마다 소리를 지르기 시작했다.

"고르디아누스 아우구스투스! 신들이 그대를 지켜주기를. 당신이라면 제국을 견실하게 통치할 수 있을 겁니다."

"우리는 해방되었다. 고르디아누스가 제국도 구할 것이다. 제국을 야만에서 구출하기로 결심해준 그에게 감사하자."

원로원 의장이기도 한 집정관은 그런 목소리를 억누르며 말했다.

"의원 여러분, 막시미누스한테는 어떻게 대처할지를 결정해야 합니다."

"적이다. 공적이다. 국가의 적으로 선언해야 한다."

"막시미누스를 죽인 자에게 상을 줍시다."

집정관은 계속해서 물었다.

"막시미누스 쪽에 남은 자들은 어떻게 처리합니까?"

"그들도 공적입니다. 그러니까 그들을 죽인 사람에게도 상을 줍시다."

원로원은 다음 사항을 만장일치로 의결했다.

"국가의 적은 노예처럼 십자가형에 처한다. 원로원의 적은 어디로 도망치든 끝까지 추격하여 마지막 한 사람까지 타도해야 한다."

이튿날 아침 일찍, 원로원의 통고문을 지닌 파발꾼이 제국 전역으로 출발했다.

〈로마의 원로원과 시민은 속주 총독, 군단장, 군단 소속 장병은 물론 각지의 지방 의회를 포함한 모든 공적 기관에 관계하고 있는 자들에게 알린다. 야만스러운 자에게서 제국을 해방하기 위해 일어난 고르디아누스 황제 밑에 결속하라.

신들의 가호를 받아 황제에 취임한 고르디아누스는 인간으로서도 완벽하고 원로원 의원으로서 오랫동안 국가를 위해 봉사해온 실적이 있기 때문에 우리는 아우구스투스의 존칭을 주기로 결의했다. 또한 그의 고령을 고려하여 제국 통치에 공백이 생길 가능성을 배제하기 위해 고르디아누스의 아들에게도 공동 황제의 지위를 주었다.

이제 제국이 제국을 통치하기에 적합한 자의 손에 돌아갈지 어떨지는 여러분의 결의와 그 실행에 달려 있다. 야만스러운 적에게 반격할 여지를 주지 않기 위해서라도 고르디아누스 부자 밑에 결집하겠다는 결의와 실행을 늦추어서는 안 된다. 적은 철저히 타도해야 한다. 원로원은 일치단결하여 막시미누스와 그 일당을 국가의 적으로 결의했음을 선언한다.〉

로마 원로원이 막시미누스 황제에게 도전장을 던진 것이다. 원로원은 내란으로 통하는 문을 열어젖혔다. 도나우강과 가까운 시르미움에서 이를 안 막시미누스는 분노를 폭발했다. 곁에 있는 물건을 닥치는 대로 집어던지고 칼을 휘두르며 난폭하게 날뛰었다. 아무도 손을 쓸 수가 없었다. 실컷 날뛴 뒤에는 술을 가져오게 하여 마구 퍼마셨다. 아무리 마셔도 취한 적이 없는 사람이 그날은 만취해서 곤드라졌다. 그리고 모든 것을 잊고 싶은 것처럼 그대로 잠들어버렸다.

이튿날 원로원이 '야만스러운 적, 국가의 적'으로 규탄한 막시미누스 황제는 소집한 장병들 앞에서 처음으로 입을 열었다.

"전우 여러분, 벌써 들었겠지만 그래도 역시 말하겠다. 북아프리카 속주도 원로원도 내가 황제에 취임했을 당시 나한테 충성을 맹세했는데, 그 서약을 깼다. 그리고 무덤에 발 하나를 들여놓은 노쇠한 고르디아누스를 제위로 밀어올렸다. 로마 사회의 제1계급으로 존경받고 있는 원로원은 서약을 깨는 상습범이기도 했다. 로물루스를 죽인 것도, 율리우스 카이사르를 죽인 것도 그자들의 짓이었으니까.

그 원로원이 나를, 그들을 위해 야만족과 싸워서 계속 이긴 나를 국가의 적으로 탄핵하고 있다. 하지만 이 탄핵은 나 한 사람에 대한 탄핵이 아니다. 나한테 협력을 아끼지 않고 지금까지 3년 동안 열심히 싸운 여러분도 탄핵당한 것이다. 원로원이 고르디아누스 부자에게 아우구스투스의 존칭을 준 것은 나만이 아니라 나를 황제로 추대한 여러분까지 모욕한 행위다.

여러분이 사나이라면, 사나이로서의 의욕에 넘쳐 있다면, 원로원과 아프리카인의 타도를 기치로 내걸고 수도로 진군하지 않겠는가. 타도가 실현되면 그자들의 재산은 모두 여러분 것이 된다!"

도나우강 건너편에 사는 야만족과의 싸움은 일단 뒤로 미루고, 막시미누스 황제와 그의 군대는 수도 로마를 향해 행군하기 시작했다. 내란이 시작된 것이다.

1년에 황제 다섯 명

그런데 고르디아누스 황제 쪽의 상황도 순조롭지는 않았다. 출발하자마자 발부리가 걸려 넘어졌기 때문이다.

'아프리카 속주' 서쪽에는 '누미디아 속주'가 있다. 그 누미디아에는 이집트를 제외한 북아프리카에 하나뿐인 군단기지가 있고, 초대 황제 아우구스투스가 창설한 제3아우구스타 군단이 사하라사막을 건너 쳐들어오는 사막 민족한테서 300년 동안 북아프리카 사람들을 지켜왔다. 그래서 무인으로서 긍지도 높고, 만기 제대한 뒤에도 군단의 결속력이 강해서 퇴역 군인들이 한데 모여 사는 경향이 강하다. 랑베즈 군단기지 바로 옆에 있는 팀가드도 퇴역 군인들이 제2의 인생을 위해 직접 건설한 도시였다. 군단기지 근처에 퇴역병들이 사는 도시가 점점이 흩어져 있는 이런 방식을 역대 황제들도 장려했는데, 그것은 군단기지 근처에 항상 예비군이 모여 있는 거나 마찬가지였기 때문이다.

이 제3아우구스타 군단이 동쪽에 있는 아프리카 속주의 민간인과 수도 로마의 원로원이 공모한 고르디아누스 황제 옹립에 반발한 것이다. 고르디아누스 부자에게 불만이 있었던 것은 아니다. 아프리카의 농장주들을 싫어한 것도 아니다. 또한 황제로서 막시미누스를 특별히 높게 평가한 것도 아니다. 막시미누스를 옹립한 것은 군대인데, 그것을 원로원이 뒤집었다는 데 반발한 것이다. 제11권에서 말했듯이 셉티미우스 세베루스 황제의 군대 우대책은 로마군 '장병'과 원로원을 중심으로 하는 '민간인' 사이의 울타리를 오히려 더 높여버린 결과를 낳았지만, 이때 제3아우구스타 군단이 보인 움직임도 그 결과의 하나였다.

은독수리 기(旗)를 앞세운 군단병들은 고르디아누스 부자가 있는 카르타고로 갔다. 보통은 군단기지를 비워두고 출동하는 일은 하지 않지만, 북아프리카는 다르다. 사막을 건너 쳐들어오는 유랑민은 게르만인처럼 대군을 편성하여 습격해오지 않는다. 랑베즈 군단기지를 축으로 하여 동서로 뻗어 있는 북아프리카 방위선이 적으로 삼고 있는 것은 산발적으로 습격해오는 소규모 도적떼였다. 대국 파르티아나 페르시아와 맞서는 방위선과 비교해보라. 똑같이 사막을 앞에 두고 있지

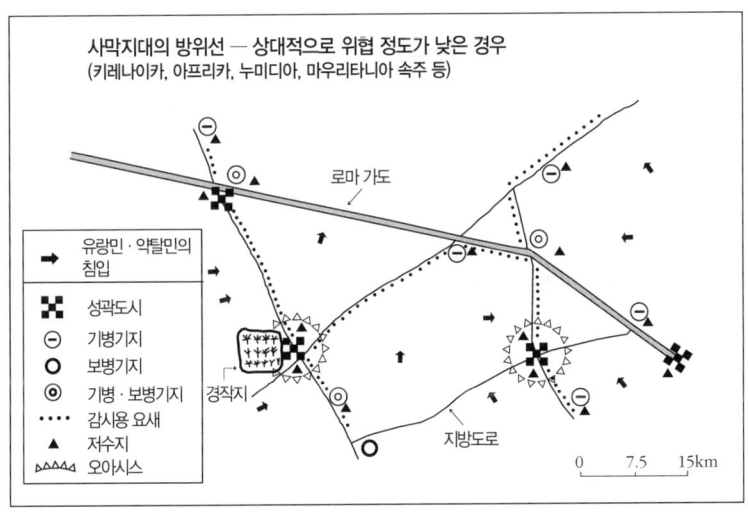

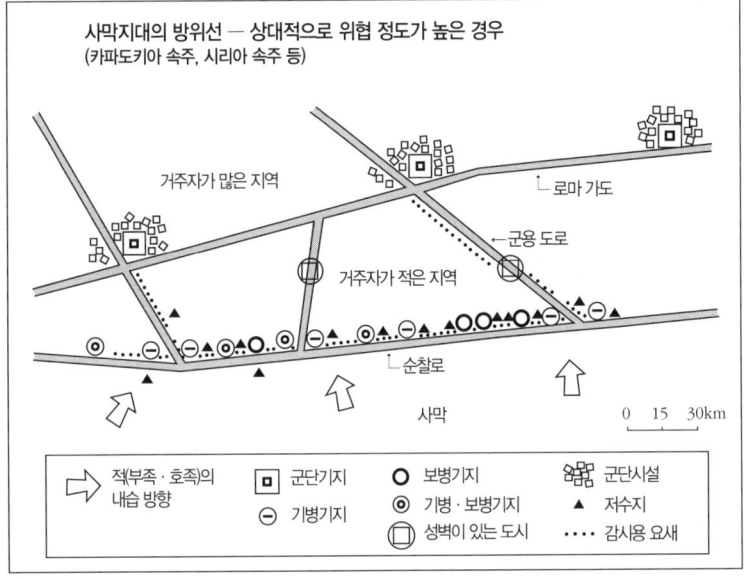

E.N. Luttwak, "The Grand Strategy of the Roman Empire"에서

만, 로마인의 '케이스 바이 케이스'를 증명하는 또 하나의 실례를 보는 듯하다. 게다가 앞에서 말했듯이 북아프리카에 유난히 두드러진 현상도 있었다. 현역병이 기지를 떠날 때, 빈 기지를 지켜달라고 부탁하면 기꺼이 현역병 역할을 대신해줄 '재향군인'이 기지 근처에 얼마든지 있었다는 점이다.

북아프리카의 중심인 카르타고가 로마의 지배 아래 들어간 뒤에도 물산의 집산지로 번영한 사실은 20세기 후반에야 겨우 시작된 해양고고학적 조사로 증명되고 있다. 카르타고와 로마를 잇는 선상의 깊은 바닷속에는 수많은 고대 수송선의 잔해가 가라앉아 있다. 카르타고가 이렇게 중요했기 때문에, 로마는 카르타고를 북아프리카 속주의 주도로 삼았다. 군단기지는 두지 않았지만 그래도 북아프리카의 중요한 도시니까, 갈리아에서 가장 중요한 도시인 리옹과 마찬가지로 병사 1천 명으로 구성된 수비대를 상주시키고 있었다.

하지만 로마군의 주전력인 군단병은 요즘으로 치면 미군 해병대원이다. 군단병 6천 명이 진격해오면 수비병 1천 명은 상대가 되지 않았다. 고르디아누스의 아들은 앞장서서 용감하게 싸웠지만, 싸움을 시작하기 전부터 승부는 뻔했다. 수비병 1천 명은 흩어졌고 고르디아누스 2세는 전사했다. 그리고 이 소식을 들은 고르디아누스 1세도 칼 위에 몸을 던져 자살했다. 제위에 오른 지 한 달도 지나기 전이었다.

이 소식을 접한 원로원은 예기치 않은 일이었기 때문에 당황했다. 하지만 막시미누스에게 내린 국가의 적이라는 선고를 취소할 수도 없다. 한밤중까지 논의를 거듭한 끝에 푸피에누스(Pupienus)와 발비누스(Balbinus) 두 사람을 공동 황제로 옹립하여, 이들을 중심으로 수도를 향해 진격해오고 있는 막시미누스를 맞아 싸우기로 결정했다. 둘

다 원로원 의원이지만, 푸피에누스는 군단 경험이 있는 반면에 발비누스는 군단 경험이 전혀 없는 순수한 문민 출신이었다. 그래서 발비누스는 수도에 남아 내정을 담당하고 푸피에누스는 군대를 이끌고 북쪽으로 올라가기로 결정했다.

하지만 이들 두 사람은 고르디아누스 부자와 아무 관계도 없다. 황제가 되자마자 죽어버렸지만, 고르디아누스 부자를 황제로 옹립한 것은 원로원이다. 원로원은 그런 자신들의 생각이 틀리지 않았다는 것을 보여줄 필요가 있었다. 그래서 원로원은 수도 로마에 살고 있던 고르디아누스의 손자에게 카이사르, 즉 차기 황제의 칭호를 주고 새 황제 두 사람과 손을 잡게 했다. 이 고르디아누스 3세는 아직 열세 살 소년이었지만, 서둘러 성년식을 치르고 '원로원'과 더불어 공식적으로는 로마 제국의 주권자인 '시민'에게 소개되었다.

도나우강을 떠나 남하하던 막시미누스도 고르디아누스 부자의 죽음을 알게 되었다. '트라키아 남자'도 처음에는 크게 만족했고 기분도 좋았지만, 원로원이 지체없이 다른 황제 두 명을 옹립한 것을 알고는 원로원이 얼마나 자신을 증오하는지를 새삼 통감했을 것이다. 그리고 그런 원로원을 이기려면 무력을 쓸 수밖에 없다는 것도 깨닫지 않았을까. 그와 동시에, 야만족을 무찌르면 로마 황제의 책무를 다하는 것이고, 계속 이기기만 하면 제위는 안전하다고 믿었던 것이 오산이었다는 것도 깨닫지 않았을까. 깨달았다 해도 때는 이미 늦었지만.

막시미누스는 3년 동안이나 야만족을 계속 무찌르면서 국경을 지켰으니까, 자신과 병사들의 행군로 주변에 사는 주민들이 숙소와 군량을 기꺼이 제공해주리라고 믿어 의심치 않았다. 그래서 병사들에게는 당장 필요한 식량만 가져오게 했다. 그런데 예상이 완전히 빗나갔다. 막시미누스를 국가의 적으로 단죄한 원로원의 통고가 그 무렵에는 도시만이 아니라 시골 마을에도 널리 전달되어 있었다. 그것은 본국 이탈리아가 가까워질수록 더욱 효력을 발휘했다. 막시미누스 황제와 그의 군대는 자국 안에 있으면서도 식량이며 모든 것이 부족한 사태에 직면했다.

주민들이 이런 식으로 대응한 것도 이해할 수 없는 일은 아니었다. 그들은 막시미누스를 본 적도 없고 이름을 들어본 적도 없었다. 요컨대 전혀 친숙하지 않은 황제였다. 반대로 원로원의 통고에는 익숙해져 있었다.

그리고 원로원도 이번에는 필사적이었다. 원로원에는 적극방위파 의원 20명으로 구성된 위원회가 설치되고, 군사만이 아니라 온갖 수단 방법을 동원하여 '트라키아 남자'를 타도하기 위해 단결했다.

하지만 막시미누스 황제의 운명을 결정한 것은 역시 주민들의 저항이었다. 도나우강에서 가도를 따라 본국 이탈리아로 들어오자마자 마주치는 도시는 아드리아해 안쪽 끝에 있는 아퀼레이아다. 이 도시 주민들이 막시미누스 황제 앞에 성문을 닫아버린 것이다. 수도에서 파견된 푸피에누스 황제가 아퀼레이아에 입성하기 전에 일어난 사건이다.

과거의 막시미누스라면 장기로 삼는 속공으로 아퀼레이아를 지나쳐 하루라도 빨리 수도에 접근하는 전략을 택했을 것이다. 그러면 도중에 북상하고 있는 푸피에누스 황제의 군대를 만났겠지만, 전선에 근무하면서 야만족을 상대로 단련된 군단을 이끌고 있는 막시미누스가 수도 생활에 익숙한 근위병을 거느리고 있는 푸피에누스보다 한결 유리했을 것이다. 그리고 푸피에누스에게 압승이라도 거두면 앞뒤가 꽉 막힌 상태를 타개할 수 있었을지도 모른다. 어떤 계기가 있으면 정세는 역전하는 법이기 때문이다.

하지만 주민들에게 거부당한 막시미누스는 과거의 막시미누스가 아니었다. 닫혀 있는 아퀼레이아 성문 앞에 진을 치고 공방전을 시작했다. 아퀼레이아에는 수비병 수백 명만 상주하고 있었다. 공격하는 쪽은 역전의 용사들이 모인 집단이다. 간단히 함락시키는 것이 당연한데, 그게 좀처럼 함락되지 않았다. 똘똘 뭉친 주민의 방위도 만만찮았지만, 공격하는 쪽은 식량도 제대로 보급하지 못하는 상태였다. 게다가 겨울이 다가오고 있었다. 도나우강 연안과는 비교도 되지 않았지만, 이탈리아 북동부의 겨울도 혹독했다. 막시미누스 진영에서는 날이 갈수록 그에 비례하여 병사들의 동요도 심해져갔다. 특히 심하게 동요한 것은 수도 근처의 알바노 땅에 기지가 있는 제2파르티카 군단 병사들이다. 거기에 처자식을 남겨두고 온 이들은 원로원이 탄핵한 막시미누스 편에 서서 싸우기 때문에 처자식이 인질로 잡혀 있는 듯한 망상을 품게 되었다.

야음을 틈타 황제가 자고 있는 막사를 습격하는 강경한 수단으로 나온 것은 제2파르티카 군단 병사들이었다. 이것이 '트라키아 남자'라는 이름으로 더 유명했던 막시미누스 황제의 최후였다. '트라키아 남자'의 목은 나흘 뒤 로마에 도착하여 원로원의 검시를 받았지만, 그 후 매장도 하지 않고 테베레강에 던지는 데 반대한 의원은 한 사람도 없었다.

아퀼레이아를 포위하고 있던 막시미누스 휘하 장병들은 마치 실수의 흔적을 되도록 빨리 지우고 싶은 것처럼 서둘러 포위를 풀었다. 아퀼레이아 주민들도 성문을 활짝 열고 그들을 맞아들여 따뜻한 식사와 잠자리를 제공했다. 그리고 그럭저럭하는 동안 아퀼레이아에 도착한

푸피에누스   발비누스

푸피에누스 황제 앞에서 막시미누스 휘하의 장병과 아퀼레이아 주민은 충성을 맹세했다. 내전은 일어나지 않았고, 로마 제국도 원로원 주도로 옹립된 두 황제 밑에서 과거의 일치단결한 상태를 회복한 듯이 보였다. 그런데 '트라키아 남자'가 무대에서 사라지자마자 이번에는 두 황제 사이에 균열이 생겼다.

 그해에 일흔 살이었던 푸피에누스는 원로원 의원이기는 했지만, 자기 힘으로 의석을 얻은 이른바 '신참자'였다. 본국 이탈리아 태생인 모양이지만 출신 계급은 '평민'이다. 그렇게 출신이 낮기 때문에 위로 올라가려면 군단에 들어가는 것이 지름길이었다. 콤모두스 황제 시대에 시작된 그의 군단 생활은 순조롭게 진행되었다. 전방 근무에서 실적을 쌓은 자는 황제 추천으로 원로원에 들어가는 것이 보통이었고, 평민도 이 관례에 따라 원로원에 의석을 갖는 신분이 되었다. 푸피에누스는 그렇게 원로원에 한 자리 차지한 뒤에도 서쪽으로는 갈리아에서 동쪽으로는 소아시아에 이르기까지 각지의 방위선과 속주로 자주 전근을 다니다가, 수도 로마 시장에 임명된 뒤에야 겨우 안정된 생활을 할 수 있게 되었다. 수도 근무는 평판이 아주 좋아서, 원로원이 그를 황제로 옹립한 이유가 수도 로마의 주민들에게 인망이 높았기 때문이라고 한다. 하지만 일흔 살이라는 나이는 역시 지위가 바뀌었다고 해서 생활 방식까지 바꾸기를 기대할 수는 없는 나이였다.

또 한 명의 황제인 발비누스는 귀족 출신으로, 태어날 때부터 원로원 계급에 속해 있었다. 하지만 수도 로마에서 쾌적한 생활만 누린 것은 아니다. 예순 살이 될 때까지 경험한 속주 통치 횟수와 제국의 거의 전역을 망라하는 활동 범위는 푸피에누스에 못지않았다. 무능한 '귀족'은 결코 아니었다.

하지만 그가 좋은 가문 출신인 것은 한 번 만난 사람도 알 수 있었다. 부드러운 남자는 아니었지만 키가 후리후리하고 대단한 미남이었다. 토가를 입은 매무새에도 품위가 있고 풍부한 말재주도 타고났기 때문에, 그가 법정에서 변호하면 보기도 좋고 듣기도 좋았다고 한다. 무엇이든 세련된 취미를 갖고 있었지만, 특히 포도주에 까다로웠다. '비눔'(vinum)의 산지와 양조된 해를 중요하게 여기는 것은 로마인들 사이에서는 예부터 드물지 않았지만, 3세기에 풍류를 아는 로마인이 특히 열중한 것은 포도주에 섞는 물의 브랜드와 그 물에 향기를 주는 각종 향료였다. 발비누스는 새로운 향기를 찾아서 유행시키는 세련된 취미를 가진 사람으로도 유명했다.

이들 두 사람 사이가 험악해진 것은 그들 자신에게 책임이 있다기보다, 막시미누스라는 당면한 적을 예상보다 쉽게 타도했기 때문에 팽팽했던 긴장이 단번에 풀려버린 원로원 전체에 책임이 있다. 원로원 분위기가 두 황제를 도와 앞으로도 일치단결하자는 쪽이 아니라 두 사람 가운데 하나를 단독 황제로 옹립하자는 쪽으로 흘러가면서 내부 분열을 일으킨 것이다. 하지만 둘 다 떠받들려 황제가 된 처지인 만큼, 그들에게 어떤 식으로든 그런 사태를 수습할 능력도 기개도 없었던 것은 확실하다. 원로원 의원으로서는 거기에 상응한 능력과 책임감을 갖고 있었지만, 그 이상은 아니었다.

혼란을 드러낸 원로원에 누구보다 먼저 정나미가 떨어진 것은 막시미누스의 수도 진군에 동행했고 막시미누스가 살해된 뒤에는 두 황제에게 충성을 맹세한 장병들이었다. 지위는 높아도 통치 능력이 모자란 이런 원로원 의원 때문에 막시미누스가 살해되어야 했단 말인가. 군인이기도 한 그들은, 군인으로서는 두 황제보다 훨씬 뛰어났던 막시미누스의 죽음을 새삼 아쉬워했다.

실망과 경멸이 뒤섞인 이 감정이 두 황제를 죽이는 행위로 이어졌다. 푸피에누스와 발비누스는 저항할 겨를도 없이 살해되었고, 원로원은 버려진 시체를 보고서야 그 사실을 알았다.

238년이라는 해는 3년 전부터 황제였던 막시미누스, 그해에 즉위한 고르디아누스 1세와 그의 아들 고르디아누스 2세, 거기에다 푸피에누스와 발비누스를 합하면 무려 다섯 명의 황제가 나타났다 사라진 해가 되었다. 남은 것은 열세 살 소년뿐이었다.

일찍이 하드리아누스 황제가 빈정거린 적이 있다. 평소에는 분열해 있지만 자기네한테 해가 미칠 것 같으면 일치단결하는 것이 원로원이라고.

원로원은 반년도 채 안 되는 사이에 그들의 동료인 고르디아누스 부자와 푸피에누스와 발비누스의 죽음을 목격했다. 원로원이 황제로 옹립한 사람이 줄줄이 죽음을 맞았다는 것은 원로원의 방식이 잘못되

다니다가, 수도 로마 시장에 임명된 뒤에야 겨우 안정된 생활을 할 수 있게 되었다. 수도 근무는 평판이 아주 좋아서, 원로원이 그를 황제로 옹립한 이유가 수도 로마의 주민들에게 인망이 높았기 때문이라고 한다. 하지만 일흔 살이라는 나이는 역시 지위가 바뀌었다고 해서 생활 방식까지 바꾸기를 기대할 수는 없는 나이였다.

또 한 명의 황제인 발비누스는 귀족 출신으로, 태어날 때부터 원로원 계급에 속해 있었다. 하지만 수도 로마에서 쾌적한 생활만 누린 것은 아니다. 예순 살이 될 때까지 경험한 속주 통치 횟수와 제국의 거의 전역을 망라하는 활동 범위는 푸피에누스에 못지않았다. 무능한 '귀족'은 결코 아니었다.

하지만 그가 좋은 가문 출신인 것은 한 번 만난 사람도 알 수 있었다. 부드러운 남자는 아니었지만 키가 후리후리하고 대단한 미남이었다. 토가를 입은 매무새에도 품위가 있고 풍부한 말재주도 타고났기 때문에, 그가 법정에서 변호하면 보기도 좋고 듣기도 좋았다고 한다. 무엇이든 세련된 취미를 갖고 있었지만, 특히 포도주에 까다로웠다. '비눔'(vinum)의 산지와 양조된 해를 중요하게 여기는 것은 로마인들 사이에서는 예부터 드물지 않았지만, 3세기에 풍류를 아는 로마인이 특히 열중한 것은 포도주에 섞는 물의 브랜드와 그 물에 향기를 주는 각종 향료였다. 발비누스는 새로운 향기를 찾아서 유행시키는 세련된 취미를 가진 사람으로도 유명했다.

이들 두 사람 사이가 험악해진 것은 그들 자신에게 책임이 있다기보다, 막시미누스라는 당면한 적을 예상보다 쉽게 타도했기 때문에 팽팽했던 긴장이 단번에 풀려버린 원로원 전체에 책임이 있다. 원로원 분위기가 두 황제를 도와 앞으로도 일치단결하자는 쪽이 아니라 두 사람 가운데 하나를 단독 황제로 옹립하자는 쪽으로 흘러가면서 내부 분열을 일으킨 것이다. 하지만 둘 다 떠받들려 황제가 된 처지인 만큼, 그들에게 어떤 식으로든 그런 사태를 수습할 능력도 기개도 없었던 것은 확실하다. 원로원 의원으로서는 거기에 상응한 능력과 책임감을 갖고 있었지만, 그 이상은 아니었다.

혼란을 드러낸 원로원에 누구보다 먼저 정나미가 떨어진 것은 막시미누스의 수도 진군에 동행했고 막시미누스가 살해된 뒤에는 두 황제에게 충성을 맹세한 장병들이었다. 지위는 높아도 통치 능력이 모자란 이런 원로원 의원 때문에 막시미누스가 살해되어야 했단 말인가. 군인이기도 한 그들은, 군인으로서는 두 황제보다 훨씬 뛰어났던 막시미누스의 죽음을 새삼 아쉬워했다.

실망과 경멸이 뒤섞인 이 감정이 두 황제를 죽이는 행위로 이어졌다. 푸피에누스와 발비누스는 저항할 겨를도 없이 살해되었고, 원로원은 버려진 시체를 보고서야 그 사실을 알았다.

238년이라는 해는 3년 전부터 황제였던 막시미누스, 그해에 즉위한 고르디아누스 1세와 그의 아들 고르디아누스 2세, 거기에다 푸피에누스와 발비누스를 합하면 무려 다섯 명의 황제가 나타났다 사라진 해가 되었다. 남은 것은 열세 살 소년뿐이었다.

일찍이 하드리아누스 황제가 빈정거린 적이 있다. 평소에는 분열해 있지만 자기네한테 해가 미칠 것 같으면 일치단결하는 것이 원로원이라고.

원로원은 반년도 채 안 되는 사이에 그들의 동료인 고르디아누스 부자와 푸피에누스와 발비누스의 죽음을 목격했다. 원로원이 황제로 옹립한 사람이 줄줄이 죽음을 맞았다는 것은 원로원의 방식이 잘못되

고르디아누스 3세

었다는 뜻이다. 로마 원로원은 원로원이라는 명칭이 연상시키는 것과는 달리 공적을 세우고 명성을 얻은 노인들의 집단은 아니다. 건국 초기의 왕정에서 공화정을 거쳐 제정으로 정치체제는 바뀌었지만, 국가 요직에 내보낼 30세 이상 인재를 모아두는 기관이라는 원로원의 성격은 변하지 않았다. 내가 오늘날의 국회와 비슷한 존재였다고 말하는 것은 이 때문이다. 인재는 있다. 그 인재를 활용할 마음만 있으면 아직은 원로원도 그에 상응하는 힘을 발휘할 수 있었다.

하지만 위기 의식을 공유하는 것이 원로원 의원을 단결시킨다. 고르디아누스 3세는 열세 살이라도 이미 '카이사르'라는 칭호를 받았다. 이 제위 계승자를 '카이사르 아우구스투스', 즉 황제로 앉혀 제구실을 하도록 돕자는 데 의견이 일치했다.

푸피에누스와 발비누스를 공동 황제로 옹립했을 때 설립한 '20인 위원회'가 그대로 소년 황제를 수반으로 하는 '정부'가 되었다. 600명이 정원인 원로원도 긴급사태를 맞아 법안의 신속한 처리에 협력하겠다고 약속했다. 다행히도 '트라키아 남자'의 적극전법 덕분에 방위선 바깥에 사는 야만족은 쉽사리 '리메스'를 넘어 침략할 수 없는 상태였다.

그리고 또 하나 무시할 수 없는 행운도 있었다. 소년 황제의 할머니와 어머니가 로마 원로원 계급에 속하는 만큼, 세베루스 가문의 황제들을 앞뒤에서 조종한 시리아 태생 여자들과 달리 로마적이어서, 남자들의 세계인 정치에는 일절 참견하지 않았다는 것이다.

선거에서 뽑힌 것도 아닌데 여자가 정치에 관여할 수 있는 것은 그 여자 자신이 여왕으로 태어난 경우거나 후궁 정치의 전통이 강한 나라뿐이다. 어쨌든 전제군주국이 아니면 여자는 정치 세계에서 활약할 수 없었다. '동방'에서는 줄곧 전제군주 제도가 지배적이었다. 시리아 태생의 여자는 아들을 통해 정치에 관여하는 데 저항을 느끼지 않았고, 오히려 자연스러운 선택으로 여겨졌을 것이다. 하지만 전제군주 정치의 전통도 희박하고, 기독교가 지배하기 전에는 세습에도 왠지 찜찜한 기분을 느끼지 않을 수 없었던 '서방' 사람들은, 아무리 아들이 황제가 되었다 해도 매사에 참견하는 여자를 의혹의 눈길로 바라볼 수밖에 없었다. 네로 황제의 어머니 아그리피나의 비참한 죽음이 전혀 동정을 사지 못한 것도 로마인의 이런 경향을 증명하는 실례였다.

실무가 티메시테우스

소년 황제를 떠받치는 것으로 시작된 고르디아누스 3세의 치세는 예상과 달리 로마 제국에 6년 동안 평온을 가져다주었다. 위에서 말한 행운이 겹친 것도 중요한 요인이지만, 통치란 원래 수수한 행정에 속하는 일도 소홀히 하지 않는 것이다. 원로원 의원으로 구성된 '20인 위원회'가 충분히 기능을 발휘할 수 있었던 것은 실무에 뛰어난 한 인물의 판단력과 조직력 덕분이었다.

그 인물의 이름은 티메시테우스였다. 가이우스 푸리우스 사비누스 아퀼라 티메시테우스라는 거창한 라틴식 이름만 보면 로마 건국 당시부터의 귀족인가 싶지만, 로마 역사상 유명한 인물들의 이름을 자기 이름에 줄줄이 붙인 사람이 오히려 '신참자'인 경우가 많다. 티메시테우스는 출신지도 알려져 있지 않다. 본국 이탈리아의 평민 출신이라는 설도 있고, 로마 시대에는 단순히 '속주'라는 의미로 '프로빙키아'라고 불린 남프랑스의 프로방스 태생이라는 설도 있다. 어쨌든 '동방' 사람은 아니었다. 그는 어느 분야에서든 출세하려면 교양이 필요하다는 것을 아는 사람이었다.

이 사람의 경력은 근무지가 어디든 직무가 무엇이든 행정으로 일관했다. 군단에서 근무한 적은 있었지만, 병사를 지휘한 경험은 없었다. 그래서 그의 경력을 열거하면 로마 제국 행정관료의 전형적인 모습이 자연히 떠오른다.

태어났을 때부터 로마 시민권을 갖고 있었던 것으로 보이는 티메시테우스는 에스파냐 속주에서 군단 생활을 시작한 모양이다. 이베리아 반도에는 1개 군단이 상주해 있었는데, 주전력인 군단은 보조전력인 보조부대와 행동을 같이한다. 보조병도 군단병의 기지와 신속하게 연락할 수 있는 곳에 기지를 두고 상주했다. 아직 카라칼라의 칙령이 나오기 전이니까 보조부대는 속주민만으로 이루어져 있었다. 젊은 티메시테우스가 맡은 임무는 보조병으로 구성된 대대의 '프라이펙투스'(praefectus)였다. 이것을 '장관'이라고 번역하는 사람이 많지만, 전투를 지휘하는 것 이외의 모든 문제를 처리하는 행정 분야의 총책임자였다.

군대는 적지에서 싸울 필요가 있기 때문에 자급자족 조직이 될 수밖에 없다. 바꿔 말하면 웬만한 것은 스스로 해결할 수 있는 조직이라는 뜻이다. 그래서 자연 재해가 일어나거나 난민을 구호할 때에도 군대가 파견된다. 그것이 군대 조직인 이상, '장관'이 전투 지휘를 맡는 '군단장'에 버금가는 중책인 것은 당연한 이치였다. 게다가 로마군은 '로마군은 병참으로 이긴다'는 평판을 들어왔다. 그 방면의 책임자는 수요자인 군단이나 보조부대와 공급자인 현지 민간인을 늘상 염두에 두어야 한다. 작전회의에서도 항상 군단장이나 대대장 옆자리에 앉을 만큼 중요한 직책으로 여겨진 것도 로마군이 그만큼 병참을 중시했기 때문이다.

그는 이 분야에서 능력을 인정받은 듯 여러 군단을 돌아다니며 계속 병참 책임자로 일한 모양이다. 하지만 그 후 티메시테우스가 장기로 삼는 분야는 속주의 재무 담당으로 바뀌었다. '황제 재무관'이라는 관직명을 가진 이 직책은 물론 속주의 재무 전반을 감독하는 역할이지만, 징세 업무가 중심을 이루는 것도 당연하다. 이 직책도 세금을 부과하는 쪽과 세금을 내는 쪽의 중간에 서서 업무를 수행해야 하는 어려운 자리였다. 과세에 불만을 품은 사람들의 표적이 되어 빗발치는 항의를 받은 적도 많았고, 자칫하면 아프리카 속주에서 고르디아누스가 황제로 옹립되었을 때 살해된 '황제 재무관'처럼 목숨을 잃을 수도 있었다. 게다가 3세기에 접어든 뒤 로마 제국에서는 기존 세금의 세율을 인상하면 민중의 불만이 폭발할 것을 우려하여 전시라는 이유로 임시 특별세를 부과하는 일이 많아졌기 때문에, 징세 업무에 종사하는 사람에게는 더욱 힘든 시대가 되어 있었다.

그런 시대인데도 티메시테우스가 담당한 속주에서는 민중 봉기가 전혀 일어나지 않았다. 이 실적을 인정했는지, 그는 광대한 제국의 절반이 넘는 속주에서 '황제 재무관'으로 일했다.

북부 갈리아의 '벨기카.' 라인강 연안의 '고지 게르마니아'와 '저지 게르마니아.' 오늘날의 요르단에 해당하는 '아라비아 속주.' 시리아와 팔레스티나. 소아시아 서부에서는 비티니아와 아시아 속주. 다시 서방의 갈리아로 돌아가 리옹(당시 이름은 루그두눔)에 주도를 둔 '갈리아 루그두넨시스 속주'와 보르도에 주도를 둔 '아퀴타니아 속주.' 재무관은 속주 총독에 버금가는 자리였기 때문에, 총독이 무슨 이유로든 속주를 비울 경우에는 최고 책임자로서 속주를 통치하는 일도 맡아야 했다.

드디어 수도 로마에서 근무하게 된 것은 막시미누스 황제 시대에 들어온 뒤였다. 수도에서 맡은 일은 상속세 징수 총책임자. 그 후 원로원 의원으로 구성된 '20인 위원회'를 실무적인 면에서 뒷받침하는 일을 맡은 모양이다. 이 직무를 통해 원로원과 고르디아누스 3세도 티메시테우스의 능력을 인정하게 되었을 것이다. 소년 황제의 치세도 3년째에 접어든 241년, 황제는 티메시테우스를 근위대장에 임명했다.

'근위대장'은 1만 명이 정원인 근위대의 총책임자다. 역대 황제들은 이 자리에 가장 신뢰하는 인물을 앉히는 것이 보통이었다. 그렇다면 티메시테우스는 최고의 적임자였다. 오른팔만이 아니라 두뇌까지 황제를 대신했지만.

고르디아누스 3세는 이 티메시테우스를 완전히 신뢰했다. 아니, 신뢰한 정도가 아니라 심취해 있었다. 두 사람 사이에 오간 편지가 지금까지 남아 있는데, 그것을 읽어보면 두 사람의 관계를 짐작할 수 있다. 티메시테우스가 황제에게 보낸 편지는 젊은 최고권력자를 격려하고 황제의 정책은 무엇을 지향해야 하는가를 따뜻하게 설명하고 있다. 열여섯 살이 된 황제는 그해에 결혼했는데, 아내로 맞은 것은 바로 티메시테우스의 딸이었다. 하지만 장인이라고 해서 중용한 것이 아니라, 심취해 있는 사람에게 마침 딸이 있으니까 그 딸을 아내로 맞은 게 아닌가 싶다. 어쨌든 젊은 황제와 말단 관료로 출발하여 사실상의 재상 자리에까지 올라간 남자는 그 후에도 3년 동안 알력도 없고 대립도 없는 이상적인 협력 관계를 맺게 된다. 그것은 로마 제국이 심각한 문제에 직면하지 않았기 때문은 아니었다. 실상은 그와는 정반대였다.

동방 원정

241년, 티메시테우스가 근위대장에 임명된 해에 동방에서는 사산조 페르시아의 창시자인 아르다시르가 세상을 떠났다. 왕위는 당연히 맏아들이 물려받았지만, 당장 둘째 아들로 바뀌었다. 로마 역사에서는 잊을 수 없는 샤푸르 1세가 등장한 것이다.

왕실 내부의 재빠른 쿠데타로 왕위에 올랐다 해도, 이런 경우에 새 왕이 하는 일은 국내에서 연기를 내뿜고 있는 불만을 밖으로 돌리는 것이다. 다시 말해서 외부에 대해 공세를 취하는 것이다. 알렉산드로스 대왕에게 멸망한 페르시아 제국의 부흥이 사산조 페르시아의 기치인 이상, 공세의 표적은 국경을 맞대고 있는 로마 제국밖에 없었다.

하지만 국내의 관심을 밖으로 돌리는 것이 진짜 목적인 이상, 로마 제국 동부를 제패하기 위해 만반의 준비를 갖춘 군사적 공세는 아니다. 그래도 알렉산데르 세베루스 황제 시대에 로마군이 쳐들어온 지 벌써 8년이 지났다. 그때 호되게 당한 페르시아군의 주력인 중무장 기병대를 재건하는 작업도 상당히 이루어져 있었을 것이다. 유프라테

샤푸르 1세

스강을 건너 서쪽으로 진격한 페르시아군은 당장 이집트의 알렉산드리아와 더불어 로마 제국 동방에서 가장 중요한 도시인 시리아의 안티오키아까지 쳐들어왔다.

이것이 샤푸르와 그의 부친 아르다시르의 차이점이지만, 사산조 페르시아의 제2대 임금인 샤푸르는 목적을 달성하기 위해서는 수단 방법을 가리지 않는 남자였다. 페르시아 궁정에 드나들던 안티오키아 태생의 그리스인을 안티오키아 시내에 잠입시켰다. 이 배신자의 선동이 주효하여, 중동에서 가장 아름답다는 대도시가 어이없이 성문을 열었다.

하지만 샤푸르가 이때는 아직 영유를 노리지 않았다. 자기 것이 되지 않는다면 철저히 약탈할 수도 있다. 하지만 약탈하는 데에도 상당한 시간이 필요했다. 페르시아 왕은 로마 제국의 동방 방위선을 따라 배치되어 있는 로마 군단이 기지에서 출동하기 전에 일을 끝내고 싶었다. 안티오키아는 동서 무역의 중심지다. 이 안티오키아를 본거지로 삼고 있던 그리스계와 유대계 상인들은 다른 곳보다 부유했다. 그리고 부자는 돈으로 문제를 해결할 수 있다면 주저없이 그 방법을 택하는 사람들이기도 하다. 결국 페르시아군의 약탈로 집이 파괴되고 목숨까지 위험에 노출된 사람은 안티오키아의 일반 시민이었다. 그래도 페르시아군의 폭력이 예상보다 일찍 끝난 것은 사실이었다. 샤푸르는 그 배신자를 안티오키아 시장에 임명하고, 자신은 약탈품을 갖고 재빨리 유프라테스강을 건너 페르시아 수도로 돌아가버렸다. 뒤에 남겨두고 온 배신자의 운명 따위는 알 바 아니었다. 실제로 이 배신자에게는 배신자에게 어울리는 죽음이 기다리고 있었다.

서방에서 이 사건을 알게 된 티메시테우스는 페르시아의 이 공격이 결코 일과성 사건이 아니라 로마에 대한 공세의 '시작'이라고 판단한다. 게다가 시리아 속주의 주도인 안티오키아가 이렇게 간단히 약탈당했다는 사실은 로마 제국의 동쪽 절반을 이루고 있는 그리스와 중동에 사는 사람들에게 영향을 주지 않을 수 없었다. 제국은 패권 밑에 있는 각 지방 사람들의 생명과 재산의 안전을 보장해야만 제국이다. 안전을 보장해주니까 세금도 낸다. 제국의 각 속주에서 오랫동안 징세 업무에 종사한 경험이 있는 티메시테우스는 일과성 사건이라면서 동방 원정을 꺼리는 원로원을 더욱 열심히 설득했는지도 모른다. 그래서 황제도 원로원도 페르시아와 전쟁을 벌일 필요가 있다는 데 의견이 일치했다.

페르시아 전쟁 준비는 실무가인 티메시테우스의 독무대였다. 그리고 그의 방식은 참으로 로마적이었다. 아니, 얼마 전부터 소홀히 취급받아온 로마적 방식을 부활시켰다고 말하는 편이 좋을지도 모른다.

로마인은 예부터 신중하고 견실하다. 지중해에서 해적을 소탕할 때도 해상에서 해적선과 화려하게 맞붙어 해적의 힘을 약화시키는 것이 아니라, 육지에서 해적의 소굴이나 기지가 될 만한 곳을 모조리 제패하는 방식으로 지중해에 '평화'를 실현한 민족이다. 전쟁도 전장에서 적과 격돌하기 전에 절반은 이기고 들어가는 방식을 좋아했다. 소수의 적을 상대할 때도 대군을 보내는 것을 수치로 여기지 않는 민족이기도 했다. 공화정 시대의 로마는 스키피오 아프리카누스와 술라, 루쿨루스, 율리우스 카이사르 같은 천재형 무인을 배출했지만, 제정으로 이행한 뒤에는 그런 타입의 무인이 거의 모습을 감추었다. 위의 전략은 그런 로마 제국에 딱 들어맞는 방식이었다. 제국 영토를 최대로 넓힌 트라야누스 황제도 천재형 무인은 아니었다.

트라야누스는 제1차와 제2차 다키아 전쟁을 시작하기 전에 충분한 준비를 갖추었고, 전쟁을 시작한 지 1년 만에 문제를 해결해버렸다. 그후 140년 세월이 흘렀다고는 하지만 티메시테우스도 그것을 목표로 삼았을 것이다. 다른 점이 있다면, 트라야누스의 목적은 다키아를 정복하는 것이었지만 티메시테우스의 목적은 페르시아 정복이 아니라 로마 영토를 쉽게 침략할 수 없는 상태로 페르시아를 떨어뜨리는 것이었다. 이 점에서도 로마의 전통적인 동방 전략에 충실한 전략이었다.

페르시아로 원정할 로마군 주력부대는 역시 도나우강 연안에 기지를 둔 장병들이었다. 항상 강적과 맞서 있는 병사가 최강의 정예 병력이 된다. 이런 사정이 있어서 동방 원정군 편성과 그밖의 준비는 모두 수도 로마가 아니라 도나우강 연안의 전방기지에서 이루어졌다. 때로는 강을 건너 쳐들어오는 게르만 부족을 맞아 싸우면서 동방 원정 준비는 착착 진행되었다. 로마 쪽에는 일석이조였다. 동쪽으로 떠나기 전에, 배후를 위협할지도 모르는 위험을 없앨 수 있기 때문이다. 티메시테우스는 이때에도 뛰어난 조직력을 발휘하여, 그해 겨울이 오기 전에 벌써 황제와 근위대장은 동방 원정군을 거느리고 안티오키아에 들어갈 수 있었다.

아무리 열여섯 살 소년이라 해도 황제가 직접 출정한다는 것은 로마 제국이 진지하게 싸운다는 의사 표시다. 안티오키아에는 페르시아군에 파괴되고 약탈당한 흔적이 아직 남아 있었지만, 동방의 '메트로폴리스'라고 불린 국제 도시다. 그런 만큼 주민들도 현실적이어서, 로마군에 협력할 마음도 충분히 갖고 있었다.

어느 영국인 학자는 로마 제국을 두고 제2차 세계대전이 끝난 뒤 현대 영국의 주도로 이루어진 '영연방' 같다고 평했다. 지방자치를 대폭 인정한 로마인의 지배 방식을 중앙집권 일색인 페르시아와 비교해볼 기회를 얻은 안티오키아 주민에게는 로마인의 방식이 상당히 좋아 보였는지도 모른다. 피지배자를 지배자와 동화시키는 것을 기본 정책으로 삼아온 로마 제국의 통치 철학을 재인식한 면도 있었다. 그 덕분에 페르시아 전쟁의 보급기지가 될 안티오키아에서도 모든 준비가 순조롭게 진행되어, 이듬해인 243년 봄에 전쟁을 개시하기로 결정되었다.

고대의 지정학

유프라테스강과 티그리스강은 둘 다 중동 지역을 북부와 남부로 가르고 있는 타우루스산맥에서 발원한다. 하지만 많은 지류를 모아 큰 강이 되어가는 과정에서 티그리스강은 동쪽, 유프라테스강은 서쪽으로 크게 우회하여 '두 강 사이의 땅'을 뜻하는 메소포타미아를 사이에 두고 티그리스강은 남쪽, 유프라테스강은 남동쪽으로 흘러간다. 이 두 강이 가장 접근하는 지대에, 고대에는 바빌론, 그 후에는 셀레우키아와 크테시폰, 그 후 7세기에 이슬람이 대두한 뒤에는 북쪽으로 40km 떨어진 바그다드라는 주요 도시가 자리 잡고 있었다. 이처럼 시대가 변해도 항상 주요 도시가 있었다는 사실이 보여주듯, 이곳은 언제나 민족과 국가의 주요 기능이 집중된 지대였다. 이 '요충'을 지나면 티그리스강과 유프라테스강은 다시 멀어진다. 하지만 거기서 500km쯤 가면 두 강은 다시 접근하여 페르시아만으로 흘러든다.

파르티아 왕국 시대부터 시작하여 페르시아로 바뀐 뒤에도 로마 제국이 메소포타미아, 그중에서도 북부 메소포타미아의 영유를 둘러싸고 이들 동방 국가와 싸운 것은, 만족할 줄 모르는 로마 제국의 영토욕 때문이 아니라 '지정학'(geopolitics) 문제였다.

'지정학'이란 후세에 그리스어 낱말을 두 개 합쳐서 만든 조어지만, 그 낱말이 없었던 시대에도 로마인들은 그 중요성을 알고 있었다. 로마는 되도록 자국의 '방위선' 바깥에 우호적인 나라나 민족을 두는 정략을 택했다. 동방에서 여기에 해당하는 것이 아르메니아 왕국이었다. 로마는 아르메니아를 동맹국으로 대우하고, 이 나라의 인프라를 정비하기 위해 경제 원조와 기술 원조까지 해주었다. 하지만 아르메니아의 문화와 문명은 '동방'에 속한다. 그래서 파르티아 왕국은 예부터 아르메니아 문제에 개입하는 것이 자기들한테는 당연한 권리라고 주장했다. 동방의 주인이 페르시아로 바뀐 뒤에도 이런 사정은 전혀 달라지지 않았다.

이 아르메니아와 파르티아(이제는 페르시아) 사이에 자리 잡고 있는 곳이 바로 북부 메소포타미아다. 북부 메소포타미아가 최종적으로 페르시아 산하에 들어가면 아르메니아도 그 뒤를 따를 것은 뻔했다. 요즘으로 치면 시리아 북동부까지 손에 넣고, 이란과 파키스탄을 배후지로 거느리고, 이라크에 주요 기능이 집중되어 있는 거대한 세력이 터키 동부로 쳐들어온다고 생각하면 알기 쉽다. 이런 상태가 정착되면

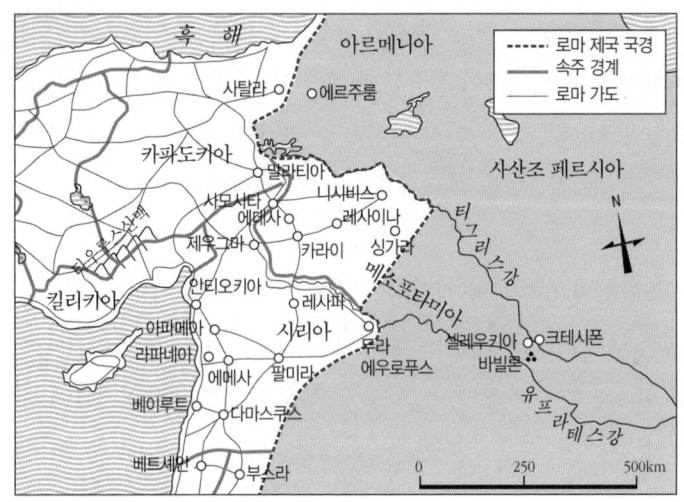

3세기 중엽의 메소포타미아와 그 주변

로마 제국의 동쪽 방위선은 거대 세력이 된 페르시아와 흑해에서 홍해에 이르기까지 직접 맞닿게 된다. 로마인이 적을 대하는 방식이 '분리하여 통치하라'인 것을 상기해달라. 적이 하나로 합치도록 내버려두는 것은 로마의 전통적인 정략에 어긋나는 것이기도 하다. 북부 메소포타미아의 귀추가 로마 지도자들에게 중요한 문제였던 것은 그것이 단순한 영토 확장이 아니라 지정학적 문제였기 때문이다.

다만 북부 메소포타미아(오늘날 시리아 북동부)의 귀추가 이렇게 중요한 문제가 된 것은 철인 황제 마르쿠스 아우렐리우스 시대부터였다고 말할 수 있다. 그전에는 유프라테스강을 방위선으로 삼아도 괜찮았다. 다시 말해서 북부 메소포타미아까지 확보할 필요는 없었다. 그것은 아우구스투스부터 안토니누스 피우스까지의 황제들이 그 후의 황제들보다 평화적이었기 때문이 아니라, 그 시대에는 로마의 군사력이 압도적으로 강했기 때문이다.

파르티아의 역대 왕들도 자주 유프라테스강을 건너거나 아르메니아를 침략했지만 성공하는 것은 초반전뿐이고, 태세를 정비한 로마군이 반격해오면 적수가 되지 못했다. 하드리아누스 황제가 유프라테스강을 국경으로 재확인하고 아르메니아 왕위에 파르티아계 사람이 앉는 것도 인정하고 북부 메소포타미아는 탐내지 않겠다고 선언했지만, 이 정략이 실효성을 가질 수 있었던 것도 압도적인 군사력을 등에 업고 있었기 때문이다. 그 증거로 유프라테스 방위선은 한 번도 침범당하지 않았고, 아르메니아 국왕은 계속 로마 편이었고, 헬레니즘 시대부터 그리스계가 주민의 주류를 차지하고 있는 북부 메소포타미아의 도시들은 파르티아 왕국에 속해 있으면서도 실질적으로는 계속 로마에 동조했다. 하드리아누스, 곧 로마는 유프라테스강을 양국의 국경으로 정해도 아무렇지도 않았다. 그것으로 파르티아 국왕의 체면이 유지되고 그래서 로마 영토를 침략하지 않게 된다면, 그것이 정략적으로는 성공이었다.

하지만 시대가 바뀌었다. 로마 제국의 '적'도 바뀌었다. 인간도 성향도 전과는 달라졌다. 그리고 거기에 대처하지 않을 수 없는 과정에서 지중해 세계에 무적이었던 로마 제국의 군사력에도 그늘이 지기 시작했다. 북부 메소포타미아의 직접 지배, 즉 속주화가 중요한 과제로 등장한 것도 아르메니아와 페르시아를 지정학적으로 떼어놓는 것이 동방 방위선의 사활 문제가 되었기 때문이다. 로마군이 이제는 압도적으로 강하지 않았기 때문에, 북부 메소포타미아의 귀추가 중요한 과제가 된 것이다. 마르쿠스 아우렐리우스 황제도 셉티미우스 세베루스 황제도 북부 메소포타미아의 영유를 염두에 두고 동방을 원정했다. 카라칼라 황제는 북부 메소포타미아에 머물고 있을 때 암살당했다. 그 후에도 이 북부 메소포타미아는 로마 제국과 사산조 페르시아의 쟁점이 된다. 로마 황제가 기독교도가 된 뒤에도 이 도식은 변하지 않는다. 지정학적 문제는 신앙과는 무관하기 때문이다.

이런 사정이 있는 이상, 안티오키아를 떠난 로마군이 동쪽으로 방향을 잡아 유프라테스강을 건너 곧장 북부 메소포타미아로 진격한 것도 납득이 갈 것이다. 우선 북부 메소포타미아를 확보한 뒤에 페르시아 수도를 공격하는 것이 로마군의 기본 전략일 수밖에 없었기 때문이다.

명목상으로는 고르디아누스 3세가 지휘하고 실제로는 티메시테우스가 지휘한 243년의 로마군도 이 전략에 따라 유프라테스강을 건넌다. 물론 샤푸르도 이것을 알고 있었을 것이다. 로마가 어떤 식으로 나올지 알기 위해 첩자를 잠입시킬 필요도 없다. 내가 로마군 총사령관이라면 어떻게 할까를 생각하면 대개 짐작이 간다. 그래도 예상할 수 없는 수법을 쓰는 사람이 천재지만, 3세기의 로마 제국에는 이런 타입의 무인이 거의 없었다. 군사적 재능이 그렇게 뛰어나다고는 생각되지 않는 샤푸르도 안심할 수 있었다. 실제로 로마군이 동쪽으로 진군하기 시작한 것을 안 샤푸르는 주저없이 자기 군대에 북상을 명령했다.

예상대로 북부 메소포타미아가 싸움터가 되었다. 로마군은 처음부터 우세하게 싸웠다. 5만 명이 넘는 병력이고, 게다가 주력은 중동 기후와는 정반대인 도나우강에서 온 병사들이지만 보급이 완벽했고, 시리아와 요르단에 상주하는 병사들과도 협조가 잘 이루어졌다. 에데사와 카라이를 당장 되찾고 동쪽으로 진격하여, 유프라테스강보다 티그리스강에 더 가까운 니시비스와 싱가라도 수중에 넣었다. 그리스계 주민이 주류인 이런 도시들은 자진해서 성문을 열었기 때문에, 포위전을 벌일 필요도 없이 공략할 수 있었다. 적과 아군이 평원에 진을 치고 격돌하는 대규모 회전은 벌이지 않았다. 하지만 마주칠 때마다 페르시아군이 여지없이 격파당하고 패주한 것도 사실이다. 당시 로마인이 그냥 '메소포타미아'라고 부른 북부 메소포타미아에서 페르시아 세력은 완전히 사라졌다.

북부 메소포타미아를 되찾은 이상, 티그리스강과 유프라테스강이 가장 접근한 곳에 있는 페르시아의 수도 크테시폰을 공격하는 제2단계로 넘어갈 뿐이다. 장병의 사기도 높고, 로마군의 진격을 가로막는 것은 아무것도 없다. 페르시아 전쟁은 243년이 가기 전에 끝낼 수 있다고 누구나 믿어 의심치 않았다. 실제로 로마군은 물밀듯 메소포타미아를 남하하기 시작했다. 그런데 바로 그때 불행이 덮쳤다.

이런 경우의 상례와는 달리, 티메시테우스의 갑작스러운 죽음을 독살이나 암살이라고 주장한 역사책은 없다. 작전회의 석상처럼 많은 사람이 보는 앞에서 갑자기 쓰러져 의식을 되찾지 못하고 죽었는지도 모른다. 하지만 역사책의 행간에서 지난 3년 동안 연속된 격무로 지쳐버린 티메시테우스를 상상할 수도 있다. 과로사라는 말도 없고 그런 개념도 없었던 시대지만, 있었다면 거기에 해당할지도 모른다. 말단 관료로 출발한 이 '공복'은 이제 막 50대에 접어든 나이였다고 한다.

티메시테우스의 죽음과 함께, 그가 제 능력을 최대한 발휘하여 조직한 243년의 로마군도 와해라는 말이 어울릴 만큼 순식간에 해체되었다. 이제 페르시아의 수도를 공격하여 샤푸르를 동쪽으로 쫓아낸다는 것은 생각도 못할 일이었다. 무엇보다도 보급체계가 기능을 발휘하지 못하게 된 것이 뼈아팠다. 로마군은 유프라테스강변에서 앞으로 나아가기도 어렵고 뒤로 물러서기도 어려운 진퇴양난에 빠져버렸다. 티메시테우스의 후임에는 차석을 맡고 있던 필리푸스가 승격했지만, 그래도 상황은 호전되지 않고 비축한 식량만 축내는 날이 계속될 뿐이었다.

적지에서 이런 궁지에 빠지면 곤란한 정도가 아니라 매우 위험하다. 그것을 알고 있는 병사들이 우선 떠들어대기 시작했다. 고르디아누스 3세에게는 지금이야말로 혼자서 문제를 해결할 능력이 있다는 것을 보여줄 수 있는 좋은 기회였다. 하지만 열아홉 살이 되었는데도 그는 아직 소년 황제로 즉위할 당시의 모습을 떨쳐버리지 못했다.

고르디아누스 3세는 장병들을 모아놓고, 로마군이 직면해 있는 궁지를 호소했다. 솔직하게 진심을 털어놓는 것 자체는 나쁘지 않다. 하지만 그렇게 해도 좋을 때인지 아닌지, 해도 좋은 상대인지 아닌지의 차이는 엄연히 존재한다. 황제의 솔직한 하소연을 듣고 병사들의 실망은 결정적이 되었다. 병사들 중에는 근위대장 필리푸스와 협력하여 궁지를 타개하라고 외치는 사람도 있었다. 그런데 필리푸스는 자신이 전권을 위임받지 않았음을 이유로 황제의 처지가 나날이 악화되어가는 것을 방관할 뿐이었다.

그래도 황제가 참석한 가운데 상급 백인대장까지 소집된 작전회의에서는 이듬해 봄에 페르시아 수도로 진격을 재개하기로 결정되었다. 그리고 봄이 오자마자 군사행동을 개시할 수 있도록 겨울에도 북부 메소포타미아 안에 계속 머물기로 했다. 황제도 쾌적한 대도시 안티오키아로 돌아가지 않고 유프라테스강변에서 봄을 기다리게 되었다. 로마가 '메소포타미아 속주'라고 부른 북부 메소포타미아라면 겨울을 나기도 어렵지 않고, 그동안의 보급도 곤란하지 않았기 때문이다.

언제나 그렇지만, 병사들의 가슴속에서 불만이 꿈틀거리기 시작하는 것은 전투기가 아니라 휴전기다. 그리고 불만은 절대적인 결핍이 아니라 상대적인 박탈감에서 생겨나는 경우가 더 많다. 유프라테스강 주변에서 겨울을 나고 있는 로마 군사들이 굶주림에 시달린 것은 아니다. 다만 이웃 막사의 양식이 자기네보다 더 풍족한 것 같다고 느끼기 시작하면, 그런 불만을 가라앉힐 수 있는 것은 최고 책임자의 단호한 태도뿐이다. 열아홉 살의 황제에게는 그것이 부족했다. 그리고 이런 불만은 무엇 때문인지 한겨울이 아니라 겨울철 숙영을 마치고 막 전투를 시작하려는 시기에 폭발하는 법이다.

244년 2월도 끝나가는 어느 날, 고르디아누스 3세의 막사에 병사 아홉 명이 침입했다. 이들 아홉 명은 필리푸스가 돈으로 매수했다고 한다. 근위대장 필리푸스는 당장 원로원에 황제가 병이 도져서 죽었다고 보고했다. 근위대장이 장병을 소집해놓고, 전시에 최고사령관 자리가 비는 것은 용납되지 않는다고 설득하여 자신을 황제로 추대하도록 한 것은 물론이다.

추대는 병사 몇 명이 소리를 지르고 거기에 다수가 동의하는 방식으로 결정된다. 일종의 직접 민주제지만, 직접 민주제는 선동자에게 좌우되기 쉽다는 결점이 있었다. 장교들까지 필리푸스를 추대하는 데 동의한 것은 전시에 최고사령관이 없는 사태는 절대로 피해야 한다는 이유 때문이었을 것이다. 어쨌든 이 시기에 황제가 되겠다고 나선 사람은 필리푸스뿐이었다. 그렇다고 해서 필리푸스의 경력에 특기할 만한 공적이 있는 것도 아니었다.

또다시 기정 사실의 추인을 강요당한 로마 원로원은 젊은 고르디아누스 3세의 죽음을 예상치 못한 탓도 있어서 허를 찔린 기분으로 필리푸스의 황제 취임을 승인한다. 또한 필리푸스의 요청을 받아들이는 형태로 죽은 황제의 신격화도 결의했다.

하지만 유프라테스강변에서 황제를 잃은 로마군 병사들 가운데 적지 않은 수가 자기들 나름대로 죽은 황제를 장사 지내기로 마음먹는다. 누가 먼저랄 것도 없이 모인 그들은 돌을 모으고 시멘트를 급조하여 황제 막사가 있던 자리에 저만치 흐르는 유프라테스강을 향해 훌륭한 로마식 묘비를 세웠다. 유해는 수도 로마로 보내졌으니까 그것은 알맹이 없는 묘비일 뿐이다. 하지만 병사들은 그 묘비의 사면(四面)에 로마 제국 황제 고르디아누스 3세에게 주어진 칭호와 그 황제가 이곳에서 죽은 사실을 새겨넣었다. 묘비에는 라틴어·그리스어·페르시아어·히브리어를 병기했다고 한다. 이 지역 주민이나 이 지방을 여행하는 사람이라면 누구나 읽을 수 있도록 네 민족의 언어를 병기한 것이다.

필리푸스 아라부스 황제(244~249년 재위)

필리푸스(Philippus)뿐이라면 그리스계 성이지만, 거기에 '아랍인'을 뜻하는 '아라부스'(Arabus)를 덧붙여 부른 것이 보여주듯 진짜 아랍인이 로마 제국 제위에 올랐다. 출생지는 시리아 속주의 남서쪽에 있는 작은 도시였다. 황제가 된 필리푸스는 이 고향을 필리포폴리스로 개명했다. 생가는 이 지방에 오랫동안 살고 있는 아랍 호족이었지만, 출세욕에 불타는 아랍 젊은이는 로마 군단에서 자신의 장래를 개척하는 길을 택했다. 하지만 갑자기 죽은 근위대장 티메시테우스의 뒤를 이을 때까지의 경력은 알려져 있지 않다. 로마군은 출신 민족으로 차별하지 않으니까, 그때까지의 업적에 특기할 만한 것이 없었던 게 분명하다.

필리푸스 아라부스

속주 출신 황제는 트라야누스 때 시작되었으니까 벌써 150년 가까운 역사가 있다. 그리고 3세기에는 '트라키아 사람'이라는 이름으로 알려진 막시미누스 황제처럼 어머니를 통해 도나우 방위선 밖에 사는 고트족 산하 부족의 피를 이어받은 황제까지 등장했다. 모계를 통해 시리아인의 피를 받은 황제는 카라칼라에서 엘라가발루스와 알렉산데르 세베루스까지 벌써 세 명이나 된다. 따라서 문제는 피가 아니었다. 몸속을 흐르는 피에 라틴색이 엷어도, 아니 라틴색이 전혀 없었다 해도 문제는 로마 제국 전체의 최고 책임자라는 자각이 있느냐 없느냐 하는 것이었다. 적어도 동시대에 살았던 로마인들이 문제삼은 것은 피가 아니라 의식이었다.

'아랍인' 필리푸스가 제위에 올라 맨 먼저 한 일은 페르시아 국왕 샤푸르에게 사절을 보내 강화를 제의한 것이다. 필리푸스 황제가 평화주의자였던 것은 아니다. 야만족을 무찌르고 있으면 수도에 갈 필요도 없다고 믿었다가 원로원파의 황제 옹립을 허락해버린 '트라키아인' 막시미누스와 똑같은 잘못을 저지르고 싶지 않았을 뿐이다.

사산조 페르시아의 제2대 임금 샤푸르 1세는 군사적 재능은 아버지보다 훨씬 못했지만, 다른 능력은 훨씬 나았다. 특히 기회를 포착하면 그것을 최대한 활용하는 재능이 뛰어났다. 로마의 지도층에 이 방면의 재능이 두드러지게 쇠퇴한 3세기에 샤푸르 같은 인물이 동방에 나타난 것만으로도 로마 제국에는 불운이었다고 여겨질 정도다.

244년 당시 열세에 있었던 쪽은 분명 페르시아였다. 극단적으로 말하면 샤푸르의 운명은 바람 앞의 등불이었다. 형을 죽이고 왕위를 빼앗아 즉위한 지 3년째, 안티오키아를 약탈한 것까지는 좋았지만 그 후에는 계속 로마군에 눌려 있었다. 이렇게 되면 궁정 내부의 샤푸르 반대파도 활기를 띠게 마련이다. 로마군에 수도를 공략당하고 쫓겨나기보다 궁정 내부의 반대파에게 살해될 가능성이 더 높은 상태였다. 그런 샤푸르에게 구원의 손길을 뻗은 것이 '아랍인' 필리푸스였다. 동방 민족 중에서는 가장 높은 문명을 가졌다고 자처하는 페르시아인인 만큼 이런 경우에 아랍인을 다루는 법도 잘 알고 있었다.

샤푸르는 필리푸스 황제의 강화 제의를 받아들였다. 다만 로마인이 '메소포타미아 속주'라고 부른 북부 메소포타미아에 대한 완전 포기를 강화 조항으로 명시하라고 요구했다. 요구는 그것만이 아니었다. 아르메니아 왕국이 페르시아 산하에 들어가는 것을 묵인하라고 요구하기까지 했다.

이것은 나중에까지 로마 제국과 사산조 페르시아 사이에 쟁점으로 남았지만, 황제로서 수도 로마에 되도록 빨리 들어가고 싶었던 필리푸스는 샤푸르의 요구를 모두 받아들였다. 로마와 페르시아 사이에 강화가 성립되었다.

3세기 로마 제국의 특징 가운데 하나는 정략적인 면에서 계속성을 잃어버린 것이다. 그전에는 나쁜 황제로 단죄를 받은 사람이 죽은 뒤 제위를 계승한 황제도 선제의 정책 가운데 좋은 정책으로 판단되는 것은 계속 추진했을 뿐만 아니라, 그것을 더욱 발전시키는 것도 주저하지 않았다. 기본 정책의 계속성은 이것으로 보장되었다. 황제의 치세가 길었다는 이유만으로 계속성이 보장된 것은 아니다. 계속하는 것이 에너지 낭비를 막는 방법이라는 것을 자각하고 인식했기 때문이다. 그런데 3세기의 로마 제국은 가진 힘의 낭비에 신경을 쓰지 않게 되었다. 이것도 로마인이 로마인답지 않게 되어가는 하나의 조짐이었다.

철학이나 예술에서는 그리스인에게 미치지 못하고, 체력에서는 육식민족인 갈리아인이나 게르만인에게 뒤떨어지고, 기술력에서도 에트루리아인의 가르침을 받고서야 그 정도 인프라를 구축할 수 있었고, 경제적 재능에서는 카르타고인이나 유대인에게 훨씬 미치지 못한 것이 라틴 민족이었지만, 그 로마인이 이런 민족들을 모두 산하에 넣은 대제국을 세우고, 게다가 오랫동안 그 제국을 유지하는 데 성공한 것은 자기가 가진 힘을 합리적으로 철저히 활용하는 데 집착했기 때문이다. 바로 그것이 성공의 진짜 요인이었다.

3세기의 로마 제국에는 일람표가 필요할 만큼 수많은 황제가 나타났다 사라진다. 그리고 3세기의 로마 제국에서 황제의 얼굴이 바뀌는 것은 그때마다 정책도 중단되었음을 의미하게 되었다. '계속은 힘'이라는 말은 역시 진리다. 가진 힘을 효과적으로 활용하는 데 유리하다는 점에서도.

그리고 가진 힘을 이런 식으로 낭비하는 데 가장 민감한 사람은 힘을 발휘한 당사자, 이 경우에는 실제로 싸운 장병들이다. 페르시아와 강화를 맺고 도나우 방위선 기지로 회군하는 장병들 가슴속에서는 불만이 부글거렸지만, 바닷길을 이용하여 서둘러 로마로 가는 새 황제 필리푸스는 그것을 알아차리지 못했다.

수도 로마에 들어간 필리푸스 황제의 평판은 그의 걱정이 지나쳤다고 여겨질 만큼 좋았다. 그것은 이 아랍인 황제가 원로원에 대해 철저히 저자세로 나갔기 때문이기도 하다. 원로원 의원들도 속으로는 새 황제를 베두인족 출신이라고 경멸하고 있었다. 지중해와 유프라테스 강 사이에 펼쳐진 시리아사막은 아라비아 말을 타고 카라반을 습격하는 베두인족 도적떼의 천하였지만, 사막에도 '평화'를 확립하는 데 집착한 로마 제국은 이 사막의 도적떼를 보조부대로 만들어 로마군에 흡수했다. 시리아사막 한복판에 있는 팔미라의 번영이 로마 시대에 절정에 이른 것은 사막에도 '팍스 로마나'가 확립되었기 때문이다. 그리고 로마군에 흡수된 베두인족은 지난 200년 사이에 유랑민에서 정착민으로 바뀌어 있었다. 따라서 필리푸스 황제에게 베두인의 피가 흐르고 있다는 소문도 터무니없는 것만은 아니었다.

어쨌든 수도 로마에서 필리푸스 황제가 보낸 2년은 평온하게 지나갔다. 원로원은 황제를 규탄하지 않았고, 일반 시민은 황제에게 적의를 드러내지 않았다. 그 첫째 요인은 국경이 평온했기 때문이다. 동방의 페르시아는 당연히 움직이지 않았고, 북방의 게르만족도 얌전히 있어주었다. 둘째, 앞에서도 말했지만 이 아랍인 황제가 원로원에 대해 철저히 겸손하게 굴었기 때문이다. 셋째, 정책면에서는 실질적으로 아무 일도 하지 않았기 때문이다.

황제가 입안하여 원로원에 법제화를 요구한 정책은 대부분 원로원의 뜻을 받들기 위한 목적으로 만들어졌다.

(1) 황제의 보좌기관이기도 한 '내각'의 합의가 없으면 황제도 법안을 제출하지 않기로 결정한 것.

(2) 수도에서 추방된 자들은 모두 귀환시킨다. 당시에는 수도에서 추방된 사람이 하나도 없었기 때문에, 이 법이 만들어졌다고 해서 수도로 돌아온 사람은 없었다. 요컨대 앞으로도 원로원 의원이 수도에서 추방되는 일은 없다고 약속하는 법에 불과했다.

(3) 알렉산데르 세베루스 황제 시대에 항소권을 황제와 원로원에서 각 속주의 총독에게 넘긴 법률을 폐지한 것.

하지만 이것도 실효성은 전혀 없었다. 모든 것은 카라칼라 황제의 법률에서 시작되었기 때문이다. '안토니누스 칙령'에 따라 속주민은 모두(범죄자는 제외) 로마 시민권을 받았지만, 그 때문에 사법상의 문제를 처리할 수 없게 되었다. 항소권이 로마 시민권자에게만 인정된 권리였기 때문인데, 이 권리를 가진 사람의 수가 단번에 열 배로 늘어나자 수도 로마의 상급법원은 기능이 마비되어버렸다. 그래서 알렉산데르 세베루스 시대에 지방분권책의 하나로 항소권을 속주 총독에게 이양했지만, 그것을 20년 뒤에 필리푸스가 원래대로 되돌린 것이다. 하지만 카라칼라 황제의 시민권법은 그대로 살려두었다. 따라서 항소권 이양을 폐지한 것은 실효성을 전혀 개의치 않고 단지 기득권 유지에 집착하는 원로원에 협력했을 뿐이다.

넷째, 지방자치단체 의원의 자제 가운데 한 사람은 아버지와 마찬가지로 의원직을 맡을 의무를 진다는 법률 성립.

이 네 번째 사항은 정책보다 역사적으로 주목할 만하다. 로마 제국에서는 지방의회 의원도 원로원 의원과 마찬가지로 무보수였다. 사회적으로나 경제적으로 혜택받은 사람은 공동체를 위해 봉사할 책무가 있었기 때문이다. 무보수일 뿐만 아니라 공공사업 비용까지 부담하기 때문에 지출도 따른다. 명예직이기는 하지만 재산의 사회 환원을 동반한 명예직이었다. 원로원 계급에 속하는 남자들이 무보수로 국가 요직을 맡는 것을 '명예로운 경력'(쿠르수스 호노룸)이라고 말했지만, 지방자치단체의 공직은 로마 사회 중산층에 속하는 시민에게 '쿠르수스 호노룸'이었다. 이런 실정에서도 치열한 선거를 치르겠다고 출마하는 사람이 부족하지 않은 것은 공화정과 제정의 구별없이 로마인의 공공심이 강했기 때문이라고 할 수밖에 없다.

하지만 그것도 3세기에 들어올 무렵에는 쇠퇴하기 시작했다. 유명한 폼페이 유적은 1세기에 로마 제국의 한 지방도시가 그대로 매몰되었다가 1,800년 뒤에 모습을 나타낸 사례인데, 벽에는 지금도 지방의회 의원 선거용 벽보가 수없이 붙어 있다. 하지만 폼페이와 규모가 같은 3세기의 지방도시가 오늘날 모습을 나타냈다 해도 그 유적의 벽에서는 이제 '선거 포스터'를 찾아볼 수 없지 않을까. 중견층에서도 로마인의 공직 기피는 시작되고 있었다. 이 점에서도 로마인은 조금씩 로마인답지 않게 되어가고 있었다.

로마 건국 천년제

아랍 출신의 로마 황제 필리푸스를 모든 역사책이 다루고 있는 것은 로마 건국 1천 년을 기념하는 축제를 주최한 사람이 이 황제였기 때문이다. 로물루스가 로마를 건국한 것이 기원전 753년으로 되어 있으니까, 서기 248년인 그해는 건국 1천 년에 해당한다. 라틴인의 건국축제를 아랍인이 주최했다는 것도 후세가 보기에는 기묘하지만, 패자동화를 지배의 기본 철학으로 삼아온 로마인에게는 그 노선의 성과로

로마 건국 1천 년을 기념한 주화

여겨졌을지도 모른다. 실제로 248년 4월 21일부터 사흘 동안 계속된 건국 천년제에서 제의 행렬의 선두에 선 사람이 로마의 관례에 따라 토가 자락으로 머리를 가린 '아랍인'이라 해도, 제의에 참가한 원로원 의원이나 시민들한테서 불협화음은 전혀 들려오지 않았다. 올바른 의미에서는 이것이 제국의 모습이었기 때문일 것이다.

낮에는 따뜻한 햇빛이 내리쬐이고 밤에는 늘어선 횃불이 찬바람에 가볍게 흔들리면서 타오르는 가운데 건국 천년제는 테베레강을 등지고 장엄하고 화려하게 거행되었다. 제의에는 으레 따라다니는 각종 경기대회도, 가장 인기있는 검투 시합과 네 마리 말이 끄는 전차 경주도 빠짐없이 열렸다. 필리푸스 황제가 로마 건국 1천 년을 축하하는 사람이 자신이라는 데 진심으로 감동하여 행사 비용을 아끼지 않았기 때문이다.

이 아랍인 로마 황제가 수도 로마에 바친 찬탄은 진정한 것이었다. 로마에 온 뒤 그는 '세계의 수도'라고 불린 이 도시를 구경하는 데 열중하여 싫증도 내지 않고 돌아다녔다. 그리고 그때마다 "내가 이런 도시를 수도로 하는 나라의 황제인가" 하고 중얼거리곤 했다.

지금까지 남아 있는 많은 유적이 증명하듯이, 시리아에도 로마 시대 건조물은 결코 부족하지 않았다. 그래도 역시 본국 이탈리아의 도시, 게다가 수도 로마는 규모와 웅장함과 화려함에서 속주 도시와는 비교가 되지 않았다. 4세기에 접어든 뒤에도 1세기에 지은 공공건조물이 훌륭하게 남아 있고 게다가 완벽하게 기능을 발휘하고 있었던 것은 경탄스럽지만, 그것은 역대 황제들이 개조와 수리를 게을리하지 않았기 때문이다.

건국 1천 년을 축하한 3세기 당시, 제국의 수도는 기원전의 공화정 시대를 포함하면 무려 400년의 축적 위에 서 있었다. 수도 로마와 비교가 되지 않는 것은 제국의 동방인 시리아의 도시들만이 아니었다. 서방에 속해 있던 로마 시대의 런던과 리옹, 쾰른, 빈, 부다페스트도 로마와 비교 대상이 되지 않는 것은 마찬가지였다. 영국박물관에 전시되어 있는 고대 로마 관계 유물은 브리타니아 속주에서 발굴된 물건이라는 사정을 고려하더라도 질과 양에서 현대 로마의 한 미술관에도 훨씬 미치지 못한다. 그것은 브리타니아가 제국에 딸린 한 속주의 수도인 반면 로마는 제국 전체의 수도였기 때문이다. 필리푸스 황제는 제위에 오를 때까지 한번도 수도를 방문한 적이 없었다. 그래서 '세계의 수도'를 눈으로 직접 보았을 때, 그 장관에 더욱 경탄하여 눈이 휘둥그레졌을 것이다.

하지만 건국 1천 년을 축하한 해는 하필이면 북방 게르만족이 성난 파도처럼 남하하기 시작한 해와 겹치게 되었다. 게르만인은 그 후 반세기 동안 남하를 되풀이하게 된다. 이것도 역사에는 드물지 않은 얄궂은 우연의 일치였다.

야만족 침입이라는 표현보다 '민족 대이동'이라는 표현을 선호하는 연구자가 많다. 로마 제국이 붕괴하는 5세기라면 민족 대이동이라고 표현해도 틀리지 않다. 5세기의 야만족은 침입한 땅에 그대로 눌러앉는 경우가 많았기 때문이다.

하지만 그보다 200년 전인 3세기에는 '야만족 침입' 이외의 어떤 표현도 실상을 제대로 반영하지 않는다. 3세기의 게르만족은 제국의 '방위선'을 뚫고 들어와 사람과 재물을 약탈한 뒤 방위선 너머에 있는 자기네 땅으로 되돌아갔기 때문이다. 한마디로 말하면 도적떼에 불과했다.

하지만 로마 제국, 특히 2세기 말부터의 로마 제국은 왜 이런 야만족에게 속수무책으로 당하기만 했을까.

로마인이 전방기지 생활보다 안일한 도시 생활을 선택하게 되었기 때문이라는 가설이 계몽주의 이래 오랫동안 정설로 받아들여졌다. 이 가설이 옳다면 로마 제국은 3세기에 이미 붕괴했어도 좋을 것이다. 그런데 그 후에도 무려 200년 동안이나 로마 제국은 북방 야만족을 상대로 악전고투를 벌이면서도 존속했다. 위험한 전방 생활도 감수한 로마인이 계속 존재했기 때문이다.

게르만족이 사는 지방은 경작지가 부족한데 인구는 계속 늘어났기 때문에, 굶주림을 견디다 못해 그 해결 수단으로 로마 제국에 침입했다고 주장하는 사람들도 있다. 하지만 이것도 충분한 설득력을 갖는다고는 말할 수 없다. 오늘날의 독일과 폴란드, 우크라이나에 해당하는 지역의 지형과 기후가 과연 사람이 살기에 그렇게 부적당할까. 지금은 지평선까지 경작지가 이어져 있는 프랑스도 카이사르가 제패한 시대에는 숲과 늪으로 덮인 지방이었다. 로마 제국 산하에 들어가 통틀어 갈리아라고 불리게 되고, 평화가 보장되자 주민들도 한곳에 정착하게 되고 개간이 진행되어 경작지도 늘어나면서 과거의 수렵민족이 농경민족으로 차츰 바뀌어간 것이다.

　이런 갈리아와 달리 게르마니아에서는 3세기가 되어도 사람들이 토지를 활용할 줄 몰랐을 뿐이다. 몰랐기 때문에 스칸디나비아나 러시아에 살고 있을 때와 똑같이 굶주림에 시달리고 언제까지나 빈곤 상태에서 벗어나지 못했다. 그런데 체격은 로마인이 위압감을 느낄 만큼 건장했다. 게다가 잃을 게 아무것도 없는 인간들이 흔히 그렇듯, 무서움을 모르는 용맹한 집단이었다. 물론 3세기의 야만족은 기원전 1세기의 카이사르 시대처럼 짐승가죽만 몸에 두르고 다니지는 않았다. 하드리아누스 황제 이후에는 로마인도 턱수염을 기르게 되었기 때문에 옛날처럼 수염으로 구별할 수는 없었지만, 머리 길이로는 구별할 수 있었다. 로마군 병사는 투구를 써야 하니까 머리를 짧게 잘랐지만, 투구 없이 싸우는 야만족은 머리를 길게 길렀기 때문이다. '트라야누스 원기둥'을 보면, 보조전력으로 로마군 편에서 싸운 게르만 병사는 2세기 초의 트라야누스 시대에도 샅바 같은 것으로 아랫도리만 겨우 가린 모습으로 전투에 참여했다. 로마군은 이민족 보조병의 경우에는 싸우기 쉬운 복장으로 참전하는 것을 허용했는데, 알몸이나 다름없는 이 옷이 게르만 남자들의 활동복이었다. 그 후 150년이 지난 3세기 중엽에도 겉모습은 조금 달라졌을지 몰라도 알맹이는 별로 달라지지 않았을 것이다. '땀'이 아니라 '피'로 생활수준을 향상하려는 생활방식도 여전했을 것이다.

　2세기의 로마인들이 '방위선'(리메스) 바깥에 사는 야만족 중에서도 로마인과 접촉할 기회가 많은 야만족을 '가까운 야만족'이라고 부르고, 그들보다 북쪽에 살아서 로마와는 접촉이 없었던 사람들을 '먼 야만족'이라고 구별하여 불렀다는 것은 앞에서 이야기했지만, 3세기에 들어온 뒤에는 이 관계도 달라진다. '먼 야만족'이 남하하여 '가까운 야만족'을 공격하고 합병한 결과, 과거의 '먼 야만족'이 이제는 '가까운 야만족'이 되어버렸다. 그래서 로마인은 원하는 것을 '땀'보다 '피'로 얻으려 드는 패기 넘치는 야만족과 경계를 접하게 되었지만, 문제는 그것만이 아니었다.

로마 제국은 2세기, 즉 오현제 시대부터 이미 '가까운 야만족'에게 경제 원조를 하고 있었다. 방위선 바로 밖에 사는 이들의 생활을 향상시켜 로마 영토를 침략하지 않도록 하는 것이 목적이었다. 하지만 경제 원조라 해도 단순히 돈을 주었던 것은 아니다. 시장을 개방하거나 군단에서 필요한 물자를 그들에게서 구입하여 경제적 자립을 돕는 것이 목적이었다. 부족장에게 주는 선물도 군장이나 무기나 마구였다. 그것도 일부러 화려하고 값비싸고 실용성이 없는 물건만 주었다. 로마는 이런 종류의 경제 원조로 야만족의 로마화, 즉 정착화를 노리고 있었다. 그리고 로마 제국의 안전보장이라 해도 좋은 이 정략은 '가까운 야만족'의 경우에는 완전히 성공했다.

그런데 3세기에 들어와 '가까운 야만족'이 '먼 야만족'에 흡수되어 버린 시기부터 이 정략도 효과를 거두지 못하게 된다. 새로 로마 제국과 맞닿게 된 과거의 '먼 야만족'은 로마식 경제 원조보다는 금화로 직접 연공을 바치라고 요구하게 되었다. 요컨대 침략하지 않을 테니까 대신 돈을 내라는 것이다. 게다가 로마 황제 중에도 그 요구를 받아들이는 사람이 나타났다. 대가가 아무리 비싸도 침략당하는 것보다는 싸게 먹힌다는 발상이었다.

이리하여 경제 원조는 힘이 약하지만 재력이 있는 쪽이 힘은 세지만 재력이 없는 쪽에 해마다 지불하는 조공의 성격을 띠게 되었다.

248년, 로마에서 건국 천년제가 장엄하고 화려하게 거행된 지 반년도 지나기 전에 도나우강 하류 일대에서 강을 사이에 두고 로마 영토와 맞닿아 있는 강력한 게르만 부족인 고트족이 모이시아 속주 총독에게 조공이 늦다고 항의했다. 아니, 항의는 형식일 뿐 항의가 제기되기 전에 이미 고트족은 도나우강을 건너고 있었다.

로마도 방어에 나섰다. 하지만 쳐들어온 적은 약탈이 목적이니까, 거치적거리는 노약자나 아녀자를 동반하지 않은 남자들만의 집단이다. 게다가 약탈품은 수레에 실어서 포로로 잡은 남녀를 시켜 끌고 가게 하면 된다고 생각하니까, 기병만으로 이루어진 전투 집단이다. 또한 강력한 저항이 예상되는 군단기지를 피해 주민들의 거주지역만 노렸다. 로마군이 할 수 있는 일은 야만족이 약탈한 재물과 사람을 끌고 돌아가는 길목에서 기다리다가 적을 격퇴하고 약탈품과 포로를 되찾는 것뿐이었다. 그래도 불타고 파괴된 도시나 마을과 망쳐진 농경지는 돌아온 사람들을 절망에 빠뜨렸다.

제국의 전선인 도나우강을 지키는 병사들과 그 일대에 사는 주민들은 수도 로마에 있는 필리푸스 황제가 직접 전선으로 달려와 대규모 보복 공격을 총지휘해주기를 기대했다. 하지만 필리푸스는 그렇게 하지 않았다. 당시 수도 로마 시장 자리에 있었던 데키우스를 도나우강 전선에 파견했을 뿐이다. 이런 조치는 고트족의 습격을 막지 못해 분한 마음을 주체하지 못하던 장병들을 실망시켰을 뿐만 아니라 분개시켰다.

필리푸스에 대한 장병들의 불만은 다음 세 가지로 요약된다.

첫째, 그들이 멀리 오리엔트까지 가서 싸운 결과 되찾은 메소포타미아를 페르시아와 강화를 맺으려고 서두른 나머지 포기해버린 것.

둘째, 수도 로마에서 원로원의 뜻에 따르는 정치만 하면서 세월을 보내는 것. 전선에 있는 병사들은 안전하고 쾌적한 수도에서 높은 지위를 누리고 있는 원로원 의원들에게 항상 불만을 품고 있었다.

셋째, 황제는 명색이 로마군 최고사령관인데 취임한 이래 한 번도 전쟁터에 나가지 않고, 게다가 출전이 요구되는 지금 대리인만 파견하고 넘어가려는 태만함.

장병들이 파견된 데키우스에게 불만을 가진 것은 아니었다. 필리푸스는 역시 '아랍인'이고, 따라서 로마 제국 황제에는 어울리지 않는다는 생각이 한층 더 강해졌을 뿐이다.

데키우스는 장병들의 기대 이상으로 능력을 발휘했다. 그의 지휘 아래 도나우강은 '방위선'으로 다시 일어서서, 그 후 1년 동안 고트족의 침입을 저지하는 데 성공했다. 하지만 성공했기 때문에 오히려 불만이 불을 뿜었다. 249년으로 해가 바뀐 어느 날, 장병 대표가 데키우스의 숙소를 찾아가서 황제가 되어주기를 바란다는 장병 모두의 뜻을 전했다.

데키우스는 이를 받아들이지 않으면 도나우 '방위선'을 따라 기지를 두고 있는 10개 군단이 어떻게 나올지 걱정이었다. 그래서 수도에 있는 필리푸스에게 몰래 편지를 보내, 일단 장병들의 뜻에 따라 제위를 받겠지만 로마로 돌아가면 당신에게 돌려주겠다고 말했다. 하지만 필리푸스 황제는 그 말을 믿지 않고, 근위대에다 미세노 군항에 근무하는 수병들까지 모아서 편성한 데키우스 토벌군을 이끌고 북상하기 시작했다. 필리푸스는 원로원에 그만큼 경의를 표하고 존중했지만, 원로원은 기회를 포착하는 데 재빠른 사람들의 집단이다. 병을 구실로 모두 교외 별장으로 도망쳐버려서, 황제의 출발을 배웅한 의원은 한 사람도 없었다.

제위 찬탈자라는 오명을 쓰고 토벌군까지 다가오자, 데키우스는 어쩔 수 없이 남하하여 북이탈리아의 베로나에서 토벌군과 마주쳤다. 하지만 이 내전은 전투다운 전투도 치르지 않고 끝났다. 휘하 병사한테까지 버림받은 필리푸스 아라부스 황제가 붙잡히기보다는 죽음을 선택했기 때문이다. 그 소식을 들은 원로원은 필리푸스를 '기록말살형'(Damnatio Memoriae)에 처하기로 결의했다. 제국의 모든 공식 기록에서 이름도 업적도 말살하는 형벌이다. 고대의 어느 민족보다도 명예를 중시한 로마의 사나이에게는 가장 가혹한 형벌이 내려진 셈이다. 아시아 출신 황제인 필리푸스도 이 점에서는 네로 황제와 동등해졌다.

데키우스 황제(249~251년 재위)

데키우스(Gaius Messius Quintus Traianus Decius)도 속주 출신으로 황제의 지위에까지 오른 인물이다. '먼 판노니아 속주'의 주도는 오늘날 헝가리의 수도인 부다페스트인데, 그는 부다페스트까지 흘러온 도나우강이 갑자기 남쪽으로 방향을 바꾸었다가 다시 동쪽으로 흘러가는 지대에서 태어났으니까, 주도이자 제2아듀트릭스 군단기지가 있는 부다페스트보다 '가까운 모이시아 속주'의 주도이며 제4플라비아 군단기지가 있었던 현재의 유고슬라비아 수도 베오그라드와 더 가깝다. 군단기지는 아니지만 이 일대의 보급을 도맡고 있던 도시 시르미움(오늘날 유고슬라비아의 미트로비차) 근처니까, 로마 제국의 최전방 지대인 도나우강 중류에서 태어나고 자란 셈이다.

데키우스

 이 사람도 트라야누스 황제나 하드리아누스 황제처럼, 만기 제대한 뒤에 현지 여자와 결혼하여 군단기지 근처에 정착한 본국 이탈리아 출신 군단병의 후손이다. 황제가 된 뒤 '트라야누스'를 자기 성에 덧붙이는 것을 승인해달라고 원로원에 요청했으니까, 데키우스의 조상은 150년 전 다키아 전쟁 당시 트라야누스 황제 휘하에서 싸운 군단병이었는지도 모른다. 시르미움을 중심으로 하는 이 지방에서는 그 후 제위에 오르는 사람이 속출하는데, 데키우스가 말하자면 1번 타자였다. 데키우스가 이들 '후배'들과 다른 점은 그의 생가가 부농이었다는 점이다. 그래도 군단에 지원하는 길을 택한 것은 최전방 지대인 만큼 군단의 행사나 장병들의 모습을 일상적으로 접했기 때문일 것이다. 17세부터 시작된 군단 경력도 순조로웠는지, 45세에 원로원에 들어갔다. 원로원 계급으로 태어났다면 30세에 원로원 의석을 가질 수 있지만, 15년 늦게라도 의석을 가질 수 있었으니까 밑바닥부터 올라간 속주 출신치고는 성공한 부류에 속했다. 늦게 결혼한 아내도 수도 로마의 상류층에 속한다. 아들은 둘 다 수도에서 교육을 받았다. 필리푸스

제1부 로마 제국 · 3세기 전반 227

황제 시대에는 수도 로마 시장에 임명되었는데, 이 시기에 그가 보여준 행정 수완은 아주 높은 평가를 받았다. 필리푸스 황제가 군단 경력이 긴 그를 '먼 모이시아 속주'에 파견했을 때에도 적임자라는 평을 들었을 정도였다.

황제가 된 데키우스는 군사적인 능력과 함께 통치 능력도 충분했기 때문에, 무인인 동시에 문민이어야 하는 로마 제국 황제에 어울리는 인재이기도 했다. 그의 불행은 그 짧은 치세가 하필이면 도나우강 하류 일대에 사는 고트족이 오랫동안 비축한 힘을 남쪽으로 봇물처럼 토해낸 시기와 겹쳐버린 것이었다.

남자에게는 가장 좋은 시기인 40대에 황제가 된 데키우스가 제위에 오르자마자 맨 먼저 한 일은 도나우 방위선을 재편성한 것이었다. 이제 도나우 방위선이 로마 제국의 생명선이라는 데에는 수도에서 쾌적한 생활을 하고 있는 원로원 의원들도 이의가 없었다. 그 방위선에 로마군 전체의 3분의 1에 해당하는 10개 군단을 배치해놓았다. 문제는 그 10개 군단의 연계 작전이 제대로 기능을 발휘하고 주전력인 군단병 6만 명을 유기적으로 활용할 수 있느냐 하는 것이었다. 어쨌든 도나우강은 길고 큰 강이다. 알프스산맥에서 발원하여 독일·오스트리아·헝가리·유고슬라비아·불가리아·루마니아를 지나 흑해로 흘러든다. 로마의 군단기지로 출발해서 오늘날 대도시로 변모한 빈·부다페스트·베오그라드를 비롯하여 로마 시대의 군단기지는 모두 10군데지만, 로마 제국의 '방위선'은 이런 군단기지만으로 이루어지는 것이 아니다. 군단기지 사이에는 평균 10km마다 보조부대, 기병, 감시용 요새가 늘어서 있다. 그래서 '방위선'(리메스)이라고 불리는 것이다.

이것을 모두 재정비하는 것도 엄청난 작업이지만, 데키우스 황제는

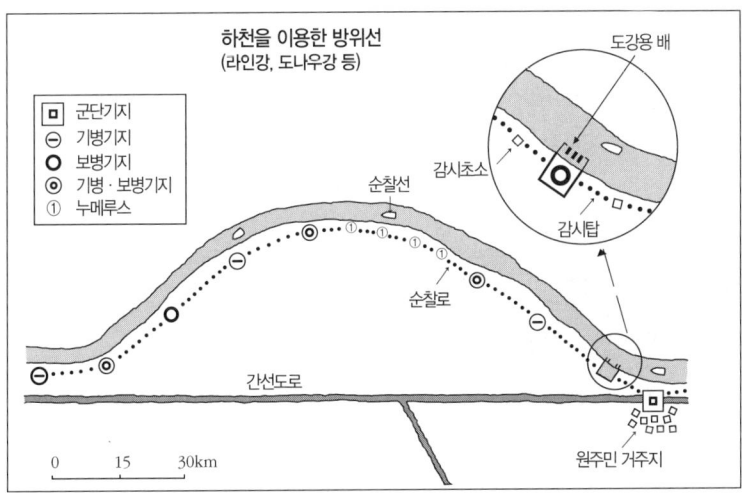

E.N. Luttwak, "The Grand Strategy of the Roman Empire"에서

우선 군단기지와 성벽과 요새 사이를 연결하는 군용도로망을 정비했다. 병사들은 도나우강 건너편이 나날이 야만족으로 메워져가는 상황을 눈으로 보면서 두려움에 사로잡혔고, 그 두려움을 없애주려면 자기가 고립되어 있지 않다는 사실을 납득시킬 필요가 있었기 때문이다. 이어서 군율을 재확립하는 작업에 착수했다. 감시용 요새에 근무하는 병사 한 명의 부주의가 그 일대 로마군 전체의 운명을 좌우할 수도 있다. 이 데키우스가 죽었을 때, 병사들의 발의로 'reparator disciplinae militaris'(군율을 회복한 자)라는 구절이 묘비명에 새겨졌다.

데키우스 황제가 회복하려 한 것은 군단의 규율만이 아니었다. 그는 로마 사회의 규율을 회복하려 했고, 게다가 그것을 실행에 옮겼다. 데키우스가 기독교도를 박해한 로마 황제의 한 사람이 된 것은 그 때문이었다.

기독교도 탄압(1)

　로마인은 자신들이 믿는 신들과 다른 신을 믿는다는 이유로 기독교도를 탄압하지는 않았다. 로마인은 다신교 민족이다. 다신교는 많은 신을 믿는다기보다 다른 신을 믿는 사람도 인정한다는 사고방식이다. 따라서 어떤 신을 믿든지 간에 그 자체는 죄가 되지 않았다. 다만 믿는 사람들끼리 배타적인 집단을 만들고, 그 집단이 반사회적인 행동을 취하면 죄가 되었다. 일본에는 약칭 '파방법'(破防法)이라 하여 반사회적 활동 방지를 목적으로 하는 법이 있다. 기독교도에 대한 로마인의 사고방식은 파방법을 생각하면 쉽게 이해할 수 있지 않을까.

　현명한 황제들이 제국을 다스렸다는 이유로 후세가 '오현제 시대'라고 부르게 된 시대에도 기독교도에 대한 탄압이 이루어진 것은 로마 황제들의 기독교도 탄압이 신앙 탄압이 아니라 반사회적 활동에 대한 탄압이라는 증거다. 하지만 탄압 대상은 그리스도의 가르침을 믿는 개인이 아니라 그리스도의 가르침을 남에게 퍼뜨리는 것을 자신의 사명으로 확신하고 실제로 그 사명을 완수하고 있는 주교를 비롯한 성직자 계급이었다.

　수도 로마의 3분의 2를 삼킨 대화재로 말미암은 민중의 불만을 다른 데로 돌리기 위해 네로 황제가 단행한 64년의 유명한 기독교도 순교사건은 별도로 하고, 그 후 250년까지 186년 동안 순교한 기독교도의 수는 다음과 같이 기록되어 있다.

　트라야누스 황제 시대에 처형된 안티오키아 주교와 예루살렘 주교.
　안토니누스 피우스 황제 시대에 수도 로마에서 사형당한 5명.
　마르쿠스 아우렐리우스 황제 시대에 갈리아의 리옹에서 순교한 5명.

네로 황제 시대의 대량 순교 이후 트라야누스 황제 때까지 34년 동안 추방당한 성직자는 있었지만, 기독교도라는 이유로 사형에 처해진 사람은 하나도 없다. 그 뒤에 이어진 오현제 시대에 신앙을 위해 목숨을 바친 기독교도는 위에서 말했듯이 5명 더하기 5명 더하기 2명, 합해서 12명이다.

셉티미우스 세베루스 황제의 치세 후반에는 전반의 관용정책이 탄압정책으로 바뀌었지만, 그것도 기독교도들의 '결사'를 반사회적 활동으로 판단했기 때문이다. 비밀결사를 엄금한 것은 초대 황제인 아우구스투스 때부터 로마 제국의 방침이었다. 그 증거로 세베루스 황제는 각지의 교회를 폐쇄했을 뿐이다. 이것도 어느새 원래 상태로 돌아가버렸지만.

세베루스 황제가 죽은 지 24년이 지나 '트라키아 남자'라고 불린 막시미누스 황제 시대에 교회 주교들이 고발당한 적은 있지만, 이들도 추방만 당했을 뿐이다.

이런 숫자는 로마 제국의 기록이 아니라 기독교회의 기록이다. 순교자에게 찬사를 아끼지 않고, 기독교를 공인한 콘스탄티누스 황제 이전의 로마 황제는 죄다 폭군으로 단정한 기독교회도 250년까지의 순교자를 12명밖에 헤아리지 못했다. 거의 200년 동안 12명이다. 기록에서 빠진 경우를 고려해도 순교자 수가 12명을 훨씬 웃돌지는 않을 것이다. 그것은 탄압 대상이 그리스도의 가르침을 믿는 개인이 아니라 신앙을 퍼뜨리는 자, 말하자면 포교를 직업으로 삼는 성직자로 한정되었기 때문이다. 그런데 탄압을 일반 신자한테까지 확대한 최초의 인물이 바로 데키우스 황제였다.

데키우스는 기독교도가 아니라고 명기한 증명서를 발행하기로 결정했다. 발급 대상은 성직자가 아니라 모든 로마 시민권자였다. 카라칼라의 칙령 이후 속주민도 로마 시민권을 갖게 되었기 때문에, 속주민 사이에 더 많이 퍼져 있던 기독교도가 이것으로 완전히 일망타진된다.

250년에 발효된 이 법률은 황제가 어느 시기에 집중하여 정책을 단행하고 싶을 때 자주 써먹은 잠정조치법의 형태를 취하고 있었다. 외적으로부터 제국을 방위하고 평화를 회복하려면 전선에서 외적을 직접 상대하는 장병만으로는 충분치 않고 국민 전체의 후원이 꼭 필요하다는 것이 그 이유였다. 기독교도는 그들이 지금 살고 있는 로마 제국이 타락한 악의 제국이라고 배웠기 때문에, 북방 야만족이나 동방 페르시아에 대해 수세에 몰려 있는 로마 황제가 보기에 기독교도는 로마 제국이라는 공동체 안에 살면서도 그것을 적대시하는 세력이 될 수 있었다.

증명서는 '리벨루스'(libellus)라고 불렸다. 도시와 마을마다 증명서 발급을 담당하는 특별위원회가 설치되었다. 이곳에 불려나간 시민은 위원들이 보는 앞에서 로마의 전통적인 신들의 형상에 참배하고 그 앞에서 연기를 내고 있는 재 위에 자기가 가져온 향료 부스러기를 떨어뜨려 불태운다. 그리고 향료가 타오르는 연기 속에서 자기는 기독교도가 아니라고 선언한다. 그러면 위원회는 확인 조사도 하지 않고 증명서를 발급했다.

하지만 기독교 신자들은 동요했다. 이 문제를 둘러싸고 기독교회는 분열했다. 설령 죽음에 이른다 해도 끝까지 신앙을 지켜야 한다고 주장하는 파와 이 정도라면 요구하는 대로 해주고 증명서를 받더라도 신앙을 버리지만 않으면 신은 용서해주실 거라고 주장하는 파다. 이 시기에는 아무래도 후자가 우세했던 모양이다. 그 덕분에 데키우스의 정책은 다수의 배교자를 낳았다.

그런데 일반 신자는 그래도 신이 용서해줄지 모르지만, 일반 신자를 이끄는 위치에 있는 성직자까지 그러는 것은 신이 용서해주지 않을 거라고 생각한 모양이다. 그래서 성직자들은 특별위원회에 불려나가기 전에 도피하기로 했다. 카르타고 주교이자 많은 책을 저술한 키프리아누스도 이때 몸을 감추었다. 하지만 키프리아누스 주교는 이듬해인 251년 부활절, 즉 봄에는 이미 카르타고로 돌아와 있었다. 1년도 지나기 전에 복귀할 수 있었던 것은 데키우스 황제가 기독교도 소탕에 정신을 쏟을 형편이 아니었기 때문이다.

야만족의 대침입

고트족은 이제 물이 가득 차서 터지기 직전의 댐과 같은 상태에 있었다. 게다가 로마에는 안된 일이지만, 고트족이 거주하는 지대가 하필이면 도나우 방위선 중에서도 전통적으로 취약한 지역인 도나우강 하류의 북쪽 연안이었다. 이 지대는 '가까운 모이시아 속주'와 '먼 모이시아 속주'로 나뉘어 있다. 데키우스는 황제가 되기 전에 이곳에서 근무했기 때문에, 이 일대 로마 '방위선'의 약점도 잘 알고 있었다.

그는 성년이 되기는 했지만 아직 젊은 두 아들에게 '카이사르'라는 칭호를 주어 후계자로 삼았을 뿐만 아니라, 고트족이 움직이기 시작한 것을 알자마자 '아우구스투스'라는 칭호까지 주어 공동 황제로 삼았다. 제위의 세습을 노렸다기보다 다가오고 있는 태풍에 대비한 방책이다. 누구에게 무슨 일이 일어나도 제국은 계속 기능을 발휘해야 한다. 원로원도 그것을 알았는지, 공직 경력이 전무한 두 젊은이가 공동 황제가 되는 것을 만장일치로 승인했다. 데키우스 황제의 예상은 불행히도 적중하고 말았다.

왕을 정점으로 지휘계통이 통일되어 있는 신흥 민족 페르시아를 상대할 때보다 많은 부족이 이합집산을 거듭하는 게르만족을 상대할 때 로마가 고전할 수밖에 없었던 것은 페르시아인보다 게르만인이 더 용맹했기 때문이 아니다. 게르만 부족들의 동향을 읽기가 거의 불가능하다 해도 좋을 만큼 어려웠기 때문이다.

1,800년이 지난 오늘날 도나우강 남쪽 연안에 서서 강 건너편을 바라보면서 1,800년 전의 상황을 상상하기는 불가능할 것 같지만, 시내를 떠나 교외를 잠시 걸어보면 상상의 실마리 정도는 얻을 수 있다. 건너편 강변까지 숲과 나무가 바싹 다가와 있어서, 유유히 흐르는 넓은 강 이쪽에서는 그 숲속에 무엇이 숨어 있는지 알 도리가 없다. 로마 시대에는 도나우강에서도 함대가 항상 순찰을 돌았다. 하지만 배를 타고 강 한복판까지 나가보아도 건너편 숲속을 엿보기는 어렵다. 로마 제국은 도나우강이라는 북쪽 '방위선'의 요충마다 군단기지를 배치하고, 군단기지 건너편에도 요새를 짓고, 군단기지와 요새는 늘어놓은 배 위에 널빤지를 걸쳐놓은 배다리로 연결했다. 따라서 야만족이 군단기지의 출장소 같은 존재인 요새로 쳐들어와도 로마는 충분히 방어하고 격퇴할 수 있는 체제를 구축해놓고 있었다.

하지만 게르만족은 이제 그런 자살행위를 하지 않을 만큼 성숙해졌고, 수적으로는 절대적으로 우세했다. 또한 인명 피해에도 신경질적인 반응을 보이지 않았다. 이것은 문명도를 재는 척도 가운데 하나이기도 하다.

강 건너편 숲이 여느 때보다 부풀어오른 것 같다고 느꼈을 때는 이미 늦었다. 어디에 숨어 있었는지, 많은 배가 강으로 나와 강물의 흐름을 막을 듯한 기세로 이쪽을 향해 다가온다. 배 중앙에는 말들이 늘어서 있고, 그 양쪽에서 남자들이 노를 젓는다. 배 밑바닥이 강바닥에 닿아 삐걱거리는 소리가 무슨 신호라도 되는 듯했다. 그 소리가 들리면 사내들은 말을 배 밖으로 끌어내어, 노를 젓던 사공들이 순식간에 기병으로 변신하는 것이다.

강을 앞에 둔 '방위선'은 육지에 선을 긋는 유형의 '하드리아누스 방벽'이나 '게르마니아 방벽'처럼 참호나 목책이나 돌담으로 이루어진 방어벽이 이어져 있는 것은 아니다. 성채나 요새는 염주처럼 이어져 있지만, 그 간격은 10km에서 15km나 된다. 야만족이 보기에 남쪽, 즉 로마 영토에 상륙할 때는 요새와 요새 사이의 중간 지점을 노렸다. 일단 상륙한 뒤에는 더 많은 약탈 효과를 기대할 수 있는 도시나 마을을 향해 질풍처럼 달려가기만 하면 된다. 요새에서 대기하던 병사는 말을 타고 군단기지로 달려가 위급을 알리는 것이 고작이었다. 로마군이 북방 야만족을 상대할 때 항상 뒷북을 칠 수밖에 없었던 것은 적의 습격이 대개 이런 형태로 이루어졌기 때문이다.

하지만 부족들 사이에 합병이 이루어져 왕을 자칭하는 한 사람 밑에 여러 부족이 모이게 되면, 그 사람은 더 많은 재물을 약탈하여 우두머리로서 능력을 과시할 필요에 쫓기게 된다. 그래서 야만족의 습격도 봇둑이 터진 것처럼 규모가 커지고 횟수도 잦아진 것이 3세기 중엽의 특징이었다. 하지만 습격 규모가 커져도 야만족이 어떤 식으로 나올지 예측하기 어려운 것은 마찬가지였다.

강 건너편에서 보면 부풀어오른 것처럼 보이는 숲이 더 넓어지고, 그 숲에서 사람과 말을 태우고 쏟아져 나온 배가 메우는 수면이 더 넓어졌을 뿐이다. 부족이 합병되었다고 해서 게르만족이 조직적인 군대를 갖게 된 것은 아니다. 왕이 전군을 지휘하는 것도 아니었다. 각 부대는 전과 다름없이 부족별로 행동한다. 이것이 조직된 군대를 갖고 지휘계통도 피라미드 형태의 계급제로 통일되어 있는 로마 군단의 허를 찌르게 되었다.

게다가 북방 야만족의 주전력은 기병이었다. 반대로 로마 군단의 주전력은 전통적으로 보병이 맡고 있다. 그리스와 로마에서 보병이 주전력이 된 것은 두 나라가 도시국가로 출발했기 때문이다. 도시의 주전력인 시민이 군대에서도 주전력이 되는 것은 사회 구성으로 보아도 당연하다. 게르만 공동체에는 '시민'이 존재하지 않는다. 존재하는 것은 남보다 뛰어나게 힘이 센 남자만으로 구성된 전사 집단이다. 그 전사와 말이 한 몸이 되면 돌격력도 훨씬 강해진다. 또한 한곳에 정착하지 않는 수렵민족이기 때문에, 이동할 때 가져가기 쉽고 전투에도 효과적으로 이용할 수 있는 말은 모든 면에서 그들의 생활에 적합했다. 당연히 말 사육에 열성을 쏟게 된다.

보병이 하루에 갈 수 있는 거리는 25km 내지 30km인 반면, 기병은 하루에 75km도 갈 수 있다. 게다가 2세기 후반의 야만족은 아직 소규모였지만, 3세기 중엽에는 대규모로 바뀌어 있었다.

그렇다고 야만족이 문명인으로 바뀐 것은 아니다. 그들에게는 병참 개념도 없다. 병참 개념이 있는 상대라면 그들이 보급은 어디에서 하고 어디에 비축해두는가를 찾으면 상대 움직임을 읽을 수도 있지만, 배가 고프면 아무데서나 빼앗아 먹는 식이면 찾을 도리가 없다. 요컨대 전략이 없다. 애당초 존재하지도 않는 전략을 무슨 수로 읽을 수 있겠는가.

고트족

250년, 게르만족 가운데 고트족과 반달족이 대거 도나우강 하류를 건너 로마 영토로 쳐들어온 것은 큰 강에도 수량이 줄어드는 여름이었다. 일단은 고트족의 왕 크니바가 전군을 지휘한 것으로 되어 있다. 하지만 실제로는 고트족과 반달족으로 나뉘어 있었고, 같은 고트족이라도 산하에 넣은 부족마다 따로 행동하고 있었다.

도강 지점은 제1이탈리카 군단기지가 있었던 노바이(오늘날 불가리아의 스비슈토프) 근처였다지만, 이 군단기지는 다키아 속주의 방위에 빈틈이 생긴 2세기 말부터 60km가량 상류에 있는 오이스쿠스로 이전했다. 이 지방은 '먼 모이시아 속주'이고, 더 하류에 있는 두로스토룸(오늘날 불가리아의 실리스트라)에는 제11클라우디아 군단기지가 있었지만, 야만족은 이 두 군단기지의 중간 지점인 도나우강 하류를 돌파했다.

그해에 '먼 모이시아 속주'를 맡은 총독은 트레보니아누스 갈루스였다. 오이스쿠스에 있었던 이 사람은 당장 군대를 이끌고 도강 지점으로 달려갔지만, 대거 쳐들어온 고트족의 꼬리를 잡을 수 있었을 뿐이다. 야만족의 주력부대는 군단기지가 있기 때문에 완전히 정비되어 있는 로마 가도를 따라 남쪽으로 내려간 뒤였다.

남쪽에는 로마가 보급기지로 중요하게 생각한 니코폴리스가 있다. 대규모 보급기지인 이 도시가 약탈당하기라도 하면 '먼 모이시아 속주'의 방위를 맡고 있는 2개 군단은 꼼짝할 수 없게 된다. 하지만 그해에는 적이 니코폴리스를 공격하지 않고 계속 남하하여 트라키아 속주에 이른다. 발칸 지방 깊숙이까지 쳐들어온 것이다.

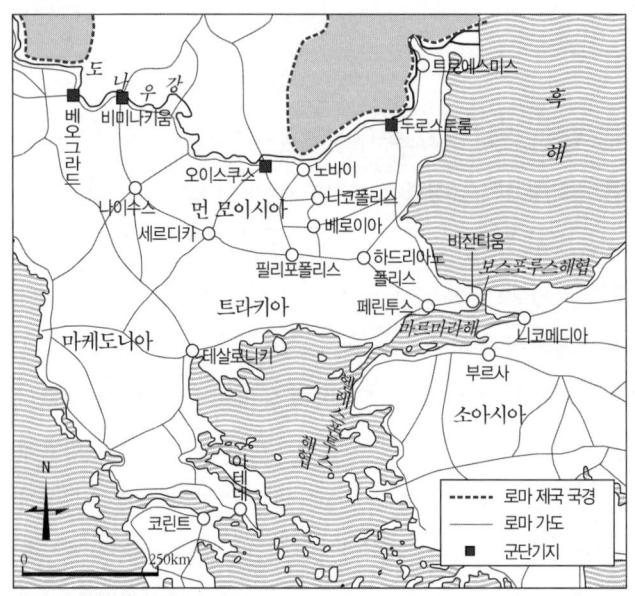

발칸 지방과 소아시아

트라키아 속주는 로마 제국에는 결코 변경이 아니다. 제국 서방에서 동방으로 가는 간선로에 해당한다. 최전선인 도나우강에서도 가깝다. 북서쪽에서 남동쪽으로 나이수스, 세르디카(오늘날 불가리아의 수도 소피아), 알렉산드로스 대왕의 아버지가 건설한 필리포폴리스, 트라야누스 황제가 건설한 베로이아, 하드리아누스 황제가 건설한 하드리아노폴리스 등 로마 시대에는 중요했던 도시들이 이어져 있는 곳이다. 요컨대 로마 제국의 서방과 동방을 잇는 연결로가 이 트라키아 지방이다. 게르만족이 여기까지 발을 뻗은 것이다. 마르쿠스 아우렐리우스 황제 시대에도 야만족이 에스파냐와 북이탈리아까지 쳐들어온 적이 있었지만, 그때의 침입은 소규모여서 금방 격퇴할 수 있었다. 그런데 이번은 대규모였다. 수도 로마에 있던 데키우스 황제도 모이시아 속주 총독에게 맡기기에는 사태가 너무 심각하다는 것을 깨닫는다. 황제는 몸소 출전하기로 결정하고, 공동 황제인 맏아들 에트루스쿠스에게도 일부 군대의 지휘를 맡기기로 했다. 둘째 아들 오스틸리아누스는 건강에 문제가 있었는지, 수도에 남아 내정을 담당하게 되었다. 야만족이 이렇게 제국 영토 깊숙이, 게다가 대규모로 쳐들어온 것은 로마 제국 역사상 처음 있는 일이었다.

명장이 명장인 까닭은 아군 병사들이 익숙한 방식으로 싸울 수 있게 해주기 때문이다. 로마군은 평원에 진을 치고 벌이는 회전에서는 누구보다 강했다. 규율이 서 있고 훈련도 충분히 되어 있기 때문에, 로마 군단은 희생을 최소한으로 줄이면서 승리한다는 목적을 달성하는 데 효과적인 '전투기계'로 만들어져 있었다. 이 전략을 발칸 지방에서 응용하려면, 여기저기 흩어져서 약탈하고 있는 야만족을 한곳으로 유인하여 회전을 벌일 수밖에 없다. 데키우스 황제는 그것을 실행하려고 마음먹은 게 아닐까. 자신이 지휘하는 제1군과 아들이 지휘하는 제2군은 서쪽에서, 트라키아 속주 총독 프리스쿠스가 지휘하는 제3군은 남쪽에서, 모이시아 속주 총독 트레보니아누스가 지휘하는 제4군은 북쪽에서 협공하여, 적을 트라키아 평원으로 몰아넣는 전략이었기 때문이다.

이 전략을 성공시키려면 주도권을 적한테서 빼앗아야 한다. 걸음이 빠르다는 점에서는 단연 우세한 적을 계속 쫓아다니고만 있으면, 주도권은 여전히 적의 손에 쥐어져 있다. 명장은 비록 서전에서는 적에게 선수를 빼앗겨도 되도록 빨리 전투의 주도권을 빼앗는 것을 우선한다. 주도권만 손에 넣을 수 있으면 각 군의 연계 작전도 순조롭게 이루어지기 때문이다. 그런데 250년 여름부터 251년 봄까지 벌어진 전투는 이와는 정반대 방향으로 전개되어버렸다. 바꿔 말하면 발빠른 야만족에게 로마군이 계속 휘둘림을 당했다.

그래도 로마군이 계속 패배만 당한 것은 아니다. 고트족이나 반달족과 정면으로 격돌한 경우에는 대개 로마군의 승리로 끝났다. 이기지 못한다 해도 우세하게 전투를 이끌었다. 니코폴리스와 필리포폴리스가 포위당했다는 소식을 듣고 데키우스가 이끄는 제1군이 구원하러 달려갔기 때문에 적도 공략을 체념할 수밖에 없었다. 하드리아노폴리스에는 야만족이 접근조차 하지 못했다. 베로이아 근교에서 벌어진 고트족과의 전투는 로마군의 대승으로 끝났다. 패주하는 고트족은 이제 약탈할 엄두도 못 내고 도나우강을 건너 자기네 땅으로 도망칠 생각밖에 하지 못할 정도였다.

하지만 말을 타고 달리는 북방 야만족은 반드시 돌로 포장된 로마 가도를 가야 할 필요가 없었다. 당시의 고속도로인 로마 가도는 로마군의 주전력인 중무장 보병의 행군과 무거운 공성 병기를 운반하기에 편리하도록 판판한 돌로 포장되어 있다. 그런데 기병은 산야를 질주할 수 있다. 발칸 지방은 산악지대였다.

결국 1년이 다 되도록 로마군은 끝내 전쟁의 주도권을 손에 넣지 못했다. 이래서는 전군을 넷으로 나누어 열심히 싸워도, 전쟁을 끝내는 데 반드시 필요한 연계 작전이 제대로 이루어질 리가 없었다. 게다가 속력에서는 단연 우위에 서 있는 야만족에게 계속 휘둘리다 보면, 전체적인 전황은 우세하게 진행되어도 어딘가에서 함정에 빠지게 된다. 네 명의 사령관 가운데 가장 젊고 그래서 경험이 부족한 에트루스쿠스가 이끄는 제2군에 그런 사태가 일어났다.

숲에서 불쑥 나타난 야만족과 격전을 벌이다가 열세에 빠진 제2군은 적에게 밀리면서도 분투했지만, 말을 타고 앞장서서 싸우던 에트루스쿠스가 낙마하여 전사했다. 거기서 그리 멀지 않은 곳을 행군하던 데키우스에게 그 소식이 전해졌다.

데키우스 황제는 비탄과 절망에 빠져 제정신을 잃었다. 아들의 원수를 갚기 위해 군대를 이끌고 달려왔지만, 거기서 발견한 것은 아들을 죽인 적만이 아니었다. 먹이가 있는 것을 알면 사방팔방에서 모여드는 하이에나처럼 고트족은 두 배 세 배로 늘어나 있었다. 그래도 데키우스 황제는 기가 죽지 않았다. 그런데 적을 추격하는 동안 어느새 습지대로 들어가버린 것을 깨닫지 못했다. 발을 마음대로 움직일 수 없는 수렁에 빠져 싸우는 동안, 많은 병사와 함께 데키우스 황제도 전사했다. 시신은 수렁에 깊이 가라앉아버렸는지, 끝내 발견되지 않았다. 혼전을 벌이다가 전사한 아들 에트루스쿠스의 시신도 역시 발견되지 않았다.

석관

로마 시내에는 미술관이 많은데, 그중 하나인 아르텐푸스 미술관은 그리스-로마 조각품을 전시하는 것이 특징이다. 이 미술관에서도 가장 넓은 전시실의 왼쪽 벽면을 차지하고 있는 것이 최초의 수집가인 루도비시 추기경의 이름을 따서 '그란데 루도비시'라고 불리는 거대한 석관이다. 높이가 1.55m, 길이가 2.7m, 너비가 1.37m, 전체가 한 덩어리인 대리석을 직육면체로 잘라서 정면과 양쪽 옆면에 부조를 새기고, 18cm 두께를 남기고 내부를 파낸 구조로 되어 있다. 3세기가 되어도 로마의 조각 표현력이 전혀 쇠퇴하지 않았음을 보여주는 걸작이다.

3m 가까운 너비에 높이가 1.5m인 옆면 전체를 사용한 부조는 전투

'그란데 루도비시'

장면을 묘사하고 있는데, 무장으로 보아 로마 병사와 야만족의 전투인 것을 한눈에 알 수 있다. 이 걸작 부조에 묘사되어 있는 중심 인물이 251년에 고트족과 싸우다가 전사한 데키우스 황제의 아들 에트루스쿠스였다. 이 부조만 보면 로마 쪽이 이긴 것처럼 보인다. 중앙에서 말을 달리는 에트루스쿠스는 승리자처럼 묘사되어 있다. 하지만 이 전투에서 로마군은 패배했고, 젊은 황제 에트루스쿠스는 전사했다.

이 거대한 대리석관은 아들의 죽음을 슬퍼한 어머니가 만들게 했다고 한다. 하지만 시신을 넣기 위해서는 아니다. 시신은 발견되지 않았고, 로마인들은 오로지 화장만 했으니까, 대형 석관은 매장 방식을 택한 기독교가 로마를 지배하기 전에는 고인의 기념비라 해도 좋다. 요컨대 유족이 고인을 추모하기 위해 만든 것이다. 에트루리아 지방의 명문 출신이었다는 어머니는 젊은 나이에 전쟁터에서 산화한 아들을 추모하기 위해 재료비도 조각비도 엄청나게 들었을 게 분명한 이 석관을 주문했다. 재력도 있고, 아들의 죽음을 슬퍼하는 마음도 주체할 수 없을 정도였을 것이다. 이 석관은 17세기에 로마에서 티볼리로 가는 티부르티나 가도 근처에서 발굴되었다고 한다. 가도를 조금 벗어난 곳에는 부자들의 별장이 있는 것이 로마 시대 수도 근교의 풍경이었다. 데키우스 황제의 아내이자 젊은 에트루스쿠스의 어머니였던 사람의 별장도 그 근처에 있었을지 모른다. 거대한 대리석관은 별장에는 반드시 있는 회랑 한구석에 벽을 등지고 푸른 나무와 꽃과 분수가 아름다운 안뜰을 향해 안치되어 있었을지도 모른다. 정면과 양옆에는 부조가 새겨져 있지만, 뒷면에는 부조가 없다.

데키우스 황제는 야만족과 싸우다가 죽은 최초의 로마 황제가 되었다. 하지만 이만한 희생을 치렀는데도 고트족과 반달족을 발칸 지방에서 몰아낼 수는 없었다. 야만족과의 전쟁은 아직 끝나지 않았다는 얘기다. 그런데 데키우스 황제만이 아니라 공동 황제의 지위에 있었던 아들 에트루스쿠스도 전사했다. 수도에 남은 둘째 아들이 벌써 공동 황제로 지명되어 있었지만, 전쟁이 계속되는 전선에 최고사령관이 부재한 사태는 용납될 수 없었다.

'먼 모이시아 속주' 총독으로 야만족과의 전투에도 참전한 트레보니아누스(Gaius Vibius Trebonianus Gallus)가 장병들의 추대를 받아 제위에 올랐다. 야만족 소탕을 위한 전쟁은 그에게 맡겨지게 되었지만, 본국 이탈리아의 페루자 출신으로 원로원 계급에 속하는 그는 전쟁을 계속하지 않고 야만족과 강화를 맺는 쪽을 택했다.

야만족과의 강화

강화 교섭은 침입한 야만족 중에서도 가장 강대한 고트족을 상대로 진행되었다.

로마 쪽이 요구한 것은 단 하나, 로마 영토를 떠나 도나우강 건너편의 너희 땅으로 돌아가라는 것뿐이었다. 그 대신 고트족의 요구는 모두 받아들였다. 약탈한 재물은 모두 가지고 돌아가겠다. 고향으로 돌아갈 때는 포로로 잡은 사람들도 모두 데려가겠다. 그리고 앞으로는 해마다 연공을 바쳐라.

이 요구를 다 들어주었으니, 강화가 쉽게 성립된 것도 당연하다. 강화를 맺자마자 트레보니아누스 황제는 '먼 모이시아 속주' 총독에 아이밀리아누스를 임명하고 수도 로마로 떠났다.

하지만 이 시기에 로마 제국을 습격한 것은 북방 야만족만이 아니었다. 전염병도 로마를 덮쳤다. 수도 로마까지 전염병에서 벗어나지 못했다. 데키우스의 아들이자 공동 황제였던 오스틸리아누스도 이 전염병으로 죽었다. 트레보니아누스는 단독 황제가 되었지만, 그것도 오래가지는 않았다.

본의 아니게 강화를 맺은 장병들의 마음속에는 야만족과 싸우라고 황제로 추대했더니 강화 쪽으로 돌아서버린 트레보니아누스에 대한 불만이 맺혀 있다가, 그 감정을 공유한 사령관을 만나면서 폭발한다. 도나우강에 면해 있는 '먼 모이시아 속주'(오늘날의 불가리아)에 총독으로 부임한 아이밀리아누스는 북아프리카의 마우리타니아 속주(오늘날의 모로코) 출신이었지만, 야만족에 대한 트레보니아누스 황제의 저자세 외교에 분개했다는 점에서는 도나우강 하류에서 태어나 그곳에

트레보니아누스

서 복무하고 있는 병사들과 마찬가지였다.

아이밀리아누스 총독은 트레보니아누스 황제가 고트족과 맺은 강화를 무시하기로 했다. 이를 알게 된 모이시아 전역은 가족이 야만족에게 끌려가고 재물을 약탈당한 복수심으로 들끓었다. 사령관부터 졸병에 이르기까지 한 덩어리가 되어 도나우강 건너편의 고트족 거주지로 몰려갔다. 군대를 정비하여 공격한 것도 아니고, 병력 또한 1만 명 정도에 불과했지만, 어느 정도까지는 복수에 성공한 모양이다. 적어도 포로가 되어 도나우강 북쪽으로 끌려간 사람들은 되찾았다. 여기에 기분이 좋아진 병사들은 기지로 돌아온 뒤 아이밀리아누스에게 우리는 일치단결하여 당신을 황제로 옹립할 생각이라고 말했다. 아이밀리아누스는 대답을 보류했다.

하지만 고트족도 가만히 있지는 않았다. 그들은 자기네가 원하는 조건으로 강화를 맺은 트레보니아누스를 로마 황제로 생각하고, 따라서 로마는 약하다고 믿었다. 그래서 강화를 맺어놓고도 다시 로마를 공격하기 위한 준비를 게을리하지 않았다.

로마 황제에 대한 고트족의 이런 생각은 도나우강을 거슬러 올라가 '게르마니아 방벽'을 사이에 두고 로마 제국과 맞닿아 있는 알레마니족에도 전염되었다. 게르만족 중에서도 강력한 알레마니족은 오늘날에도 독일 남서부에 사는 독일인을 가리키는 호칭으로 남아 있다. 그 알레마니족이 로마 속주 총독에게 연공을 바치라고 요구해왔다. 이제 그들은 경제 원조가 아니라 연공을 바치라고 확실히 말하게 되었다. 발레리아누스 총독은 트레보니아누스 황제의 방식에 동의하지 않은 탓도 있어서, 알레마니족의 요구를 단호히 거절했다. 그러자 '게르마니아 방벽' 전역에서 알레마니족이 쳐들어왔다. 1년 전에 발칸 지방에까지 침입하여 로마에 불리한 강화를 맺은 것을 잊지 않은 고트족도 여기에 자극을 받아 다시 로마를 침략하게 되었다.

게르만족, 처음으로 지중해에

252년부터 이듬해인 253년까지 로마 제국은 무려 30만 명에 이르는 야만족의 대거 침입으로 두려움에 떨었다. 북방 야만족은 도나우강을 건넌 뒤 육지를 따라 남하했을 뿐만 아니라, 이번에는 사상 처음으로 바다에까지 진출했다.

이는 전략적 사고에서도 야만족이 계속 진보하고 있음을 보여주었다. 로마 제국의 '방위선'에 정면으로 부딪치면 희생도 많고 약탈이라는 목적에도 적합하지 않다는 것을 깨달은 뒤에는 군단기지와 기지 사이의 중간지대, 즉 '방위선'이 희박해진 지대로 침입했다. 그래도 약탈품을 가득 싣고 돌아가는 길에 매복한 군단을 만나는 것이 보통이었다. 자칫하면 약탈품도 빼앗기고 목숨까지 잃거나, 아니면 약탈품을 버리고 겨우 목숨만 건져서 빈손으로 돌아갈 수밖에 없었다. 역시 로마의 정규군은 정면으로 부딪치면 강했다.

그래서 야만족은 '방위선'을 정면 돌파하지 않고 옆으로 빙 돌아서 '리메스' 뒤쪽을 공격하는 방식을 생각해냈다. 도나우 방위선을 돌파하지 않고 흑해를 통해 에게해로 나가서 풍요로운 소아시아나 그리스 도시들을 바다 쪽에서 공격하여 약탈하는 전략이었다.

이 전략은 옳았다. 흑해에는 해상 순찰용 함대가 배치되어 있었지만, 이 함대는 흑해에서 보스포루스해협을 지나 마르마라해로 들어간 곳에 있는 항구도시 니코메디아에 기지를 두고 있었다. 전선이라고는 말할 수 없는 그런 곳에 기지를 두어도 불편하지 않았던 것은 흑해가 로마 제국 산하에 들어온 뒤 300년 동안 육지와 같은 평화를 누리고 있었기 때문이다. 상선과 어선이 자유롭고 안전하게 다닐 수 있는 시대가 300년 동안이나 계속되고 있었다. 이 흑해에서 항구에 정박해 있는 상선이나 어선을 빼앗고, 선원이나 노잡이들을 위협하여 자신들이 원하는 곳으로 배를 몰고 가도록 강요하는 것은 바다와는 인연이 없었던 고트족도 쉽게 할 수 있었다. 30만 명을 운반하려면 배가 줄잡아 1,500척은 필요하다. 흑해만으로는 그 많은 배를 다 조달할 수 없었겠지만, 마르마라해와 에게해로 남하하는 도중에 있는 항구에서 또 배를 빼앗으면 1,500척도 쉽게 마련할 수 있었다.

해적은 바다를 항해하고 있는 선박을 발견하자마자 접근하여 공격하고 사람이나 재물을 빼앗는 직업이라고 생각하기 쉽지만, 그것은 해적의 일면일 뿐이다. 해적이 정말로 무서운 것은 바다에서 상륙하여 도시나 마을을 불태우고 약탈하고 사람까지 납치하여 바다로 떠나버

흑해와 에게해 주변

리기 때문이다. 도시에서도 바다에 면한 쪽의 수비는 허술한 것이 보통이다. 게다가 '팍스 로마나'가 바다에도 미치게 된 지 벌써 300년이 넘는 세월이 지났다. 육지 민족이었던 게르만족이 해적으로 쉽게 변신할 수 있었던 것은 3세기 중엽이 로마 제국에 사는 사람들이 평화에 완전히 익숙해진 시대였기 때문이다.

평화는 최상의 가치지만, 거기에 지나치게 익숙해지면 평화를 잃어버리기 쉽다는 '팍스 로마나'의 역설적 현상이 나타나기 시작한 것은 바다만이 아니었다. 할리우드 영화에 갑옷으로 몸을 감싸고 망토를 펄럭이는 로마 병사들이 광장을 오가는 서민들을 쫓아내면서 행군하는 장면이 가끔 나오지만, 그것은 대부분 거짓말이다. 건전한 국가와 불건전한 국가의 차이는 그 나라의 군사력이 국외를 대상으로 하는

지 아니면 국내를 대상으로 삼고 있는지를 보면 알 수 있는데, 로마 제국의 군단기지는 대부분 국경에 바싹 붙어 있다. 국내에 있는 것 같아도, 스트라스부르 기지에서 볼 수 있듯이 적이 내습했다는 소식을 받으면 라인강으로도 당장 달려갈 수 있고 슈바르츠발트(검은 숲)를 지나 '게르마니아 방벽'으로도 달려갈 수 있는 곳에 자리 잡고 있다. 요컨대 로마 제국의 군사력은 로마인이 '리메스'라고 부른 제국의 방위선을 지키는 것을 목적으로 삼고 있다. 따라서 군단기지가 하나도 없는 속주가 더 많았다. 도시에도 수비대를 1천 명 상주시킨 것은 서유럽의 요충인 리옹, 북아프리카의 요충인 카르타고뿐이다. 다른 도시들은 속주 총독 관저에 근무하는 100명 정도 병사밖에 없는 것이 보통이었다.

로마 제국은 로마인이 지배하는 제국이다. '팍스 로마나'는 로마인이 바라고 로마인이 실현한 평화이다. 하지만 이 로마 제국이 피지배자에게도 별로 불편하지 않았던 것은, 일반 서민의 경우 지배자를 직접 볼 일도 거의 없고 지배자를 접할 기회도 적었기 때문이다. 그래서 20만 명도 안 되는 주전력으로—오늘날 미군 해병대원과 거의 같은 수의 병력으로—그 광대한 로마 제국에서 300년 동안이나 '평화'를 보장할 수 있었던 것이다. 그래서 외적을 막을 필요가 적다고 판단된 소아시아 서부나 그리스에는 군단기지를 두지 않았다. 그런데 고트족은 바다 쪽에서 이들 지역에 쳐들어왔던 것이다.

흑해에서 마르마라해로 빠지는 길목인 보스포루스해협은 흑해와 마르마라해의 수위가 다르기 때문에 물살이 유난히 거세다. 게다가 꼬불꼬불 흐른다. 모퉁이를 미처 돌지 못해 난파하는 배도 많았지만, 어쨌든 배의 절대수가 많았다. 보스포루스해협 출구에 있는 비잔티움은 이때부터 반세기 뒤에는 콘스탄티노폴리스로 이름이 바뀌지만, 3세기 중엽인 이 시대에는 제국에 수없이 많은 소도시 가운데 하나일 뿐이어서 고트족은 눈길도 주지 않은 모양이다. 하지만 마르마라해로 들어간 뒤에는 어떤 도시도 용서하지 않았다.

니코메디아가 당했다. 그곳과 육지로 이어진 니카이아(오늘날 터키의 이즈니크)도 공격을 면치 못했다. 부르사도 당했다. 그리스인이 많이 사는 풍요로운 속주로 알려진 비티니아는 도시도 교외도 빠짐없이 습격당했다. 약탈을 끝낸 고트족을 가득 실은 함대는 마르마라해의 출구인 헬레스폰투스해협을 지나 에게해로 몰려나갔다.

에게해는 다도해라는 이름이 보여주듯 섬이 끊이지 않는다. 하지만 고트족은 섬들을 그냥 지나쳐 곧장 아테네를 공격했다. 아테네의 외항인 피레우스는 바다에서 밀어닥친 적에게 대항할 수단이 없었다. 수비대다운 수비대가 없는 아테네도 철저히 약탈당했다. 아테네 바로 북쪽에 있고 하드리아누스와 마르쿠스 아우렐리우스를 매료시킨 신비로운 종교 의식으로 유명한 엘레우시스도 물론 게르만족의 약탈을 면할 수는 없었다.

약탈이 목적인 이상, 야만족도 욕심을 채운 뒤에는 북쪽으로 돌아간다. 약탈한 사람과 재물을 가득 싣고 고트족은 자기네 땅으로 개선했다.

하지만 육지의 '방위선'이 돌파당했을 뿐만 아니라 바다의 '평화'조차 보장되지 않는 현실 앞에서 로마 제국에 사는 사람들은 처음으로 망연자실했다. 야만족에 대한 두려움과 전혀 진정될 기미를 보이지 않는 전염병에 절망한 사람들은 신전으로 발길을 돌렸다. 신전은 과거의 로마인을 도왔듯이 지금의 로마인도 도와달라고 신들에게 기원하는 사람들로 가득 차고, 신전 앞에 놓인 제단 위에서는 희생양을 태우는 연기가 끊이지 않았다. 두려움과 절망감에 사로잡힌 사람들은 국난 앞에서 신들에게 드리는 기도에도 참여하려 하지 않는 기독교도에게 감정을 폭발시켰다. 고발당하여 사형에 처해지지는 않았지만, 짓궂게 괴롭히는 정도의 박해는 나날이 심해져갔다.

그렇다고 해서 로마 전래의 신을 믿는 사람들이 모두 일치단결한 것도 아니다. 트레보니아누스 황제의 야만족 정책에 불만을 품고 분개한 것은 도나우강 하류의 방위선을 지키는 장병만이 아니었다. '게르마니아 방벽'을 지키는 병사들도 황제에게 불만을 품고 있었다. 특히 알레마니족의 내습을 격퇴한 직후인지라, 수도에 눌러앉아 전선에는 전혀 모습을 보이지 않는 황제의 소극적인 자세를 비난하는 목소리가 높았다. 하지만 그들도 모이시아 속주 병사들이 아이밀리아누스를 황제로 옹립한 데 동조할 마음은 나지 않았다. 아이밀리아누스가 북아프리카, 그것도 북아프리카에서는 변경으로 여겨진 마우리타니아 속주 태생인데다 원주민인 무어인 출신이었기 때문인지도 모른다. '게르마니아 방벽'을 지키는 장병들은 트레보니아누스 황제한테는 불만이지만 그렇다고 피부가 검은 아이밀리아누스를 제위에 앉히는 것도 곤란하다고 생각했다. 그들이 자기네 사령관인 발레리아누스에게 눈길을 돌린 것도 당연한 일이었다.

발레리아누스는 율리우스 카이사르가 창안한 삼두정치 체제를 폼페이우스와 함께 떠받친 크라수스와 같은 가문에 속하는 리키니우스 일족의 피를 이어받았다. 공화정 시대부터 명문인 집안의 피를 이어받은 이상, 조상 대대로 원로원 계급의 일원인 것은 당연하다. 인재를 브랜드로 분류한다면, 로마 제국이 내놓을 수 있는 최고 브랜드라고 말할 수 있었다. 인간은 특히 혼란스러운 시대에는 이른바 '귀골'한테서 구원을 찾고 싶어지는 법이다.

발레리아누스가 장병들의 추대를 받아들였기 때문에, 이 어려운 시국에 로마 제국은 황제가 세 명이나 되는 내란 상태에 빠지고 말았다.

하지만 군단 장병들의 의향에 따라 로마 황제가 결정된다는 것은 내전을 피할 수 없는 상황에서도 실제로 맞붙어 싸우게 된다는 뜻은 아니다. 병사들이 어느 쪽에 붙느냐에 따라 내전의 승패가 결정되기 때문이다. 253년의 내전도 마찬가지였다. 우선 트레보니아누스와 아이밀리아누스의 군대가 맞섰을 때는 트레보니아누스 쪽 병사들이 아이밀리아누스 쪽에 붙었기 때문에 아이밀리아누스가 이겼고, 이어서 아이밀리아누스와 발레리아누스의 군대가 대결했을 때는 아이밀리아누스 쪽에 붙었던 장병들이 모조리 발레리아누스 쪽으로 달려갔기 때문에 발레리아누스가 유일한 승자가 되었다. 어제까지 적이었던 쪽에 붙는다는 것은 자기네 우두머리를 죽이고 그것을 선물로 가져가서 귀순하는 것이다. 이 방식으로 그해 가을에는 벌써 발레리아누스가 단독 황제에 취임하는 체제로 돌아갈 수 있었다. 하지만 로마 제국은 253년 6월부터 10월까지 다섯 달을 이 소동으로 낭비해버렸다. 3세기의 로마 제국은 자신이 가진 힘을 낭비한 것이 특징인데, 이것도 그런 사례였다.

발레리아누스 황제(253~260년 재위)

푸블리우스 리키니우스 발레리아누스(Publius Licinius Valerianus)는 황제가 되었을 때 벌써 63세였다. 로마인의 생각으로는 현역에서 물러나 은퇴할 나이였다. 발레리아누스 자신도 그렇게 생각했는지 37세가 된 아들 갈리에누스에게도 '아우구스투스'라는 존칭을 주어 아버

발레리아누스

지와 아들이 공동 황제로 제국을 통치하는 것을 승인해달라고 원로원에 요청했고, 원로원도 그 요청을 받아들였다. 제국은 이제 황제 한 명만으로는 대처할 수 없는 상황이 되어 있었다.

로마 제국 황제는 공화정 시대부터 존재한 '임페라토르'에서 유래했다. '임페라토르'는 군대를 이끌고 싸우는 사령관을 말한다. 국방이 황제의 최대 책무가 된다. 사건이 일어나면 로마군 최고사령관을 겸하고 있는 황제가 당장 전선으로 달려가는 것은 누구나 당연하게 생각하는 통상적인 임무였다. 그런데 3세기가 되자, 황제가 달려가야 하는 전선이 한 군데가 아니었다. 3세기의 로마 제국에 공동 황제가 자주 나타난 것은 이런 상황에 대처하는 방책이었다 해도 틀린 말은 아니라고 생각한다. 외적의 침입이라는 현상은 연쇄반응으로도 일어나기 때문이다.

발레리아누스가 황제에 취임하자마자 착수한 일은 로마군의 지휘관급을 재편성한 것이었다. 인재를 등용하는 일은 황제가 직접 맡았다. 그 결과 실력이 있는데도 낮은 계급에 만족했던 많은 젊은 장교가 군단장급 지휘관으로 승격했다. 출신 지방도 출신 계급도 문제삼지 않았다. 군사적 능력만 기준이 되었다.

실력만을 등용 기준으로 삼으면 당연한 귀결이지만, 발레리아누스에게 발탁된 젊은 인재들은 대부분 로마 제국의 최전방인 도나우강 바로 남쪽, 즉 판노니아와 모이시아 지방 출신이었다. 이 지방에 사는 사람들에게 로마군은 친근한 존재였다. 군단에 근무하는 가족이 있는 경우가 많았기 때문이다. 또한 국경지대인 만큼, 본국 이탈리아나 그리스·갈리아·에스파냐 같은 선진 지역에 비하면, 라인강이나 도나우강 전선에 가까운 이런 지방은 제국의 변경이고, 따라서 후진 지역이 된다. 이런 지방에서 태어나 수도에 유학을 갈 수 있는 형편은 안 되지만 실력과 의욕은 있는 젊은이라면 군단에 지원하는 것이 사회적 신분 향상을 도모하는 데에는 가장 좋은 길이었다. 3세기 후반을 특징지은 것은 순수한 군인 황제가 배출되었다는 점이다. 제위에까지 오른 이들 군단 출신자는 거의 다 발레리아누스의 로마군 재편성에 따라 군단장급으로 승격한 사람들이었다.

기독교도 탄압(2)

제국을 덮친 어려움을 자각하고 적극적으로 그 상태를 타개하려고 애쓴 황제일수록 기독교도 탄압에도 적극적이었던 것 같다. 누구나 현제로 인정하는 철인 황제 마르쿠스 아우렐리우스 치하에서는 '리옹의 순교'가 일어났는데, 제국 통치를 내팽개쳐서 에드워드 기번(Edward Gibbon :『로마 제국 쇠망사』를 쓴 영국의 역사가)에게 로마 제국 쇠망의 1번 주자로 꼽힌 그 아들 콤모두스 치하에서는 기독교도가 탄압은커녕 추적도 당하지 않는 평화를 누렸다. 황제보다 제사장 노릇에 더 열중한 엘라가발루스 황제 치하에서도 기독교도에 대한 박해는 전혀 일어나지 않았다. 로마 제국의 기독교도 정책에 일관성이 없고 계속성도 없었다는 증거이기도 하지만, 제국 통치에 대한 황제들의 관심도에 영향을 받은 측면도 있지 않을까 싶다.

어쨌든 로마 제국은 오랫동안 기독교도를 트라야누스 방식으로 처리해왔다. 이것은 기독교도를 무기명으로 고발하면 무효가 되고 이름까지 밝혀서 고발해야 비로소 당국이 개입하는 방식이다. 이것은 통상적인 범죄와 같은 수준의 대처법이다. 그런데 150년 뒤인 3세기 중엽에 데키우스 황제는 고발이 없어도 기독교도를 처단하는 방식으로 바꾸었다. 기독교도 대책은 로마 사회의 치안유지 대책이라는 생각이 여기서 비로소 공식화한 셈이다.

야만족 침입에 대처하기 위해 이 강경책은 1년도 지나기 전에 중단되었지만, 그래도 많은 기독교도가 신앙을 버렸고, 배교를 거부한 1천 명 정도가 순교하거나 앞에서 말한 카르타고의 주교 키프리아누스처럼 도피자가 되었다.

데키우스의 이 기독교도 탄압 정책을 2년 만에 되살린 사람이 발레리아누스 황제다. 이 정책에 따라서 로마 시민권자는 또다시 기독교도가 아니라는 것을 명기한 증명서—'리벨루스'—를 가지고 다녀야 했다. 증명서를 발급하는 특별위원회의 활동도 재개되었다. 하지만 로마 사회 내부의 이런 움직임은 황제 한 사람의 즉흥적인 착상으로 일어난 것은 결코 아니었다.

로마인들은 기독교도에게 화가 나 있었다. 나라가 국난을 겪고 있는데 자기들만의 커뮤니티 안에 틀어박힌 채, 공무도 병역도 회피하면서 로마 시민권자의 의무를 다하려 하지 않는 태도를 비난했다. 사실 이것은 지적 수준이 높은 로마인이라면 타키투스 시대부터 이미 갖고 있었던 일신교에 대한 혐오감의 연장일 뿐이지만, 어려움이 끊이지 않았던 3세기 중엽에 그 혐오감이 급속히 표면화했다. 게다가 기독교도에 대한 혐오감이 특히 두드러졌다. 이 감정은 일반 서민들도 공유하고 있었다.

어쨌든 212년에 시행된 카라칼라의 칙령에 따라 속주민도 로마 시민권을 받은 지 반세기가 지났다. 그 전에는 속주민이라는 이유로 로마 시민에게만 부과된 공무와 병역의 의무도 면제받았는데, 이제는 모두가 로마 시민이다. 기독교도는 속주에 압도적으로 많았는데, 그 사람들까지 로마 시민과 같은 의무를 짊어지게 된 것이 3세기의 기독교도 대책을 복잡하게 만들었다. 로마인 쪽에서는 이제 너희도 로마 시민인데 왜 시민의 의무를 다하지 않느냐고 비난한다. 이에 대해 기독교도 쪽은 그리스도의 가르침이 그것을 허락하지 않는다고 대꾸한다.

기독교도 쪽에서도 역사상 '호교론자'(護教論者)라고 부르는 사람들의 반론이 많이 제기되었다. 야만족이 침입해오면 그것도 기독교도 탓으로 돌리고, 질병이 유행하면 그것도 기독교도 탓이라면서 툭하면 기독교도에게 책임을 전가한다고 불만을 호소했다.

그러나 죽은 해가 253년이니까 이 시대에 살았던 호교론자라 해도 좋은 오리게네스는 자신과 신앙을 동일시하는 사람들에게 이렇게 말했다.

〈그리스도의 가르침을 믿는 자들은 로마 제국 황제보다 강한 존재이고, 황제의 어떤 행정관보다 강력하고, 로마 원로원 의원이나 로마 시민 누구보다도 강력한 존재다. 로마인이 믿는 신들에게 바치는 제의는 언젠가는 지상에서 사라질 것이다. 현세의 지배자에게 바치는 충성서약도 지금처럼 황제상 앞에서 하지 않게 되는 날이 반드시 온다.

따라서 야만족 침입으로 일어나고 있는 현재의 비참한 상황도 로마인이 말하는 것처럼 절망적인 정황은 아니다. 야만족도 언젠가는 우리 교회의 가르침에 눈을 떠서 지금과 같은 야만적이고 잔혹한 정신을 버리게 될 것이다. 따라서 현재의 비참함은 야만족이 그리스도의 가르침에 귀의할 때까지 신이 우리에게 내린 시련이라고 생각하면 된다.〉

나처럼 기독교도가 아닌 사람에게 흥미로운 것은 오리게네스가 '현세의 지배자에게 바치는 충성 서약' 자체는 인정하고 있다는 점이다. 이것이 기독교가 로마 제국 지배자에게도 받아들여진 한 요인이었을 것이라는 생각마저 든다. 로마 황제에게 충성 서약을 할 수는 없다는 기독교회 쪽의 생각에는 무슨 오해가 있었던 게 아닐까 하고 나는 생각한다.

일신교도인 기독교도가 로마 황제에 대한 충성 서약을 거부한 것은 로마 황제가 곧 신이라고 생각했기 때문일 것이다. 하지만 로마에서 황제를 신격화하는 것은 황제가 죽은 뒤의 일이다. 또한 죽은 뒤에 신격화되는 것도 기독교도가 생각하는 그런 신이 되는 것이 아니라, 살아 있는 동안 제국을 위해 애썼으니까 죽은 뒤에도 제국을 지켜달라는 정도의 심정에서 출발한다. 그리고 로마 제국 내에는 어디에나 황제상이 서 있었는데, 그 앞에서 향을 피우는 것도 로마인의 생각으로는 단지 황제의 건강을 기원하는 행위일 뿐이다. 그 앞에서 고개를 숙였다 해도 그것은 현대인이 국기에 경의를 표하는 것과 비슷한 태도였다. 로마 제국 황제상은 신상이라기보다 로마인의 '주민 공동체'인 로마 제국의 상징이었다.

이것은 기독교 신자들도 당연히 알고 있었을 것이다. 그렇기 때문에 황제상을 대상으로 한 어떤 제의도 거부했고, 기독교가 제국을 지배하게 된 뒤에는 적극적으로, 다시 말해서 의식적으로 황제상을 파괴하는 데 열을 올렸다.

　로마 제국과 기독교의 대립은 서로 다른 종교 사이의 항쟁이 아니라 다른 문명의 대립이었다.

　하지만 발레리아누스 황제도 데키우스 황제와 마찬가지로 기독교도를 철저히 탄압하는 데 필요한 시간과 정신적 여유를 얻지 못했다. 무슨 일이든 계속하려면 힘이 들지만, 로마 황제는 기독교도를 탄압하기보다 외적을 물리치는 쪽을 우선할 수밖에 없었기 때문이다. 그래도 기독교도는 자기네 교회의 역사를 쓸 때 발레리아누스 황제를 '그리스도의 적'으로 특필했을 정도니까, 발레리아누스의 기독교도 탄압은 짧은 기간이기는 했지만 조직적으로 이루어진 것이 분명하다.

　즉위한 지 4년이 지나 최우선으로 삼았던 방위체제 재편성도 마무리된 257년, 첫 번째 잠정조치법이 포고되었다. 이것도 전과 마찬가지로 일반 신도가 아니라 기독교회의 지도자 계급인 성직자를 대상으로 한 법률이었지만, 이 법률은 기독교회의 모든 제의와 기독교도의 집회까지 금지했다. 금지령을 어긴 사람은 고발이 없어도 체포하여 추방이나 사형에 처할 수 있도록 규정되었다.

　이 법률에 따른 희생자가 실제로 몇 명이나 되었는지는 알 수 없지만, 고위 성직자에 대해서는 알려져 있다.

　먼저 수도 로마의 주교였던 스테파누스가 그해 8월 2일 순교했다. 그리고 8월 30일에는 앞에서도 말한 적이 있는 카르타고의 주교 키프리아누스가 속주 총독에게 불려가서 심문을 받았다. 사실 이 사람은 이번에도 피신해서 숨어 있었지만, 교회 관계자들이 추궁당하고 있음을 알고는 돌아와서 총독에게 출두했다. 그리고 순순히 죽음을 받아들였다.

　발레리아누스 황제는 이듬해인 258년에 두 번째 잠정조치법을 공포했다. 우선 로마의 신들에게 바치는 제의에 참가하기를 거부한 기독교 성직자는 추방이나 사형에 처한다는 것을 재확인했지만, 그보다 특기할 만한 것은 기독교도에 대한 대책으로는 처음으로 재산 몰수 개념이 도입된 것이다.

그렇다면 두 번째 잠정조치법은 성직자 계급만이 아니라 신도, 그중에서도 특히 유복한 신도를 대상으로 한 법이었던 게 분명하다. 로마 제국도 드디어 깨달은 것이다. 기독교도가 늘어나는 것을 막으려면 교회로 들어가는 돈을 차단하는 것이 효과적일 수 있다는 사실을.

종교를 전업으로 삼는 독립한 성직자 계급은 원래 로마 사회에 존재하지 않았다. 다신교니까 경전이나 교리도 없고, 따라서 경전이나 교리를 일반 신도에게 가르칠 필요도 없으니까 그 일을 담당하는 전문가가 존재할 이유도 없었기 때문이다. 로마 사회에서는 신전을 유지하고 제의를 거행하는 것도 국가나 지방자치단체가 맡고, 거기에 드는 비용도 국가나 지방자치단체가 부담했다. 전문 성직자 계급이 신전을 운영한 것은 아니다. 그래서 로마인들은 교회와 교회 관계자를 유지하고 미사를 비롯한 교회 사업을 운영하기 위해 신도들이 내는 헌금 개념을 오랫동안 이해하지 못했다. 하지만 외적을 막느라 국고는 텅 비었는데도 기독교 공동체만 풍요로운 현상을 보고 비로소 종교 사업에는 돈이 모인다는 동서고금 만고불변의 원리에 눈을 떴을 것이다.

물론 동서고금 만고불변의 이 원리는 당사자인 교회 내부에서 더 충분히 이해하고 있었다. 기독교회의 특색 가운데 하나는 분파 활동이 활발하다는 것이다. 교리 논쟁은 기독교가 탄압당한 시대에도 수그러들지 않았다. 도대체 무엇 때문에 그런 일로 싸우는지 국외자는 이해할 수 없을 만큼 자질구레한 것까지도 논쟁거리가 되었다. 그런 논쟁에 대해서는 자세히 논할 필요를 느끼지 않기 때문에 여기서는 생략하겠지만, 논쟁도 결국에는 어느 도시의 주교가 더 윗자리에 서느냐 하는 것으로 총괄할 수 있다. 그것이 주된 쟁점이 되는 것은 윗자리에 서면 설수록 돈을 자기 쪽으로 더 많이 끌어들일 수 있기 때문이다.

이것은 언뜻 보기에 불순하지만, 기독교회의 오점은 아니다. 순수한 신앙만으로는 종교가 하나의 조직으로 성립되지 않는다. 아무리 종교를 기치로 내건다 해도, 교회가 조직인 것은 변함이 없다. 조직으로서 기능을 발휘하기 위해서는 순수한 신앙과 냉철한 조직력이라는 두 개의 바퀴가 필요하고, 그 바퀴를 돌리려면 기름이 필요하다. 고대 말기에 대두한 기독교회도 동서고금 만고불변의 이 원리를 정직하게 반영했을 뿐이다.

발레리아누스 황제의 기독교도 탄압은 이처럼 꽤 철저했지만, 이번에도 역시 도중에 중단할 수밖에 없었다. 페르시아 국왕 샤푸르가 다시 공세를 취했기 때문이다. 갑자기 태풍이 지나가자 기독교도들은 안도의 한숨을 내쉬면서 가슴을 쓸어내렸을 것이다. 기독교도의 이 평온은 그 후 45년 동안이나 계속되었다. 디오클레티아누스 황제가 303년에 대규모 탄압을 재개할 때까지 로마 제국에 사는 기독교도는 모두 편안히 신앙을 가질 수 있었다.

그 45년 동안에 나타났다 사라진 황제는 중요한 사람만 해도 여섯 명을 헤아리지만, 그들이 데키우스 황제나 발레리아누스 황제의 기독교도 탄압을 후회하고 관용정책으로 전환한 것은 아니다. 그들은 기독교도 문제에 손을 댈 여유도 없었다. 로마 제국이 260년을 고비로 국가의 존속조차 위태로운 전대미문의 위기에 빠져들었기 때문이다.

제2부

로마 제국 · 3세기 후반

제1장(서기 260~270년)

페르시아 왕 샤푸르

아랍 출신이라서 '아라부스'(아랍인)라고 불린 로마 황제 필리푸스가 페르시아 왕 샤푸르 1세와 맺은 강화에 따라 로마 제국은 메소포타미아 속주를 잃고 메소포타미아 북부에서 철수함으로써 그 바로 북쪽에 있는 아르메니아 왕국에 페르시아 세력이 침투하는 것을 허용해버렸다. 그 후 15년이 지났다. 그 15년 동안 로마 제국은 영내에 깊숙이 침입한 북방 야만족에 대처하느라 숨돌릴 틈도 없는 나날을 보냈지만, 이렇게 로마의 군사력이 제국 서방에 집중해 있는 동안 페르시아 왕은 서방으로 진격할 준비를 착착 진행하고 있었다.

로마가 북부 메소포타미아에서 철수했기 때문에, 로마와 페르시아의 국경은 오랫동안 로마와 파르티아의 국경이었던 유프라테스강으로 되돌아갔다. 상대가 파르티아 왕국이라면 유프라테스강이 국경이라도 좋았겠지만, 사산조 페르시아는 알렉산드로스 대왕에게 멸망하기 전의 강대국 페르시아의 부흥을 기치로 내걸고 있었다. 유프라테스강을 건너 서쪽으로 쳐들어와 로마의 지배를 받은 지 4세기가 지난 시리아를 공략하는 것은 페르시아 쪽의 관점에서 보면 당연한 진로였다. 그 15년은 고르디아누스 3세 시대에 근위대장 티메시테우스에게 호된 꼴을 당한 페르시아군의 주전력인 중무장 기병대를 재건하기에는 충분한 세월인 동시에, 빨리 서방 진격을 시도하지 않으면 대(大)페르시아의 부흥이라는 기치도 효력을 잃기 시작할 미묘한 시기였다.

샤푸르 왕이 페르시아 수도 크테시폰에서 대군을 편성하고 있다는 정보는 시리아 속주 총독을 통해 수도 로마의 황제에게 전달되었다.
발레리아누스 황제는 6년 전에 즉위했을 때부터 아들 갈리에누스를 공동 황제로 삼았다. 그 6년 동안 아버지는 수도에서 제국 전역을 통치하고 아들은 라인강·게르마니아 방벽·도나우강으로 이어지는 북쪽 최전선에서 방위를 맡고 있었다. 제국 서반부의 방위를 두 황제가 수도와 전선에서 분담하고 있었던 셈이다. 하지만 이제 페르시아군이 제국 동방으로 쳐들어올 태세였기 때문에, 둘 중 하나는 동부 전선으로 달려갈 필요가 있었다. 그래서 발레리아누스가 동방으로 가고, 아들 갈리에누스는 서방에 남기로 결정했다. 일흔 살이 다 된 고령의 발레리아누스가 먼 오리엔트에 가기로 결정한 이유는 알 수 없다. 북방 야만족은 침략 시기와 규모를 예측하기 어려우니까 젊은 아들이 맡고, 반대로 왕이 지휘하는 페르시아군은 어떻게 나올지 예측하기 쉬우니까 늙은 아버지가 맡기로 했는지도 모른다. 어쨌든 로마 제국의 서쪽은 아들이, 동쪽은 아버지가 맡기로 결정했고, 원로원도 이를 승인했다.
고령의 발레리아누스 황제가 총지휘를 맡은 페르시아 전쟁은 아주 좋은 출발을 보였다. 그것은 발레리아누스가 시리아에 와서도 서방에서 성공한 인재등용책을 채택하여 실력있는 젊은이를 기용했기 때문이기도 하다. 유능한 인재면 현지 출신이라도 차별하지 않고 로마군의 요직에 등용했기 때문에, 원래 현지 출신이 많은 장병들의 사기가 올라갔다. 이때 등용된 인재들 가운데 가장 중요한 인물은 교역도시 팔미라의 유력한 시민인 오데나투스였다.

발레리아누스 황제 밑에 집결한 로마군은 모두 7만 명이었다지만, 실제 병력은 그것을 훨씬 밑돌았던 모양이다. 전염병이 퍼져서 상당수 병력은 군단기지에 놓아두고 출병했기 때문이다. 그래도 처음 얼마 동안은 연전연승의 기세로 전쟁을 이끌었다. 안티오키아까지 쳐들어온 페르시아군을 유프라테스강 동쪽으로 격퇴한 것은 물론, 그 큰 강을 건너 더욱 동쪽으로 진격하여 북부 메소포타미아 탈환까지 눈앞에 다가왔다고 여겨질 정도였다.

다만 이것은 페르시아군이 별로 강하지 않았기 때문이기도 하다. 병사 개개인의 전투력이 뒤떨어진 것은 아니다. 총사령관인 샤푸르 왕이 전쟁 지휘관에는 어울리지 않는 사람이었다.

샤푸르 1세는 사산조 페르시아의 역사에서 역대 어느 왕보다 영웅시되는 군주로서, 오리엔트에서도 계몽군주가 나오는구나 하고 생각하게 만드는 인물이다. 학문과 예술을 깊이 이해하고, 기술의 중요성도 알고 있었다. 그가 건설한 군데샤푸르(준디샤푸르)를 통해 사산조 페르시아는 나중에 헬레니즘 그리스와 오리엔트를 종합한 과학과 의학 연구의 중심지가 되었다. 그런데 이렇게 뛰어난 정치가가 전쟁터에서는 무능한 됨됨이밖에 보여주지 않는다. 이 사람이 총지휘를 맡은 전투의 승률은 아주 낮다고 말할 수밖에 없다. 하지만 뛰어난 군주인데 전투에 서투른 황제는 로마에도 있었다. 초대 황제 아우구스투스와 철인 황제로 유명한 마르쿠스 아우렐리우스가 그런 황제다. 샤푸르 1세도 이런 타입에 속하는 지도자였을지 모른다.

하지만 샤푸르는 오리엔트 군주다. 그가 다스리는 오리엔트 사람들은 정치적 재능과 군사적 재능이 반드시 같지는 않다고 생각해줄 사람이 아니다. 어떤 수단을 써서라도 승리를 손에 넣지 않으면 만족하지 않을 사람들이었다. 아우구스투스와 마르쿠스 아우렐리우스라면 더러운 수법인데다 효과도 없다고 판단하여 쓰지 않을 수단도 샤푸르는 채택할 수밖에 없었다.

포로가 된 황제

260년 새해 벽두에 뉴스 하나가 전 세계를 휘저었다. 로마 제국 전체를 두려움에 떨게 하고, 제국 밖에 사는 사람들까지 놀라게 한 그 정보는 로마 황제 발레리아누스가 페르시아 왕 샤푸르의 포로가 되었다는 소식이었다. 페르시아 쪽은 그 사건을 다음과 같이 기록했다.

〈로마 제국 황제 발레리아누스는 7만 병력을 거느리고 우리를 공격해왔다. 그래서 양군 사이에 치열한 전투가 벌어졌다. 그 결과 우리는 발레리아누스를 수중에 넣는 데 성공했다. 그리고 이 커다란 전과에 기세를 얻은 우리는 로마 속주인 시리아, 킬리키아, 카파도키아로 쳐들어가 불태우고 파괴하고 약탈하고 주민을 끌고 와서 노예로 삼았다. 하지만 이 지방들은 대페르시아 시대에는 페르시아 영토였던 곳이다.〉

샤푸르는 선전 공작의 중요성도 알고 있었다. 전대미문의 이 전과를 기념하는 무언가를 남기지 않을 리가 없었다. 오늘날 이라크 국경과 가까운 이란 남서부, 대페르시아 시대의 수도 페르세폴리스 바로 북쪽에 자리 잡고 있는 나크시 루스탐(Naqsh-i-Rustam) 암벽에 이 책 표지에도 실린 부조를 새겼다.

나크시 루스탐의 암벽에 새겨진 말을 탄 샤푸르 1세와 두 로마 황제

말을 타고 있는 샤푸르 1세 앞에 무릎을 꿇은 모습으로 새겨진 사람이 로마 황제 발레리아누스다. 그 옆에 서 있는 사람도 로마 황제로, 15년 전에 샤푸르의 요구를 모두 받아들여 강화를 맺은 필리푸스 아라부스다. 페르시아 왕에게 항복하는 두 로마 황제. 이것이 페르시아 왕 샤푸르가 세계에 과시하고 싶었던 3세기의 로마와 페르시아의 '구도'였을 것이다.

하지만 로마 황제가 실제로 어떻게 페르시아의 포로가 되었는지, 그 진상은 알려져 있지 않다.

발레리아누스가 이끄는 로마군과 샤푸르가 지휘하는 페르시아군이 전투를 벌이기는 한 모양이다. 로마 쪽이 본격적으로 반격에 나섰다는 소식에, 15년 동안 페르시아의 지배를 받은 북부 메소포타미아 지방의 에데사와 카라이의 주민들이 페르시아에 반기를 들고 일어났다. 당연한 일이지만, 샤푸르는 이 사태를 방치할 수 없다. 그래서 페르시아군은 이들 두 도시를 공격하기 시작했지만, 페르시아에 반란을 일으킨 주민을 그냥 내버려둘 수 없는 것은 15년 전까지 이 지방의 지배자였던 로마 황제도 마찬가지였다. 발레리아누스 황제와 로마군 '7만 명'은 이 두 도시를 구원하러 가서 페르시아군과 마주쳤다. 전투는 이때 벌어졌다.

다만 이때의 전투는 어느 한쪽의 승리로 끝나지는 않은 모양이다. 발레리아누스 황제가 페르시아 왕 샤푸르의 수중에 들어간 것은 전투에 졌기 때문이 아니라 샤푸르가 쓴 책략의 결과였다는 주장이 고대부터 끈질기게 제기되었기 때문이다. 전투가 분명히 페르시아 쪽의 승리로 끝났다면, 샤푸르도 도박이나 다름없는 승부를 걸 필요는 없었을 것이다.

어쨌든 샤푸르의 정상회담 제의를 곧이들은 발레리아누스가 휘하 병력만 거느리고 약속 장소에 갔다가 일망타진당했다는 것이 샤푸르 책략설을 택하는 역사가들의 '해석'이다.

황제의 출전으로 로마군이 우세하게 싸움을 이끌어가게 되자, 수세에 몰린 페르시아군의 총사령관 샤푸르가 이 상황을 단번에 뒤집어 역전승을 거두기 위해 책략을 꾸몄다면 사산조 페르시아의 영웅 샤푸르 1세에 어울리는 행동이다. 목적을 이루기 위해서는 수단 방법을 가리지 않는 태도이기 때문이다.

실제로는 어쨌든 간에 발레리아누스 황제가 적에게 사로잡힌 것은 확실한 사실이다. 그 전에도 마르쿠스 아우렐리우스나 셉티미우스 세베루스처럼 전방기지에서 외적과 싸우다가 죽음을 맞은 황제는 있었다. 또한 데키우스 부자처럼 고트족과 싸우다가 전사한 황제도 있다. 하지만 산 채로 포로가 된 로마 황제는 발레리아누스가 처음이었다.

외적과 싸우다가 포로가 될 뻔했던 로마군 최고사령관은 있었다. 기원전 53년, 파르티아에 원정하여 궤멸적인 패배를 당한 크라수스다. 카이사르·폼페이우스와 더불어 삼두정치를 한 사람인데, 오리엔트 땅에서 패배하여 포로가 될 위기에 놓이자 측근이 단검으로 찔러 죽였다. 이로써 로마 지도자가 적에게 포로로 잡히는, 정치적으로 불리한 사태는 피할 수 있었다. 260년에는 그렇게 되지 않았다. 300년 뒤의 황제를 모시던 측근들 중에는 그런 행동을 할 만한 기개를 가진 사람이 하나도 없었을까. 아니면 그런 행동을 할 겨를도 없이 일망타진되어 황제와 측근들이 격리되어버린 것일까.

발레리아누스 황제가 생포되었다는 소식에 로마 제국의 백성들은 하나같이 충격을 받았다. 사람들의 마음속을 오간 감정을 표현하는 데에는 분노나 절망보다 망연자실이라는 낱말이 더 적당하다는 생각이 든다. 그것은 260년에 일어난 이 사건이 로마인에게 물질적인 면보다 정신적인 면에서 더 강한 타격을 주었기 때문이 아닐까.

이 변고를 알고 기뻐한 로마 제국 주민은 기독교도뿐이었다. 260년에 열 살쯤 되었고 훗날 기독교 쪽에 서서 글을 쓰게 된 락탄티우스는 『기독교도를 탄압한 자들을 덮친 최후에 대하여』라는 제목의 책에서 발레리아누스에 대해 다음과 같이 말했다.

〈발레리아누스는 그리 오랜 기간은 아니었지만 신에게 손을 치켜든 황제였다. 그가 명령한 탄압정책으로 올바른 마음을 가진 많은 사람이 피를 흘렸다. 하지만 신은 지금까지 쓰지 않으신 멋진 방법으로 그 탄압자에게 벌을 내리셨다. 이 기쁜 사건도 신은 그리스도의 적에게 반드시 그 죄에 어울리는 벌을 내리신다는 것을 보여주는 일례다.

페르시아인에게 사로잡힌 발레리아누스는 황제의 권력을 잃었을 뿐만 아니라, 우리한테서 태연히 빼앗은 자유까지 잃었다. 로마 황제가 비참한 노예로 살 수밖에 없게 되었다. 실제로 샤푸르는 말이나 마차를 탈 때 로마 황제를 땅바닥에 엎드리게 했다고 한다. 그리고 엎드린 황제의 등을 발판처럼 밟고 올라서서 말을 타는 것이 보통이었다고 한다. 발레리아누스는 로마 제국이라는 이름이 페르시아 사람들 사이에 비웃음과 우롱의 대상으로 정착할 때까지 포로로 살았다.〉

이 글은 기독교를 공인한 콘스탄티누스 대제 시대에 쓰인 기독교도의 서술이다. 하지만 후세 연구자들 가운데 샤푸르가 발레리아누스에게 정말로 그처럼 모욕적인 행동을 했다고 보는 사람은 아무도 없다. 그것은 발레리아누스를 그리스도의 적이라고 부르면서 증오한 3세기 기독교도들의 원망이 현실로 바뀐 예라는 데 연구자들의 의견이 일치해 있다.

실제로 발레리아누스는 생포된 지 1년도 지나기 전에 포로 신분인 상태로 죽은 모양이다. 일흔 살이라는 고령인데다 공화정 시대부터의 명문 집안에서 태어나 원로원의 유력 의원이었던 그에게는 포로 신세가 된 것만으로도 심장이 멎기에 충분한 충격이었을 것이다. 페르시아 왕 샤푸르 1세도 평생 계몽적인 군주였던 만큼, 야만적인 사람은 결코 아니었다. 또한 샤푸르는 늙은 황제와 함께 사로잡힌 로마군 장병들을 단순히 노예로 삼는 것만으로 만족할 사람은 아니었다.

페르시아에서 벌인 인프라 공사

페르시아 수도 크테시폰만이 아니라 티그리스강까지 건너 더욱 동쪽으로, 오늘날 이란 남서부까지 끌려간 로마군 병사들이 실제로 몇 명이나 되었는지는 알 수 없다. 하지만 7만 명이 아니었던 것은 확실하다. 아무리 책략을 썼다 해도 일망타진할 수 있는 수는 1만 명 정도가 아닐까 하고 연구자들은 말한다. 어쨌든 이 로마 병사들에게 샤푸르는 페르시아 민족의 본거지로 역사가 오래된 이 지방의 '인프라'(사회간접자본) 정비를 맡겼다.

로마 군단이 전통적으로 '곡괭이로 이긴다'는 말을 듣는 집단이라는 것을 이 페르시아 왕은 알고 있었다. 어쨌든 유명한 로마 도로망을 로마 군단병이 건설한 것은 페르시아인들 사이에서도 알려져 있었다. 시리아에 침입할 때마다 그들도 그 도로를 지났기 때문이다. 페르시아 왕 샤푸르는 그 로마 군단병을 활용할 생각이었다.

자신들을 포로로 잡은 나라의 인프라 정비를 명령받은 로마 병사들은 어떤 심정이었을까. 그들이 무엇을 건설하고 얼마나 본격적으로 건설했는지를 살펴보면, 이때 로마 병사들의 마음을 오간 생각에도 다가갈 수 있을 듯한 기분이 든다. 우리는 포로니까, 포로로 잡은 사람의 명령에 따르지 않으면 죽거나 광산에서 강제노동을 하거나 노예시장에서 팔려나갈 수밖에 없다. 그럴 바에는 로마라는 이름에 부끄럽지 않은 본격적이고 견고한 인프라를 건설해주자. 설령 그것이 적을 이롭게 한다 해도……. 이때 로마 병사들이 만들어놓은 페르시아 국내의 인프라를 살펴보면, 그렇게라도 생각지 않았다면 할 수 없었을 거라는 생각이 든다.

육체의 자유는 빼앗을 수 있지만 정신의 자유까지는 빼앗을 수 없다. 정신의 자유를 아무도 빼앗을 수 없는 것은 자존심이 그 자유를 떠받치고 있는 경우다. 페르시아에 포로로 잡힌 로마 장병들은 자존심을 지키기 위해 건설공사를 수행한 게 아닐까.

그러면 그들은 페르시아 땅에 무엇을 건설했는가.

우선 도시 하나를 통째로 건설했다. 샤푸르는 그 도시를 '군데샤푸르'(Gundeshapur)라고 명명했다. 페르시아어로 '샤푸르의 무기'라는 뜻이다. 이 도시는 로마 제국 내의 도시처럼 군단기지를 본뜬 사각형이었다.

이 도시가 완성된 뒤에도 샤푸르는 모두 토목기사인 로마 군단병에게 차례로 일거리를 주었다. 그것은 곳에 따라 도로인 경우도 있고 다리인 경우도 있었지만, 모두 공공사업인 것은 마찬가지였다. 1,700년이 넘게 지난 지금도 남아 있는 것은 3개의 하천에 놓은 댐을 겸한 다리다. 슈슈타르 근교에 있는 이 다리들은 교량으로 쓰일 뿐만 아니라, 주변 농지에 물을 공급하기 위한 관개용 댐으로 축조된 것이었다.

그 가운데 '반디 구르가르'(Band-i-Gurgar)와 '반디 미얀'(Band-i-Miyan)이라는 다리는 이제 심하게 손상되었지만, 근대까지 기능을 발휘했다는 '반디 카이사르'(Band-i-Kaisar)는 세 개의 '댐을 겸한 다리' 가운데 가장 크고, 이름도 '황제의 다리'라는 뜻이다. 나는 그곳까지 가보지 않아서 실물을 보지는 못했지만, 로마 시대의 다리를 연구하는 이들이 찍은 사진을 보면 다리보다 댐 역할을 더 중시한 것 같다.

'황제의 다리'는 전체 길이가 550m에 이르고, 강바닥의 상태 때문

과거의 '반디 카이사르' (지금은 무너져서 유적이 되어 있다)

인지 직선이 아니라 구불구불한 형태로 강의 양쪽 연안을 잇고 있다. 아치가 연속되어 있는 상부를 떠받친 교각은 모두 41개. 그 가운데 35개는 다리가 처음 건설되었을 당시의 오리지널이고, 나머지 6개는 근래에 대홍수로 떠내려가 새로 건설한 것이라고 한다.

이 '황제의 다리'는 교량 역할도 하고 댐 역할도 다했을 뿐만 아니라, 여기서 슈슈타르 시내로 들어가는 수도까지 가설되어 있다.

다리를 떠받치는 41개 교각은 사각형이고, 두께는 모두 4.5m다. 두 교각 사이에 낀 아치의 높이는 강바닥 높이에 따라 8m와 10m 사이를 오르내린다.

전문가가 보기에 가장 경탄스러운 것은 강바닥의 상태를 '케이스 바이 케이스'로 활용한 것, 강바닥을 다지기 위한 기반 공사, 교각 공사의 적확함, 물을 막거나 흘려보내는 체제의 합리성이라고 한다. 어쨌든 1,700년 동안이나 숱한 홍수에도 지지 않고 서 있었던 다리다. 로마군 포로들도 자존심은 충분히 지킬 수 있었을 것이다. 그들은 근처의 나무를 잘라 간단히 다리를 만들라는 명령을 받으면 자존심이 상해서,

그런 다리를 만들 바에는 차라리 죽겠다고 대꾸했을지도 모른다.

갈리에누스 황제(253~268년 재위)

로마 황제가 페르시아에 포로로 잡혔다는 소식에 누구보다 큰 충격을 받은 것은 로마군 상층부를 이루는 장군들이었다. 그들은 대부분 발레리아누스 황제에게 발탁된 사람들이었기 때문이다. 장군들은 하나같이 공동 황제인 갈리에누스(Publius Licinius Gallienus)가 군사를 이끌고 포로 신세가 된 아버지와 병사들을 구출하기 위해 동쪽으로 진격하여 페르시아와 다시 싸우기를 기대하고 있었다. 그러면 그들도 앞장서서 참전할 생각이었다. 하지만 갈리에누스는 그렇게 하지 않았다. 아니, 하고 싶어도 할 수 없는 상황이었다.

서방의 상황이 그것을 용납하지 않았다. 로마 황제가 페르시아에 사로잡혔다는 소식은 북방 야만족한테도 전해졌다. 이제 게르만족의 내습이 더욱 격렬해질 것은 구태여 예상할 필요도 없는 현실이다. 동방에 가려면 우선 서방이 안전한 상태여야 한다. 오현제 시대에도 로마 제국은 서방과 동방에서 동시에 대규모 전쟁을 치를 여유는 없었다. 그래서 오현제는 동서 양쪽에서 동시에 전쟁을 치러야 하는 상황을 교묘히 피했다. 3세기에는 로마의 적이 서쪽도 동쪽도 더욱 강대해져 있었다. 황제 구출이든 복수전이든, 그런 것 때문에 군대를 보낼 여유는 없었다.

42세가 된 갈리에누스 황제는 아버지를 버렸다. 발레리아누스 황제는 포로가 되기 1년 전에 은화를 주조했지만, 그 후 그의 옆얼굴을 새긴 주화는 한 닢도 없다. 주조가 정지되었기 때문이다. 공식 기록에서도 모습을 감추었다. 발레리아누스 황제는 페르시아 땅에 살아 있든 죽었든, 포로가 된 순간부터 존재 자체가 지워진 셈이다. 로마 황제 발레리아누스는 이제 존재하지 않으니까 그가 페르시아에 붙잡혀 있어도 로마 제국이 반드시 관여할 필요는 없다는 것은 좀 구차한 억지지만, 갈리에누스 황제는 그렇게라도 할 수밖에 다른 도리가 없었을 것이다. 로마 제국은 260년을 고비로 전례 없는 위기에 돌입했다.

사실 제국은 이 시기에 그대로 붕괴했다 해도 이상하지 않은 상태에 있었다.

미증유의 국난

다민족 국가인 로마 제국을 하나로 묶는 역할을 맡고 있던 황제가 적에게 사로잡히는 로마 역사상 초유의 불상사는 모든 면에 영향을 미쳤다.

우선 이 불상사는 로마 황제의 권위를 땅에 떨어뜨렸다. 이 변화를 누구보다 강하게 느낀 것은 전선에서 병사를 이끌고 실제로 제국을 방위하고 있던 총독이나 군단장이었다. 황제가 사로잡혔다는 소식을 들은 순간 그들은 망연자실한 상태에 빠졌지만, 그다음에 이어진 것은 제국 존망의 위기 앞에서 똘똘 뭉치는 단결이 아니라 오히려 분열이었다. 무엇 때문인지, 인간 세계에서는 권위가 땅에 떨어진 뒤에 찾아오는 것은 남은 자들끼리의 단결이 아니라 분열인 경우가 압도적으로 많다. 하나로 묶는 역할을 맡고 있던 존재가 사라지면, 그때까지 자기보다 높은 존재에 묶여 있던 사람들은 일단 뿔뿔이 흩어질 수밖에 없는지도 모른다. 그리하여 로마는 이른바 '30인 황제' 시대에 돌입했다.

 현직 황제가 적에게 사로잡힌 사태를 로마 제국 쇠퇴의 상징으로 받아들인 것은 북방 야만족도 마찬가지다. 사실 그들은 아버지와 공동 황제로 처음 즉위했을 때부터 7년 동안 거의 줄곧 북부 전선에서 보낸 갈리에누스의 분투로 매번 '방위선' 밖으로 격퇴당하고 있었지만, 동방에서 일어난 변고는 서방에 있는 그들에게도 용기를 주었다.
 프랑크족은 라인강을 건너 갈리아로 밀어닥친다. 알레마니족은 라인강과 도나우강 상류가 모이기 때문에 제국의 '옆구리'에 해당하는 '게르마니아 방벽'을 돌파하고 알프스를 넘어서 북이탈리아까지 쳐들어왔다. 그리고 고트족은 도나우강을 건너 쏟아져 들어왔다. 고트족은 이미 흑해로 빠져 소아시아 서부와 그리스에서 폭행과 약탈을 자행해본 경험이 있었다. 고트족에게는 참으로 풍요로운 경험이었다. 고트족이 그 경험을 되풀이해도 로마 쪽은 이제 손쓸 도리가 없었다. 300년 동안 제국 서방을 지켜온 '방위선'은 완전히 무너진 셈이나 마찬가지가 되었다.

 제국의 동방은 더 절망적인 상태에 있었다. 유프라테스강이라는 '방위선'은 토막토막 난도질당한 정도가 아니라 아예 존재하지도 않게 되었다.
 페르시아군은 회전에는 약해도 침입이나 침략에서는 힘을 발휘한다. 이것은 그들의 주전력이 중무장 기병이기 때문이다. 중무장 기병이 전투에서 주역을 맡게 되는 중세를 거쳐 근대가 되면, 창이 소총으로 바뀌고 중무장 기병은 용기병으로 바뀌었다. 현대가 되면 그 용기병도 전차로 바뀐다. 중무장 기병도 전차도 돌격력으로 승부하는 것은 마찬가지였기 때문이다. 말하자면 260년대에 로마 제국의 동방은 페르시아의 '전차'에 유린당한 셈이다.

'동방'에서 기세를 얻은 페르시아군을 맞아 싸울 만한 군사력이 로마에 없었던 것은 아니다. 다만 이 시기에 로마에는 남아 있는 병력을 결집하여 군사력으로 통합해낼 수 있는 지도자가 부족했다. 그래서 개별적으로 방어에 나선 군단장들은 방어에 일단 성공하면 당장 황제를 자칭했고, 이런 무정부 상태는 페르시아만 이롭게 할 뿐이었다. 이 같은 참상 속에서 적극적으로 과감하게, 그리고 일관되게 페르시아군과 맞선 것은, 로마인들이 장사꾼으로밖에 보지 않은 팔미라의 오데나투스뿐이었다.

261년, 전염병까지 로마 제국을 덮쳤다. 무엇 때문인지 전염병은 항상 동방에서 서방으로 퍼져 나간다. 로마인들이 통틀어 '페스티스'(페스트)라고 부른 전염병은 옛날부터 있었다. 3세기에 느닷없이 유행하기 시작한 것은 아니다. 하지만 전염병의 피해는 국토가 전쟁 상태에 있을 때 더욱 심해진다. 일반적인 식량 부족으로 체력이 약해져 있기 때문인지, 아니면 위생 상태 악화가 원인인지는 모르지만, 어쨌든 전염병도 전보다 훨씬 강한 위력으로 덮쳐오게 되었다.

피해가 일과성으로 끝나지 않는 것은 지진 피해도 마찬가지였다. 로마 제국은 광대한 영토 각지에 지진지대를 안고 있다. 따라서 예부터 지진 피해 대책이 국가 정책으로 확립되어 있었다. 그 대책은 기본적으로 세 가지로 나뉘고, 피해 발생과 동시에 세 가지 대책을 한꺼번에 가동하도록 되어 있었다.

(1) 황제 금고에서 의연금이 긴급 대책으로 피해자에게 배분된다.

(2) 재해 지역에서 가장 가까운 거리에 있는 군단기지에서 파견된

군단병이 인프라를 복구한다.

(3) 원로원에 설치된 특별위원회가 피해 지역에 조사단을 파견하여, 피해 정도에 따라 수입의 10%에 해당하는 속주세를 3년 내지 5년 동안 면제하도록 규정되었다.

제2대 황제인 티베리우스 시대에 시작된 이 대책은 그 후에도 역대 황제들에게 계승되어 하나의 국책이 되어 있었지만, 3세기 후반에 그것이 폐지된 것은 아니다. 당대의 현실이 이 정책의 기능을 용납하지 않았을 뿐이다.

(1) 외적을 물리치는 데 필요한 군비 증가로 황제 금고에는 의연금으로 돌릴 만한 돈이 없었다.

(2) 군단병은 외적을 물리치거나 장군들끼리의 싸움에 동원되어 있어서, 재해 지역에 파견할 수 있는 병력이 없었다.

(3) 카라칼라 황제의 칙령으로 속주민도 로마 시민이 된 지 반세기가 지났다. 속주민이 없어졌다는 것은 곧 속주세도 사라졌다는 뜻이다. 일시적이나마 세금을 면제해주어 피해자의 재기를 도우려 해도 면제할 세금 자체가 없어져버렸다. 간접세나 매상세는 세율이 낮고, 면세 효과도 거의 없다. 하지만 무엇보다도 전시 특별세라는 명목의 세금 징수로 겨우 숨을 돌리고 있는 국고 형편으로는 재해 지역 복구에 쓸 여유 자금이 없었다.

그 결과, 재해 지역은 언제까지나 복구되지 않고 피해자가 재기할 가망도 사라진다. 사람들은 무너진 집을 버리고, 관개설비가 파괴되어 농사를 지을 수 없게 된 경작지를 버리고 도시로 흘러들게 되었다.

이것은 자연재해를 당한 지방에서만 일어난 현상은 아니었다. 야만족이 침입하여 집을 불태우고 파괴하고 사람과 재물을 약탈해간 지방에서도 일어났다. 이런 현상이 야만족에게 되풀이 침략당한 전선 근처에서 더욱 뚜렷이 나타난 것은 당연한 일이었다.

　로마 제국이 '방위선'을 따라 배치되어 있는 군단기지에만 안전보장을 의지하고 있었던 것은 아니다. 순수한 전투 집단인 로마 군단은 주변 주민들의 지원이 있어야만 비로소 순수한 전투 집단의 힘을 완전히 발휘할 수 있는 법이다. 그것을 알고 있었던 로마 정부는 만기 제대한 군단병이 기지 근처에 정착하는 것을 장려하고, 일반인이 되어도 관세를 낮게 억제하고 군단에서 필요한 물자를 구입할 때도 우대하는 등 군단기지를 중심으로 도시를 만들기 위한 정책을 폈다.

　사람이 정착하면 살기에 적합한 여러 가지 환경도 축적되는 법이다. 이것이야말로 로마 시대에 군단기지나 보급기지였던 곳이 긴 중세 동안 황폐해졌다가도 근대에 대도시로 부활한 요인이다. 사람이 산다는 것은 그 땅에 유형·무형의 힘을 주게 된다. 일시적으로 초토화해도 땅속 깊이 묻혀 있던 씨앗은 언젠가 싹을 틔운다. 3세기 후반에 로마 제국을 습격한 최대 위협은 도시로 흘러드는 인구의 급증과 다른 곳의 인구 감소였다고 말해도 지나치지 않을 것이다.

　아버지를 잃고 단독 황제가 된 갈리에누스가 직면해야 했던 것은 로마 제국의 이런 현상이었다.

　푸블리우스 리키니우스 갈리에누스는 좋든 나쁘든 3세기 후반에 살았던 전형적인 엘리트 로마인이다.

　3세기에는 공화정 시대부터 이어지는 명문이 손꼽을 정도밖에 남아 있지 않았지만, 갈리에누스는 그런 명문 출신에다 교양도 높았다. 그리스 문화를 애호한 나머지 소아시아 출신 그리스인으로 로마 원로원 의원이 된 사람의 딸을 아내로 맞았다. 그리스 철학에도 조예가 깊

갈리에누스

었고, 신플라톤학파 철학자인 플로티노스에게 심취해 있었다. 하드리아누스 황제나 마르쿠스 아우렐리우스 황제처럼 신비적인 엘레우시스 제사의식에 입회하기도 했다. 오현제 시대에 태어났다면 학문과 예술의 도시인 아테네를 보호하고 진흥하는 일을 맡아서 동경하는 땅에서 안정되고 만족스러운 생애를 보냈을 것이다. 3세기 후반에 살았다는 것이 그의 불행이었다.

하지만 그런 갈리에누스도 로마인이다. 제국의 최고 책임자인 황제가 된 이상, 그 책무를 소홀히 할 사람은 아니었다. 다만 그 책무를 수행하는 방식이 동시대인과 후세 역사가들 사이에 찬반 양론을 불러일으킬 수밖에 없었다는 점이 융성기인 1세기와 안정기인 2세기를 다스린 황제들과 다른 점이었다.

260년에 로마 황제가 적에게 사로잡히는 전대미문의 변고가 일어났을 때부터 시작되어 268년에 끝난 갈리에누스 황제의 치세 8년을 자세히 추적하면, 쓰는 나도 눈이 핑핑 돌겠지만 읽는 독자들도 현기증이 날 것이다. 그 8년 동안 갈리에누스는 수도 로마에는 거의 돌아오지 않았다. 저기서 제방이 무너지면 당장 달려가 복구하고, 방금 복구한 제방을 안쪽에서 무너뜨리려 하는 자가 있으면 달려가서 그자를 죽여 제방을 지키는 식으로 제국의 서방 전역을 바쁘게 뛰어다녔다. 제방에 비유한 '방위선'을 바깥쪽에서 무너뜨리려 하는 것은 북방 야만족, 안쪽에서 무너뜨리려 하는 것은 황제에 출마하여 결과적으로 제방 지키는 일을 게을리한 총독이나 군단장들이었다.

그래도 갈리에누스 황제가 이 격무를 견딜 수 있었던 것은 이 시기에 그의 나이가 42세에서 50세 사이였기 때문일 것이다. 로마 시대에는 40대가 육체적으로나 정신적으로 가장 충실한 연령대로 여겨졌다.

황제가 포로로 잡혔다는 소식을 듣고 전선의 장군들은 자신을 발탁해준 사람의 불행이고 로마 역사상 초유의 불상사이기도 했기 때문에 망연자실하여 넋을 잃었지만, 갈리에누스만은 달랐다. 그는 허둥지둥 위기 타개책을 찾기보다, 제국의 존망이 걸려 있는 이 전대미문의 위기가 더 이상 악화되지 않도록 하는 것을 무엇보다 우선하기로 했다. 하지만 그 결과 그가 전선의 장군과 원로원 의원들한테 얻은 것은 악평뿐이었다.

갈리아 제국

260년에 발레리아누스 황제가 페르시아 왕에게 사로잡혔다는 소식이 서방에 전해진 직후, 명칭만은 거창한 '갈리아 제국'이 창설되었다. 결과적으로는 로마 제국에서 갈리아 속주가 독립하게 되었지만, 애초의 시작은 반란도 아니고 독립운동도 아니었다.

라인강 방위선을 맡고 있는 두 장군이 쳐들어온 야만족을 물리치는 데 성공한 뒤, 야만족한테서 도로 빼앗은 약탈품을 둘러싸고 언쟁을 벌인 것이 애초의 발단이었다. 포스투무스는 전투에 참가한 병사들에게 분배해야 한다고 주장했고, 실바누스는 우선 국고에 넣은 다음 약탈당한 사람들에게 반환해야 한다고 주장하면서 둘 다 한 걸음도 물러서지 않았다. 사태는 무력충돌로까지 발전한다. 실바누스가 머물고 있는 쾰른을 포스투무스가 공격한 것이다. 쾰른 주민들은 이런 일로 목숨과 재산을 잃는 것은 참을 수 없다는 데 의견이 일치했다. 그래서 총독 실바누스와 그의 측근들을 붙잡아 포스투무스에게 넘겨주었다. 실바누스는 당장 살해되었다.

그런데 이때 살해된 사람들 가운데 갈리에누스 황제가 실바누스에게 양육을 맡긴 아들이 포함되어 있다는 사실이 밝혀졌다. 포스투무스는 나중에야 알았다지만, 어쨌든 황제의 아들을 죽여버린 이상 황제의 부하 노릇을 계속할 수는 없다고 생각한 그는 로마 제국을 떠날 수밖에 없다고 결심했다.

'갈리아 제국'(Imperium Galliarum)은 이렇게 태어났다. 로마 제국에서 독립하려고 생각한 갈리아 주민들이 만들어낸 국가는 아니다. 그 증거로 통치 형태부터 모든 것이 '미니 로마'다. 황제에 포스투무스가 취임한 것은 당연하다 해도, 해마다 두 명씩 선출되는 집정관이 내정을 담당하고 입법기관으로 원로원도 만들어졌다. 수도는 라인강 지류의 하나인 모젤강변의 트리어에 두었다. 로마 시대에는 아우구스타 트레베로룸이라고 부른 도시다. 지금은 룩셈부르크와 접한 국경에 가까운 독일 국내에 있지만, 로마 시대에는 그 서쪽에 펼쳐진 벨기카 속주의 주도여서 같은 속주 안에 있는 아미앵이나 랭스와 더 깊은 관계를 맺고 있었다. 수도는 모젤강변에 있지만, 벨기카 속주를 포함한 갈리

포스투무스

아 전역을 배후지로 삼고 있는 것은 명백했다.

이 '갈리아 제국' 창설을 로마 황제가 방치할 수 없었던 것도 당연하다. 갈리아의 분리를 허용하면, 피레네산맥을 사이에 두고 갈리아와 맞붙어 있는 히스파니아(이베리아반도)도 내놓게 된다. 게다가 도버해협 건너편에 있는 브리타니아까지 내놓게 된다.

갈리에누스 황제는 우선 무력 탈환을 시도했다. 하지만 포스투무스에게는 그가 라인강의 방위를 맡고 있을 때 휘하에 거느렸던 4개 군단이 있다. 이 군단들은 제각기 본·크산텐·스트라스부르·마인츠에 기지를 두고 있었다. 프랑크족과 싸우는 데 익숙한 4만 명의 정예 병력이었다. 포스투무스가 지휘하는 이 4만 병력을 상대로 갈리아를 되찾기 위한 무력 탈환 시도가 두 번 이루어졌다. 결과는 1승 1패. 로마 제국도 갈리아 제국도 결전을 벌일 만한 힘은 없다는 것을 실증했을 뿐이다. 거의 같은 규모의 로마군끼리 격돌했으니까 그것도 당연하다.

그래서 갈리에누스는 방침을 180도 바꾸기로 했다. 포스투무스에게

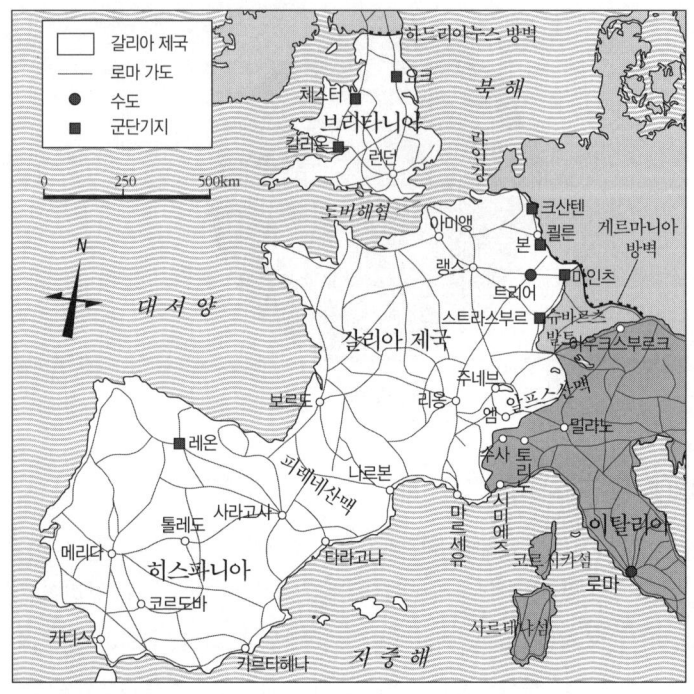

갈리아 제국(263년)

이만한 힘이 있는 것은 갈리아 주민들이 그를 지지하기 때문이었다. 갈리아인이 지지하는 이유는 지금까지 야만족이 내습할 때마다 포스투무스가 항상 선두에 서서 야만족을 격퇴해주었기 때문이다. 그렇다면 지금까지와 마찬가지로, 라인강을 건너 갈리아로 쳐들어오는 프랑크족 격퇴를 포스투무스가 창설한 갈리아 제국에 맡기면 된다. 포스투무스의 지위가 로마 제국의 속주 총독에서 갈리아 제국 황제로 바뀌어도, 야만족의 갈리아 침략을 막는 역할은 전과 마찬가지이기 때문이다. 이리하여 갈리아 제국은 방치되었고, 274년에 소멸할 때까지 14년 동안 존속하게 된다. 하지만 적어도 갈리아 전역은 그 후 한동안 야만족의 약탈을 면할 수 있었다. 갈리에누스는 아버지를 저버렸지만, 아들을 잃은 원한도 잊기로 했다.

하지만 갈리에누스가 갈리아 제국을 방치하기로 결정하자, 전선의 장병들도 수도의 원로원도 맹렬한 불만을 터뜨렸다. 갈리아는 율리우스 카이사르가 정복한 이래 로마화의 우등생이었던 지방이다. 조폐소는 금괴와 은괴가 모이기 때문에 제국에서도 특히 안전한 곳에 둔다. 로마 제국의 금화와 은화는 초대 황제 아우구스투스 이래 줄곧 갈리아의 리옹에서 주조되었다. 후세에 프랑스와 벨기에로 갈라지게 되는 갈리아 중부와 북부에는 군단기지조차 두지 않았다. 리옹의 조폐소를 경비하기 위해 1천 명을 배치했을 뿐이다. 오랫동안 갈리아인은 로마인이라고 믿었고, 갈리아 제국이 생긴 뒤에도 자신을 갈리아인으로 생각하는 갈리아인은 없었다고 할 만큼 갈리아는 로마 제국의 일부가 되어 있었다.

게다가 로마인이 '프로빙키아'(속주)라고 부른 남프랑스의 프로방스 지방이 로마화한 역사는 카이사르 이전으로 거슬러 올라간다. 이 갈리아 남부는 안토니누스 피우스 황제를 배출하기까지 했다.

그리고 로마 시대의 히스파니아, 후세에 에스파냐와 포르투갈로 갈라진 이베리아반도도 로마화한 남프랑스를 사이에 두고 본국 이탈리아와 이어져 있었지만, 남프랑스를 포함한 갈리아 전역이 제국에서 분리되자 트라야누스 황제와 하드리아누스 황제를 낳은 히스파니아도 로마 제국에서 떨어져 나가게 되었다.

갈리아나 히스파니아와 달리 브리타니아는 황제를 배출하기에는 지나치게 변두리였지만, 그래도 로마 제국과의 인연은 결코 멀지 않다. 먼 훗날 처칠이 영국의 역사는 율리우스 카이사르가 도버해협을 건넜을 때 시작된다고 말했을 정도다. 브리튼섬 전체가 로마 제국의

'방위선'으로 여겨졌기 때문에 클라우디우스 황제가 정복한 뒤에는 이 브리타니아에 3개 군단이 상주하고 있었다. 하드리아누스 황제가 2세기 전반에 건설한 '하드리아누스 방벽'은 나중에 잉글랜드와 스코틀랜드를 가르는 경계가 된다. 셉티미우스 세베루스 황제는 북쪽에서 쳐들어오는 야만족의 침략에서 이 방벽을 지키려고 싸우다가 군단기지인 요크에서 죽었다.

갈리아도 히스파니아도 브리타니아도 로마 제국의 속주를 뛰어넘어 제국의 일부가 되어 있었다. 이제 그것이 없으면 제국이 뿔뿔이 해체되어버린다. 이런 사정을 생각하면 많은 로마인이 그 속주들의 분리를 받아들이지 못한 것도 당연하다.

갈리에누스가 채택한 또 다른 정책은 라인강과 도나우강 상류가 모이는 일대를 방어하기 위해 건설한 '게르마니아 방벽' 안쪽에 북방 야만족의 한 부족인 알레마니족을 끌어들이는 것이었다. 걸핏하면 '게르마니아 방벽'을 돌파하여 쳐들어오는 이 야만족에게 '게르마니아 방벽' 안쪽에 사는 것을 허락하고, 그 대신 이 '방위선'의 방위를 그들에게 맡기자는 것이 갈리에누스의 생각이었다. 아무래도 알레마니족의 내습을 막을 수 없었기 때문이지만, 이 정책은 당시부터 평판이 나빴다. 갈리에누스가 부족장의 딸을 첩으로 삼고 있다는 소문까지 퍼졌다. 또한 후세의 많은 연구자에게도 제국 방위를 야만족에게 맡긴 최초의 사례라 하여 호된 비판을 받게 되었다. 하지만 적어도 이 시기에는 그 일대에서 쳐들어오는 야만족의 침입을 막을 수 있었다. 물론 로마 쪽이 거주지 건설비라는 명목으로 지불한 원조금을 야만족은 약탈 대신에 받은 조공으로 받아들였다.

어쨌든 티베리우스 황제가 생각하고, 도미티아누스 황제가 공사를 시작하고, 하드리아누스 황제가 철벽화하고, 마르쿠스 아우렐리우스 황제가 보강하여 250년 동안이나 로마 제국을 지켜준 '게르마니아 방벽'은 3세기 후반에 접어든 이때부터 그 기능을 정지했다. 네카어강도 슈바르츠발트도 다시 게르만족이 활보하는 지대로 돌아갔다.

라인강 방위는 '갈리아 제국'에 맡기고 '게르마니아 방벽'의 방위는 야만족에게 맡긴 갈리에누스는 로마에 남은 군사력을 도나우강 방위에 집중했다. 그래서 한동안은 방위에 성공했다. 하지만 도나우강 일대의 적인 고트족은 이미 에게해에 나가보았고, 에게해로 나가 바다 쪽에서 도시들을 약탈하는 데 맛을 들인 사람들이다. 그들이 에게해로 나가는 것을 막으려면 도나우강만 방위하는 것으로는 충분치 않다. 소아시아 서부도 방위에 끌어들일 필요가 있었다. 그리고 소아시아는 제국의 동방과 깊은 관계를 갖고 있었다. 제국의 동방에서 거의 혼자 페르시아 왕과 적대하고 있는 팔미라의 오데나투스와 어떤 공동투쟁 관계를 맺을 것인지는 갈리에누스 황제에게 중요한 문제였다.

팔미라

유프라테스강과 지중해의 중간 지점에 있는 팔미라는 시리아사막의 오아시스에서 시작되었다. 예부터 카라반의 중계기지였지만, 이 팔미라가 시리아 사막의 진주라는 찬사를 들을 만큼 화려한 꽃을 피우는 것은 로마 제국에 편입된 뒤였다.

로마인이 안티오키아를 중심으로 한 제국 동방의 경제 기반이 동서 무역에 있다는 현실을 인식하고, 사막 유목민족인 베두인족을 로마군의 보조전력으로 삼아, 사막을 오가는 카라반에게 일상다반사였던 베두인족의 습격을 배제한 것이 팔미라의 번영으로 이어졌다. '팍스 로마나'가 오리엔트의 사막지대에도 미친 것은 유프라테스강과 지중해 사이에 흩어져 있는 도시들을 연결하는 로마 도로망이 실증하고 있다. 팔미라도 '로마에 의한 평화'의 산물이었다. 교역은 '평화'가 보장되어야만 활발해진다. 지금 남아 있는 유적에서도 당시의 번영을 짐작할 수 있지만, 그 유적은 모두 로마 시대의 것뿐이다. '팍스 로마나'가 과거의 것이 되었을 때 팔미라도 과거의 도시가 될 수밖에 없었다.

오데나투스는 이 팔미라의 귀족으로 태어났다지만, 오로지 교역에 기반을 두고 있는 팔미라에서는 동서교역으로 재산을 모은 유력자의 집안에서 태어난 게 분명하다. 팔미라의 방위는 로마의 역할이었으니까 팔미라에는 무인의 혈통이 없고, 무인이 필요하지도 않았다.

오데나투스의 등장은 3세기에 접어든 뒤 팔미라의 주변 정세가 변화한 것을 보여주기도 한다. 자신을 방위할 필요도 없었던 팔미라 주민들 가운데 뛰어난 군사적 재능을 타고난 인물이 나타나자마자 그에게 군대까지 편성해주고 방위를 맡겼으니까. 속주 출신이 로마 군단에서 승진하는 것은 드물지 않았지만, 오데나투스처럼 처음부터 자기 부대를 이끌고 참전하는 사람은 없었다. 페르시아 전쟁을 앞두고 있던 발레리아누스 황제는 창이 아니라 활을 무기로 쓰는 페르시아식 경무장 기병대를 이끌고 출두한 오데나투스를 로마군의 정규 사령관에 임명했다. 그때 준 '비르 콘술라리스'(vir consularis)라는 칭호를 보아도 단순한 사령관으로 대우한 것은 아니다. 원로원 의원도 아닌 오데나투스를 원로원 의원만이 될 수 있는 '전직 집정관'(콘술라리스)에 임명했

팔미라의 유적

으니까. 팔미라 출신 무장의 로마군 경력은 그런 형태로 시작되었다.

그로부터 2년 뒤에 느닷없이 일어난 사건이 발레리아누스 황제가 페르시아에 사로잡힌 불상사였다. 이 전대미문의 불상사 앞에서 망연자실하거나 내분을 일으킨 로마 고관들 중에서 오직 오데나투스만이 냉정을 잃지 않았다. 페르시아 왕 샤푸르는 황제를 손아귀에 넣었으니 이제 로마 제국은 정복한 것이나 마찬가지라고 믿고 유프라테스강을 건너 시리아로 쳐들어왔지만, 일찌감치 약탈을 중단하고 유프라테스강 동쪽으로 돌아갈 수밖에 없었던 것은 오데나투스가 이끄는 팔미라군의 공적이다. 팔미라군이 기세가 오른 페르시아군에게 주눅들지 않고 과감하게 공격했기 때문이다. 이런 일은 페르시아군이 유프라테스강을 건너올 때마다 으레 되풀이되었다.

황제가 사로잡힌 사건을 고비로, 혼자 남은 갈리에누스 황제는 서방의 문제를 처리하는 것만으로도 힘에 부쳐서, 제국 동방은 사실상 방치되어 있었다. 그런 상황에서 제국 동방 주민들의 지지가 오데나투스에게 모인 것은 당연했다. 로마가 지켜주지 못하는 이상, 그들로서는 힘을 가진 자에게 방위를 기대할 수밖에 없었기 때문이다. 일개 교역도시인 팔미라의 무인이었던 오데나투스는 이제 제국 동방 전역의 무인이 되어가고 있었다.

이런 상황을 본 갈리에누스 황제는 오데나투스를 활용하기로 마음먹고, 이 팔미라 사람을 '둑스 오리엔티스'(Dux Orientis)에 임명했다. 직역하면 '동방 사령관'이 되지만, 소아시아와 시리아를 가르는 타우루스산맥에서 아라비아에 이르는 제국 동방의 방위 총책임자라는 뜻이다. 오늘날의 시리아와 팔레스티나·레바논·요르단·이스라엘을 포함하는 중동 전역에 해당한다. 소아시아와 이집트는 담당 지역에 들어가지 않는다. 소아시아는 도나우 방위선과 밀접한 관계가 있기 때문에 방위권으로는 서방에 속하고, 황제의 개인 영지인 이집트는 '제국 동방'의 개념에서 벗어나 있었기 때문이다.

그렇다 해도 제국 동방의 방위를 책임지는 총사령관은 전통적으로 시리아 속주 총독에게 맡겨진 임무다. 또한 로마군 내부에서도 로마군 최고사령관인 황제에 버금가는 권위와 권한을 부여받은 지위다. 그런 자리를 팔미라 사람에게 맡겼다는 것은 260년대에 로마의 동방 방위 시스템이 무너진 거나 마찬가지였음을 보여준다.

하지만 오데나투스는 갈리에누스 황제의 호의와 기대에 훌륭하게 부응했을 뿐만 아니라, 260년부터 267년까지 로마 황제에게 늘 공명정대하게 처신하여 로마인들이 최고의 윤리로 생각한 '신의'(피데스)를 끝까지 지켰다. 그 후에도 이런 상태가 계속되었다면, 갈리에누스는 동맹관계를 계속 유지한다는 조건으로 오데나투스가 원한 팔미라 왕이라는 칭호를 공인해주었을지 모른다. 소아시아 서부가 고트족에게 유린당하고 있음을 알자마자, 오데나투스는 책임 구역이 아닌데도 거기까지 달려가서 야만족을 격퇴하기 위해 분투한 인물이었다.

하지만 갈리에누스 황제와 오데나투스의 우호적인 관계는 267년에 갑자기 단절된다. 고트족에게 거둔 승리를 축하하는 잔치 석상에서 오데나투스가 조카의 칼에 찔려 죽은 것이다. 이 자리에서 살해된 것은 오데나투스만이 아니었다. 동행한 맏아들도 목숨을 잃었다.

이 살해사건은 개인적인 원한 때문인 듯, 그 자리에서 살인자가 살해되는 것으로 끝났다. 오데나투스의 아내 제노비아의 대처도 훌륭했다. 오데나투스의 두 번째 아내인 제노비아는 자기가 낳은 어린 아들을 남편의 후계자로 앉혔다. 그리고 자신은 후견인이 되어 실권을 장악했다. 팔미라 여왕 제노비아가 역사 세계에 등장한 것이다.

삼분된 제국

같은 여성으로서 매번 유감스럽게 생각하는 일이지만, 여자는 권력을 손에 넣으면 당장 넘어서는 안 될 선을 넘어버린다. 게다가 상대방이 궁지에 빠진 틈을 타서 그것을 이용한다. 오데나투스는 갈리에누스 황제의 곤경을 이용하는 짓을 하지 않았지만, 제노비아는 달랐다. 북쪽으로는 소아시아 동부의 카파도키아까지 세력을 넓혔고, 남쪽으로는 이집트까지 손에 넣어버렸다.

카파도키아 속주의 중요성은 로마 제국의 동방을 지키는 '방위선'의 북쪽 절반이라는 것이지만, 이집트 속주는 황제의 개인 영지일 뿐

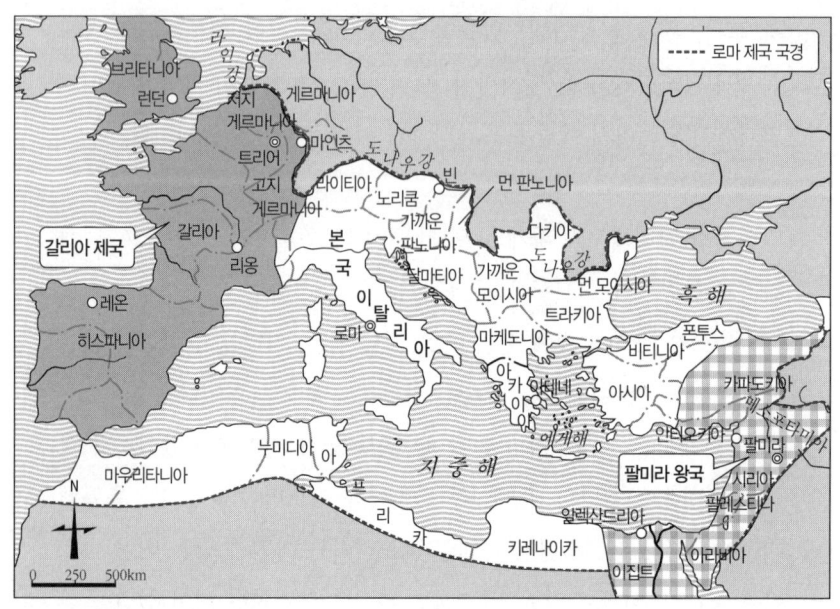

삼분된 로마 제국(270년경)

만 아니라 본국 이탈리아에 필요한 밀의 3분의 1을 줄곧 공급해온 로마 제국의 곡창이기도 했다. 서방 문제에 대처하는 것만으로도 힘에 겨운 갈리에누스는 제노비아의 이 폭주를 묵인할 수밖에 없었지만, 제노비아는 로마 제국이 승인했다고 믿었다. 로마 황제가 서방에서 직면해 있는 곤경만 벗어나면 동방 재건에 나서리라고는 생각지 않았을까. 아니면 로마 제국은 영영 현재의 곤경에서 벗어나지 못할 거라고 판단한 것일까. 제노비아도 반향이 큰 데 놀랐는지, 곡물 수출은 전과 다름없이 계속하겠다고 선언했다. 하지만 300년 넘게 이집트를 로마의 곡창으로 생각해온 로마인에게 이것은 한마디 선언으로 끝날 문제가 아니었다.

제노비아의 이집트 탈취는 갈리에누스 황제의 발판을 더한층 약화시켰을 뿐이다. 아버지가 페르시아 왕의 포로가 된 260년 이후 갈리에누스는 상황을 더 악화시키지 않는 것을 통치의 기본으로 삼겠다고 약속하여 주위 사람들을 납득시켰지만, 제노비아가 카파도키아와 이집트로 세력을 확장한 것은 갈리에누스가 상황이 악화되는 것을 막지 못했다는 증거였기 때문이다.

하나의 법률

갈리에누스가 입안하여 성립시킨 법률, 다시 말해서 갈리에누스가 고안하고 시행한 정책 가운데 후세의 평가가 한결같이 나쁜 것은 '원로원'과 '군대'를 완전히 분리하여 원로원 의원을 로마군 장교급에서 완전히 배제한다고 규정한 법률이었다.

공화정 시대부터 원로원 계급에 속했고 그래서 원로원 계급의 부산물 같았던 갈리에누스가 왜 이런 정책을 고안하고 시행했는지는 알 수 없다. 곤경을 타개하려고 동분서주하는 황제에게 원로원이 협력하지 않아서 화가 났기 때문이라는 설도 있다. 또는 이제 일상다반사가 되어버린 야만족의 침략을 격퇴하려면 군사 전문가가 나서야 하고, 안전한 수도 로마의 원로원에서 연설문 초안을 다듬는 재주밖에 없는 의원들은 전쟁터에서 쓸모가 없어졌기 때문이라는 설도 있다. 아마 두 설이 모두 옳을 것이다. 이 법률은 황제가 '내각'의 동의만 얻으면 실시할 수 있는 잠정조치법이 아니라, 황제가 입안했다 해도 원로원에서 다수의 찬성을 얻지 않으면 성립되지 않는 법률이었기 때문이다.

원로원 의원들은 자신들을 군대에서 배제하는 이 법률에 찬성표를 던졌다. 갈리에누스 이후에 배출된 군인 출신 황제는 군인들이 아니라

비군인들이 만들어낸 것이다. 이는 3세기의 특징인 '로마인의 비로마화'를 보여주는 한 예이기도 하다. 이 법률은 앞으로도 오랫동안 로마 제국의 방향을 결정해버리는 '법'이 되었다.

원로원 계급은 공화정과 제정을 불문하고 국가 요직을 떠맡을 인재들이 모여 있는 원로원에 의석을 갖는 것이 당연시되었고, 이 계급으로 태어난 사람은 젊은 시절에 군복무를 경험할 의무가 있었다.

로마에서 성년으로 되어 있는 17세부터 거의 10년 동안 계속되는 군복무는 지도층에 속하는 자에게는 반드시 거쳐야 할 '코스'로 되어 있었다. 제정으로 이행한 뒤에는 '팍스 로마나'가 확립됨에 따라 10년의 복무 기간이 조금씩 짧아졌지만, 원로원에 의석을 가진 자에게 군단 체험이 중요하다는 생각은 사라지지 않았다. 1개 군단을 지휘하는 군단장은 반드시 원로원 의원이어야 했고, 낮은 신분으로 군단에 들어가 출세한 자를 군단장에 임명하려면 단지 그 자격 조건을 맞추기 위해 황제의 추천으로 특별히 원로원 의석이 제공되었다. 로마 제국의 지도층을 형성한 사람들 가운데 이른바 명문대학 출신, 즉 로마 제국의 최고학부인 그리스의 아테네나 이집트의 알렉산드리아에서 공부한 사람이 거의 없는 것은, 그들이 대학에서 이론을 공부하기보다는 군단에서 실제 체험을 쌓는 데 젊은 시절을 바쳤기 때문이다.

병사들을 이끌고 적진으로 돌격하는 중대장이라면 정치를 몰라도 훌륭하게 임무를 수행할 수 있다. 하지만 군무가 무엇인지 모르면 정치는 절대로 할 수 없다. 군인은 정치를 이해하지 못해도 상관없지만, 정치가는 군사를 이해하지 못하면 정치를 할 수 없다.

인간성의 이런 현실을 알고 있었던 로마인은 옛날부터 군무와 정무 사이에 경계를 만들지 않고 자유롭게 왕래할 수 있게 했고, 거기에서 생겨나는 현실적이고 넓은 시야를 가진 인재를 육성하는 것을 중요하게 생각했다.

　에드워드 기번 시대부터 현대에 이르기까지 갈리에누스의 이 법률을 비판한 로마사 연구자들의 의견을 한마디로 종합하면 '힘에 관여하지 않게 되면 통치력도 사라진다'는 것이다. 로마 제국에서는 힘이 곧 군대였으니까, 그것은 옳은 말이다. 하지만 나는 군무와 정무의 완전 분리가 인재 형성에 미친 폐해도 그 후 로마에 큰 영향을 주었다고 믿는다. 갈리에누스 이후에 배출된 군인 황제들을 보아도, 군인으로서의 능력은 뛰어난데 정치가는 아니었다. 이 사실이 실증하듯, 그 후의 로마 제국은 '군사도 아는 정치가'와 '정치도 아는 군인'을 낳지 못하게 되었다. 이것도 '로마의 비로마화'를 보여주는 한 예다.

　속주민에게 로마 시민권을 준 카라칼라 황제의 '안토니누스 칙령'은 속주민을 모두 로마 시민으로 만들어, 로마 시민권을 취득권에서 기득권으로 바꾸어버렸다. 오현제 시대의 소(小)플리니우스는 "로마 시민권은 매력있는 것이어야 한다"고 말했지만, 누구나 태어날 때부터 가질 수 있게 되면 매력 따위는 사라져버린다. 국가에 공헌한 사람에게 인종이나 종교에 관계없이 주어지는 권리였던 로마 시민권은 카라칼라 황제 이후 그 진정한 의미를 잃어버렸다.
　군무와 정무를 완전 분리한 갈리에누스의 법률이 로마를 비로마화하는 데 맡은 역할은 카라칼라의 칙령 못지않게 중요했다고 나는 믿는다. 카라칼라의 칙령은 일반 시민의 의욕을 억눌렀지만, 갈리에누스의 법률은 지도층의 의욕을 억누르게 되었기 때문이다.
　하지만 비로마화 쪽으로 방향을 꺾은 것은 같아도, 격변하는 현실에 대처하기 위해서는 다른 방도가 없었다는 이유로 변호해줄 수 있는 법률도 있다. 역시 갈리에누스가 실시한 그 정책은 중무장 보병을 주체로 한 로마의 전통적 군단 구성을 게르만적인 기병 중심 체제로 바꾼 것이었다.

'방위선'의 역사적 변화

도해(圖解)는 대부분의 경우 말로 서술한 것을 보완하기 위해 넣는다. 하지만 때로는 수천 마디 말로도 설명할 수 없는 경우가 있고, 그럴 때는 '그림'으로 말할 수밖에 없다. 여기에 실은 그림 넉 장이 거기에 해당한다.

(1)과 (2)와 (3)은 하천을 국경으로 하는 지방에서 '방위선'의 상황이 시대에 따라 어떻게 달라졌는가를 보여주는 그림이다. 하천을 따라 '방위선'이 구축된 지방은 로마 제국에서는 라인강과 도나우강 연안의 전선이었다.

그림 (1)은 로마군이 적지로 진격하여 적이 당분간 재기하지 못할 만큼 격파하는 방법으로 로마 제국을 야만족의 침입에서 지키는 방위 전략을 채택했던 시대의 국경 상황이다. 공화정 말기인 기원전 1세기부터 본격적으로 시작된 로마의 전략이었고, 제정으로 이행한 뒤에도 1세기와 2세기에는 이 '대전략'을 채택했다. 한마디로 말하면 '공격으로 수비한다'는 전략이고, '공격은 최상의 방어'를 그림으로 그려놓은 듯한 전략이다.

이 시대에 제국의 '방위선'은 철벽이었다 해도 지나친 말이 아니다. 방위선 안쪽에 펼쳐진 로마 제국의 도시나 마을은 주위를 둘러싼 성벽도 없었다. 있다 해도 개인의 집 주위에 둘러친 울타리 정도에 불과했다. 그

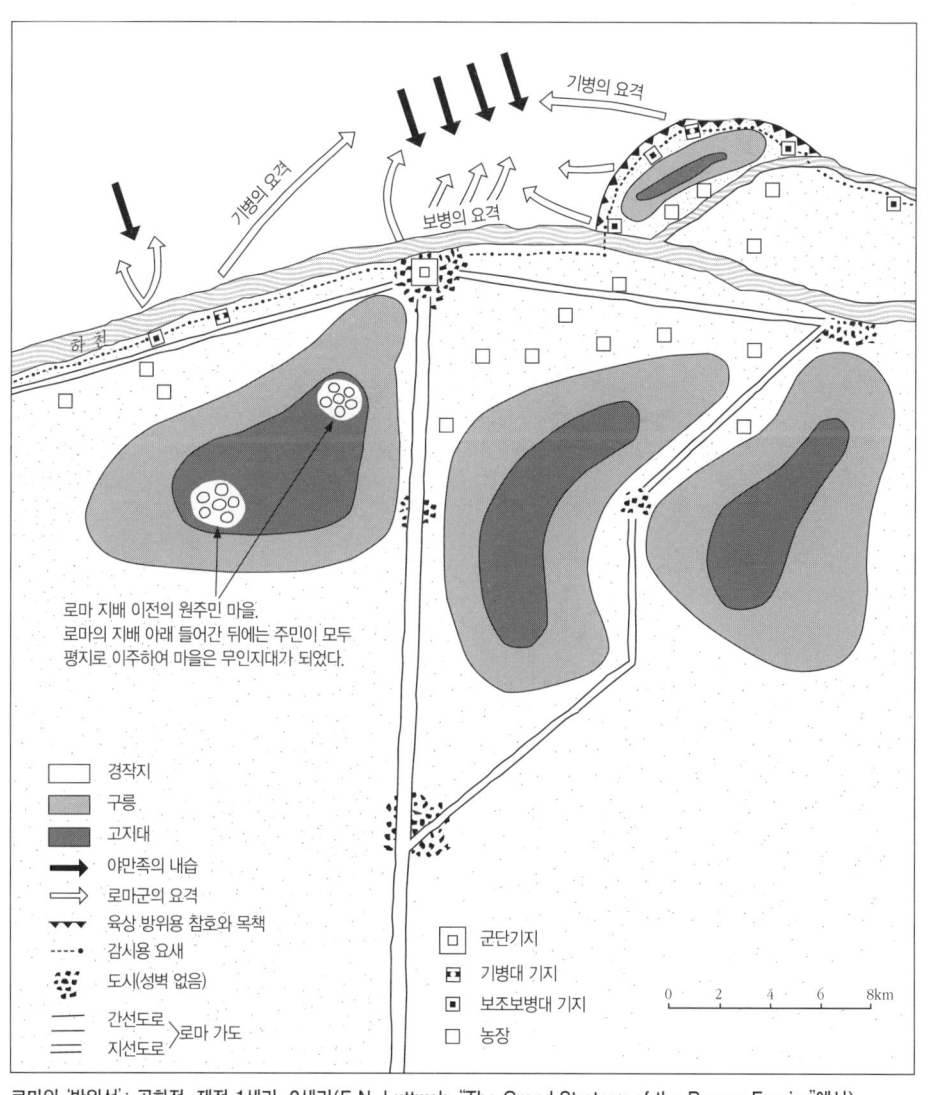

로마의 '방위선': 공화정, 제정 1세기, 2세기(E.N. Luttwak, "The Grand Strategy of the Roman Empire"에서)

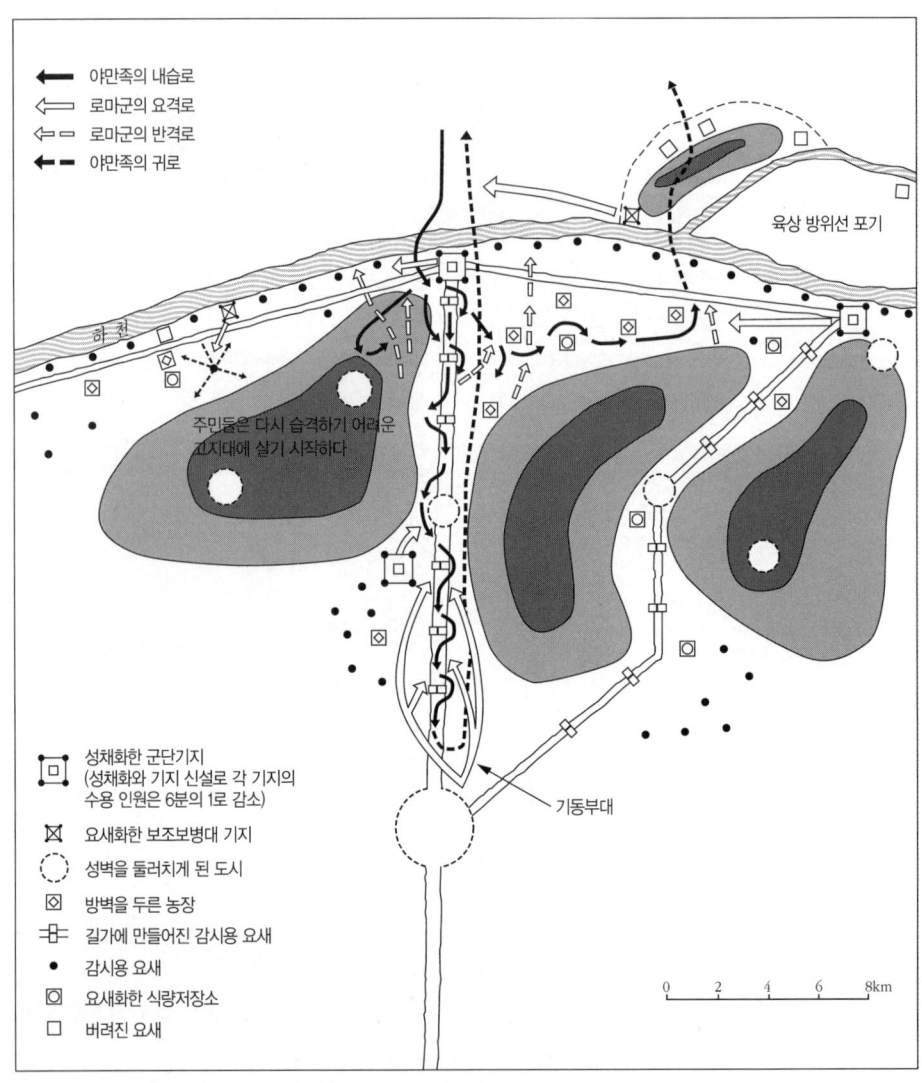

로마의 '방위선': 3세기 중엽(E.N. Luttwak, "The Grand Strategy of the Roman Empire"에서)

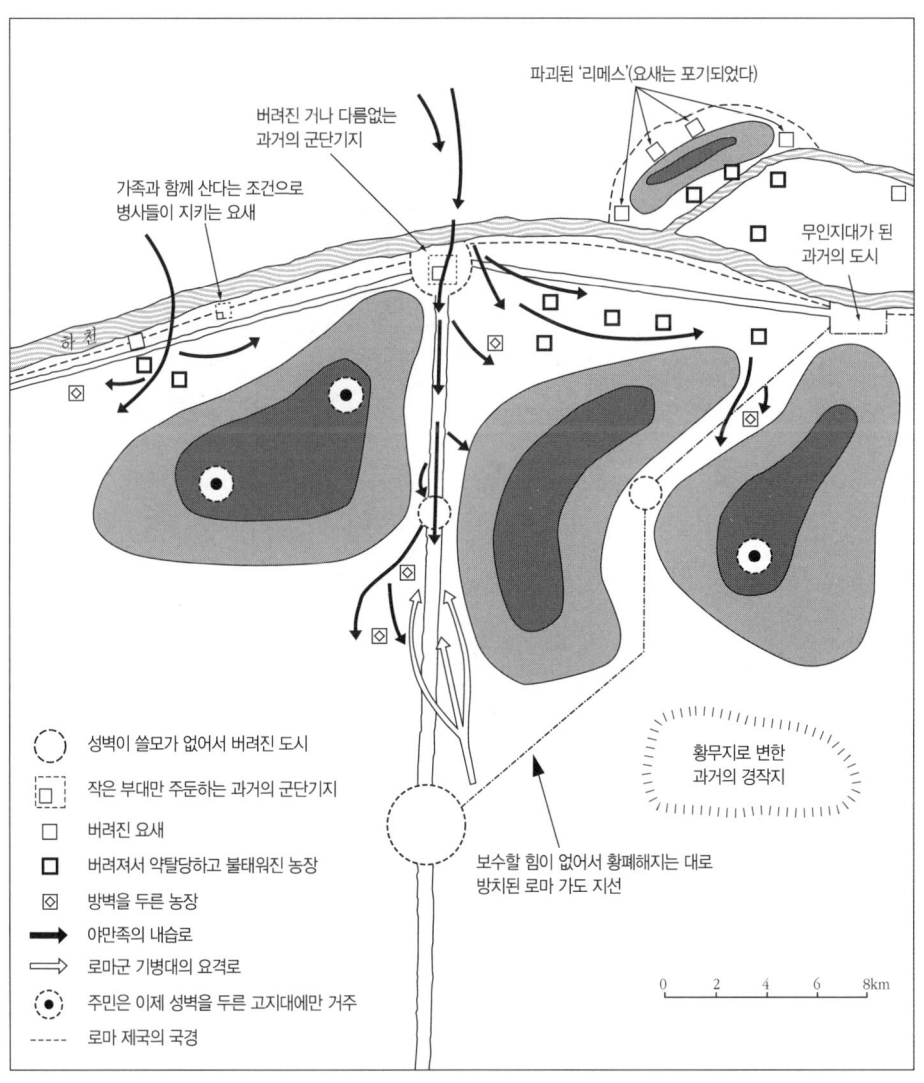

로마의 '방위선': 3세기 후반(E.N. Luttwak, "The Grand Strategy of the Roman Empire"에서)

미증유의 위기를 만난 3세기의 로마 제국(260년부터 270년까지의 상황)

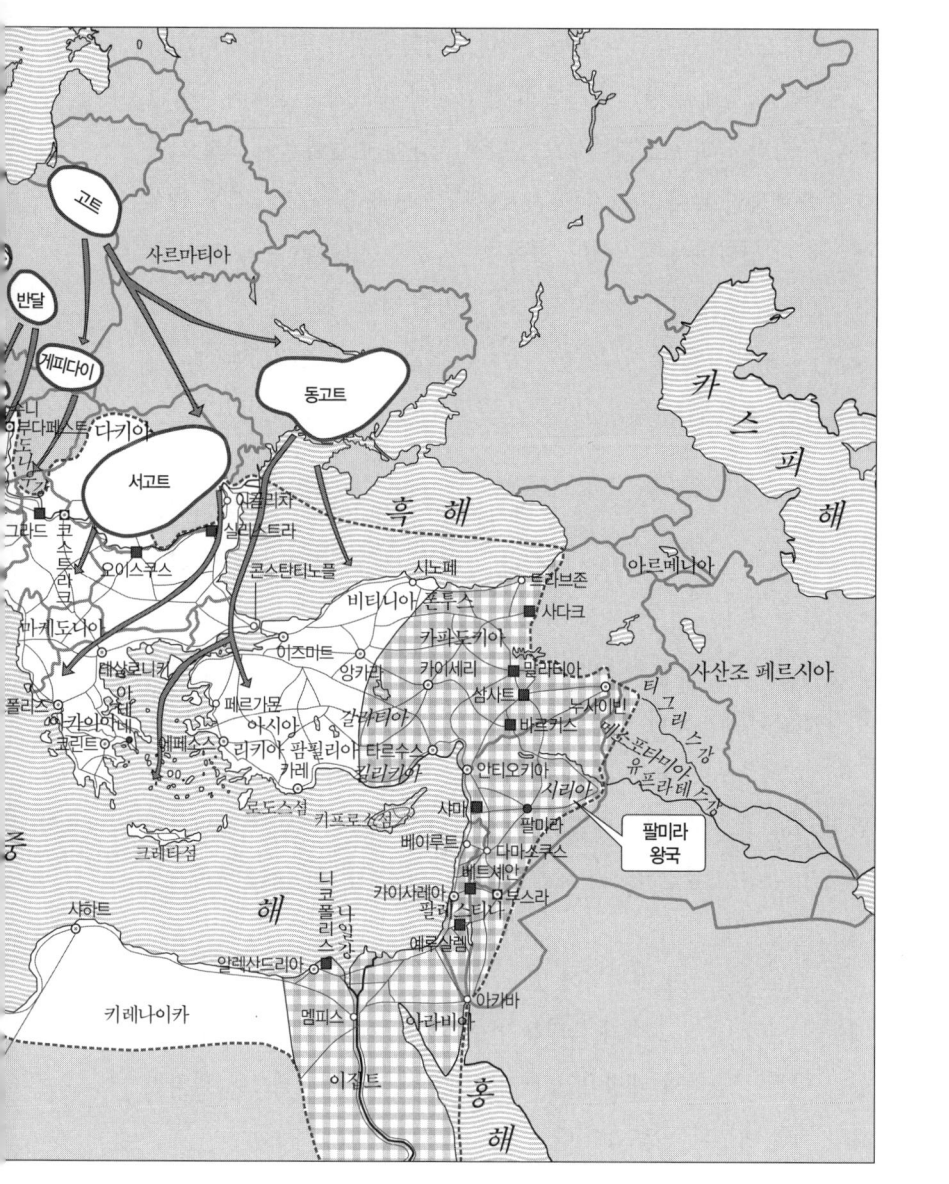

것으로는 도적의 습격도 막지 못할 거라고 여겨질 만큼 무방비 상태였다.

국가는 국경에서 방위 의무를 다할 테니까 수도에는 성벽이 필요없다고 주장한 율리우스 카이사르는 왕정 시대에 만들어져 공화정 시대에도 오랫동안 로마를 지켜온 '세르비우스 성벽'을 수도 도심부 확장에 방해가 된다면서 철거했다. 카이사르의 이런 사고방식은 그밖의 많은 로마식 시스템과 마찬가지로 수도 로마를 넘어 제국 전역에 퍼져갔다. 이 그림에서도 볼 수 있듯이 방위선과 가까운 국경지대에서도 돌담을 두른 것은 군단 숙영지나 무기 창고 같은 군사시설뿐이었다.

사회의 안전도를 재는 바로미터는 주민의 거주구역 주위를 지키는 방벽의 유무 이외에 세 가지가 있다. 그것은 모두 사회가 얼마나 건전한지를 반영하는 척도이기도 했다.

첫째, 주민의 거주지역이 방어하기 쉬운 고지대에 모여 있지 않고 평지에 분산되어 있다. 이것은 토지의 효율적인 이용 정도를 반영한다.

둘째, 목축보다 농경이 산업의 주축을 이루고 있다. 가축은 여차하면 데리고 달아날 수 있으니까 사회가 불안정할 때는 목축에 주력하게 되지만, 농경이 활발하다는 것은 사회가 그만큼 평화롭다는 뜻이기도 했다.

셋째, 교통수단이 정비되어 있고 이동할 때 안전이 보장되어 있기 때문에 인적·물적 교류가 활발해져 주민 공동체가 폐쇄 상태에서 벗어나 다른 공동체와 개방적인 관계를 맺게 된다. 현대식으로 말하면 로마 제국 내부의 '글로벌화'다.

이것이 '팍스 로마나'의 참모습이었다. 로마 제국은 그것을 변경에서도 실현했다. 그것도 10년이나 20년이 아니라 무려 300년 동안이나 실현했다. 마르쿠스 아우렐리우스 황제 시대에 '방위선'이 뚫린 적은 있었지만 로마는 쳐들어온 야만족을 곧 격퇴하는 데 성공했고, 그 후 야만족과의 싸움은 국경 밖에서 벌어졌다. '팍스 로마나'가 완벽하게 기능을 발휘하고 있던 시대에는 제국의 '안'이 아니라 '밖'이 전쟁터가 되어야 한다는 기본 전략이 지켜지고 있었다.

그 전략이 무너진 시대를 나타낸 것이 그림 (2)다. 그리고 그림 (3)은 그것이 더한층 악화된 상태를 보여준다.

'방위선'은 곳곳이 뚫리고, 게다가 별로 간격을 두지 않고 자주 되풀이되었다. 도시는 물론 마을에서도 거주지역 주위에 높은 방벽을 둘러치게 되었다. 군단기지조차 높은 탑과 견고한 성벽을 짓고, 성벽 주위에는 깊은 참호를 파고, 강물을 끌어들인 해자로 둘러싼 성벽 안에 자주 틀어박히게 되었다. 고지대에 있어서 불편하다고 평지로 거처를 옮긴 뒤에는 양치기의 오두막 정도로밖에 쓰이지 않았던 옛날 거주지역이 재평가되고, 거기에 사람들이 모여 살게 되었다.

평지에서 농사를 짓는 것은 이제 안전하지 않을뿐더러 경제적으로도 유리하지 않게 되었다. 농경지가 황폐해진 요인을 쳐들어온 야만족과 맞서 싸우는 로마군의 전쟁터가 된 탓으로만 돌릴 수는 없다. 국가도 지방자치단체도 도로나 운하나 관개시설을 유지 보수할 여유를 잃은 것도 농경지가 황폐해진 요인이다. 인프라의 유지 보수 같은 일도 사회가 평화로워야만 충분히 할 수 있다.

군의 구조 개혁

이 현상을 타개하려면 평화를 되찾는 방법밖에 없다는 것을 갈리에누스 황제도 물론 알고 있었다. 그래서 중무장 보병이 주체를 이루는 로마의 전통적인 군단 시스템을 경무장 기병이 주체인 게르만식 체제로 바꾸어 이 난제를 해결하려고 했다. 하지만 이 체제는 40여 년 전에 카라칼라 황제가 손을 댄 뒤 3세기 로마의 특징인 '정책의 비지속성'으로 중단되어 있었던 '기동부대' 방식의 부활이다. 다만 카라칼라 황제 시대에는 보병과 기병을 합한 분대였지만, 갈리에누스 황제가 만든 '기동부대'는 분명한 기병대라는 점이 달랐다.

따라서 이것도 '로마의 비로마화'를 보여주는 한 예다. 비로마화는 역사상 표현으로는 '중세화'다. 로마의 군제는 줄곧 로마의 사회 구성을 반영했기 때문에, 군제의 변화는 사회 구성의 변화를 수반할 수밖에 없었다. 중무장 보병인 군단병이 전쟁터의 주역에서 밀려난 것은 도시국가의 다수파였던 시민으로 구성된 시민병이 주역의 자리에서 내려와 사회에서 소수파인 기병에게 그 자리를 넘겨주었다는 뜻이다.

또한 기병대는 보병을 주력으로 하는 군단보다 규모가 작다. 기병 수만 명이 행동을 같이하는 것은 우선 불가능하고, 전술적으로도 유효하지 않다. 그래서 1만 명도 되지 않는 규모로 행동하는데, 5만 명이나 되는 병력을 지휘하는 총사령관과 그 10분의 1밖에 안 되는 조직을 이끄는 리더의 경우는 요구되는 능력이 다르다. 다양한 사람이 모이는 대규모 집단의 지도자는 다재다능한 만능인이어야 하지만, 같은 부류의 전문가를 모아놓은 소규모 집단의 지도자는 그중에서 가장 우수한 전문가로 충분하다.

이 변화를 가속화한 것이 원로원과 군대를 완전 분리한 갈리에누스의 정책이었다. 로마 원로원은 예부터 다재다능한 만능인을 육성하여 국가 요직에 내보내는 역할을 맡았다. 군단에서 잔다리를 밟아 출세한 전문가한테도 원로원 의석을 주어 만능인으로 키웠다. 그런데 갈리에누스의 분리 정책으로 그 일을 수행하던 '프로세스'(과정)가 단절되었다. 게다가 로마군의 주전력이 보병에서 기병으로 바뀌었다. 로마군 지휘관의 주력도 군단장에서 기병대장으로 바뀌었다. 갈리에누스가 죽은 뒤 그를 계승한 로마 황제들이 거의 다 군인 출신이고 그것도 기병대장 출신인 것은 이 시기에 누가 실권을 쥐게 되었는지를 생각하면 당연한 귀결이라고 말할 수밖에 없다.

그래도 야만족이 쳐들어오면 전문가 집단이 맞아 싸우게 되었고, 모두 기병인 야만족에 비해 행군 속도가 뒤떨어지지 않는 기병은 침입한 야만족을 격퇴하는 데 일단은 성공을 거두게 되었다. 하지만 로마 제국 영내가 야만족의 약탈로 황폐해지고, 로마 제국 영내가 전장이 되는 상황은 전혀 개선되지 않았다. 격퇴에 성공한 경우도 '공격당한 뒤에 비로소 이긴' 데 불과했다. '공격으로 수비하는' 시대는 옛날 이야기가 되었다.

스태그플레이션

이 그림 넉 장을 보면서, 3세기에 로마 제국에서는 경제적 생산성도 떨어졌을 거라고 느낀 사람이 적지 않을 것이다. 실제로 3세기에 로마 제국의 경제력은 계속 쇠퇴하는데, 그 요인 중 하나는 국세 수입이 줄어든 것이었다. 게다가 수입은 줄어드는데 지출은 계속 늘어났다. 군사비가 급증했기 때문이다.

군사 조직이 비대해졌기 때문은 아니다. 군단 수는 3세기 초의 33개 군단에서 1개 군단도 늘어나지 않았다. 군사 조직이 비대해진 것이 아니라 전쟁 횟수가 늘어난 것이다. 전쟁터로 병력을 내보내면 주둔 기지에 병력을 놓아두는 것보다 비용이 훨씬 많이 든다.

로마 제국의 기축통화인 은화의 가치 변화

아우구스투스 황제부터 클라우디우스 황제까지(기원전 23~서기 64년)		
데나리우스 은화	3.8g~3.9g	순은 100%
네로 황제부터 마르쿠스 아우렐리우스 황제까지(64~180년)		
데나리우스 은화	3.2g~3.8g	은 함유율 92%
콤모두스 황제부터 셉티미우스 세베루스 황제까지(180~211년)		
데나리우스 은화	3.2g~3.8g	은 함유율 70%
카라칼라 황제부터 발레리아누스 황제까지(214~253년)		
데나리우스 은화	3g~3.2g	은 함유율 50%
안토니누스 은화	5.5g	은 함유율 50%
발레리아누스 황제가 포로로 잡힌 뒤부터 갈리에누스 황제까지(260~268년)		
안토니누스 은화	3g~3.2g	은 함유율 5%

그렇다면 그렇게 생긴 '적자'를 로마 황제들은 어떻게 메웠을까. 더구나 카라칼라 황제의 칙령으로 속주민도 로마 시민권을 갖게 되었기 때문에, 수입의 10%로 정해져 있었던 속주세도 징수할 수 없는 시대였다. 5%의 관세나 1%의 매상세 같은 간접세만으로는 적자를 해소할 수 없었다.

그래서 전시 특별세라고 이름 붙인 임시세로 그럭저럭 꾸려나가는 방법을 생각한다. 하지만 이것도 잠정적이어야 할 세금이 너무 자주 부과되어 상설세나 마찬가지가 되었기 때문에 평판이 나빠서, 남발하면 주민 봉기가 일어날 게 뻔했다.

결국 황제들은 은화의 순은 함량을 줄이는 방법으로 곤경을 타개하려고 했다. 이런 경향은 군사력 중시를 좌우명으로 삼고 3개 군단을 새로 편성한 셉티미우스 세베루스 황제 때부터 벌써 분명해지기 시작했다.

하지만 이를 방치해두면 액면가치와 소재가치의 격차가 커질 뿐이다. 그것은 곧 인플레이션의 진행을 방치하는 결과가 된다. 제국 통치의 최고 책임자인 황제에게는 용서받지 못할 태만이었다.

그래서 세베루스 황제의 뒤를 이어 제위에 오른 카라칼라는 순은 함량이 50%까지 떨어진 '데나리우스 은화'와 병행하여 함량은 그대로 두고 무게만 5.5g으로 두 배 가까이 늘린 '안토니누스 은화'를 새로 등장시켜 은화의 가치 저하를 막으려고 했다. 이런 종류의 대책은 항상 은화를 대상으로 하고, 금화는 대상이 되지 않았다. 로마 사회는 은본위제라 해도 좋을 만큼, 예부터 항상 은화를 기축통화로 삼았기 때문이다. 따라서 은화 가치의 변동이 로마 경제력의 변동을 반영하게 되었다.

카라칼라 황제가 로마 제국을 대표하는 '데나리우스 은화'와 나란히 '안토니누스 은화'를 세상에 내놓은 것은 215년이었다. 그러면 반세기가 지난 갈리에누스 황제 시대에는 어떻게 되었을까.

무게가 3g 안팎이었던 '데나리우스 은화'는 모습을 감추었다. 통용되는 유일한 은화가 된 '안토니누스 은화'는 무게가 5.5g에서 '데나리우스 은화'와 같은 3g으로 줄어들었을 뿐만 아니라, 은 함유율은 5%까지 떨어져 있었다. 말이 은화지, 실제로는 은도금한 구리돈일 뿐이었다. 사실 '세스테르티우스 동전'은 시장에서 거의 모습을 감추었다.

초대 황제 아우구스투스가 결정한 뒤 200년 동안이나 그대로 이어져 내려온 무게 3.5g, 은 함유율 100%의 '데나리우스 은화'와 비교해보면, 3세기 로마 제국의 인플레이션이 얼마나 심각했는지를 쉽게 짐작할 수 있을 것이다. '팍스 로마나'의 파탄은 이처럼 로마 사회의 모든 면에 영향을 미칠 수밖에 없었다.

갈리에누스 황제의
안토니누스 은화

은화가 순은이었을 때는 인도뿐 아니라 그보다 더 먼 중국에서도 기꺼이 받아들여졌지만, 은도금한 은화도 크기에서는 그 시대와 다름없는 형태를 유지하려 한 것이 애처롭게 느껴진다. 나는 갈리에누스 황제의 옆얼굴이 새겨진 은화를 가지고 있는데, 무게는 마르쿠스 아우렐리우스나 콤모두스나 셉티미우스 세베루스나 알렉산데르 세베루스 황제의 은화와 마찬가지다. 하지만 더 크게 만들려고 애쓴 나머지 두께를 희생했다. 그래서 돋을새김도 전처럼 도드라지게 솟아오른 모양새가 아니다. 조금만 힘을 주면 둘로 쪼개져 버리지 않을까 싶을 만큼 얄팍하게 만들어졌다. 게다가 은 함유율이 5%밖에 안 되니까, 표면에 묻은 은 특유의 거무스름한 얼룩을 닦아내면 표면의 은막이 얇아져서 밑에 있는 구리가 드러나지 않을까 걱정스럽기까지 하다. 3세기 로마 제국의 경제적 곤경을 손으로 만지고 있는 듯한 느낌마저 든다. 3세기 로마 제국을 덮친 이 평가절하가 격렬했다는 것은 대다수 연구자가 일치하여 주장하는 정설이기도 했다.

하지만 나는 3세기의 로마 제국, 특히 3세기 후반의 로마 사회를 덮친 것은 평가절하로 말미암은 인플레이션보다 조금 늦게 시작된 디플레이션이 아닐까 생각한다.

물론 그것은 물산이 시장에 넘쳐나서 일어나는 디플레이션은 아니다. 야만족을 맞아 싸우는 요격 무대가 되어버렸기 때문에 경작지가 황폐해지고 그로 말미암아 생산성이 떨어졌으니까, 물산이 시장에 넘쳐날 리가 없다.

그보다 경작지가 전쟁터로 변하면서 황폐해지고 인구도 줄어들어

농업에 대한 투자 의욕이 떨어진 데 따른 디플레이션 현상이 아닐까 생각한다.

3세기 후반에 금리가 내려가는 현상이 일어났기 때문이다. '팍스 로마나'가 완벽하게 기능을 발휘한 시대에는 연이율 12%가 보통이었는데, 이 시대에는 4%까지 떨어졌다. 이것도 투자 의욕이 줄어드는 경향을 반영한 게 아닐까.

이 가설이 옳다면, 3세기 후반의 로마 제국에서 일어난 현상은 경기 후퇴와 인플레이션이 동시에 발생했다는 의미에서 '스태그플레이션'이 아닐까. 어쨌든 국가의 상태는 만신창이였다고 말할 수밖에 없다. 고대에는 어디까지나 농업이 주요 산업이었기 때문이다.

'장롱 저금'?

여기서 내가 오랫동안 품었던 의문을 털어놓고 싶다. 그것은 로마 제국의 은화였던 '데나리우스'에 대한 의문이다.

나는 로마사를 손으로도 만져보고 싶은 마음에 로마 시대의 주화를 수집하고, 이왕에 모은 주화니까 문고판 표지에도 쓰고 있다. 그런 주화는 런던에서 열리는 옛날 돈 경매에서 구하는데, 그것은 로마 시대의 주화가 골동품이라도 아직 거래시장이 형성되어 있다는 뜻이다. 이 시장에서는 제국 초기인 1세기나 전성기인 2세기에 순은으로 만든 데나리우스 은화도 그리 비싸지 않은 가격에 거래된다. 그래서 나 정도의 재력을 가진 사람도 살 수 있지만, 그것은 물량이 그만큼 많다는 얘기다.

이 시장에 나오는 로마 시대의 데나리우스 은화가 로마 시대 유적을 발굴할 때 한두 개씩 발견되었다면, 2천 년 뒤에도 시장이 성립될 만큼 물량이 많을 리가 없다. 그렇게 물량이 많은 것은 항아리 같은 것에 가득 들어 있는 형태로 대량 발굴되기 때문일 것이다.

그런데 런던 주화 시장에 나오는 '데나리우스 은화'는 2세기까지 만들어진 은 100%의 은화가 은 함유율이 5%밖에 안 되는 3세기 후반의 은화보다 훨씬 많다. 그래서 2천 년 뒤의 옛날 돈 시장에서는 로마 시대 당시의 '양화'와 '악화'가 비슷한 가격으로 거래되는 현상이 나타난다. 주화 수집가들은 나처럼 역사를 손으로 만져보고 싶어서가 아니라, 주화의 희소가치와 보존 상태에 가치 기준을 두기 때문일 것이다.

그래서 아우구스투스나 하드리아누스의 은화도 내가 살 수 있는 값으로 거래되는 것은 고마운 노릇이지만, 나는 그런 은화를 손에 넣을 때마다 궁금하게 여기곤 했다.

3세기 후반에는 시장에서 모습을 감추었다는 '데나리우스 은화', 게다가 순은이나 순은에 가까워서 액면가치와 소재가치가 일치한 1세기와 2세기의 '양화'가 2천 년 뒤인 지금도 시장에 나돌 만큼 많이 남아 있는 이유가 무엇일까.

이런 의문에 빛을 던져준 것은 아우렐리아누스 황제의 통화정책이었다. 정책이라기보다 과거의 '데나리우스 은화'를 가져오면 그 값어치에 해당하는 '안토니누스 은화'(은 함유율 5%)로 교환해준다는 정부 발표였다.

하지만 이 정책이 실패했다. 데나리우스 은화와 안토니누스 은화를 교환한 사람이 거의 없었기 때문이다.

아무리 황제의 명령이라지만, 거기에 응하지 않은 당시 로마인의 심정도 이해할 만하지 않은가. 그래서 '장롱 저금'은 여전히 계속되었고, 그것이 쳐들어온 야만족에게도 발견되지 않은 채 땅속에서 살아남아 오늘날 박물관에 진열되었을 뿐만 아니라 옛날 화폐 시장에까지 나돌고 있는 것이다. 아니, 그런 게 아닐까 하고 나는 상상한다.

불신임

다시 1,700년 전으로 돌아가면, 금방이라도 부러질 것처럼 얄팍한 내 은화가 주조된 해로부터 1년도 지나지 않은 268년 가을, 갈리에누스 황제가 군부 쿠데타로 살해되었다. 기병대장 아우레올루스가 반기를 들었기 때문에 그를 뒤쫓아 밀라노에 온 갈리에누스 황제는 아우레올루스를 밀라노 성채 안으로 몰아넣을 수 있었지만, 황제 쪽에 있던 다른 기병대장들이 쿠데타를 일으켜 황제를 죽였다. 갈리에누스가 갓 50세가 되었을 때였다.

갈리에누스를 살해한 기병대장들이 황제를 배신하고 동료인 아우레올루스 쪽에 붙은 것은 아니다. 아우레올루스도 그 직후에 살해되었다. 쿠데타를 일으킨 기병대장들은 황제로서 갈리에누스에 대한 기대를 버린 것이다. 쿠데타 주모자인 클라우디우스도 아우레올루스도 갈리에누스 황제에게 발탁되어 높은 지위와 권력을 얻은 기병대 사령관이었다. 하지만 그들은 군사 전문가다. 전문가의 관점에서 최고사령관 갈리에누스의 군사적 능력에 실망한 것이다.

로마 황제는 종신제였다. 종신 최고권력자를 불신임하고 싶으면 로마 제국에서는 죽일 수밖에 없었다. 갈리에누스는 불신임을 당한 셈이다. 실제로 그림 (4)에서 볼 수 있듯이 발레리아누스 황제가 페르시아 국왕의 손아귀에 들어간 뒤 로마 제국을 덮친 미증유의 위기는 그 후 8년이 지나도 전혀 개선되지 않았다. 갈리아 제국은 아직 존속해 있었다. 알레마니족은 로마 제국 영내에 살게 해주었는데도 침략을 멈추지 않았다. 고트족의 내습은 이제 일상다반사가 되었다. 팔미라의 여왕 제노비아는 로마 제국 동방에서 제멋대로 굴고 있었다.

황제로서 갈리에누스를 옹호하는 연구자들은 그래도 그는 이 미증유의 위기에서 벗어나려고 열심히 노력했다고 말한다. 확실히 그는 위기를 타개하기 위해 한곳에 가만히 앉아 있을 새가 없을 만큼 동분서주했다. 하지만 정치는 '가능성의 기술'이다. 8년 동안이나 결과가 나오지 않으면 변호할 도리가 없다. 로마의 전형적 엘리트인 갈리에누스 황제의 통치는 로마 제국 상층부에 속하는 사람들의 통치 능력 쇠퇴를 보여주는 증거이기도 했다. 그 후 상층부에 속하지 않는 사람들이 제국 상층부로 진출하기 시작하는데, '하극상'이라고 불리는 이런 현상은 사람들이 종래의 엘리트를 더는 신용하지 않게 된 결과이기도 하다. 권위의 붕괴는 은화에만 한정된 현상이 아니었다.

클라우디우스 고티쿠스 황제(268~270년 재위)

살해된, 다시 말해서 불신임된 갈리에누스에 이어 제위에 오른 사람은 클라우디우스 고티쿠스(Claudius Gothicus)였다. '고티쿠스'는 '고트족'이라는 뜻은 아니다. 33년 전에 황제였던 막시미누스 트라쿠스의 '트라쿠스'는 트라키아 사람이라는 뜻이었고, 24년 전에 황제였던 필리푸스 아라부스의 '아라부스'도 아랍인이라는 뜻이었다. 하지만 '고티쿠스'는 다르다. 연전연승의 한니발을 격파하여 로마에 제2차 포에니 전쟁의 승리를 가져다준 스키피오가 아프리카를 제압한 자라는 의미에서 '아프리카누스'라는 존칭을 받았듯이, '고티쿠스'도 고트족을 제압한 자라는 의미로 감사와 존경의 뜻을 담아 부른 별명이다. 1세

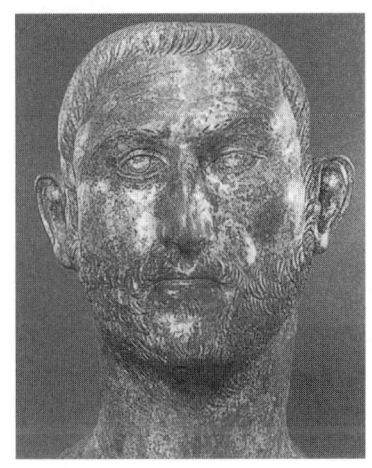
클라우디우스 고티쿠스

기에 이미 '클라우디우스 황제'가 있기 때문에, 3세기의 클라우디우스에게는 '고티쿠스'를 덧붙여 동명이인의 황제를 구별하는 의미도 있었다.

물론 1세기의 클라우디우스 황제와 혈연관계는 전혀 없다. 따라서 1세기의 티베리우스 황제나 클라우디우스 황제가 속해 있었던 로마 공화정 초기부터의 명문인 클라우디우스 가문과는 아무 관계도 없었다. 그런데 왜 클라우디우스라는 가문 이름을 갖고 있었을까.

로마인의 이름은 가이우스 율리우스 카이사르에서 볼 수 있듯이 개인 이름·가문 이름·가족 이름의 세 가지로 이루어져 있다. 속주 출신의 가문 이름 가운데 압도적으로 많은 것은 율리우스와 클라우디우스다. 그것은 율리우스 카이사르가 속주 출신에게 문호를 개방했고, 클라우디우스 황제가 그 개방 노선을 역대 황제들 가운데 누구보다도 적극적으로 추진한 사람이기 때문이다. 속주 출신에게도 국가 요직에 앉을 수 있는 길을 열어준다는 것은 구체적으로는 로마 시민권을 주는 것이고, 그중에서도 유력한 부족의 족장이거나 능력이 뛰어난 자에게는 원로원 의석까지 제공되었다. 그리고 이들에게는 마치 보증인 같은 느낌으로 그 속주 출신 인재를 등용한 사람이 속해 있는 가문의 이름을 주는 것이 보통이었다.

율리우스 카이사르의 이 개방 철학에 관해서는 제4권과 제5권에서 이미 설명했고, 클라우디우스 황제의 경우에는 이 문제만을 논한 연설이 남아 있어서 제7권에 소개했는데, 거기에는 '패자 동화'라는 로마 제국의 통치 철학이 간단명료하게 서술되어 있다.

이런 사정으로 속주에는 율리우스와 클라우디우스라는 가문 이름을 가진 사람이 많았지만, 그들이 모두 카이사르와 클라우디우스 황제한테서 가문 이름을 받은 이들의 자손은 아니었다. 그것과는 전혀 관계없는 속주 출신도 군단 안에서 승진하여 이름에라도 관록을 붙이고 싶어지면 율리우스나 클라우디우스를 가문 이름으로 삼았다. 이 두 가지 이름을 가진 사람이 워낙 많아서, 근본을 추적당할 염려도 없었기 때문일 것이다. 268년에 제위에 오른 클라우디우스 고티쿠스도 그런 사람이었다.

로마인이 일리리아 지방이라고 부른 곳은 북쪽을 흐르는 도나우강과 남쪽에 펼쳐진 아드리아해 사이에 끼어 있는 곳이다. 하지만 그곳은 지형적으로나 역사적으로 양분되어 있어서, 산이 많고 그만큼 천연의 양항(良港)이 많은 남부는 일찍부터 로마화하여 도시화가 진행되었지만, 산맥을 사이에 두고 이 남부와 등을 맞대고 있는 느낌을 주는 북부는 남부보다 평야가 많은데도 로마의 '방위선'에 면해 있는 탓도 있어서 로마화가 진행되지 않은 후진 지역에 속했다. 남부가 달마티아라고 불리게 되자, 일리리아는 북부만 가리키는 명칭이 되었다. 아드리아해를 사이에 두고 본국 이탈리아와 마주 보는 달마티아 지방이 차츰 도시 경제형으로 바뀐 반면, 제국의 국경인 도나우강에 면해 있는 일리리아 지방은 계속 농촌 경제형으로 남아 있었다.

그런데 이 일리리아 지방이 보병에서 기병으로 주축이 바뀐 로마군의 지도층을 키우는 온상이 된다. 그 후에도 반세기 동안은 그런 현상이 계속되었다.

클라우디우스 고티쿠스는 이 일리리아 지방의 농촌에서 태어났다. 로마 제국 황제까지 된 사람인데도 부모 이름조차 알려져 있지 않다. 다만 214년 이전에 태어나지는 않았다니까, 카라칼라 황제의 칙령에 따라 태어났을 때부터 로마 시민권을 갖고 있었다. 군대 경력도 옛날이라면 속주민용 코스인 보조부대에서 시작해야 했겠지만, 이제 속주 출신이라도 어엿한 로마 시민권자인 이상 기병대에 직접 지원한 게 분명하다. 클라우디우스는 오로지 기병대에서만 경력을 쌓은 듯, 30대 중반에 벌써 기병대장에 임명되어 야만족의 남하를 저지하라는 당시 황제 데키우스의 명령을 받고 그리스의 테르모필라이에 급파되었다. 그 후에도 기병대장으로서 그의 활약은 눈부셨다. 갈리에누스 황제가 로마군의 주축을 보병에서 기병으로 바꾸기로 결심한 데에는 기병대장 클라우디우스의 활약이 영향을 미쳤다는 말까지 나올 정도다.

군의 주력이 중무장 보병에서 기병으로 바뀌자, 주전력이 주둔하는 기지도 이동하지 않을 수 없었다. 상대는 방위선의 어디에서 쳐들어올지 예측할 수 없는 야만족이다. 방위선 한곳에 기지를 두고 거기서 대기하고 있으면, 야만족을 맞아 싸우는 데 시간이 걸린다. 그래서 기병대 기지는 국경인 방위선에서 내륙으로 깊숙이 들어간 곳까지 후퇴하

로마군 주전력의 변화

시대	주전력		보조전력	
서기 212년까지 약 500년 동안	중무장 보병 (로마 시민)	기병	경무장 보병 (속주민)	기병
	군단 (로마 시민)		보조부대 (동맹국이나 속주민)	
212년의 카라칼라 칙령 이후	중무장 보병 (베테랑)	경무장 보병 (신병)		기병
	모두 로마 시민			
257년 무렵부터 군대의 중심이 보병에서 기병으로 이동	기병		보병	
	모두 로마 시민			

고, 거기서 야만족이 침입한 곳으로 달려갈 수밖에 없었다. 기병대 기지로 밝혀져 있는 곳은 시르미움과 밀라노다. 그래도 시르미움은 방위선인 도나우강까지의 거리가 20km밖에 안 되지만, 밀라노는 본국 이탈리아 안에 있다. 확실한 기병대 기지가 이 두 곳밖에 없는 것은 유격대인 기병대가 기지 안에서 느긋하게 지낼 틈도 없을 만큼 야만족의 침입이 도처에서 계속되었기 때문이다.

하지만 이것은 군의 주력을 기병으로 바꾸었어도 로마 제국의 방위 전략이 '적이 쳐들어오면 맞아 싸우는' 요격 작전으로 정착해버린 상황을 반영하고 있다. 이제 전투는 국경 안에서만 벌어지게 되어버렸다. 이래서는 기병대가 아무리 용감하게 싸워도 전쟁터가 된 땅의 황폐화와 인구 감소 현상이 개선되기를 바랄 수는 없었다.

고트족의 내습

황제가 되었지만 수도 로마에 돌아갈 틈도 없었던 클라우디우스가 침입한 야만족을 격퇴하러 나가기 전에 수도의 원로원에 보낸 편지 한 통이 남아 있다. 황제라기보다 평생 기병으로 50대 중반에 이른 사나이의 단순하고 솔직한 성격을 보여주는 글이기도 하다.

〈원로원 의원 여러분, 들으라. 그리고 놀라라. 여기에 쓰는 것은 악몽이 아니라 현실이다. 로마 제국 영내에 32만 명이나 되는 무장한 야만족이 침입했고, 그들은 이제 알프스를 넘어 북이탈리아까지 접근했다. 이 대군을 격퇴하는 데 실패하면 로마 제국은 비참한 상태에 빠지겠지만, 그들을 맞아 싸울 아군은 기병도 보병도 완전히 피폐했다. 정신만이 아니라 무기와 무장도 마찬가지다.

이것은 발레리아누스 황제가 적에게 사로잡힌 불행 이후 수없이 벌어진 전쟁의 결과이기도 하지만, 방패도 창도 칼도 오래전에 이미 사용 기한이 지난 것을 아직도 쓰고 있는 형편이다. 또한 오랫동안 제국에 활력을 공급해온 갈리아와 에스파냐는 테트리쿠스(당시 갈리아 제국 황제)의 손아귀에 들어가 있다. 게다가 이런 말을 하기는 부끄럽기 짝이 없지만, 로마군 안에서도 활을 잘 쏘는 우수한 궁병은 오리엔트의 여자 제노비아에게 붙어버렸다.

이것이 로마 제국의 현재 실상인데, 이런 상황에서 무언가를 할 수 있다면 그것만으로 만족해도 좋지 않을까 하는 생각도 든다.〉

이 편지를 보낸 뒤 출정한 클라우디우스 황제는 북이탈리아의 가르다 호수 부근에서 벌어진 대규모 격전으로 고트족을 격파하는 데 성공한다. 완패당한 고트족 가운데 살아남은 자는 약탈한 재물도 사람도 모두 버리고 도나우 강 너머 북쪽으로 달아날 수밖에 없었다.

본국 이탈리아는 구제되었다. 클라우디우스가 고트족을 제압한 자라는 의미에서 '고티쿠스'라는 별명으로 불리게 된 것은 이때부터다.

하지만 이듬해에 고트족은 침입로를 바꾸었다. 도나우강 하류를 건너 발칸반도로 우르르 들이닥친 것이다. 클라우디우스 고티쿠스도 기병대를 이끌고 달려갔다. 전쟁터는 오늘날의 불가리아에 해당하는 모이시아 속주였다. 여기서도 클라우디우스와 기병대는 대승을 거두었다. '고티쿠스'는 더욱 무게있는 존칭이 되었다.

그런데 이때 고트족과 싸운 뒤 클라우디우스 황제가 패배한 고트족에 대해 취한 정책은 색달랐다. 황제는 패배한 고트족 가운데 젊고 건장한 사내는 로마군에 편입시키고, 나머지 사내들에게는 무기를 버린다는 조건으로 모이시아 속주에서 농사를 지으라고 권했다. 농부 지원자에게는 고향에서 처자식을 불러들이는 것을 허락하고, 경작지를 주겠다고 약속했다.

모이시아 속주는 도나우강 하류에 면한 로마 제국의 '방위선'이다. 고트족을 제압한 클라우디우스는 그곳에 고트족을 정착시켜 토지 황폐화와 인구 감소를 막으려고 한 것이다. 그리고 놀랍게도 이 정책은 성공을 거두었다. 로마군에 편입된 고트족은 동포인 고트족이 쳐들어오면 그들과 맞서 용감하게 싸웠고, 농민이 된 고트족도 이주한 땅에 순응하여 정착했다.

클라우디우스 고티쿠스 황제한테는 만사가 순조롭게 진행되고 있는 듯했지만, 얼마 지나기 전에 그의 목숨을 앗아간 것은 야만족도 아니고 쿠데타도 아닌 전염병이었다.

'곽스 로마나'가 제국 전역에 미쳤던 시대에는 사람들의 왕래가 활발해도 문제가 없었다. 사람들은 건강하고 영양 상태도 좋고, 여행길에 들르는 시설의 위생 상태도 좋고, 목욕을 좋아하는 로마인들답게 전염병의 발생과 유행을 상당히 억제할 수 있는 상태를 유지하고 있었다. 하지만 3세기 후반에 접어든 뒤에는 침입한 야만족을 피해 도망치는 피난민이 사람의 물결을 이루었다. 또한 모든 면에서 여유를 잃어버렸기 때문에 인프라의 유지와 보수에도 손이 미치지 않는다. 로마 제국에서는 후기로 갈수록 전염병 유행이 잦아지는데, 그것은 전란으로 피난민이 발생했고, 게다가 갈수록 피난민이 늘어났기 때문이다. 270년 1월, 판노니아 속주의 주요 도시이자 기병대 기지이기도 한 시르미움에서 겨울을 나고 있던 클라우디우스 고티쿠스는 당시 유행하던 전염병에 걸려 목숨을 잃었다. 겨우 1년 반의 통치 뒤에 맞은 죽음이었다. 원로원은 로마의 명문 출신인 갈리에누스에게는 죽은 뒤에 신격화를 거부했지만, 클라우디우스에게는 신격화를 인정했다. 제국의 변경인 일리리아 지방에서 태어난 농민의 아들이 죽어서 '신'의 대열에 들어간 것이다.

클라우디우스 고티쿠스에게는 아들이 없었지만 동생이 하나 있었다. 형이 도나우강 근처의 시르미움에서 죽었을 때, 동생 퀸틸루스는 이탈리아 북동부의 주요 도시인 아퀼레이아에 있었다. 이제 야만족이 본국 이탈리아까지 침입하는 일도 드물지 않게 된 터라, 북서부의 밀라노와 북동부의 아퀼레이아가 야만족의 침입을 막는 기지가 되어 있었다. 클라우디우스 황제는 아퀼레이아에 주둔하는 군대의 지휘를 동생에게 맡겼다.

클라우디우스 고티쿠스가 죽었다는 소식을 접한 로마 원로원은 퀀

틸루스를 다음 황제로 승인하고, 아퀼레이아에 있는 그에게 당장 소식을 전했다. 죽은 황제가 군대에서 갖은 고초를 겪으며 출세한 인물치고는 원로원을 존중하는 태도로 일관했기 때문에, 그 동생도 마찬가지일 거라고 판단한 것이다. 퀸틸루스의 군사적 능력은 평범한 정도였지만, 원로원은 로마 제국 황제를 선정할 때 주도권을 휘두르고 싶었기 때문에 서둘러 결정을 내렸다.

하지만 이것이 장병들의 반발을 샀다. 제국의 현재 상태로 보아 유능한 무장이 아니면 로마군 통수권자이기도 한 황제를 도저히 맡을 수 없다는 장병들의 생각은 옳았다. 원로원은 퀸틸루스에 대한 승인을 철회할 수밖에 없었다. 군대와 원로원을 분리한 갈리에누스 황제의 법률이 벌써 폐해를 낳기 시작한 것이다. 장병들은 일치단결하여 아우렐리아누스를 다음 황제로 추대했고, 원로원도 이것을 추인했다. 퀸틸루스는 휘하의 병사들까지도 아우렐리아누스 편에 선데다 원로원마저 등을 돌리자 수치심을 견디지 못하고 자살했다.

죽은 클라우디우스 고티쿠스도 황제가 되기 전에는 로마군 기병을 총지휘하는 자리에 있었지만, 클라우디우스가 황제였을 때는 아우렐리아누스가 로마군 기병의 총사령관을 맡고 있었다. 과거의 군인 황제는 군단장 출신이 보통이었지만, 이제는 기병대장에서 황제가 되는 것이 상례가 되었다. 또한 출신 지방도 출신 계급도 과거의 예외가 이제는 상례가 되어가고 있었다. 그것은 사회 변화가 격렬해지고 있다는 증거이기도 했다.

클라우디우스 고티쿠스의 뒤를 이은 아우렐리아누스, 프로부스, 카루스, 디오클레티아누스 등 3세기도 4분의 3이 지나간 이 시기의 황제들은 모두 일리리아 지방이라고 불린 도나우강 일대 출신이다. 출신 계급이 하층에 속하는 것도 공통점이다. 하극상이 일시적인 현상이 아니라 상례로 변했다. 그리고 270년에 제위에 오른 아우렐리아누스는 이런 유형의 황제들 중에서도 한층 뛰어난 실적을 남기게 되었다.

제2장(서기 270~284년)

아우렐리아누스 황제(270~275년 재위)

루키우스 도미티우스 아우렐리아누스(Lucius Domitius Aurelianus)는 이름만 보면 본국 이탈리아 출신 같지만, 앞에서도 말했듯이 도나우강과 가까운 변경에서 태어난 사람이다. 국경과 가까운 지방에 사는 사람들을 통틀어 '로마화한 야만족'이라고 불렀는데, 아우렐리아누스도 그런 족속에 속했다. 출생지는 오늘날 유고슬라비아의 수도 베오그라드에서 30km, 도나우강에서 20km 떨어진 국경 도시다. 로마 시대에는 시르미움이라는 라틴어 이름으로 알려져 있었다. 이 도시는 제국 말기 역사에 자주 등장하는데, 그것은 말기로 갈수록 로마 제국의 '방위선'인 도나우강의 중요성이 높아졌기 때문이다. 3세기 후반부터는 이 시르미움을 중심으로 한 일대에서 황제가 배출되지만, 이 황제들이 고향을 발전시키려고 애썼기 때문은 아니다. 군인 출신 황제들은 금의환향과 무관했다는 공통점도 있었다.

부모 이름은 확실치 않다. 부친은 군단에서 만기 제대한 뒤 농사를 지은 모양이고, 어머니는 태양신을 모시는 신전의 무녀였다고 한다. 어쨌든 출신은 낮았다. 일리리아 지방은 제국 안에서 후진 지역인 만

아우렐리아누스

큼, 활동적인 기질을 가진 사람이라면 군대에 지원하는 것은 자연스러운 선택이었다. 아우렐리아누스의 군단 경력은 입대 자격 연령인 17세가 되자마자 시작되었을 것이다.

선임자인 클라우디우스 고티쿠스와는 거의 동년배였던 모양이다. 그렇다면 제위에 오른 270년에는 쉰여섯 살이었을 것이다. 로마 시대에는 40대를 남자의 한창 나이로 생각했는데, 그 기준에 따르면 10년이나 늦은 셈이다. 하지만 아우렐리아누스는 40대부터 이미 주목받은 인물이었다. 그 역시 발레리아누스 황제가 발탁한 속주 출신 인재였다.

많은 인재를 군대의 중추에 발탁한 발레리아누스 황제는 그들을 단순히 요직에 등용하기만 한 것은 아니었다. 군대 내부에서 승진을 거듭하면서도 재산을 모으는 일에는 무관심한 사람에게는 경제적인 배려를 잊지 않았다. 발레리아누스는 벌써 40대 중반에 이른 아우렐리아누스에게 다음과 같은 금품을 주도록 명령했다.

금화와 은화와 동화를 적당하다고 생각하는 만큼. 남자용 면직 투니카 10벌. 이집트산 마직 투니카 20벌. 키프로스제 식탁용 냅킨 2다스.

로마 시대에는 손으로 음식을 집어먹었기 때문에, 개인용 냅킨은 저녁 식탁의 필수품이었다. 아프리카산 카펫 10상. 연회 때 손님용으로 쓸 마우리타니아산 시트 10장. 로마 시대에는 의자 팔걸이에 한쪽 팔꿈치를 받치고 비스듬히 누운 자세로 식사하는 것이 정식이었고, 의자에 앉아서 식사하는 것은 요즘으로 치면 카운터에서 서둘러 식사를 끝내거나 서서 먹는 거나 마찬가지로 여겨졌다. 끝으로 요리용 양과 돼지 몇 마리.

사령관이라면 때로는 로마식 정찬으로 손님을 대접하라는 최고사령관의 배려다. 어쨌든 이 물품들의 다양한 산지를 보면, 로마 제국이 3세기에도 여전히 세계적인 경제권이었다는 것을 짐작할 수 있다.

발탁한 인재를 이처럼 세심히 배려해주는 것도 효과적이지만, 발탁된 사람에게 가장 기쁜 것은 역시 자기를 제일선에서 활용해주는 것이다. 발레리아누스 황제는 40대인 아우렐리아누스를 '구사했다'는 표현을 쓰고 싶어질 만큼 충분히 활용했다. 군단기지 책임자들에게 보낸 황제 서한에는 이렇게 쓰여 있었다.

〈나는 더없이 유능한 아우렐리아누스에게 각 기지의 시찰을 위임하고, 그가 필요하다고 인정한 모든 것을 개선하도록 일임했다.〉

사병에서 출발한 아우렐리아누스는 이 임무를 맡아 제국의 가장 중요한 방위선인 도나우 방위선 전역을 시찰하면서 방위선 전체에 걸친 폭넓은 시야를 갖게 되었다. 『황제전』에 기록된 아우렐리아누스의 언행을 보면 그때의 시찰 상황을 엿볼 수 있다.

시찰에 나선 아우렐리아누스는 1천 명을 지휘하는 대대장들에게는 이렇게 말했다.

"대대장 자리를 유지하고 싶으면, 아니 자신의 전사를 면하고 싶으면 가장 명심해야 할 일은 휘하 병사들을 완전히 통제하는 것이다."

그리고 병사들에게는 이렇게 말했다.

"일개 졸병이라 해도 로마군 병사라면 민간인이 갖고 있는 어떤 물건도 강탈해서는 안 된다. 달걀 한 개도 빼앗으면 안 된다. 올리브기름도 소금도 땔나무조차도 빼앗으면 안 된다. 군대가 지급해주는 것으로 만족해야 한다. 병사에게 강탈당하면 민간인의 생활을 뒷받침해주는 물산이 없어져버린다. 로마 병사는 야만족을 격파하고 얻은 전리품으로 유복해져야지, 속주민 눈물로 유복해져서는 안 된다.

무기는 항상 잘 손질하고 칼날은 날카롭게 갈아두고 군화는 찢어진 곳이 없게 수리하고, 무장도 필요하면 항상 새것으로 바꿀 수 있도록 준비되어 있어야 한다. 언제 쳐들어올지 예상할 수도 없는 것이 우리의 적이다.

봉급은 기지 내 은행에 맡겨두어라. 그리고 낭비는 삼가는 것이 로마 전사다. 다만 전쟁터에서도 금으로 된 목걸이나 팔찌나 반지를 몸에 지니고 싶은 사람은 그렇게 해도 상관없다."

이 말은 로마 병사니까 금붙이를 몸에 지니고 싸우는 것도 허락한다는 뜻은 아니다. 본심은 금붙이를 몸에 지니고 있으면 그것을 적에게 빼앗기고 싶지 않아서 더 용감히 싸우게 된다는 데 있었다.

기병 앞에서는 이렇게 말했다.

"말 손질을 최우선 사항으로 생각해라. 손질을 게을리하면 안 되는 것은 타고 다니는 말만이 아니라 수송용 말이나 소도 마찬가지라는 것을 잊어서는 안 된다. 자신이 돌보는 말이나 소의 사료를 밤중에 몰래 빼돌리는 고얀 놈들이 있어 종종 문제가 되는데, 그런 괘씸한 짓을 하다가 들키면 엄벌이 기다리고 있음을 잊어서는 안 된다. 그리고 가축도 인간이나 마찬가지로 자기 혼자만의 것이 아니라 자기가 속해 있는 부대 전체의 것으로 생각하여 손실하고 돌봐주어야 한다."

그리고 모든 장병이 모인 자리에서는 이렇게 말했다.

"군대에서는 장교와 일반 병사들의 말이나 행동에 차이가 생기는 것은 당연하다. 하지만 그것은 군대 내부의 규율을 유지할 필요가 있기 때문이지, 장병 개개인의 인격까지 차이가 나는 것은 결코 아니다. 어떤 장교도 휘하 병사를 노예처럼 다루어서는 안 되고, 어떤 병사도 장교를 하인처럼 섬길 의무는 없다. 장교도 병사도 군대라는 조직의 일원이라는 점에서는 다름이 없기 때문이다.

모든 장병은 지위에 관계없이 평등하게 군단 소속 의사들의 치료를 받을 권리가 있다. 금품을 주면 더 나은 치료를 받을 수 있는 상태는 절대 용납되어서는 안 된다."

그리고 마지막으로 이렇게 말했다.

"어떤 신을 믿든, 점에 의지하든, 그것은 개인의 자유다. 하지만 군단의 행동이 거기에 좌우되는 일은 결코 있어서는 안 된다. 민간인에게는 항상 친절하고 예의바르게 대해야 한다. 외출했을 때 민간인과 싸우기라도 하면 그런 자에게는 박살형(撲殺刑 : 때려죽이는 형벌)이 기다리고 있다는 것을 여기서 분명히 밝혀두는 바다."

아우렐리아누스는 입으로만 말한 것이 아니라 실제로도 엄격하게 처벌을 시행했다. 그런 아우렐리아누스에게 병사들은 'Aurelianus manu ad ferrum'이라는 별명을 붙여주었다. '항상 칼에 손을 대고 있는 아우렐리아누스'라는 뜻이다.

아우렐리아누스를 발탁한 발레리아누스 황제는 그를 실전에도 활용했다. 그래서 많은 전선에 파견되었지만, 그중 하나인 비잔티움에서는 아우렐리아누스가 지휘한 병사의 민족별 구성까지 기록되어 있어서 흥미롭다.

북부 팔레스티나 출신 궁병 300명. 아르메니아인 병사 600명. 아랍인 병사 350명. 메소포타미아 출신 병사 400명. 도나우강 일대 출신 기병 800명. 대대장 4명은 모두 시리아-팔레스티나 출신.

군대부터 이런 식으로 로마가 다민족 국가임을 반영하고 있었다. 동방에서는 라틴어보다 그리스어가 널리 통용되어 황제의 포고령도 그리스어로 내보낼 정도였지만, 군대 용어는 라틴어로 통일되어 있었다. 사용하는 언어를 통일하지 않으면 병사들 사이의 의사소통도 불가능했기 때문일 것이다. 병사 2,450명으로 구성된 이 부대의 총지휘를 맡은 아우렐리아누스의 임무는 페르시아 왕과 싸우기 위해 동방으로 가는 발레리아누스 황제의 배후 안전을 보장하는 것이었다. 비잔티움(그로부터 70년 뒤에 콘스탄티노폴리스로 개명)을 방위한다는 것은 그 도시 자체만이 아니라 유럽과 아시아를 잇는 통로 전체의 안전 보장을 의미했기 때문이다.

하지만 그 후 1년도 지나기 전에 로마 제국을 깜짝 놀라게 한 운명의 260년이 찾아온다. 발레리아누스 황제가 페르시아 왕 샤푸르 1세의 포로가 된 것이다. 전선의 장군들은 누구나 망연자실한 상태에 빠졌겠지만, 그중에서도 발레리아누스에게 각별한 총애를 받던 아우렐리아누스는 46년의 생애에서 가장 큰 충격을 받았을 것이다. 게다가 이 불행은 당시 그가 머물고 있던 지방에서 마음만 먹으면 당장이라도 달려갈 수 있는 유프라테스강 동쪽 연안에서 일어났다. 하지만 당시 아우렐리아누스는 달려갈 수 있는 지위에 있지 않았다. 병력도 겨우 2,500명으로는 어떻게 해볼 도리가 없었다.

260년에서 10년이 지난 270년, 아우렐리아누스 자신이 황제가 되었다. 그가 물려받은 로마 제국은 10년 전의 상태가 전혀 개선되지 않은 제국이었다.

아우렐리아누스는 키가 크고 단단한 체격이지만, 키에 비해 얼굴이 작고 좁은 이마에는 주름이 깊게 새겨져 있어서 기품있고 위풍당당한 풍채라고는 말할 수 없었지만, 3세기의 로마 황제들 중에서는 드물게 취임 당시부터 명확한 생각을 갖고 있었던 황제였다. 웅대한 계획만이 아니라 그것을 실시하는 데 필요한 냉철함도 갖고 있었다. 그는 로마인들이 불상사로 치부하여 잊고 싶어 한 발레리아누스 황제가 자신에게는 은인임을 감추지 않았지만, 그 은인의 아들인 갈리에누스 황제를 불신임하여 죽이는 것을 망설이지 않은 인물이기도 하다. 이런 아우렐리아누스를 두고 동시대 역사가들은 오랜만에 로마인의 혼을 가진 황제가 등장했다고 찬양하게 된다. 어쨌든 제위에 오른 아우렐리아누스는 우선 사항을 명확히 한 뒤 시간을 낭비하지 않았기 때문이다.

반격 개시

아우렐리아누스가 물려받은 로마 제국은 10년 전과 조금도 다르지 않은 삼분된 제국이었다.

서쪽에는 갈리아 제국, 동쪽에는 팔미라 왕국이 거의 독립국으로 존재하고, 로마 황제의 통치권이 미치는 지역은 이 두 세력 사이에 낀 중앙 부분에 불과했다.

아우렐리아누스는 우선 갈리아 제국은 당분간 내버려두기로 결정했다. '미니 로마'라고 해도 좋은 정치체제를 갖춘 이 나라는 갈리아 전역과 에스파냐와 브리타니아를 지배했지만, 알프스를 넘어 본국 이

앞뒤에 초상이 새겨진 팔미라의 주화
왼쪽(앞면)—바발라투스, 오른쪽(뒷면)—아우렐리아누스

탈리아를 위협할 움직임은 보이지 않았기 때문이다. 로마 제국에 적대 행동을 하지 않는 갈리아 제국의 문제는 뒤로 미루어도 된다고 판단한 것이다.

제국 동방에서 세력을 넓히고 있던 팔미라 왕국도 일단 내버려두기로 결정했다.

여왕을 자칭하는 제노비아는 본보기로 우러러 받드는 클레오파트라라도 된 것처럼 세력 확장에 집착하고 있었지만, 과거의 클레오파트라처럼 군대를 편성하여 로마에 도전하는 짓까지는 하지 않았다. 물론 로마도 지난 10년 동안 팔미라에 군대를 보내지 않았다. 어쨌든 제노비아 여왕은 로마 제국 동방에 손을 뻗어 조금씩 땅을 침식하면서도, 로마 제국에서 떨어져 나가 독립하겠다고 명언하지는 않았다.

저간의 사정은 화폐에 잘 반영되어 있다. 아우렐리아누스 황제의 즉위와 함께 그의 옆얼굴을 새긴 은화가 주조되었지만, 제노비아가 지배하는 제국 동방에서는 아우렐리아누스의 옆얼굴이 은화 뒷면으로 밀려나고 앞면에는 제노비아의 아들인 팔미라 왕 바발라투스의 옆얼굴이 새겨졌다. 그런데 은화 가장자리에 새겨져 있는 약자만 보면, 상위에 있는 것은 어디까지나 아우렐리아누스 황제이고 팔미라 왕은 'Dux Romanorum'(로마 제국 동방 장관)일 뿐이다. 이런 비일관성은 곧 제노비아의 통치가 보여준 비일관성이기도 했다. 아우렐리아누스 황제가 팔미라 문제를 맨 먼저 해결해야 할 최우선 사항으로 꼽지 않은 것은 바로 이 점에 주목했기 때문이 아닐까 여겨진다.

결국 최우선 사항이 된 것은 북쪽 방위, 즉 야만족에 대한 대책이었다. 이것은 선제인 클라우디우스 고티쿠스 황제가 이미 손을 댄 문제였다. 아니, 손을 댔을 뿐만 아니라 상당히 순조롭게 진행되고 있었다. 이런 경우에는 지금까지의 방식을 계속 밀고 나가는 것이 최선의 방책이다. 그러면 지금까지 거둔 성과를 발판으로 삼을 수 있기 때문이다.

하지만 이때 아우렐리아누스는 유일한 전략적 실책을 저질렀다. 야만족이 제국 방위선을 뚫고 쳐들어왔을 때 바로 격퇴하는 것이 아니라, 야만족이 돌아가는 길목에 매복했다가 약탈한 재물과 사람 때문에 움직임이 둔해진 야만족을 공격하는 전략을 택한 것이다.

그해에 침입한 야만족은 반달족이었는데, 로마군의 이 매복작전을 어떤 방법으로든 미리 알았던 모양이다. 그래서 약탈한 재물과 사람을 북부 이탈리아 어딘가에 모아놓고 그것을 지킬 병력을 일부 남겨놓은 뒤, 나머지는 이탈리아반도 남쪽으로 계속 밀고 내려가는 작전을 강행했다.

북부 이탈리아의 피아첸차에서 중부 이탈리아의 리미니까지 일직선으로 이어진 아이밀리아 가도를 진군하는 대규모 기마대에 저항할 수 있는 도시는 없었다. 파르마, 모데나, 볼로냐, 그리고 아이밀리아 가도의 종착지인 리미니 등 아이밀리아 가도가 지나는 도시들 가운데 약탈과 방화를 면할 수 있었던 곳은 하나도 없었다. 리미니에서 파노까지는 아드리아해를 따라 남하하는 가도가 이어져 있고, 파노에서 플라미니아 가도로 들어가면 수도 로마까지는 직통이었다.

허를 찔린 아우렐리아누스가 야만족을 따라잡은 것은 야만족이 파노에서 플라미니아 가도로 들어간 직후였다. 메타우로강이 아드리아해로 흘러드는 하구 일대를 무대로 양군 기병 사이에 격렬한 전투가 벌어졌다.

승리한 것은 아우렐리아누스 쪽이다. 격파라 해도 좋을 정도의 대승이었지만, 적군도 기병인 만큼 용케 달아난 자가 적지 않았다. 야만족은 이제 북쪽으로 돌아가는 것밖에는 염두에 없었고, 아우렐리아누스는 적을 계속 추격하여 완전히 격파하는 것밖에는 염두에 없었다. 밀라노 남쪽 30km 지점에 있는 파비아가 적의 숨통을 끊는 결전의 무대가 되었다. 패퇴한 반달족 가운데 고향으로 도망칠 수 있었던 사람은 하나도 없었다.

그런데 지금까지는 야만족과 싸운 전쟁을 서술할 때 이탈리아 지도를 펼쳐놓을 필요가 없었지만, 3세기 후반이 되면 지도를 계속 펼쳐놓아야 한다. 바로 이것이 역사에서 말하는 '3세기의 위기'의 실태였다.

로마 원로원도 이번만은 겁에 질려 부들부들 떨었고, 한니발이 쳐들어온 500년 전을 생각해낸 것처럼 시빌라의 신탁에까지 의지하려 들 정도였다. 하지만 야만족을 격파했다는 소식이 들어오자마자 그때까지 공포에 사로잡혀 있던 원로원의 태도가 싹 달라졌다. 중부 이탈리아까지 야만족의 침입을 허용한 아우렐리아누스 황제를 비난하는 목소리가 일제히 터져나온 것이다.

갈리에누스 황제의 정책으로 군무에서 배제된 원로원 의원들이 군인 출신 황제들에게 보인 굴절된 태도는 이때부터 시작되어 오랫동안 꼬리를 끌게 된다. 군사에 관여할 수 없게 된 그들은, 한편으로는 안전한 곳에서 쾌적한 생활을 할 수 있는 것을 환영하면서도, 또 한편으로는 실권을 빼앗긴 자가 실권을 쥔 자에게 품는 굴절된 감정을 버리지 못했다. 로마 사회의 지도층을 대표했던 원로원 의원은 이제 실권을 휘두를 수 있는 처지에서 밀려나 비평가가 되었다. 그리고 이 비평가들은 황제를 자신들이 고용한 용병대장처럼 생각하게 되었다. 그래서 본국 이탈리아를 방어하기 위해 자신들이 나서지 않고, 이탈리아의 허리까지 야만족의 침입을 허용했다는 이유로 아우렐리아누스를 비난한 것이다.

이렇게 되면 당연한 귀결이지만, 원로원에 대한 군인 황제들의 태도도 강경해질 수밖에 없다. 선제 클라우디우스가 원로원에 보낸 보고서는 남아 있지만 아우렐리아누스의 보고서는 한 통도 남아 있지 않다. 실제로는 아우렐리아누스도 보고서를 썼을지 모르나, 사료가 남아 있느냐 없느냐는 확률 문제이기도 하다. 따라서 아우렐리아누스는 클라우디우스만큼 자주 원로원에 보고서를 보내지 않았다고 생각할 수도 있다. 게다가 아우렐리아누스는 야만족을 완전히 격파하는 데 성공한 뒤 황제 자격으로는 처음으로 수도에 귀환했을 때, 원로원 의원들의 신경을 거스르는 정책을 두 가지나 강행했다.

첫째는 통화 개혁이고, 둘째는 수도 로마를 둘러싸는 성벽을 건설하기로 결정한 것이다.

하지만 현 상황을 직시한다면 누구나 인정할 수밖에 없는 이 두 가지 정책이 왜 원로원의 신경에 거슬렸을까.

우선 통화 개혁을 살펴보면, 이것은 처음부터 통화를 개혁하려고 마음먹고 시작한 정책이 아니었다. 바꿔 말하면 통화를 둘러싼 부정행위를 적발하는 과정에서 시작된 개혁이었다.

통화 발행권

로마 제국의 통화제도를 확립한 초대 황제 아우구스투스는 제국의 기축통화가 될 로마 화폐를 아우레우스 금화, 데나리우스 은화, 세스테르티우스 동화의 세 가지로 결정했는데, 금화와 은화의 발행권은 황제에게 있고 동화 발행권은 원로원이 갖는다는 것도 그때 함께 결정되었다. 그 후 290년 동안이나 금화와 은화는 갈리아의 리옹에서, 동화는 수도 로마에서 주조되었다.

그런데 260년에 발레리아누스 황제가 페르시아에 사로잡힌 직후 제국을 덮친 혼란 속에서 갈리아 제국이 창설되어 로마 제국에서 분리된다. 리옹은 그 갈리아 안에 있다. 리옹에서 제국 통화를 주조할 수 없게 된 로마는 금화와 은화 조폐소를 수도 로마로 옮길 수밖에 없었다. 게다가 금화와 은화 주조의 최고 책임자인 갈리에누스 황제는 야만족을 격퇴하느라 수도에 돌아올 틈도 없었고, 갈리에누스의 뒤를 이어 황제가 된 클라우디우스 고티쿠스도 야만족을 격퇴하는 일에 전념한 나머지 수도를 찾을 여유도 갖지 못한 채 1년 반의 치세를 끝낸다. 결과적으로 260년부터 270년까지 10년 동안 금화와 은화와 동화는 수도 로마에서 주조되었고, 집정관이 실질적으로 화폐 주조를 관리했다. 그리고 매년 바뀌는 집정관은 원로원 의원들이 호선으로 결정했다.

아우렐리아누스 황제는 야만족이 플라미니아 가도 입구까지 접근하는 것을 허용했다고는 하지만, 그 후 야만족을 무찔러 도나우강 북쪽으로 몰아내고 수도 로마에 들어오자마자 조폐 기술자들의 부정을 적발하는 일에 착수했다. 금화의 무게가 조금이나마 줄어들고 은화의 은 함유율이 5%까지 떨어진 것은 조폐 관계자들의 부정에 원인이 있다고 황제는 규탄했다. 조폐소 소장의 이름이 그리스계니까, 조폐 기술자는 대부분 해방노예 출신의 로마 시민권자였을 것이다. 조폐 과정에서 금이나 은을 빼내는 짓을 사회적 지위가 낮은 이들이 독단으로 할 수 있을 리가 없다. 황제의 규탄은 조폐 기술자들의 배후에 있을 게 분명한 원로원을 은근히 겨냥하고 있었다. 하지만 증거가 없다. 그래서 적발은 조폐소 소장과 기술자들을 대상으로 할 수밖에 없었다.

기술자들은 여기에 반발하여 파업에 돌입했고, 로마의 일곱 언덕 가운데 하나인 아벤티노 언덕에 틀어박혀 농성을 벌였다.

아우렐리아누스 황제는 실력 행사로 응수했다. 로마 기병대의 발굽에 희생된 자가 7천 명에 이르렀다고 한다.

조폐소에 기술자가 7천 명이나 있었을 리는 없다. 아마 그들을 응원하기 위해 원로원 의원들의 집에서 일하는 고용인도 많이 끌려나와 있었을 것이다.

하지만 부정행위의 배후에 원로원이 있다는 확실한 증거는 하나도 없었다. 부정행위는 실제로 있었을 것이다. 하지만 은화가 은도금화로 전락해버린 것은 역시 로마 제국의 경제 상황을 반영하고 있었다. 파업을 진압한 아우렐리아누스도 이 사실은 인정해야 했다. 그래서 통화제도 개혁은 제도를 조금 손질하는 정도로 만족할 수밖에 없었다. 은 함유율을 과거의 100%로 돌려놓을 수 있는 유일한 길은 로마 제국의 경작지에 인구가 줄어드는 현상을 해소하는 것이고, 그것을 실현할 수 있는 유일한 방법은 야만족을 국경 밖으로 완전히 격퇴하는 것이었기 때문이다.

아우렐리아누스는 자신에게도 엄격하지만 남에게도 엄격한 타입의 통치자였다. 증거는 찾지 못했지만, 원로원을 처벌하지 않고는 직성이 풀리지 않았다. 아우렐리아누스 황제가 단행한 통화 개혁의 본심은 바로 이것이었다.

첫째, 금화의 중량을 260년 이전과 같은 6.5g으로 환원한다.

둘째, 은본위제라 해도 좋은 로마 제국의 통화로서 가장 중요한 은화의 은 함유율은 앞으로도 계속 5%를 유지한다. 다만 은화의 중량은 초대 황제 아우구스투스가 결정했을 당시와 같은 3.9g으로 환원한다.

셋째, 은화의 가치가 이렇게까지 떨어진 이상 동화를 계속 발행할 이유가 없으므로, 세스테르티우스 동화를 완전히 폐지한다.

이것은 금융면에서 보면 보완책이기는 하지만 올바른 선택이었을 것이다. 은화의 무게가 3.9g이었던 시대의 은 함유율은 100%였다. 순은이니까 은화 한 닢에 동화 네 닢의 교환가치가 성립되어 있었다. 그런데 은 함유율이 5%로 떨어지면, 금화 한 닢에 은화 25닢의 관계를 유지하는 것은 불가능했다.

그런데 아우렐리아누스의 이 보완책이 금융면에서는 당시 택할 수 있었던 유일한 대책일지 모르지만, 정치적으로는 그렇게 간단한 문제가 아니었다.

세스테르티우스 동화의 앞면에도 황제의 옆얼굴이 새겨지는 경우가 많다. 그리고 뒷면에는 그 황제가 이룩한 기념할 만한 사업이나 행사, 예를 들면 트라야누스 황제가 도나우강에 놓은 다리 따위가 도안되어 새겨진다. 하지만 그 옆에는 S와 C라는 글자도 새겨져 있었다. 그것은 '_Senatus _Consulto'의 약자로 '원로원 발행'이라는 뜻이다.

로마 제국은 어느 영국 학자가 일종의 '코먼웰스'(연방)라고 말했듯이 대폭으로 지방분권을 인정하고 그 바탕 위에 서 있는 중앙집권 국

원로원이 발행한 동화(하드리아누스 시대)

가였다. 내정의 자치는 거의 모든 식민도시나 지방자치단체에 인정되어 있었지만, 그중에서도 특히 인류 역사에 크게 이바지했다고 로마인들이 생각한 아테네 같은 도시에는 통화 발행권도 인정했다. 자기네고유의 통화를 계속 갖는 것은 민족의 긍지를 계속 유지하는 것이기도 했기 때문이다. 이런 도시만이 아니라, 명칭은 여전히 동맹국이지만 실제로는 속국인 나라에도 로마 제국은 통화 발행권을 인정했다. 맹주인 로마 제국이 하는 일은 산하에 있는 국가나 도시의 화폐를 배제하고 로마 화폐로 통일하는 것이 아니라, 그런 화폐는 그대로 남겨놓고 기축통화인 로마 화폐의 가치를 안정시키는 것이었다. 이것이 로마 제국의 통화제도를 확립한 아우구스투스 황제의 생각이었다. 로마 제국에는 아무리 작은 도시에도 환전상이 있었는데, 그것은 물론 돈을 환전할 필요가 있었기 때문이다.

요컨대 통화 발행권은 단순한 금융 문제가 아니라 그 이상의 문제였다. 아우렐리아누스는 동화를 완전히 폐지하여, 아우구스투스 황제 이후 300년 동안이나 원로원이 가졌던 동화 발행권을 빼앗은 셈이 되었다. S와 C가 새겨진 화폐는 그 후 모습을 감춘다. 원로원 의원들은 무슨 생각으로 이 법률에 찬성표를 던졌을까.

'아우렐리아누스 성벽'

두 번째는 수도를 둘러싸는 성벽을 건설한 것인데, 이것을 보는 사람은 누구나 시대가 달라진 것을 절감하게 되었다.

도시 로마를 500년 동안 지킨 방벽은 제6대 왕 세르비우스가 건설한 '세르비우스 성벽'이다. 하지만 이 성벽은 500년이 지난 기원전 1세기 중엽에 율리우스 카이사르가 허물었다. 허문 이유는 카이사르가 계획하고 있던 도심부 확장공사에 방해가 되었기 때문이지만, 500년 동안이나 사람들에게 익숙해진 것을 철거하는 데에는 좀더 훌륭한 이유가 필요하다. 그래서 카이사르는 수도 로마의 방위도 국가 로마의 '방위선'에서 맡고 있는 이상 수도를 둘러싸는 성벽은 필요없다고 주장한 뒤 성벽 철거를 결행했다. 이것이 단순한 억지가 아닌 것은 그 후의 '팍스 로마나'가 실증하고 있다. 하지만 카이사르도 '세르비우스 성벽'을 완전히 파괴한 것은 아니다. 허물 필요가 있는 곳만 파괴했지만, 곳곳이 끊긴 성벽은 더 이상 방벽이 아니다. 그 후에도 존재 이유가 없는 '성벽'은 파괴할 필요가 생길 때마다 허물어져, 오늘날에는 '종착역'(Stazione Termini) 앞 광장을 비롯한 몇 군데가 남아 있을 뿐이다. 도시 로마의 주민은 무려 300년이 넘도록 주위를 완전히 둘러싼 성벽이 없는 도시에서 평화를 만끽하며 살아온 것이다.

하지만 제국의 다른 도시가 방벽을 둘러치는 시대가 되자, 수도 로마도 예외가 허락되지 않았다. 성벽이 없었던 300년 동안 로마의 시가

지는 많이 확대되었다. 성벽도 그렇게 커진 로마 전체를 둘러싸는 규모가 되어야 했다.

271년에 착공하여 6년 뒤에 완공된 성벽은 공공건축물에도 입안자의 이름을 붙이는 로마의 전통에 따라 '아우렐리아누스 성벽'으로 불리게 되었다. 둘레가 19km, 평균 높이는 6m, 두께가 3.5m, 성문 18개, 요소마다 요새를 둔 전형적인 '성벽'이다. 그 후에도 성벽 없이는 살 수 없는 시대가 오래 계속되었기 때문에 보수도 게을리할 수 없었고, 덕분에 1,700년 뒤인 오늘날에도 이 성벽은 대부분 사적으로 남아 있다. 그거야 어쨌든, 지리적으로 제국 중앙에 자리 잡고 있는 수도 로마에서도 안심하고 잠잘 수 있는 시대는 옛날 이야기가 되어버렸다.

외적인 변화는 내적인 마음도 변화시킬 수밖에 없다. 벽 앞에서 벽을 의식하지 않을 사람은 아무도 없다. 이제까지는 자유롭게 바깥쪽으로 퍼져갔던 로마시의 거주구역도 '아우렐리아누스 성벽'의 안과 밖으로 나뉘게 되었다. 로마 교외에 흩어져 있던 부자들의 별장도 전처럼 개방적인 구조는 허용되지 않았고, 이제 스스로 방위 대책을 세워야 했다. 그럴 만한 경제적 여유가 없는 사람은 시내로 이사하는 쪽을 택하게 되었다. 야만족이 쳐들어올 위험이 수도 로마보다 훨씬 높은 속주 도시에서는 이미 오래전부터 이런 현상이 일어나고 있었다. 농민들조차 방벽을 둘러친 시내에 살면서, 아침에 시내 밖으로 나가 농사를 짓고 저녁 때 돌아오는 생활을 하게 되었다. 이렇게 '팍스 로마나'가 과거의 것이 되어가던 로마 제국 전역에서는 교외 인구가 줄어들고 도시가 과밀화하는 현상이 계속 진행되었다. 그리고 이것은 기독교 세력 확장의 온상이 되었다.

하지만 아우렐리아누스 황제는 현재 상황에 맞는 정책을 실시했을

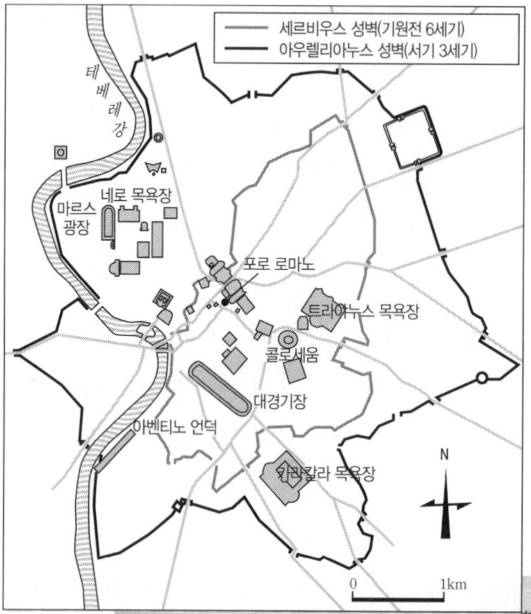

로마의 두 성벽

지금도 도처에 남아 있는 아우렐리아누스 성벽

뿐이라고 생각한 게 분명하다. 그리고 그는 원로원에서 들끓는 비판의 목소리에는 귀를 기울이지 않았다. 그는 성벽 공사가 착공되는 것을 확인하자마자 수도를 떠나 북쪽으로 갔다. 그의 머리는 두 번째 우선 사항인 팔미라 문제로 가득 차 있었다. 다만 그 전에 도나우 방위선 확립이라는 중요한 문제를 처리해두어야 했다.

다키아 포기

아우렐리아누스 황제와 3세기에 로마 제국을 통치한 다른 황제들의 가장 큰 차이점은 아우렐리아누스가 나라 안팎에서 '속공'을 폈다는 것이다. 지금까지 서술한 국내 정치의 기반 굳히기도 271년 봄이 올 때까지 두 달도 채 안 되는 기간에 해치웠고, 지금부터 서술할 도나우 방위선 확립도 271년 전반기에 해치워버린다. 하지만 야만족 대책은 국내 정치와 방식이 달라지는 것도 당연하다. 이에 대한 아우렐리아누스의 전략은 기본적으로 다음과 같은 순서로 진행되었다.

(1) 우선 적극전법으로 쳐들어가 야만족을 호되게 공격한다.
(2) 그런 다음 열세에 빠진 야만족이 강화를 제의해오기를 기다린다.
(3) 강화를 제의해온 부족장들을 어마어마한 무대 장치에서 맞이한다. 구체적으로는 로마 제국 황제의 정식 군장 차림으로 서 있는 아우렐리아누스를 중심으로 이제까지 야만족을 상대로 눈부신 전공을 세운 황제들의 대리석 입상을 반원형으로 늘어놓는다. 완전 무장한 장군들이 좌우를 가득 메우고, 은독수리 군단기나 부대기를 받쳐든 중무장 보병과 기병이 그 뒤를 메운다. 강화 교섭을 하는 자리에는 어울리지 않는 이런 무대 장치에서 부족장들을 맞이한 것이다.

(4) 여기에 압도되어 겁에 질린 야만족 대표와 되도록 유리한 조건으로 강화를 맺는다.

하지만 아우렐리아누스는 또 한편으로는 야만족의 체면을 세워주는 것도 잊지 않았다. 그것은 로마인이 장기로 삼아온 '이기고 양보한다'는 정략이다.

이 방식으로 맺은 강화에 따라 로마는 다키아 속주에서 철수하기로 결정했다. 다키아를 고트족에게 넘겨준 것이다. 트라야누스 황제 시대에 로마의 속주가 된 다키아는 165년 만에 로마 제국 영토에서 제외되었다. 아우렐리아누스는 도나우강 하류의 북쪽 연안에 거대한 교두보처럼 돌출한 다키아를 계속 유지하는 것은 효과가 없다고 판단했다. 야만족의 바다 속으로 튀어나간 반도가 다키아 속주다. 여기에 주둔하는 2개 군단으로는 방위가 불가능하다는 것은 3세기 중엽에 이미 분명해졌지만, 속주 포기는 자칫하면 황제의 목이 날아갈 만큼 시민에게 인기가 없다. 그래서 황제들도 지금까지 결단을 내리지 못했지만, 아우렐리아누스는 결단을 내린 것이다.

다키아 속주 각지에 주재하던 로마군 관계자나 정무직 공무원들도 일제히 다키아에서 철수하여 도나우강 남쪽으로 옮겨왔다. 시민들이 다키아에 남느냐 로마 영토로 이주하느냐는 그들 자신의 판단에 맡기기로 했다. 도나우강을 건너 남쪽으로 옮긴 사람이 많았지만, 다키아에 남기로 결정한 로마인도 적지 않았다고 한다. 어쨌든 로마 당국을 대신하여 다키아를 통치하게 될 고트족은 통치의 '노하우'가 없어서, 통치에 익숙한 사람은 고트족에게도 귀중한 존재였기 때문이다. 아우렐리아누스 황제와 고트족이 맺은 다키아 양도 협약의 내용은 남아 있지 않지만, 이 협약이 실시된 시기의 혼란이 전혀 기록되어 있지 않은

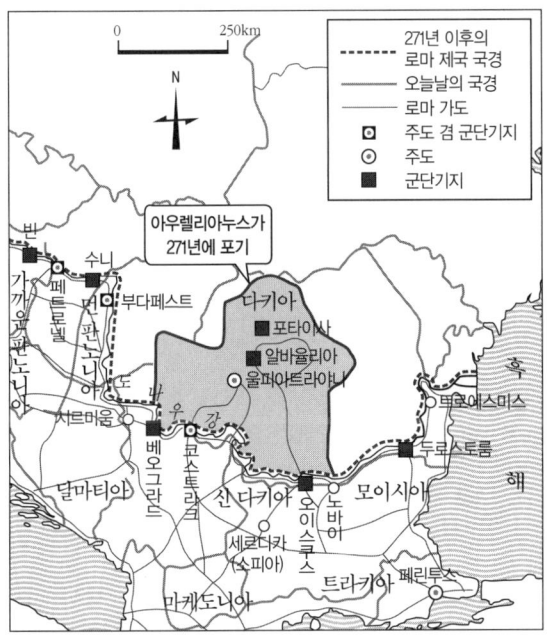

다키아와 그 주변

것으로 보아 로마의 다키아 철수는 그다지 심각한 혼란을 초래하지 않고 끝난 모양이다.

하지만 아우렐리아누스가 단순한 철수를 결행한 것은 아니었다. 도나우강 하류라는 제국의 방위선 남쪽에는 모이시아 지방이 펼쳐져 있다. 아우렐리아누스는 그 모이시아의 일부와 그 왼쪽에 있는 달마티아 지방의 일부, 그리고 모이시아 남쪽에 있는 트라키아 지방의 일부를 합하여 '새 다키아'라는 속주를 신설했다. 거기에 다키아에서 철수한 2개 군단을 배치했다. 이 신설된 속주의 주도는 세르디카, 오늘날 불가리아의 수도 소피아다. 아우렐리아누스는 도나우강 하류에 모이시아와 새 다키아라는 이중의 '방위선'을 쳐놓은 것이다.

다키아를 떠난 로마 제국과 그 다키아에 들어온 고트족은 그 후 도나우강을 사이에 두고 계속 적대한 것이 아니라, 도나우강을 사이에 두고 어떤 의미에서는 우호적인 관계를 맺은 게 아닐까 하는 생각이 든다. 그 이유는 두 가지다.

첫째, 200년 뒤에 로마 제국을 멸망시키게 되는 야만족의 대공세 시대에 유독 다키아에서 남하한 야만족은 없었다.

둘째, 고대의 다키아는 오늘날의 루마니아인데, 루마니아어는 이탈리아어와 프랑스어·에스파냐어와 마찬가지로 라틴어에서 생겨난 언어다. 이탈리아는 로마 제국의 본국이니까, 이탈리아어가 라틴어에서 생겨난 것은 당연하다. 오랫동안 속주로서 로마 제국의 영토였고 마지막까지 제국과 운명을 같이한 프랑스와 에스파냐의 언어가 라틴어에서 생겨난 것도 당연하다. 하지만 루마니아는 프랑스나 에스파냐보다 훨씬 늦게 로마 제국의 속주가 되었다. 그리고 두 나라보다 훨씬 일찍 로마 제국 산하를 떠났다. 그런데도 루마니아어는 라틴어 계통의 언어로 되어 있다. 라틴어의 맏딸격인 이탈리아어를 알면 루마니아어도 절반쯤은 알아들을 수 있을 정도다.

106년에 트라야누스 황제가 정복한 뒤부터 271년에 아우렐리아누스 황제가 철수할 때까지 겨우 165년 동안 이렇게 깊은 관계가 뿌리내릴 수 있을까. 나는 로마가 다키아에서 철수한 뒤에도 다키아에 남는 쪽을 택한 로마인이 적지 않았다고 생각하고, 그 후에도 두 민족은 도나우강을 사이에 두고 뜻밖에 친밀한 관계를 유지했을 거라고 생각한다. 라틴어로 말하고 글을 써서 서로 의사소통을 하면서.

그렇다면 아우렐리아누스 황제가 단행한 다키아 철수는 성공한 정책이라고 말할 수 있지만, 항구적인 정책으로는 어떠했을까. 그 대답은 간단치 않다. 게르만인은 고트족만이 아니었고, 고트족 중에도 다키아 땅에 정착하여 농경민족이 되는 것과는 다른 생활방식을 원하는 부족도 있었기 때문이다.

하지만 제국 북부의 도나우 방위선을 확립하는 문제는 일단 해결되었고, 그래서 아우렐리아누스도 동쪽으로 눈길을 돌릴 수 있게 된 것은 사실이다. 271년 여름이 끝날 무렵, 황제는 벌써 동쪽으로 출발했다. 여전히 '속공'이었다.

제노비아 여왕

260년에 발레리아누스 황제가 페르시아의 포로가 되어 제국 전체를 깜짝 놀라게 한 대사건 이후 헬레스폰투스해협을 건너 아시아에 발을 들여놓은 로마 황제는 한 사람도 없었다. 갈리에누스도, 클라우디우스 고티쿠스도 서방의 야만족에 대처하는 것만으로도 힘에 부쳐서, 원래 교역도시에 불과했던 팔미라가 제국 동방에서 세력을 키우고 있어도 거기에 대처할 여유가 없었다. 10년 동안 로마는 동방을 사실상 방치해놓았다. 그리고 이런 로마를 팔미라의 여왕 제노비아는 얕보고 있었다. 군사로도 로마를 이길 수 있다고 생각했다.

소아시아를 행군하는 아우렐리아누스 황제를 따라간 것은 도나우 방위선에서 선발하여 데려온 기병대로 여겨진다. 행군 속도가 빨랐기 때문이다.

소아시아에 들어간 뒤에는 지난 10년 동안 팔미라의 지배를 받은 지방을 지나가게 된다. 하지만 로마군은 우선 동쪽으로 방향을 잡아 앙카라(오늘날 터키의 수도 앙카라)로 갔다. 로마군 앞을 가로막는 팔미라 사람은 없었다. 주민들은 가로막기는커녕 성문을 활짝 열고 로마 황제와 로마군을 열렬히 환영했다. 앙카라에서는 남동쪽으로 방향을 잡아, 소아시아와 시리아를 가르는 타우루스산맥으로 간다. 그런데 산맥을 넘기 전에 티아나라는 도시가 아우렐리아누스 앞에 성문을 닫고 저항할 뜻을 밝혔다.

아우렐리아누스는 망설이지 않았다. 포위 공격이 시작되었다. 지방의 소도시에 불과한 티아나에 팔미라는 원군도 보내지 않았다. 며칠도 지나기 전에 주민들은 후회하고 성문을 열었다. 하지만 그들이 각오한 승리자의 약탈과 파괴는 일어나지 않았고, 주민들에게는 아무 벌도 내리지 않았다. 이것은 아우렐리아누스가 팔미라를 따라 로마 제국에 등을 돌린 시리아와 이집트로 진격하기 전에 그곳 주민들에게 보내는 메시지였다. 실제로 티아나에 대한 관대한 조치는 로마군보다 먼저 타우루스산맥을 넘어, 10년 동안 팔미라의 지배를 받은 제국 동방에 널리 퍼졌다. 제노비아는 이 시점에서 전략을 바꾸어야 했는데, 그녀만은 이 메시지의 의미를 이해하지 못했다.

역사상 여자가 국정에 관여한 경우는 '동방'에 압도적으로 많다. 동방은 전제군주정치의 오랜 전통을 갖고 있기 때문이다. 국정에 관여하는 여성은 권력자의 배후에 숨어서 이른바 안방 정치로 세력을 휘두르는 여성과 직접 표면에 나서는 여성으로 나눌 수 있다. 후자의 전형은 클레오파트라이고, 그 클레오파트라를 동경했다는 제노비아도 후자에 속한다.

제노비아는 거의 모든 면에서 남성적이었다. 말을 타고 사냥에 열중한 것도, 갑옷을 걸치고 전쟁터에 나간 것도, 정치 현장에 참석한 것도, 교사로 초빙한 그리스인을 상대로 그리스 철학과 그리스 비극을 논한 것도 남자와 다를 게 없었다. 보석 장신구에 대한 정열만은 여성적이고 오리엔트적이었지만, 그밖에는 언제나 남자 군주와 똑같이 행동했다. 공식 주권자는 아들인 바발라투스였지만, 실권은 제노비아가 쥐고 있다는 것을 누구나 알고 있었고, 제노비아 자신도 그것을 감추지 않았다.

그런 제노비아를 뒷받침한 것은 죽은 남편 오데나투스가 키운 팔미라 군대였다. 하지만 교역도시 팔미라에는 원래 군대의 전통이 없다. 팔미라군은 교역으로 쌓아올린 팔미라의 부를 사용하여 모은 용병에 불과했다. 그래도 오데나투스의 활약이 눈에 띠면서 그가 세운 전공에 이끌려 로마 제국 동방에 주둔한 군대까지 팔미라군에 가담하게 되었다. 제노비아는 그 군대를 물려받은 것이다. 게다가 제국의 동방 전역을 지배하게 된 뒤로는 서방보다 더욱 풍요롭다는 동방의 경제력까지 손에 넣게 되었다. 진격해오는 아우렐리아누스 황제를 얕본 것은 경제력에서 제노비아가 더 우세했기 때문이다. 제노비아는 병사도 돈으로 살 수 있다고 믿었다. 제노비아의 자신감도 전혀 근거가 없었던 것은 아니다. 페르시아군 못지않은 중무장 기병대는 팔미라군의 주력이었고, 돈을 듬뿍 들인 화려한 군장은 그것만으로도 적을 압도했다.

전략에도 제노비아의 의향이 상당히 강하게 반영되어 있었던 모양이다. 실전 지휘는 그리스인 장군에게 맡겼지만, 언제 어디서 전쟁의 실마리를 열지는 제노비아가 판단해서 결정했다.

타우루스산맥을 넘은 뒤, 아우렐리아누스는 제노비아에게 편지를 보냈다.

〈로마 제국 황제일 뿐만 아니라 제국의 동방을 되찾을 것이 확실한 아우렐리아누스가 제노비아와 그녀 쪽에 서 있는 군사 동맹자 모두에게.

나의 이 편지가 명령하는 것은 진작에 너희 쪽에서 자발적으로 제의했어야 마땅하지만, 아직까지 그런 제의가 없으니까 명령을 내릴 수 밖에 없다.

무장을 해제하고 항복하라. 그러기만 하면 목숨은 보장하겠다. 제노비아에게는 특히 나와 로마 원로원이 적당하다고 판단한 땅에서 가족과 측근과 하인들과 함께 편안한 여생을 보낼 수 있도록 보장하겠다. 다만 제노비아 소유의 금은보화·비단·말·낙타 따위는 몰수하여 로마 제국 국고에 넣는다. 또한 팔미라 시민에게는 앞으로도 지금까지 로마 제국이 인정한 모든 권리를 보장한다.〉

여기에 대해 제노비아도 답장을 보냈다.
〈오리엔트의 여왕 제노비아가 아우렐리아누스 황제에게.
당신이 나한테 요구한 그런 일을 명령한 자는 지금까지 아무도 없었다. 당신도 전사라면 그런 일은 편지로 요구하는 것이 아니라, 전장에서 당당히 대결하여 이겨야만 비로소 손에 넣을 수 있는 것이라고 생각해야 마땅하다. 당신은 나한테 싸우기도 전에 항복하라고 말했다. 명예를 더럽히기보다 죽음을 택한 클레오파트라의 고사도 모르는가.
나에게는 페르시아가 보내줄 원군이 있다. 그 원군이 도착하는 것도 이제 시간문제다. 게다가 아랍인도 아르메니아인도 내 편에서 싸우기로 되어 있다. 시리아사막의 베두인족은 행군하고 있는 로마군을 벌써 괴롭혔을 것이다.
그밖에 또 무엇을 알고 싶단 말인가. 북쪽에서도 동쪽에서도 남쪽에서도 원군이 계속 집결하고 있음을 알면 당신도 그 오만함을 계속 유지하지는 못할 것이며, 마치 전투에 벌써 이기기라도 한 양 나한테 항복하라고 명령할 수도 없을 것이다.〉

전쟁은 결정되었다. 전쟁터도 제노비아의 생각에 따라 안티오키아 바로 북쪽을 흐르는 오론테스강변에 펼쳐진 평원으로 결정되었다. 팔미라 군대의 중무장 기병대에 승부를 건 제노비아는 기병이 활약하기 쉬운 평원을 전쟁터로 택한 것이다. 해가 바뀌어 272년이 되어 있었다.

일차전

현재의 안티오키아(터키어로는 안타키아)는 시리아 국경 근처에 있는 터키의 평범한 도시에 불과하지만, 고대의 안티오키아는 이집트의 알렉산드리아와 나란히 지중해 세계를 대표하는 대도시였다. 도시 자체는 오론테스강의 동남쪽 일대에 펼쳐져 있다. 20km를 흘러 지중해로 들어가는 이 강은 당시에는 배가 충분히 다닐 수 있었다. 고대에 동서 물산의 집산지로 번영한 안티오키아가 중세 이후 계속 쇠퇴한 것은 오론테스강바닥이 토사로 메워지기 시작하여 배가 다닐 수 없게 되었기 때문이기도 하다.

제노비아는 이 대도시 안티오키아에 틀어박혀 싸우기보다 교외의 평원에 진을 치고 양군이 격돌하는 회전 방식을 택했다. 어떤 의미에서는 강요된 선택이었다.

아우렐리아누스가 티아나 주민을 관대하게 처우한 것을 안 안티오키아 주민은 지난 10년 동안 자신들이 팔미라의 지배를 허용한 것을 후회하고 있었다. 제노비아와 팔미라 군대를 바라보는 주민들의 눈도 차갑게 변해 있었다. 이런 안티오키아를 제노비아도 이제는 믿을 수 없었다. 게다가 페르시아 원군은 아무리 기다려도 모습을 나타내지 않는다. 아르메니아에서도 아라비아에서도 약속한 용병이 도착하지 않았다. 베두인족 남자들도 한번 로마군을 습격했다가 격파당한 뒤로는 로마 쪽에 붙어버렸다. 발레리아누스 황제를 사로잡은 페르시아 왕 샤푸르 1세는 이 무렵 병상에서 죽어가고 있었다. 아우렐리아누스도 알고 있었던 이 정보를 제노비아가 몰랐다면, 이 '오리엔트의 여왕'은 성미는 강할지 몰라도 전투의 승패는 정보로도 결정된다는 사실을 몰랐을 것이다. 원군이 도착하지 않으니까 제노비아도 안티오키아 밖에서 승부를 결정할 수밖에 없었고, 그것도 중무장 기병대에 의존할 수밖에 없었다.

양군은 오론테스강을 사이에 두고 진을 쳤다. 팔미라 진영의 중앙을 차지하는 화려한 중무장 기병대는 강 건너편에서 보아도 위풍당당했다. 기병 출신인 아우렐리아누스도 경무장 기병대를 전면에 내세웠다. 전투는 로마 기병이 강으로 들어가는 것과 동시에 시작되었다.

하지만 강에 들어간 것은 10여 기에 불과했다. 적이 공세로 나왔다고 믿은 팔미라 기병대가 강으로 우르르 쏟아져 들어온 것을 보자마자, 이 10여 기는 재빨리 방향을 돌려 강변으로 올라와 있었다. 그리고 강을 다 건너 강변에 모습을 나타낸 팔미라 기병대의 위용에 압도당한 것처럼 달아나기 시작했다.

도주하는 로마 기병과 그 뒤를 추격하는 팔미라 기병. 총지휘를 맡은 아우렐리아누스 황제는 전기가 언제 무르익는지를 확인해야 한다. 그것이 승패를 결정한다. 무거운 군장을 갖춘 팔미라 기병이 가벼운 군장을 한 로마 기병을 뒤쫓다가 사람과 말이 모두 지쳤을 때가 바로 로마군의 기회였다.

기회가 무르익자, 비로소 로마 기병대는 그때까지 줄기차게 쫓아온 팔미라 기병대 쪽으로 돌아섰다. 그와 동시에 이제까지 언덕 너머에서

기다리고 있던 로마 보병들이 팔미라 기병대 좌우에서 모습을 나타냈다. 느닷없이 삼면을 적에게 포위당하고, 게다가 추격해온 기세와 중무장 때문에 쉽게 방향을 바꿀 수도 없는 팔미라 기병들은 수를 헤아리는 것보다 더 빠른 속도로 쓰러져갔다. 살아난 것은 후방에 있던 기병뿐이었다. 그들만이 유일하게 포위되지 않은 뒤쪽 방향으로 탈출하여 오론테스강으로 달려가, 제노비아가 기다리는 본진까지 쏜살같이 달아날 수 있었기 때문이다.

전멸시키지는 못했지만 로마군의 승리는 분명했다. 팔미라 군대의 주력인 중무장 기병대는 대부분 페르시아인 용병으로 이루어져 있었던 모양이지만, 그 주전력의 3분의 2는 확실히 전력에서 제외되었다. 또한 이 회전 결과에 겁을 먹은 보병들은 용병 계약 따위는 알 바 아니라는 듯 뿔뿔이 도망쳐버렸다. 제노비아는 패배를 인정할 수밖에 없었지만, 주민들의 지지조차 기대할 수 없는 안티오키아에서는 성안에 틀어박혀 농성할 수도 없다. 제노비아는 나머지 군사를 이끌고 안티오키아에서 남쪽으로 200km 떨어진 에메사까지 퇴각했다. 이곳을 전쟁터로 삼아 아우렐리아누스와 이차전을 치를 작정이었다.

일차전의 승리자 아우렐리아누스는 전군을 이끌고 안티오키아에 입성했다. 주민들은 12년 만에 돌아온 로마 황제를 환호로 맞이했다. 황제는 지난 12년 동안 안티오키아가 사실상 로마 제국을 배신한 것은 어쩔 수 없는 선택이었다면서 형식적으로도 죄를 묻지 않았다. 안티오키아는 이제 팔미라 왕국의 주요 도시가 아니라 로마 제국의 동방을 대표하는 도시로 복귀했다.

안티오키아는 국제 도시인 만큼, 주민은 그리스계와 유대계 이외에 오리엔트의 다양한 민족으로 구성되어 있다. 그래서 당시에 계속 늘어나고 있던 기독교도의 수도 많았다. 잠깐 안티오키아에 머무는 동안 아우렐리아누스가 결정을 내려야 할 문제는 적지 않았겠지만, 그중 하나가 안티오키아에 사는 기독교도들의 의뢰에 따라 어떤 분쟁을 해결하는 것이었다.

로마 황제 아우렐리아누스 앞에 서로 싸우는 두 파의 대표가 불려 나왔다. 기독교회에서 로마 주교와 안티오키아 주교 가운데 누가 윗자리에 서야 하느냐가 쟁점이었다. 로마 주교가 상위여야 한다는 파와 안티오키아 주교가 상위여야 한다는 파가 다투고 있었다. 기독교도는 자신들을 통합하는 조직인 교회에 아주 열심히 기부한다는 점에서 다른 종교를 믿는 사람들과 분명하게 구별되었다. 따라서 어느 주교가 조직의 맨 윗자리에 서느냐는 곧 기부로 모인 자산의 분배를 어느 주교가 결정하느냐 하는 문제이기도 했다. 3세기도 4분의 3이 지나간 이 시점에서는 신자 수에서도 기부금 액수에서도 안티오키아 주교가 로마 주교보다 훨씬 상위에 있었을 것이다.

하지만 이 문제 해결을 의뢰받은 아우렐리아누스 황제는 무엇을 판단 기준으로 삼았는지 모르지만, 기독교회에서는 로마 주교가 맨 윗자리에 서야 한다는 판결을 내렸다. 이 문제는 그 후에도 오랫동안 기독교회 내부의 중요한 쟁점이 되지만, 아우렐리아누스가 내린 판결은 로마 주교가 안티오키아나 알렉산드리아나 카르타고의 주교보다 윗자리에 선다는 최초의 판결이 되었다. 이런 판결이 기독교도가 아니라 이교도의 결정이었다는 사실이 흥미롭다. 덧붙여 말하면, 로마 교황은 오늘날에도 무엇보다 먼저 로마라는 도시의 주교다.

아우렐리아누스 자신은 어머니의 영향을 받아서인지 태양신을 신앙하고 있었다. 하지만 그도 역시 다신교가 주류인 고대인이다. 개인적으로는 무엇을 믿든 그 사람의 자유이고, 따라서 남이 믿는 신도 허용하는 것이 종교에 대한 올바른 태도라고 생각한 고대인의 한 사람이었다.

이차전

아우렐리아누스 황제와 제노비아 여왕의 이차전은 에메사 교외에서 벌어졌다. 제노비아 진영은 또다시 중무장 기병을 전면에 내세웠다. 하지만 아우렐리아누스 진영은 같은 전법을 두 번 쓰지 않고, 이번에는 로마 보병대를 내세워 중무장한 팔미라 기병대와 대결시켰다. 로마군 보병은 늘 사용하는 창과 '글라디우스'라고 불리는 단검 이외에 곤봉을 손에 들고 있었다.

경무장 기병의 무기는 활이지만, 중무장 기병의 무기는 긴 창과 장검이다. 따라서 중무장 기병은 거리가 어느 정도 접근하지 않으면 전력을 발휘할 수 없다. 로마군 보병들은 황제가 명령한 대로 적의 기병이 가까운 거리까지 다가오기를 기다렸다. 그리고 기회가 왔다고 판단한 부대장들의 명령이 떨어지기가 무섭게 말의 다리를 곤봉으로 힘껏 후려쳤다. 말만 쓰러지면, 사람도 말도 중무장인 만큼 일어나기가 어렵다. 사람과 말이 일어나려고 버둥거리면, 곤봉 대신에 창과 '글라디우스'를 쥔 보병들이 덤벼들었다. 창으로 찌르고 단검으로 숨통을 끊는 것이다. 이번에는 기병이 한 사람도 살아남지 못했다. 이때 제노비아의 아들이고 팔미라 왕국의 왕이었던 바발라투스도 전사했을 것이다. 의심할 여지가 없는 로마군의 완승이었다. 완패당한 제노비아에게는 이제 고향 팔미라밖에 남지 않았다. 그 팔미라를 향해 사막을 가로질러 동쪽으로 달아날 수밖에 없었다.

팔미라 공방전

팔미라는 지중해와 유프라테스강의 중간에 있고, 따라서 시리아 사막 한복판에 있다. 제노비아와 그리스인으로 구성된 그의 중신들은 이곳 팔미라에서 벌어질 공방전에 자신감을 갖고 있었던 모양이다. 팔미라는 안티오키아나 에메사보다 페르시아 영토에 가깝다. 로마 황제 발레리아누스를 포로로 잡아 명성을 떨친 페르시아 왕 샤푸르 1세가 10년 뒤에 돌아온 로마 황제와 싸우고 있는 팔미라에 원군을 보내주지 않을 리가 없다고 그들은 굳게 믿었다. 로마는 페르시아의 동태에 신경을 쓰지 않을 수 없으니까, 팔미라만 농성전을 견뎌내면 로마군도 조만간 포위를 풀 수밖에 없을 거라고 판단했다.

게다가 제노비아 생각으로는 팔미라에서 농성전을 벌이면 유리한 조건이 또 하나 있었다. 그것은 팔미라가 사막에 둘러싸여 있다는 것이다. 팔미라를 포위 공격할 로마군의 병참을 안티오키아가 맡는 이상, 보급선이 길어질 수밖에 없다. 보급선은 길어질수록 기능이 떨어진다. 그 결과 충분한 보급을 받지 못한 로마군은 포위를 풀고 철수할 수밖에 없다. 문제는 팔미라가 농성전을 얼마나 오래 견딜 수 있느냐 하는 것이었다. 그때 팔미라에는 장기간의 농성전도 견딜 수 있을 만한 물자가 비축되어 있었다.

팔미라를 공격하려는 아우렐리아누스도 안티오키아의 후방 지원 대책에 전념하고 있었다. 가장 신뢰하는 비서관 무카폴레스에게 보낸 사신에서 황제는 이렇게 털어놓았다.

"수도에 있는 사람들은 로마 황제가 여자 하나를 상대로 전쟁을 벌이고 있다고 웃는 모양이다. 한 남자와 한 여자가 맨손으로 맞붙어 싸

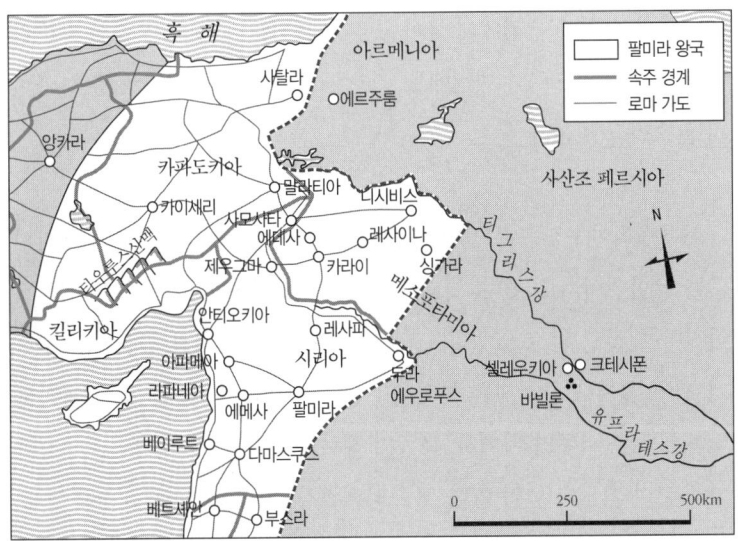

270년경의 메소포타미아와 그 주변

우고 있는 줄 아나 보다. 하지만 나는 여자와 싸우고 있는 게 아니다. 무기와 무장을 갖춘 대군을 이끌고 있는 것이 우연히도 남자 못지않게 용감한 여자일 뿐이다. 그리고 이런 경우에는 지휘관이 남자가 아니라 여자인 쪽이 제삼자에게 미치는 영향은 훨씬 크다. 여자가 남자와 싸운다는 말을 들으면 대다수 사람들은 여자를 동정하기 때문이다.

팔미라에 틀어박힌 군대가 사용하는 활과 투석기, 창의 기능이 뛰어난 것은 말로 표현하기 어려울 정도다. 도시를 둘러싼 성벽 위에는 대형 투석기가 빈틈을 찾을 수 없을 만큼 설치되어 있고, 거기에서 끊임없이 돌멩이가 쏟아진다. 이 투석기에서는 종종 불을 내뿜으며 타오르는 포탄이 발사되는데, 그것이 떨어지면 주변이 불바다로 변한다.

더 이상 무슨 말을 할 수 있겠는가. 제노비아가 속으로는 여자답게 두려움에 떨고 있을지 모르나, 진두지휘하는 그 모습은 남자보다도 더 남자답다. 벌을 줄 때는 그 점도 고려해야 할 것이다.

하지만 승리가 우리에게 돌아올 것은 틀림없다. 신들은 항상 로마인에게 힘을 주었으니까 이번에도 로마 제국의 재기를 위해 도움을 아끼지 않으리라 믿는다."

아우렐리아누스는 신들만 믿고 있으면 일이 해결된다고는 생각지 않는 로마인이기도 했다. 안티오키아에만 의지하면 보급선이 너무 길어진다는 것도 알고 있었다. 그래서 그는 팔미라 포위 공격에 착수하기 전에 벌써 보급기지를 분산해두었다. 팔미라를 중심으로 서남쪽의 다마스쿠스, 서쪽의 에메사, 북쪽의 레사파, 동쪽의 두라 에우로푸스를 향해 로마 가도가 뻗어 있다. 유프라테스강을 방위선으로 삼고 있는 로마 제국 동방의 이 도시들은 모두 팔미라와 같은 교역도시인데, 아우렐리아누스는 이 도시들을 동원하여 보급망을 구축한 것이다. 주민의 주류가 그리스계인데다 로마로부터 항상 폭넓은 자치를 인정받은 도시인 만큼, 로마 제국이 통치권을 잃은 10년의 공백도 쉽게 메울 수 있었다. 이 도시들은 로마군에 군량을 보급하는 병참기지 역할을 기꺼이 맡아주었다. 이 점에서도 제노비아의 예상은 완전히 빗나가고 말았다.

사막 한복판에서도 '로마군은 병참으로 이긴다'는 로마의 전통을 지킬 수 있었으니까, 아우렐리아누스가 이끄는 로마군의 공격이 전혀 약해질 기미를 보이지 않은 것도 당연하다. 이에 동요한 것은 팔미라 주민들이었다. 원래 통상민족인 그들은 현실적인 성향이 강하다. 제노비아에 대한 시민들의 지지는 하루가 다르게 떨어졌다.

이것이 '오리엔트의 여왕'을 처음으로 절망에 빠뜨렸다. 농성전을 계속하는 것은 포기할 수밖에 없었다. 어느 날 밤, 제노비아는 중신들만 데리고 낙타를 타고 도망쳤다. 동쪽으로 가고 있었다니까 페르시아 왕에게 몸을 의탁할 작정이었을 것이다. 하지만 유프라테스강에 이르기 훨씬 전에 뒤쫓아온 로마 기병대에 포위되었다. 제노비아가 사로잡힌 것을 안 팔미라 주민들은 성문을 활짝 열고 로마군을 맞아들였다.

제노비아 자신은 아니지만, 그의 죽은 남편과 아들은 갈리에누스 황제한테서 '로마 제국 동방 장관'(Dux Orientis)의 칭호를 받은 몸이다. 로마 제국 동방의 국방 책임자였다는 뜻이다. 그런 사람이 로마 황제한테 활시위를 당겼다면 그것은 분명 반국가 행위였고, 로마 제국에 대한 반역 행위였다. 사로잡힌 제노비아와 중신들은 아우렐리아누스 황제 앞에서 재판을 받게 되었다.

여기서 제노비아는 클레오파트라가 아니라는 사실을 입증했다. 반국가 행위의 책임을 중신들한테 떠넘긴 것이다. 자기는 중신들한테 속았다, 중신들의 야심에 이용당했을 뿐이라고 주장하면서.

제노비아의 이런 변명을 아우렐리아누스가 믿은 것은 아니다. 다만 로마에서는 예부터 비상한 능력을 갖고 있어서 살려두면 로마에 위험한 존재가 된다고 판단된 인물이 아니면 적국의 군주라도 사형에 처하지 않는다. 이때도 사형에 처해진 것은 중신들뿐이었고, 제노비아는 이탈리아로 호송하기로 결정되었다.

10여 년 만에 팔미라 문제를 해결한 아우렐리아누스는 그것을 다른 방면에서도 활용할 작정이었기 때문에 시간을 낭비하고 싶지 않았다. 재빨리 이집트 통치권도 되찾은 그는 제국 동방의 방위를 부장인 프로부스에게 맡기고, 자신은 군대를 이끌고 서방으로 떠났다. 팔미라 주민들한테도 전혀 벌을 주지 않고, 수비대 명목으로 병사만 600명 주둔시켰을 뿐이다.

팔미라의 묘지에서 출토된 부조

그런데 팔미라 사람들은 아우렐리아누스의 이 관대한 조치를 잘못 해석했다. 주둔군 600명을 습격하여 죽이고 로마 제국으로부터 독립을 선언했다.

타우루스산맥을 넘으려던 아우렐리아누스는 그 소식을 듣자마자 밤낮을 가리지 않고 강행군하여 팔미라로 돌아왔다. 로마인은 신의를 무엇보다 소중히 여긴다. '신의'(피데스)를 신격화하여 신전을 바쳤을 정도다. 그런 로마인에게 약속을 어기는 것은 중죄에 해당했다.

로마군의 맹공을 받고 눈 깜짝할 사이에 함락된 팔미라에서 아우렐리아누스는 제노비아 쪽에 붙은 동방의 어느 도시에서도 허용하지 않았던 폭력과 약탈과 방화를 허용했다. 팔미라는 그 후에도 동서 교역의 중계 도시로 존속하지만, 과거의 번영은 두 번 다시 되찾지 못했다.

갈리아 회복

이제 갈리아 제국 문제만 해결하면 삼분되어 있던 로마 제국을 260

년 이전으로 돌려놓을 수 있다. 동방에서 아우렐리아누스가 시간을 낭비하고 싶지 않았던 것은 팔미라 문제를 해결하여 동방을 되찾은 여세를 몰아 서방도 단숨에 되찾을 생각이었기 때문이다. 서쪽으로 가는 아우렐리아누스와 그 군대의 행군 속도는 '속공의 아우렐리아누스'라는 이름에 부끄럽지 않은 것이었다. 아우렐리아누스는 도나우 방위선을 서쪽으로 거슬러 올라가면서도, 방위선 바깥쪽에 사는 야만족이 불온한 움직임을 보이기라도 하면 주저없이 군대를 투입했다. 승리를 맛본 장병은 그만큼 강해진다. 그것을 더욱 강화하고 자신감을 갖게 하려면 계속 이기는 것이 상책이다. 다키아 속주는 포기했지만, 이로써 제국의 안전도를 가늠하는 바로미터인 도나우 방위선의 눈금은 안전을 보장하는 '초록' 선에 점점 가까이 다가가고 있었다. 시간을 낭비하지 않으면서도 일단 시작한 일은 끝까지 해내는 아우렐리아누스가 도나우강 하류에서 상류 쪽으로 올라가는 것과 그 눈금의 움직임은 비례하고 있었다.

이런 아우렐리아누스를 누구보다도 민감하게 의식하고 있었던 사람은 갈리아 제국의 황제 테트리쿠스다. 테트리쿠스는 로마 제국에서 분리된 갈리아 제국의 황제지만, 조상 대대로 원로원 계급에 속해 있었기 때문에 로마 원로원 의석도 가지고 있었다. 다시 말해서 로마식 사고방식을 가진 사람이었다.

아우렐리아누스 황제의 다음 표적이 갈리아 제국으로 좁혀진 것을 그는 뼈저리게 느끼고 있었던 모양이다. 게다가 그는 갈리아 제국의 존재 이유에도 의문을 품고 있었다. 그 역시 서쪽으로는 에스파냐에서 동쪽으로는 시리아까지, 북쪽으로는 북해에서 남쪽으로는 사하라사막까지 아울러야만 비로소 제국이라고 부를 만하다고 여기는 계급 출신이었다. 게다가 갈리아 제국 자체가 로마에서 분리 독립하고 싶다는 명확한 의지에서 탄생한 것도 아니었다. 그것은 260년에 일어나 제국 전역을 깜짝 놀라게 한 대사건의 여진에 불과했다. 즉 발레리아누스 황제가 페르시아의 포로가 되었을 때 일어난 혼란의 산물이었다.

273년 가을, 나중에 샹파뉴라고 불리게 된 갈리아 북부의 센강 상류 일대 평원에서 아우렐리아누스가 이끄는 로마군과 테트리쿠스가 이끄는 갈리아군이 맞섰다. 전투는 이튿날 아침에 시작하기로 결정되었지만, 그날 밤늦게 아우렐리아누스의 막사를 테트리쿠스가 남몰래 찾아갔다. 방문은 예고되어 있었던 모양이지만 둘 다 비밀을 지켰다.

회담에서 무슨 이야기가 오갔는지는 알려져 있지 않다. 알려진 것은 갈리아 제국 황제인 테트리쿠스가 로마 제국 황제인 아우렐리아누스에게 항복했다는 것뿐이다. 이튿날 아침 예정대로 양군은 마주 보며 진을 쳤지만, 양군 사이를 날아다니는 것은 화살이나 창이 아니라 병사들이 지르는 환호성이었다. 생각해보면 같은 로마군 병사들이다. 이리하여 14년 동안 존속한 갈리아 제국은 소멸했다. 갈리아 지방만이 아니라 에스파냐와 브리타니아도 피 한 방울 흘리지 않고 로마 제국으로 복귀했다. 아우렐리아누스는 뒤처리를 모두 끝낸 뒤 수도 로마로 떠난다. 원로원은 개선식 거행을 인정한다는 통보를 보내왔다.

개선식

274년 봄, 오랜만에 수도 주민을 열광시킨 개선식은 아낌없이 쏟아지는 봄날의 햇빛을 받으며 화려하게 거행되었다. 개선행렬에 끌려 나온 포로들의 다양한 복장은 아우렐리아누스가 무찌른 민족들의 다

채로움을 나타내고 있었다. 북쪽으로는 고트족·사르마티아족·프랑크족·반달족·알레마니족, 동쪽으로는 박트리아·아랍·사라센·팔미라·이집트. 갈리아 제국의 마지막 황제인 테트리쿠스도 아들과 함께 갈리아풍 바지를 입고 무개(無蓋) 마차 위에 앉아 개선행렬을 장식하고 있었다. 개선식에 참석한 원로원 의원들 중에는 자신들과 마찬가지로 로마 원로원에 의석을 가진 테트리쿠스의 이 모습에 분개하는 사람도 적지 않았다.

하지만 개선행렬에서 누구보다도 군중의 눈길을 모은 사람은 역시 제노비아였다. 오리엔트 색채가 짙은 팔미라의 민족의상을 걸친 제노비아는 그녀가 애용했다는 금칠한 무개 마차 위에 황금 사슬로 묶인 채 앉아 있었지만, 그녀 소유의 보석 장신구를 모두 몸에 걸치라는 명령을 받았기 때문에 많은 보석의 무게에 짓눌려 몸의 균형을 유지하느라 애를 먹고 있었다.

개선식의 주인공은 당연히 개선장군이다. 로마의 개선장군은 빨간 망토를 바람에 펄럭이며 백마 네 마리가 끄는 전차를 직접 모는 것이 로마의 오랜 전통이다. 하지만 아우렐리아누스 황제가 고삐를 잡은 전차는 백마가 아니라 수사슴이 끌고 있었다. 북방 야만족의 수령은 제의를 거행할 때 수사슴이 끄는 전차를 탄다. 하지만 아우렐리아누스가 북방 야만족을 흉내내어 수사슴이 전차를 끌게 한 것은 아니다. 자신이 거둔 가장 값진 승리는 팔미라나 갈리아 제국에 대한 승리가 아니라 도나우강 북쪽에서 제국에 침입할 기회를 호시탐탐 노리는 북방 야만족에 대한 승리라는 것을 여론에 호소하고 싶었던 것이다. 하지만 많은 사람은 멋진 뿔이 돋아난 위풍당당한 네 마리 수사슴이 신기해서 박수갈채를 보냈을 뿐이다. 이 사슴들은 개선식의 대미를 장식

개선식용 전차(복원 모형)

하는 의식, 즉 카피톨리노 언덕에 서 있는 최고신 유피테르의 신전 앞에서 신들에 대한 감사 표시로 희생물을 바치는 의식에서 산 제물이 되었다.

개선식에 참석을 강요당한 포로들 가운데 죽음을 맞은 것은 이 네 마리 수사슴뿐이었다. 옥살이를 강요당한 포로도 없었다. 갈리아 제국의 마지막 황제인 테트리쿠스는 원래 갖고 있었던 원로원 의석을 그 후에도 계속 유지할 수 있었다. 그뿐만 아니라 본국 이탈리아의 지방행정관에 임명되기도 했다. 성년이 된 아들에게도 원로원 의원의 자식에게 어울리는 국가 요직을 맡을 수 있는 길이 열려 있었다. 테트리쿠스는 갈리아 제국에 참여하기 전부터 소유하고 있던 첼리오 언덕의 저택에 살았고, 거기에서 열리는 연회에는 아우렐리아누스 황제도 참석했다.

제노비아에게는 로마에서 20km쯤 떨어진 티볼리의 별장이 여생을 보낼 거처로 제공되었다. 아름다운 하드리아누스 황제의 별장은 아니었던 모양이지만, 수도 로마와는 지나치게 가깝지도 않고 그리 멀지도 않은 티볼리는 맑은 물이 풍부하고 기후도 온화한 곳이다. 이런 곳에서 개방적 구조를 갖춘 로마식 별장에 사는 생활이 쾌적하지 않았을 리가 없다. 제노비아가 언제 죽었는지는 아무도 기록하지 않았다. 로마에 끌려온 뒤 제노비아는 눈에 띄는 움직임을 보이지 않았기 때문에, 연대기 작가의 이목을 끄는 일도 없었을 것이다. 제국의 국고에서 지급되는 연금은 팔미라 여왕의 체면을 유지할 수 있을 만큼 충분했던 모양이다. 로마에 함께 끌려온 두 딸은 로마에 온 직후에 둘 다 원로원 의원과 결혼했다. 생각해보면 팔미라 왕국도 260년의 혼란에서 태어나 겨우 10년의 수명밖에 누리지 못했다.

제국 재통합

274년에 거행된 아우렐리아누스의 개선식은 그에게 호의를 갖고 있지 않았던 원로원도 승인할 수밖에 없었다. 그만큼 아우렐리아누스는 개선식을 거행할 자격이 충분하고도 남을 정도였다.

발레리아누스 황제가 페르시아에 사로잡힌 260년 이후 갈리에누스 황제가 8년, 그 뒤를 이은 클라우디우스 고티쿠스 황제가 다시 2년, 두 황제가 합해서 10년을 노력했는데도 이루지 못한 일을 아우렐리아누스는 4년 만에 해냈다. 원로원에서 만장일치로 '제국을 회복한 자'를 뜻하는 'Restitutor Orbis'라는 존칭을 주기로 결의한 것도 당연했다.

정치 세계는 심포지엄이 아니다. 유권자에게는 구체적으로 보고 느낄 수 있는 사실로서 보여져야 한다. 로마 황제에게 그것은 무엇보다 먼저 외적으로부터 제국의 영토와 시민을 보호하는 방위였다. 제국의 각 부분이 뿔뿔이 흩어져 있으면 충분히 기능을 발휘할 수 없는 것이 로마라는 제국의 특징이기도 했다. 아우렐리아누스 황제가 4년에 걸쳐 제국을 재통합한 것은 단순한 영토 회복이 아니라 제국 기능의 회복이라고 생각해야 한다. 로마 제국은 좋든 나쁘든 강대하지 않으면 힘을

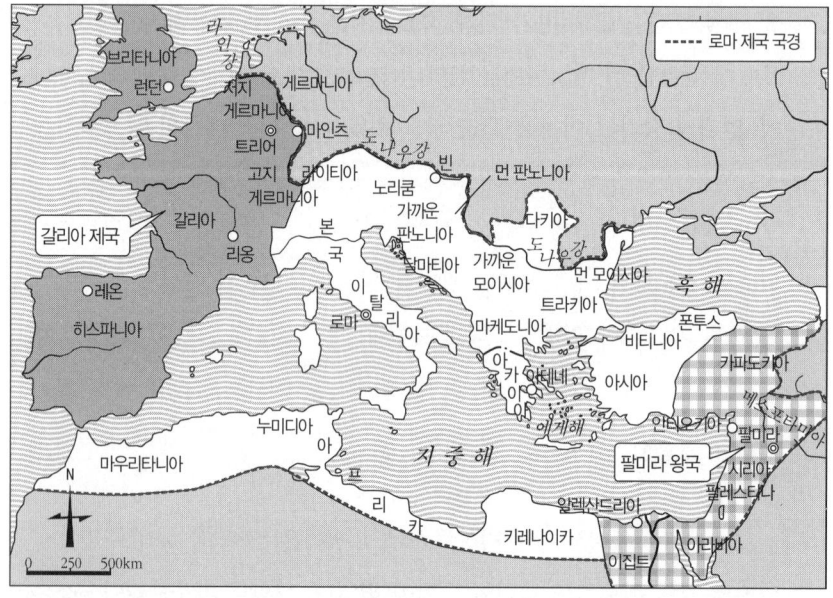

삼분된 로마 제국(270년경)

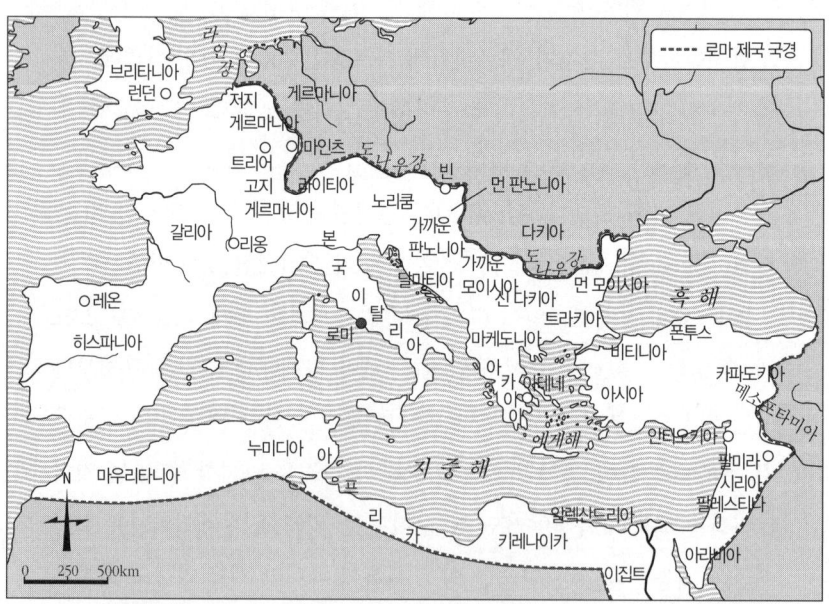

274년의 로마 제국

발휘할 수 없도록 만들어진 거대한 '주민공동체'(res publica)였다. 제국 전역에 빈틈없이 깔린 도로망이 각지에서 절단된 상태를 상상해보라. 예순 살이 된 아우렐리아누스는 변경에서 태어나 몸속을 흐르는 피에는 야만족의 피가 더 많이 섞여 있었을지도 모르지만, 로마 제국의 본질을 꿰뚫어보고 있었다는 점에서는, 그리고 그 본질을 구체화하는 데 시간을 낭비하지 않았다는 점에서는 진정한 로마인이었다.

개선식을 거행한 이듬해인 275년, 봄이 오기만 손꼽아 기다린 것처럼 아우렐리아누스 황제는 수도를 떠났다. 우선 북쪽으로 올라가 도나우 방위선을 시찰하면서 강을 따라 동쪽으로 간다. 사산조 페르시아와의 전쟁이 그의 다음 목표였다.

아우렐리아누스의 머릿속 한구석에는 은인이기도 한 발레리아누스 황제의 치욕을 씻겠다는 생각이 있었을지도 모른다. 하지만 그보다는 사산조 페르시아를 로마 제국에 대한 승리자로 계속 놓아두는 것이 제국의 동방 지배에 장애가 된다는 이유가 더 컸다. 그리고 로마가 속주로 삼았던 북부 메소포타미아가 로마 쪽에 붙느냐 마느냐는 흑해에서 홍해에 이르는 제국 동방의 '방위선'을 확립하는 데에는 무시할 수 없는 요소였다. 게다가 유능한 군주였던 샤푸르 1세는 3년 전에 세상을 떠났다. 그 직후부터 사산조 페르시아는 후계자 다툼으로 혼란에 빠져 있었기 때문에 로마가 적극적인 군사행동에 나설 좋은 기회이기도 했다.

4월, 도나우 방위선 시찰을 마친 아우렐리아누스는 이번에는 동남쪽으로 방향을 잡는다. 목적지가 오리엔트라는 것을 명확히 밝힌 셈이다. 트라키아 지방을 가로질러 마르마라해 앞에 있는 페린투스라는 도시까지 왔다. 여기까지는 유럽이고, 마르마라해 건너편은 아시아다. 그 소아시아를 지나 시리아의 안티오키아에 도착하면 페르시아 전쟁에 이끌고 갈 병력과 합류할 예정이었다.

이 페린투스의 숙소에서 아우렐리아누스가 무슨 일로 비서인 에로스를 꾸짖은 모양이다. 아우렐리아누스는 자신에게도 엄격하지만 남에게도 엄격한 것으로 유명했다. 꾸짖은 이유는 알 수 없지만, 호된 질책을 받은 에로스는 무서워서 부들부들 떨었다. 부들부들 떨었을 뿐만 아니라 목숨이 위태롭다고 믿은 모양이다. 이름으로 보아 그리스계이고, 원래는 아마 노예였을 것이다. 목숨이 위태롭다는 생각에 겁이 난 비서는 문서 한 통을 위조했다. 그것은 아우렐리아누스의 명령서처럼 작성된 것인데, 사형에 처할 사람으로 아우렐리아누스 황제의 경호를 맡고 있던 몇몇 장교의 이름이 적혀 있고 맨 끝에는 에로스의 이름도 적혀 있었다. 비서는 황제의 명령서를 날마다 쓰고 있으니까 익숙하다. 그 명령서가 진짜임을 입증하는 도장도 여행하는 동안은 비서가 지니고 있으니까 간단히 찍을 수 있다. 비서 에로스는 이렇게 위조한 명령서를 거기에 이름이 적혀 있는 장교들에게 보여주었다. 겁이 나서 부들부들 떤 것은 장교들도 마찬가지였다. 공포로 제정신을 잃은 그들은 그 사실을 확인하는 것도 잊어버렸다.

비서 에로스의 안내를 받아 황제의 침실에 잠입한 그들은 아우렐리아누스 황제를 죽였다. 4년 9개월 동안 제국을 통치한 뒤에 맞은 죽음이었다. 동시대의 연대기 작가가 "아우렐리아누스 시대의 제국은 행복했다. 시민들은 그를 사랑하고, 병사들은 그를 존경하고, 적들은 그를 두려워했다"고 기록한 사람이 정말 어이없이 생애를 마쳤다.

비어 있는 황제 자리

그러나 암살은 곧 들통이 났다. 하인 하나가 그늘 속에서 모두 보고 있었기 때문이다. 체포된 장교들도 비서 에로스의 계략에 걸려든 것을 안 뒤에는 자책감에 시달렸고, 개중에는 스스로 목숨을 끊은 사람도 있었다. 에로스는 산 채로 몸이 찢기는 극형에 처해졌고, 황제를 직접 죽인 장교들도 사형당했다.

사건의 전모는 밝혀졌지만, 비극이라 해도 너무나 처참한 사건이었기 때문에 모든 관계자가 망연자실하여 판단력까지 잃어버렸다. 아무도 어떻게 대처해야 좋을지 몰랐고, 특히 장병들은 깊은 충격을 받아서 누구를 아우렐리아누스의 후계자로 삼을 것인지도 생각할 수 없는 상태였다. 고위 장교들은 원로원에 편지를 보냈다.

〈로마군 전장병이 로마 원로원과 로마 시민에게

우리의 황제 아우렐리아누스는 한 인간의 배신과 다른 자들의 오해로 살해되었다. 우리의 비탄을 조금이나마 풀기 위해서라도 죽은 황제의 신격화를 결의해주기 바란다. 그리고 전통있는 로마 원로원의 의원들은 로마 제국의 황제에 어울리는 인물을 선출하여 우리에게 보내주기 바란다. 당신들이 가장 적당하다고 생각한 인물이라면 우리도 충성을 맹세하겠다.〉

원로원 계급으로서는 통치 능력을 과시하여 국정의 주도권을 되찾을 수 있는 절호의 기회였다. 아우렐리아누스에게는 아들도 형제도 없었기 때문에, 그가 아무리 높은 평가를 받았다 해도 그 명성을 이용하여 후계자를 고를 수는 없었다. 원로원이 장병들의 기대에도 부응할 수 있는 유능한 인물을 골라 황제에 앉히기만 하면 로마군도 원로원의 통치 능력을 재인식하게 된다.

그런데 원로원이 한 일은 아우렐리아누스의 신격화를 결정한 것뿐이고, 후계자 선정은 다시 로마군에 떠넘겼을 뿐이다. 일단 넘어온 공을 되받아 넘긴 셈이다. 이 시기에 황제 자리는 무려 다섯 달 동안이나 비어 있게 되었다. 그동안 군대와 원로원 사이에는 서로 공을 던지는 서한이 세 차례나 오갔다고 한다. 그 5개월 동안 황제가 되겠다고 나선 사람이 아무도 없었던 것도 흥미롭지만, 병사들이 불만을 폭발시키는 일도 일어나지 않았다. 어쨌든 모든 사람이 아우렐리아누스의 뒤를 이을 후계자가 등장하기를 마른침을 삼키며 기다리고 있는 듯했다. 야만족까지 그 5개월 동안 조용히 있어준 것은 아우렐리아누스의 방위선 강화가 거둔 성과였지만.

아우렐리아누스가 죽은 지 다섯 달이 지난 9월 25일, 로마 제국도 드디어 황제를 가질 수 있었다. 역사가 타키투스의 피를 이어받은 것을 자랑으로 여기는 75세의 타키투스라는 인물이었다. 속주 경험도 군대 경험도 전혀 없지만, 세련된 교양인이었다.

하지만 이 사람도 지난 5개월 동안 아우렐리아누스의 후계자로 거명될 때마다 사양한 다른 원로원 의원들과 마찬가지로 후계자 지명을 일단 사양했다. 후계자로 지명된 그는 원로원 의원들에게 재고를 요청했다.

"원로원 의원 여러분, 솔직히 말해서 내 이름이 거론된 데 놀라지 않을 수 없다. 여러분은 이 늙은이가 저 유능하고 씩씩했던 아우렐리아누스 황제를 대신할 수 있다고 생각하는가. 내 몸을 보라. 화살을 쏘고 창을 던지고 방패를 들고 말을 타고 산야를 뛰어다니고 병사들의 훈련을 위해 직접 시범을 보일 힘이 이 몸에 남아 있다고 생각하는가. 실제로는 원로원 회의에 참석하는 것이 고작이고, 회의에서도 발언한 뒤에는 녹초가 되어버린다. 공직도 되도록 젊은 사람에게 맡기는 형편이다.

제국을 지키기 위해 목숨을 바치고 있는 장병들이 이 늙은 황제를 최고사령관으로 기꺼이 받아들일 거라고 생각하는가. 여러분이 생각하는 이상적인 황제와 현실이 요구하는 황제의 상(像)은 일치하지 않을지도 모른다. 그럴 때는 여러분의 생각을 버려야 한다. 이 자리에서 만장일치로 내려진 결정이라 해도 현실에서는 불행한 결과로 이어질 우려가 있다는 것을 충분히 고려한 뒤에 결정을 내려주기를 간절히 바란다."

하지만 황제의 공백을 계속 방치하는 것은 용납되지 않았다. 또한 원로원에는 황제에 취임해줄 만한 인물이 남아 있지 않았다. 의원 하나가 발언했다.

"우리가 고령의 황제를 고른 것은 나이든 사람이라면 누구한테도 스스럼없이 아버지라도 되는 것처럼 모두가 필요로 하는 것을 이해할 능력이 있기 때문이다. 또한 최고권력자는 제멋대로 힘을 휘두르거나 단숨에 이기려고 서두르다가 일을 그르치기 쉽지만, 황제가 고령이면 우리는 그런 두려움에서 해방될 수 있다. 그뿐만 아니라 황제가 고령이면 모든 정책을 심사숙고한 뒤에 신중하게 실시할 테고, 따라서 로마 제국은 군사보다 법이 지배하는 국가로 돌아갈 것이다."

당시 원로원 의원들의 보수 성향을 반영하는 발언이다. 타키투스가 당치 않은 이유를 내세워 책임을 회피하는 것은 분명했지만, 75세나 되어 나름대로 각오는 되어 있었기 때문에 결국 황제 지명을 받아들였다. 원로원도 로마군 장병에게 "원로원은 여러분의 요청에 따라 타키투스를 황제로 지명하고 승인했다"는 공식 통고를 보냈다. 드디어 로마 역사상 전례없는 다섯 달의 황제 공백 기간이 끝난 것이다.

타키투스 황제(275~276년 재위)

타키투스(Marcus Claudius Tacitus)는 황제 역할을 성실하게 수행할 의지는 충분히 갖고 있었다. 가진 재산을 전부 팔아서, 수익금은 병사들의 봉급에 보탠다는 조건으로 모두 국고에 기부했다. 이제까지 살고 있던 시내의 저택을 해체하고, 대리석 원기둥을 포함한 건축자재는 모두 그 집터에 짓게 된 공중목욕장의 건축자재로 전용했다. 황제가 입는 보라색 옷도 걸치려 하지 않고, 황제가 되기 전에 입었던 토가와 투니카를 그대로 입었다. 새 황제가 끝까지 뜻을 굽히지 않고 고집을 부린 것은 로마 제국 각지의 공공도서관이 역사가 타키투스의 모든 저작을 의무적으로 갖추게 한 것뿐이었다. 그리고 276년으로 해가 바뀌기를 기다려 전선으로 떠났다. 선제 아우렐리아누스의 유지를 이어받아 페르시아와 싸우는 것이 자신의 책무라고 믿었기 때문이다.

하지만 병사들 틈에 섞여 행군하는 것은 군대 경험도 전혀 없는데다 75세나 된 노인에게는 여간 힘든 일이 아니었다. 말을 타기는커녕 가마에 누워서 행군하는 날이 더 많아졌다. 그리고 6월, 시리아로 가는 도중에 세상을 떠났다. 타살이 아니라 자연사였다.

타키투스가 죽었다는 소식을 받은 원로원은 당장 타키투스의 아우인 플로리아누스(Marcus Annius Florianus)를 다음 황제로 지명했다. 이 사람도 형과 마찬가지로 원로원 경력과 군단 경력을 완전히 분리한 갈리에누스 황제의 법률이 성립되기 전부터 군대와는 인연이 없었던

타키투스

원로원 의원이다. 원로원이 플로리아누스를 황제로 지명한 것을 안 장병들은 이번에는 그것을 얌전히 받아들이지 않았다.

우선 시리아와 이집트에 주둔하는 군단이 자기네 총사령관인 프로부스를 황제로 추대했다. 다른 지방에 주둔하는 군단들도 그에 보조를 맞추어 프로부스를 지지하고 나섰다.

군단의 이런 움직임에 원로원은 당장 동요하기 시작했다. 원로원이 동요하자 플로리아누스는 발밑이 허물어져가는 두려움에 그만 제정신을 잃었다. 황제의 두려움은 황제의 경호를 맡은 병사들에게 전염되었다. 프로부스와 그의 군대가 쳐들어오기라도 하면 그들도 플로리아누스와 함께 살해될 것이 뻔했기 때문이다. 그것을 피하려면 원로원의 지지도 잃어버린 플로리아누스를 죽일 수밖에 없었다. 그들은 그 유일한 길을 택했다. 그리하여 적어도 로마 군사끼리 싸우는 내전은 피할 수 있었다.

276년부터 282년까지 6년 동안 로마 제국의 최고 책임자 자리에 머물게 되는 프로부스 황제도 클라우디우스 고티쿠스나 아우렐리아누스와 마찬가지로 도나우강 연안에 있는 판노니아 속주의 시르미움 출신이다. 그리고 젊은 인재로서 발레리아누스 황제에게 발탁되었다는 점도 두 선배와 비슷했다.

다만 태생과 성장 배경은 상당히 다르다. 프로부스의 부친은 도나우 방위선의 기지에서 오랫동안 백인대장을 지낸 뒤, 대대장으로 진급하면서 이집트 주둔군으로 전속된 뒤 고향에 아내와 아들을 남겨놓고 세상을 떠났다. 성년이 되자마자 당연히 군단에 지원한 프로부스는 대대장의 아들이고 그 자신도 재능이 있어서, 입대한 지 얼마 되기도 전에 백인대장으로 승격했다.

이때 아직 20대 전반이었던 프로부스를 발레리아누스 황제가 주목했다. 발레리아누스는 공동 황제인 아들 갈리에누스에게 이런 편지를 보냈다.

〈아버지가 아들에게, 아니, 황제가 또 다른 황제에게

프로부스라는 젊은 병사가 요즘 마음에 걸린다. 내가 보기에 나이는 아직 젊지만 능력은 상당한 듯하다. 그래서 나는 그를 대대장으로 승격시켜 갈리아인과 아랍인 보조병을 주축으로 하는 6개 대대의 지휘를 맡기기로 했다(약 3천 명). 사랑하는 아들아, 너도 황제로서 이 젊은이를 활용해주기 바란다. '제국을 위해서'라고 말하기는 아직 이르지만, 다른 젊은 장교들의 본보기가 되는 인재다.〉

발레리아누스 황제는 한 측근에게도 편지를 썼다.

〈내가 수염도 아직 듬성듬성한 젊은이를 대대장에 임명한 데 자네도 놀랐겠지만, 제국 전역에 인재가 넘쳐흐르던 하드리아누스 시대와는 다르다. 유용한 인재는 내 쪽에서 모으지 않으면 안 된다. 자네도 프로부스를 알게 되면 내 판단에 동의할 것이다.

이 젊은이는 프로부스라는 이름이 보여주듯(프로부스는 '적극적인, 올곧은, 성실한'이라는 뜻이니까 아버지 대에 붙은 별명이 성이 되었을 것이다) 행동이 과감하다는 점에서 다른 동료를 능가한다. 그런데 재능은 풍부하지만 재산은 풍부하지 않다. 그래서 보조부대라 해도 대대장으로 승격한 이상 여러 가지로 지출도 늘어날 테니까 자네가 그 점을 배려해주기 바란다. 다음은 내가 그에게 주는 선물이다.

붉은 투니카 두 벌. 갈리아풍 짧은 망토 두 벌에 조각으로 장식한 금속 단추를 달아서. 비단으로 가장자리를 두른 잠옷 두 벌. 무늬가 새겨진 10리브라(1리브라는 약 300g)짜리 은잔 1개.

또한 대대장쯤 되면 봉급을 다 써버린 부하들을 도와줄 용돈도 필요하다(로마 군단은 보름마다 봉급을 지급했다). 그것을 위해 아우레우스 금화 100닢, 은화 1,000닢, 동화 10,000닢을 주겠다. 그리고 로마군 장교에게 어울리는 거처도 제공해야 할 것이다. 집을 고르는 일도 자네한테 맡기겠다.〉

스물서너 살밖에 안 된 프로부스가 분발한 것도 당연하다. 그가 지휘하는 보조부대는 정규병으로 구성된 대대보다 훨씬 큰 전과를 차례로 거두었다. 260년에 발레리아누스 황제는 서른 살도 안 된 프로부스를 정규군 군단장에 임명했다. 이것은 말 그대로 파격적인 발탁이었다. 이때 발레리아누스는 승진 축하 선물로 군복 세 벌을 보냈다.

하지만 그 직후에 발레리아누스 황제가 페르시아 왕 샤푸르에게 사로잡혀 제국 전역을 깜짝 놀라게 한 사건이 일어난다. 로마군의 고위 장교들은 망연자실한 상태에 빠졌지만, 이때 프로부스가 받은 타격은 남들보다 훨씬 컸을 것이다. 발레리아누스에게 발탁된 인재로는 프로부스의 선배격인 클라우디우스 고티쿠스와 아우렐리아누스는 이 불행이 일어난 해에 46세였지만, 프로부스는 겨우 28세였다.

그 후 프로부스는 은인의 아들인 갈리에누스 황제에게 충성을 다했다. 갈리에누스도 그를 최전방 지역의 총독에 임명했다. 클라우디우스 고티쿠스와 아우렐리아누스가 갈리에누스를 죽이는 방식으로 8년에 걸친 갈리에누스 황제의 통치를 불신임했을 때도 프로부스는 거기에 가담하지 않았다. 하지만 제위가 클라우디우스 고티쿠스에게 넘어가고 다시 2년 뒤에 아우렐리아누스에게 넘어간 뒤에도 프로부스는 군인의 책무를 계속 충실하게 수행한다. 아우렐리아누스 황제가 당시 프로부스에게 보낸 편지가 남아 있다.

〈아우렐리아누스 황제가 프로부스에게

내가 자네의 능력을 높이 평가하고 있는 것은 이제 널리 알려진 사실이지만, 자네에게 제10기병군단의 총지휘를 맡기고 싶다. 로마군 중에서도 최강의 정예 기병으로 구성된 이 제10군단은 클라우디우스가 황제가 되었을 때 나한테 총지휘를 넘긴 군단이다. 그것을 지금 나는 자네한테 넘겨주겠다.〉

아우렐리아누스가 황제였던 5년 동안, 제10기병군단을 지휘한 프로부스는 황제의 적극적인 전략에 따라 각지를 전전했다. 아우렐리아누스가 팔미라 군대와 싸우고 있는 사이에 재빨리 이집트를 되찾은 것도 프로부스였다. 이 임무를 재빨리 끝낸 프로부스는 팔미라로 달려가 공방전에 가담할 여유까지 있었다. 제노비아를 배제하고 제국 동방을 되찾은 아우렐리아누스는 마지막으로 남은 갈리아 문제를 해결하기 위해 서방으로 돌아갈 때 프로부스에게 동방 전역의 방위를 맡겼다. 그해에 프로부스는 갓 40세가 되어 있었다. 그로부터 3년 뒤에 아우렐리아누스 황제가 살해된다. 그리고 다시 1년 뒤, 타키투스 황제가 병사하고 황제 자리가 그에게 돌아온 해에 프로부스는 44세가 되어 있었다. 격무에 시달리는 황제 자리에 앉기에는 가장 좋은 나이이기도 했다.

프로부스 황제(276~282년 재위)

프로부스는 황제가 된 뒤 마르쿠스 아우렐리우스 프로부스(Marcus Aurelius Probus)로 이름을 바꾸었다. 선정으로 알려졌을 뿐만 아니라 제국 방위에 평생을 바쳤고 죽음까지도 야만족과 싸우던 전선에서 맞은 철인 황제 마르쿠스 아우렐리우스를 통치의 본보기로 삼겠다는 의지를 밝힌 것이다. 프로부스가 제위에 오른 것은 그가 병사들을 부추겨 황제로 추대받은 결과가 아니다. 프로부스를 황제에 앉히자는 목소리는 부하 장병들 사이에서 자발적으로 일어났고, 그 목소리가 다른 '방위선'의 장병들한테까지 퍼져가서 로마군 전체의 뜻으로 정착한 결과였다. 이것을 원로원이 추인하는 형태로 프로부스의 즉위가 실현된 것이다.

프로부스도 일단 맡은 이상 전력을 다해야 한다는 책임감은 충분히 갖고 있었다. 태생과 성장 배경을 비롯하여 모든 점이 전혀 다른 철인 황제에게 친근감을 느낀 이유는 거기에 있는지도 모른다. 철인 황제가 그랬듯이 프로부스도 즉위하자마자 원로원의 전통을 존중하고 원로원과 협력하여 제국을 다스리겠다는 자세를 분명히 했다. 원로원도 여러 가지 면에서 독단적이었던 아우렐리아누스의 통치에 비해 프로부스의 이런 태도를 좋아했고, 황제 선정의 주도권을 군대에 빼앗겨버린 아쉬움을 그것으로 달랬다.

로마 황제는 제위에 오르자마자 이름을 바꾸는 사람과 바꾸지 않는

프로부스

사람으로 나뉘는데, 이것은 인간성의 측면에서도 흥미로운 현상이다. 이름을 바꾸는 사람은 자신이 하는 일에는 본보기가 있다고 생각하는 사람이고, 이름을 바꾸지 않는 사람은 본보기 따위는 없다면서 대담하게 나오는 것 같다. 아우렐리아누스는 황제가 된 뒤에도 루키우스 도미티우스 아우렐리아누스라는 본명을 바꾸지 않았다. 프로부스가 제국의 안전을 두 어깨에 짊어지게 된 3세기 말은, 철인 황제가 제국의 방위 책임을 모두 떠맡고 있던 2세기 말과는 나라를 둘러싼 안팎의 상황이 완전히 달라져 있었다.

하지만 선조를 본보기로 삼을 정도니까 프로부스는 붙임성 있는 지도자였다. 그것이 그의 치세가 6년 동안이나 이어진 요인의 하나가 아닐까.

프로부스도 황제가 된 뒤 곧바로 수도 로마에 돌아오지 않은 황제들 가운데 하나였다. 제위에 오르자마자 되도록 빨리 수도에 들어와 원로원 회의장에서 공손히 황제 취임을 승인받는 모습은 볼 수 없게 된 지 오래였다. 3세기 후반의 황제들에게 수도 로마는 야만족이나 페르시아를 무찌른 뒤 개선식을 거행하는 장소일 뿐이었다. 그것이 수도 로마의 유일한 존재 이유였다. 황제 취임에 대한 원로원의 승인도 이제는 추인에 불과했고, 그렇다면 굳이 수도에까지 가서 받아야 할 절대적인 필요는 없었기 때문이다. 게다가 이제는 팔라티노 언덕의 웅장하고 화려한 황궁에서 떠들썩한 술잔치를 즐길 시간도 없었다. 이 시기의 황제들이 먼 훗날 할리우드에서 만든 로마 사극을 보았다면, 이렇게 터무니없는 오해를 받을 바에는 한번쯤 정말로 그런 향락을 누려볼걸 그랬다고 말할지도 모른다.

  이것이 3세기 후반 로마 황제들의 실상이다. 시리아의 안티오키아에서 황제로 추대된 프로부스는 제위에 오르자마자 원로원이 추인했다는 소식도 기다리지 않고 황제의 첫 번째 책무인 제국 방위를 위해 전선으로 직행한다. 황제가 된 뒤 첫 번째 전쟁터는 고트족의 습격을 받고 있던 소아시아 서부였다. 뛰어난 장군만 있으면 로마군은 역시 강하다. 난폭하게 날뛰던 고트족을 흑해 북쪽으로 몰아내고 약탈당한 재물과 사람도 되찾았다. 제위에 오른 첫해는 그렇게 지나갔다. 보스포루스해협 북쪽을 감시하면서 그해 겨울을 보낸 프로부스는 277년으로 해가 바뀌자마자 도나우 방위선으로 이동했다. 야만족이 갈리아로 대거 쳐들어왔다는 소식을 받고 격퇴하러 가기 전에 갈리아에 데려갈 군대를 편성할 필요가 있었기 때문이다.

  갈리아 깊숙이 쳐들어온 야만족은 여느 때처럼 약탈과 방화를 끝내고 철수한 것이 아니라, 60개나 되는 도시와 마을에 눌러앉아버렸다. 갈리아에는 군대를 상주시키지 않는 로마 제국의 전통적 방침 때문에 갈리아 방위만 전담하는 군대는 주둔해 있지 않다. 갈리아 땅의 안전은 라인 방위선에서 지키기로 되어 있었기 때문이다. 구체적으로는

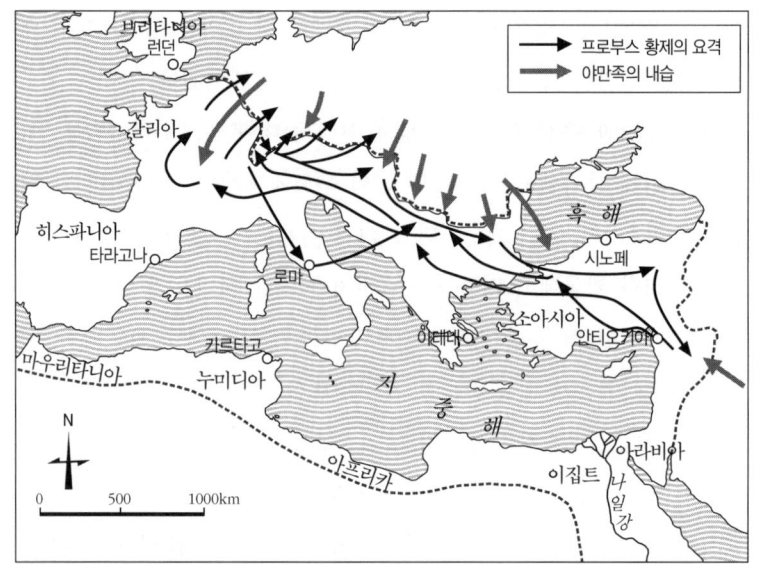

3세기의 황제─6년의 치세 동안 프로부스가 그린 궤적

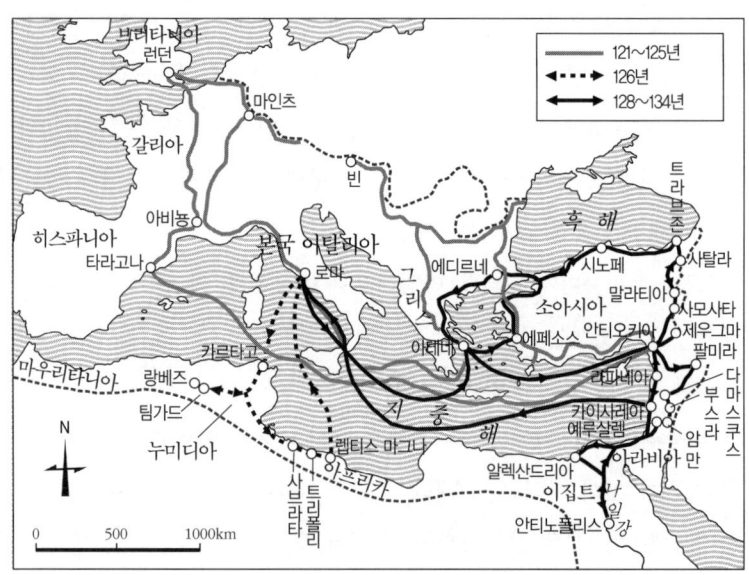

2세기의 황제─20년의 치세 동안 하드리아누스가 그린 궤적

라인강을 따라 늘어서 있는 본·크산텐·마인츠·스트라스부르 기지가 갈리아 전역의 방위를 책임지고 있다. 따라서 방파제 같은 이 라인 방위선이 무너져버리면, 봇둑에 막혀 있던 물이 일제히 쏟아져 들어와 갈리아 전역을 홍수 상태로 만들어버린다. 황제가 전선으로 달려가는 것이 당연하다고 누구나 생각할 만큼 명백한 비상사태였다.

기병이 주체인 야만족을 상대하려면 로마 쪽도 기병을 전면에 내세울 수밖에 없다. 하지만 로마 쪽에는 우수한 보병의 전통이 있었다. 갈리아의 거의 절반이 전쟁터가 된 야만족 요격전은 로마 기병대가 야만족을 격퇴하고 추격하면 보병대가 뒤처진 패잔병을 처리하는 방식으로 진행되었다. 이렇게 하면 야만족을 격퇴하자마자, 피난갔던 주민들이 당장이라도 안심하고 돌아올 수 있기 때문이다. 군사행동으로 얻은 성과를 민사 면에서도 당장 활용하는 것이 황제가 된 프로부스의 방식이기도 했다.

278년 중엽에는 벌써 갈리아 전역에서 야만족을 소탕하는 데 성공했다. 하지만 그 후에도 프로부스는 쉬지 않았다. 라인강에 다리를 놓고 강 건너편까지 쳐들어간 것이다. 라인강 유역에서만 '방위선' 밖에까지 쳐들어간 것은 아니었다. 적극전법은 그 후에도 계속되어, 라인강과 도나우강 상류가 모이는 '게르마니아 방벽' 일대와 도나우강 중류 일대에서도 프로부스는 적극전법을 펼쳤다. 참으로 오랜만에 로마군은 '적이 쳐들어오면 맞아 싸우는' 것이 아니라 '쳐들어가서 격파하는' 전법으로 돌아간 것이다. 프로부스 앞에서는 게르만족 중에서도 강대한 부족인 프랑크족과 알레마니족·반달족도 숲이나 늪지대로 도망쳐 들어갈 수밖에 없었다. 약탈당하고 불태워진 것은 야만족의 마을이었다. 황제가 된 지 2년째인 278년은 이렇게 지나갔다.

야만족 동화 정책

하지만 프로부스 황제는 적을 격파하고 마구 죽인 뒤 철수하는 것만으로는 만족하지 않았다. 로마가 강대해진 요인이자 오랫동안 패권을 유지할 수 있었던 최대 요인이기도 한 '이기고 양보하는' 방식을 이 시대에도 답습하려 한 것이다.

포로가 된 게르만인 남자 1만 6천 명은 노예가 되지 않고 병사로서 로마군에 편입되었다. 다만 그들만의 부대를 따로 편성하면 너무 위험하다. 그래서 10명씩 소대로 나누어, 제국의 방위선 곳곳에 분산 배치했다. 이에 따른 문제는 일어나지 않았다.

하지만 야만족을 로마군 병사로 편입시킨 경우에도 일어나지 않은 문제를 로마군 장군이 일으킨다. 이것도 불행한 3세기의 특징 가운데 하나지만, 프로부스는 반란을 일으킨 장군들을 진압하느라 그 후 2년을 소비해야 했다.

그런데 반란을 일으켰다가 결국 실패한 예를 살펴보면 그들에게는 몇 가지 공통점이 있다는 것을 느끼게 된다.

첫째, 반란을 일으킬 때 휘하 장병들의 지지를 확보하려는 노력을 별로 기울이지 않았다. 그 결과, 반란을 진압하기 위해 파견된 황제군에 살해되기보다는 변심한 부하 병사에게 살해된 경우가 많았다.

둘째, 아내나 측근의 부추김에 넘어간 경우가 뜻밖에 많다. 이런 경우의 '결과'는 도중하차다. 반기를 들기는 했지만 그것이 철저하지 않기 때문에 군사행동도 어중간하게 끝난다.

황제에게 반기를 드는 것이니까 그에 상응하는 결의가 없으면 성공하기 어려울 것이다. 그런데 자신의 의지가 아니라 별 생각 없이 남에게 떠밀려서 큰일을 저질러버리는 사람이 늘어나는 것도 국가의 쇠퇴기에 나타나는 특징의 하나다. 이런 쓸데없는 일에 시간과 노력을 낭비하는 일이 거듭되는 것도 쇠퇴의 증거였다.

하지만 적극전법으로 야만족을 상대하여 성공한 프로부스 황제에게 2년의 낭비는 역시 뼈아픈 것이었다. 동방 방위선을 확립하기 위해 페르시아와 싸우려고 가려던 프로부스는 또다시 북방 야만족이 침입했다는 소식을 받고 서방으로 돌아갈 수밖에 없었기 때문이다.

280년과 281년에 라인강과 도나우강 전체에 걸쳐 야만족 격퇴전이 벌어졌다. 이때 프로부스는 싸움에 진 야만족이 로마 제국 안으로 이주하는 것을 허용했다. 야만족도 침입하여 약탈하고 철수하는 종래의 방식에서 벗어나, 제국 영토 안으로 이주하는 쪽을 선택하게 되었다. 프로부스는 10만 명이 넘는 야만족을 도나우강 북쪽에서 남쪽으로 이주시키는 일까지 결행했다. 황제로서 프로부스가 실시한 야만족 대책의 특징은 제국 영내에 야만족을 받아들인 것이라는 학설은 이제 역사학계의 정설이 되어 있다. 하지만 동시대 사람들은 이렇게 말하고 있다.

"야만족은 아침에는 약속하고 저녁에는 그 약속을 깬다."

로마가 공격보다 방어를 중시하게 된 1세기와 2세기에 다른 나라나 민족이 로마와 맺은 약속을 지킨 것은 로마의 군사력이 압도적으로 강했기 때문이다. 3세기의 로마는 상대가 약속을 지키지 않을 수 없게 할 만한 힘을 갖고 있지 않았다.

281년 가을, 프로부스는 황제로서는 처음으로 수도 로마의 땅을 밟았다. 개선식을 거행하기 위해서였지만, 아무리 야만족을 격퇴하는 데 성공했다 해도 삼분되어 있던 제국을 통합한 아우렐리아누스 황제처럼 가시적인 업적은 없었다. 또한 제노비아 여왕처럼 사람들의 시선이 집중될 만한 '전리품'도 없었다. 개선식은 상당히 수수하게 끝난 모양이다.

하지만 프로부스 자신은 로마 사나이에게 최고의 영예인 개선식을 거행한 뒤 황제의 책무를 더한층 통감하게 되었다. 그는 '쳐들어오면 맞아 싸우는' 시대가 오래 계속되었기 때문에 황폐해진 땅을 경작지로 다시 활성화하는 것을 자신에게 부과된 책무로 생각하게 되었다. 수도에 머무는 동안 프로부스는 개선식 준비보다는 이집트 장관에게 관개공사에 대한 지시를 내리거나 갈리아 총독들을 모아놓고 하천 활용을 협의하면서 시간을 보냈다고 한다. 농촌 인구가 줄어들고 도시가 과밀화하는 현상은 방치해둘 수 없을 만큼 악화되고 있었기 때문이다.

282년으로 해가 바뀌자마자 프로부스는 수도를 떠나 북쪽으로 간다. 하다 만 페르시아 전쟁을 끝내는 것이 주목적이었지만, 그 전에 고향 시르미움 일대를 다시 생산성 높은 경작지대로 돌려놓고 싶은 마음이 있었기 때문이다. 고향을 우대하려는 것은 아니었다. 단지 시르미움 일대가 제국의 다른 지방에 본보기가 되기를 바랐을 뿐이다.

하지만 그것은 병사들에게 칼 대신 괭이를 들라고 강요하는 것이기도 했다. 적지로 쳐들어가는 적극전법을 맛본 병사들에게 이것은 견딜 수 없는 고통이 되었다.

그해 8월도 거의 끝나가던 어느 날, 프로부스 황제는 공사 진행 상황을 시찰하려고 특별히 시찰용으로 나무를 짜서 만든 높은 망루 위로 올라갔다. 공사에는 많은 병사가 동원되어 있었는데, 그 가운데 몇 명이 망루 밑으로 다가가고 있는 것을 아무도 이상하게 생각지 않았다. 다음 순간, 망루가 땅을 울리며 옆으로 쓰러졌다. 이어서 황제를 구하려는 것처럼 달려간 병사들의 단검이 프로부스 황제의 숨통을 끊었다.

이 사건에는 장교급이 한 사람도 관여하지 않았다. 모두 일반 병사들이 한 짓이었다. 마르쿠스 아우렐리우스 프로부스 황제는 갓 쉰 살이 되어 있었다. 고생이 끊이지 않았던 6년의 치세 끝에 맞은 안타까운 죽음이었다.

동시대인도 아우렐리아누스에 이어 프로부스의 죽음을 기록하면서 다음과 같은 감상을 남겼다.

"이들 두 황제의 죽음은 제국이 이제 완전히 운명에 휘둘리게 되었다는 증거다."

아우렐리아누스 황제의 죽음과 프로부스 황제의 죽음은 이 시기에 통치하는 자와 통치받는 자의 거리가 한도를 넘어 지나치게 단축되었음을 보여준다. 군인 출신 황제들은 말하자면 실력 중시 정책의 성과였다. 태생도 성장 배경도 비엘리트 계층에 속하는 그들이 제위에까지 오를 수 있었던 것은 기득권층에 절망한 사람들이 실력있는 자의 등장을 요구했기 때문이다.

그런데 실력 중시 노선이 정당한 것은 분명하지만, 세상 만사가 다 그렇듯이 장점이 있으면 결점도 있게 마련이다. 실력주의는 어제까지만 해도 나와 동격이었던 사람이 오늘부터는 나한테 명령을 내리는 지위에 오를 수 있다는 뜻이다. 이런 현실을 납득하고 받아들이려면 상당한 사려 분별이 요구되지만, 그런 합리적 정신을 가진 사람은 별로 없다. 태생도 성장 배경도 자기와는 동떨어진 이른바 '귀골'에게 하층민들이 설명할 수 없는 경외감을 느끼는 것은 그것이 '비합리'이기 때문이다. 많은 사람의 가슴에 더 순순히 들어오는 것은 합리적인 이성보다 비합리적인 감성이다.

하지만 실력으로 지위를 얻은 사람이 비합리적인 것에 더 익숙한 일반 대중의 존경을 받을 수 있는 방법이 하나 있다. 그것은 좋은 의미에서 대중과 거리를 두는 것인데, 거기에는 시간이 필수불가결한 조건이 된다. 아우렐리아누스에게 주어진 시간은 5년도 채 되지 않았고, 프로부스에게 주어진 시간은 6년뿐이었다. 그들도 오현제처럼, 또는 제국이 약해진 뒤에 등장하는 디오클레티아누스 황제처럼 20년이라는 시간이 주어졌다면 어떻게 되었을까. 하지만 감성에 좌우되기 쉬운 인간을 상대로 계속 지도자의 지위를 유지하기는 어렵다. 친근감을 갖게 하면서 거리감도 품게 할 필요가 있으니까.

카루스 황제(282~283년 재위)

프로부스 황제가 죽은 뒤, 군대는 이제 다음 황제에 대해 원로원의 의향을 물어보려고도 하지 않았다. 프로부스의 죽음은 군대가 프로부스를 불신임했기 때문이 아니었다. 황제를 살해한 병사들은 모두 사형에 처해졌고, 이 불행은 과거의 것이 되었다. 이제 가장 시급한 일은 빨리 다음 황제를 결정하는 것이었다.

마치 작전회의라도 하는 듯한 분위기가 지배하는 고위 장교들의 회의에서 다음 황제로 결정된 사람은 황제의 오른팔인 근위대장 카루스였다. 사건이 일어났을 때 라인강변의 쾰른에서 신병 훈련을 지도하고 있던 카루스는 도나우강변의 시르미움으로 달려와 제위를 받았다.

카루스도 황제가 되자마자 마르쿠스 아우렐리우스 카루스(Marcus Aurelius Carus)로 이름을 바꾸었다. 하지만 이 개명은 프로부스와 달

카루스

리 고명한 철인 황제의 통치를 계승하겠다는 의사표시는 아니다. 장병들에게 인망이 높았던 선제 프로부스의 후계자임을 로마군 전 장병에게 알리기 위한 개명이었다. 마르쿠스 아우렐리우스 프로부스가 선제 프로부스의 정식 이름이었기 때문이다. 하지만 카루스가 프로부스를 계승한 것은 이름뿐이었다.

이것은 내 상상이지만, 282년 초가을에 누구를 차기 황제로 세울 것인가를 결정하기 위해 시르미움에 모인 고위 장교들은 아마 정책 변경도 의논했을 것이다. 병사는 황폐해진 땅을 다시 경작지로 만드는 일보다 전쟁에 써야 하지 않느냐 하는 문제도 논의되었을 것이다. 프로부스도 페르시아 전쟁을 준비하고 있었지만, 그것과 병행하여 황폐해진 땅을 경작지로 만들기 위한 토목사업에 병사들을 동원하고 있었다. 하지만 프로부스가 살해되었을 때, 칼 대신 괭이를 드는 데 불만을 품은 병사가 소수나마 있었던 것은 사실이다. 고위 장교들은 그 움직임이 로마군 전체에 퍼지는 것을 우려했다. 새 황제 카루스도 동감이었다.

페르시아 전쟁(2)

사산조 페르시아와 싸우기로 결정한 첫 번째 이유는 선제 프로부스가 전쟁을 준비하고 있었다는 것이다. 두 번째 이유는 페르시아에 포로로 잡힌 발레리아누스 황제의 치욕을 씻는다는 대의명분이 있기 때문이다. 세 번째 이유는 이 시기의 페르시아 왕국은 로마군이 겁낼 필요가 없는 상태에 있었기 때문이다.

사산조 페르시아의 창설자인 아르다시르는 용맹한 '사자형', 제2대 왕이며 발레리아누스 황제를 사로잡는 전과를 올려 이름을 남기게 된 샤푸르는 교활한 '여우형'이다. 하지만 이들 두 사람 뒤에는 사자도 아니고 여우도 아닌 왕들이 이어진다. 지도자들의 역량이 떨어진데다 그들 사이의 내분으로 국력까지 쇠약해졌다. 로마는 라인강과 도나우강 방위선을 강화하는 데에는 힘을 쏟았지만, 유프라테스강 방위선에 대해서는 그것조차도 하지 않았다. 그런데도 유프라테스 방위선이 비교적 안전했던 것은 이 방위선 동쪽에 펼쳐져 있는 페르시아의 힘이 약해져 있었기 때문이다.

페르시아 전쟁을 다시 시작하겠다는 포고에 병사들은 환호로 답했다. 괭이를 휘두르는 일에서 해방되었을 뿐만 아니라 오리엔트는 그들에게 풍요로운 땅과 동의어였기 때문이다. 이탈리아나 갈리아라는 이름만 들어도 산더미 같은 금이나 은화를 머리에 떠올리는 게르만 야만족과 다를 게 없지만, 3세기 말의 로마군 병사들은 이런 점에서도 야만족과 닮아가고 있었다.

병사들의 불만을 피하는 것도 전쟁의 목적인 이상, 전쟁터로 가는

카리누스

것은 빠를수록 좋다. 282년 가을에 벌써 로마군은 새 황제 카루스를 앞세우고 도나우강의 전선기지를 떠나 동쪽으로 가고 있었다. 58세인 카루스는 35세가 된 맏아들 카리누스를 공동 황제로 지명하여 서방의 방위를 맡긴 뒤 출병했다. 31세인 둘째 아들 누메리아누스도 공동 황제로 지명했지만, 이 아들은 아버지와 동행했다. 아버지는 제1군, 아들은 제2군을 이끌고 참전했다.

283년 봄부터 시작된 페르시아 전쟁은 유프라테스강을 건넌 로마군의 연전연승으로 진행되었다. 로마군이 강했다기보다 페르시아의 요격 체제가 전혀 기능을 발휘하지 못했기 때문이다. 그래도 승리는 승리다. 기세가 오른 로마군은 우선 로마의 속주였던 적이 있어서 로마와 페르시아의 쟁점이 되었던 북부 메소포타미아를 쉽게 되찾았다. 이어서 로마군은 유프라테스강과 티그리스강 사이에 낀 메소포타미아 지방을 두 강의 흐름을 따라 이동하여 페르시아 왕국의 수도인 크테시폰까지 바싹 다가갔다. 그리고 크테시폰도 시간과 노력을 별로 들이지 않고 점령하는 데 성공했다. 페르시아 왕실도 고관들도 달아나버렸기 때문이다. 결국 로마군은 석 달도 지나기 전에 오늘날의 이라크에 해당하는 메소포타미아 전역을 공략한 셈이다.

그래도 계절은 아직 늦여름, 싸울 수 있는 시간은 충분히 남아 있다. 로마군은 티그리스강 동쪽에까지 진격하여 메소포타미아 지방에서 페르시아 세력을 완전히 몰아내기로 결정했다. 페르시아인을 그들의 탄생지인 페르시스, 오늘날의 이란 남서부 지방으로 몰아내기로 결정한 것이다.

벼락

하지만 사막에서도 우레는 발생한다. 아니, 사막에서 만나는 우레가 더 무섭다. 그해 늦여름의 어느 날 밤, 야영하고 있는 로마군을 사막의 우레가 덮쳤다.

무시무시한 천둥 번개였다. 지평선 전체가 굉음과 함께 밤하늘을 가르는 번개가 춤추는 대형 화면으로 변했다. 병사들은 피난하는 것도 잊고 우두커니 서서 그 장관을 바라보았다.

변고는 그 와중에 일어났다. 황제용 막사는 다른 막사들에 비해 대형이고 높이도 높다. 거기에 벼락이 떨어진 것이다. 카루스 황제는 즉사했다.

로마군은 최고사령관을 졸지에 잃어버렸다. 원래는 동행한 둘째 아들 누메리아누스가 아버지를 대신해야 하겠지만, 그 젊은 장군은 그저 망연자실하여 그 막중한 역할을 맡을 수 있을 것 같지 않았다. 결국 철수하기로 결정했다. 그 시점에서는 일단 되찾은 메소포타미아 북부로 돌아갈 작정이었던 모양이다. 하지만 벼락에 맞아 죽은 아버지의 뒤를

누메리아누스   디오클레티아누스

이은 둘째 아들 누메리아누스를 에워싸고 북쪽으로 올라가던 로마군에 또다시 변고가 일어났다.

누메리아누스가 탄 마차가 숙박 예정지에 도착했는데, 누메리아누스가 마차에서 모습을 나타내지 않았다. 문을 연 사람들이 목도한 것은 침상 위에 누워 있는 새 황제의 시체였다.

당장 범인 찾기가 시작되었다. 사람들의 의심은 누메리아누스의 장인이라는 이유로 황제 전용 마차에 마음대로 드나들 수 있었던 아풀루스에게 쏠렸다. 아풀루스가 새 황제는 병에 걸려 누워 있으니까 마차에 가까이 가지 말라고 지시했다고 말하는 사람도 있었다. 재판을 할 분위기가 아니었다.

누메리아누스 황제의 경호 책임자는 디오클레스라는 38세의 부대장이었다. 디오클레스가 칼을 빼어 아풀루스를 단칼에 죽이는 것으로 이 사건은 해결되었다.

디오클레스라는 사내는 루비콘강을 일단 건넌 뒤에는 힘차게 달릴 수밖에 없다는 것도 알고 있었다. 페르시아 전쟁에 동원된 로마군은 여기서 선택을 강요당했다. 서방에 있는 카리누스를 택할 것인가, 아니면 눈앞에 있는 디오클레스를 택할 것인가. 디오클레스의 힘을 인정했다기보다, 지난 1년 동안 카리누스가 인망을 얻지 못한 것이 이 승부를 결정지었다. 하지만 디오클레스를 선택한 이상, 서방에 있는 또 다른 황제인 카리누스와 내전을 벌여야 한다. 로마군은 디오클레스를 앞세워 서쪽으로 향했다.

하지만 284년으로 해가 바뀌어도 로마군끼리의 전투는 일어나지 않았다. 카리누스 황제가 배신한 부하에게 살해당했기 때문이다. 이제 황제를 자칭하는 사람은 디오클레스뿐이었다. 디오클레스는 이때부터 '디오클레티아누스'라는 로마식 이름으로 바꾸었다. 또다시 도나우강과 가까운 변경 태생의 로마 황제가 등장한 것이다.

누메리아누스 암살에 디오클레티아누스가 관여했다는 증거는 없다. 하지만 무관했다는 증거도 없다.

어쨌든 디오클레티아누스(Gaius Aurelius Valerius Diocletianus) 때부터 로마 제국은 새로운 시대로 접어들게 된다. 그것이 어떤 시대가 될지는 다음 권으로 미루고자 한다. 이 변화가 로마 제국에 좋았는지 나빴는지는 별문제로 하고, 디오클레티아누스 황제는 자기가 하기로 결정한 일은 할 수 있었다. 3세기의 어느 황제도 얻지 못한 21년이나 되는 '시간'을 손에 넣을 수 있었기 때문이다.

3세기의 황제

재위 연간	황제(재위 기간·사인)	
	211~217년	카라칼라(6년·암살)
	217~218년	마크리누스(1년·암살)
	218~222년	엘라가발루스(4년·암살)
	222~235년	알렉산데르 세베루스(13년·암살)
	235~238년	막시미누스 트라쿠스(3년·암살)
	238년	고르디아누스 1세(보름·자살)/ 고르디아누스 2세(보름·전사)
73년간 황제 22명	238~244년	고르디아누스 3세(6년·암살) / 푸피에누스(3개월·암살) 발비누스(3개월·암살)
	244~249년	필리푸스 아라부스(5년·자살)
	249~251년	데키우스(2년·야만족과 싸우다가 전사)
	251~253년	트레보니아누스 갈루스(2년·암살)
	253~260년	발레리아누스(7년·포로로 잡혀 옥사)
	253~268년	갈리에누스(15년·암살)
	268~270년	클라우디우스 고티쿠스(2년·병사)
	270~275년	아우렐리아누스(5년·암살)
	275~276년	타키투스(8개월·병사)
	276~282년	프로부스(6년·암살)
	282~283년	카루스(1년·사고사)
	282~283년	누메리아누스(1년·암살)
	282~284년	카리누스(2년·암살)
21년간	284~305년	디오클레티아누스
30년간	307~337년	콘스탄티누스

(제12권 / 제13권)

제3장 로마 제국과 기독교

서양 철학을 공부한 대학 시절부터 나는 한 가지 의문을 간직하고 있었다. 이런 경우에 쓰는 '간직하다'는 말을 이탈리아어로는 '아카레차레'(accarezzare)라고 표현한다. 직역하면 '애무하다'는 뜻이다. 꽤 깊은 맛이 있는 표현이지만, 어쨌든 내가 젊은 시절부터 애무해온 의문은 이것이었다.

기독교는 예수 그리스도의 죽음부터 콘스탄티누스 대제가 공인할 때까지, 즉 기독교가 탄생한 뒤 무시할 수 없는 세력이 될 때까지 왜 300년이라는 긴 세월을 필요로 했는가.

예수가 십자가에서 죽음을 맞은 것은 33년 무렵으로 되어 있다. 콘스탄티누스 대제가 기독교를 공인한 것은 313년이다.

하지만 이 의문은 젊은 시절의 내 머릿속에 자연히 생겨난 것이 아니라, 어떤 것으로부터의 연상 작용이었다.

16세기에 일본을 방문한 선교사에게 한 일본인이 이렇게 물었다.

당신이 말하는 그리스도의 복음이 영혼을 구제할 수 있는 유일하게 참된 가르침이라면, 그것이 일본에 전해지는 데 왜 그렇게 긴 세월이 필요했는가.

이 질문에는 대답이 궁했다고 선교사는 본부에 보낸 보고서에서 말하고 있다. 그것을 읽고 나는 웃음을 터뜨렸다. 신앙에는 날개가 나 있는 것이 아니고, 그것을 확신하는 사람의 입을 통해 전도되기 때문에, 전도할 수 있는 사람이 지구 반대쪽까지 도달하는 데 시간이 걸렸다고 대답하면 되었을 텐데 하고 생각했다. 선교사니까 당연하기도 하지만, 그 선교사는 종교를 신앙 문제로밖에 생각하지 않았을 것이다. 종교를 인간 현상, 사회 현상, 그리고 역사 현상으로도 생각하는 나 같은 사람과는 달리.

로마 제국과 기독교의 대립도 그것을 신앙 문제로만 생각하면 이해할 수 없다. 그 시대에도 예루살렘에서 로마까지는 날개가 없어도 쉽게 도달할 수 있는 거리였다. 로마 제국은 오늘날의 유럽과 중동과 북아프리카를 포함하는 대제국이었지만, 제국의 동쪽에서 서쪽까지의 거리는 지구 반대편까지의 거리와는 비교가 되지 않는다. 그리고 로마 제국에는 당시의 고속도로인 로마 가도의 도로망이 제국 전역에 깔려 있었다. 이 로마 제국 안에서 전달이 얼마나 쉬웠는지는 예수가 죽은 지 30년밖에 지나지 않았는데 그의 가르침이 벌써 제국의 수도 로마에까지 도달해 있었던 것으로도 증명된다. 서기 64년에 수도를 덮친 대화재의 책임을 네로 황제가 기독교도에게 돌리려 했기 때문에 상당수 기독교도가 순교했다. 실제로는 누군가의 부주의로 난 불이 때마침 불어온 강풍을 타고 로마의 절반을 삼킨 대재앙으로 번졌지만, 화재로 집을 잃은 이재민들의 분노는 황제에게 쏠렸고, 그것을 남에게 떠넘길 필요성을 느낀 네로가 희생양으로 고른 것이 기독교도였다.

이런 경우 희생양은 수도 로마 사회에서 고립되어 있고 일반 시민에게 불신당하고 있는 사람이어야 한다. 다만 이 조건에 맞더라도 수가 너무 많으면 희생양으로 바치기에는 부적당하다. 수도에 사는 유대인은 이 무렵에는 만 단위가 되어 있었을 것이다. 그들의 거주구역을 보호해주는 사람이 황제의 아내가 아니었다 해도, 희생양으로 삼기에는 수가 너무 많았다. 역사가가 기록한 처형 광경이나 처형장으로 사용된 테베레강 서안의 경기장 면적으로 보아 희생자의 수는 수천 명이나 수십 명이 아니라 수백 명 규모였을 것으로 추정된다. 서기 1세기에 수도 로마의 인구는 백만 명에 육박했다. 그 가운데 수백 명이라면 대화재를 일으킨 죄를 덮어씌우기에도 적당하고 수도 전체의 화제를 모으기에도 적당한 현실적인 수가 아니었을까.

게다가 이 무렵 수도 로마에는 생전의 예수가 직접 후계자로 지명한 성 베드로도 머물고 있었고, 예수와 면식은 없었지만 초기 기독교회의 기반을 만든 성 바울까지 머물고 있었다. 이 두 사람도 이 무렵 수도 로마에서 순교했다고 한다. 기독교가 공인된 뒤에 세워진 산 피에트로 대성당은 베드로(이탈리아어로는 피에트로)가 순교한 땅에 세워져, '네 위에 교회를'이라는 예수의 말을 실현했다. 예수가 죽은 지 30년도 지나기 전에 팔레스티나에서 멀리 떨어진 제국의 수도 로마에도 수백 명 규모의 기독교도가 있었고, 초기 기독교회의 1인자와 2인자까지 그곳에 발을 들여놓고 있었다. 곧 전도를 하러 와 있었다는 이야기가 된다. 성 바울은 로마 시민권자였기 때문에 항소권을 행사하기 위해 로마로 호송된 것이지만, 항소재판이 진행되는 동안은 자유의 몸으로 신도의 집에 머물고 있었을 테니까 신도들과 자유롭게 접촉할 수 있었을 것이다. 이 무렵의 기세가 그 후에도 계속되었다면 로마 제국은 훨씬 빨리 기독교에 물들지 않았을까.

네로 황제 시절에 처형당한 성 베드로와 성 바울의 존재를 알리는 "바울과 베드로에게 승리를"이라는 문구가 새겨져 있는 산 세바스티아노 지하묘지.

그런데 실제로는 일이 그런 식으로 진전되지는 않았다. 네로 황제의 기독교도 박해는 돌발사건이었던 것처럼, 그 후 오랫동안 기독교도를 겨냥한 탄압은 일어나지 않았다. 당시 기독교는 유대교에서 갈라져나온 분파 같은 존재에서 벗어나 독립성을 강화하는 시기였기 때문에, 겨냥해서 탄압하기에는 더 적당한 상태였을 것이다. 유대교도가 로마제국에 대해 일으킨 반란은 서기 70년에 예루살렘 함락으로 진압되었는데, 이때부터 기독교회가 본가라고 말할 수 있는 유대교회에 거리를 두기 시작했다는 것은 연구자들 사이에 정설로 되어 있다. 수도 로마에 사는 기독교도들도 전통적으로 유대인이 많이 모여 사는 테베레강 서안의 제14구를 떠나, 테베레강 동쪽 연안에 있지만 도심에서 떨어져 있어서 땅값이 싼 제12구와 제13구로 거주지를 옮겼다. 유대교도와 기독교도는 모든 점에서 분명하게 선을 긋게 되었다. 그것은 로마 사회에서 기독교도가 차츰 눈길을 끄는 존재가 되어가고 있다는 뜻이기도 했다.

로마 역사에 'Christianus'(그리스도를 신앙하는 자, 기독교도)라는 표현을 처음 등장시킨 사람은 네로 황제의 학살을 서술한 타키투스지만, 그 표현이 다시 등장하는 것은 그로부터 반세기가 지난 2세기 초의 트라야누스 황제 시대였다. 111년부터 1년 동안 소아시아 북서부의 비티니아 속주에 총독으로 파견된 소(小)플리니우스가 수도에 있는 황제에게 기독교도 문제에 어떻게 대처하면 좋으냐고 물었고, 거기에 대한 트라야누스의 답장에 그 말이 나온다.

이 유명한 서찰에 대해서는 제9권 『현제의 세기』 191~194쪽에서 이미 언급했기 때문에 여기서는 이 문제에 대한 트라야누스 황제의 생각을 요약하고 있는 에센스 같은 몇 줄만 다시 인용하겠다. 이때 트라야누스가 내린 판정이 2세기만이 아니라 3세기 말에 이르기까지 거의 200년 동안 로마 황제들의 판정을 규제하는 '법'이 되었기 때문이다.

〈기독교도가 죄인이라고는 하지만, 굳이 그들을 색출해내는 행위는 해서는 안 된다. 다만 정식으로 고발되어 자백한 자는 마땅히 처벌받아야 한다. 신앙을 버린 자에 대해서는 그에 상응한 배려가 있어야 하지만, 우리의 신들을 경배하는 마음을 명확히 보이고, 후회도 분명히 할 필요가 있다. 그것만 명확해지면 과거가 어떻든 처벌을 면제해줄 만하다.

또한 익명 고발은 어떤 법적 가치도 없는 것으로 처리한다. 그런 것을 인정하면 우리 시대의 정신에 어긋나는 행위가 되기 때문이다.〉

역사상의 '증언'은 후세 사람들을 상대로 한 것이 아니라 모든 사정에 정통한 동시대인에 대해 이루어진 것이다. 따라서 후세 사람들이 그 증언을 읽는 경우에는 동시대인에게는 필요하지 않았던 해설을 빠뜨릴 수 없다.

로마인이 생각하는 기독교도는 자신들 모두의 '레스 푸블리카'(국가)인 로마 제국에 대한 생각이나 의무를 그들과 공유하지 않는 사람들이었다. 성 바울이 「사도행전」에서 말했듯이 기독교도들은 로마 제국을 사악하고 타락한 사회로 파악했기 때문에, 그런 국가에 의무를 다할 필요성을 인정하지 않았다. 이 로마 제국이 멸망한 뒤에 나타날 '하느님의 나라'가 그들의 '레스 푸블리카'(공동체)였기 때문이다. 테러를 저지르는 따위의 적극적인 방법으로 로마 제국을 붕괴시키려 하지는 않지만, 공직이나 병역을 피하는 형태로 소극적인 저항은 계속하고 있었다.

로마 제국 전체를 하나의 대가족으로 파악하고 그 안에 사는 모든 사람의 운명 공동체라고 생각했던 역대 황제들이 보기에 이것은 명백한 반국가적 행위다. 기독교도의 '죄'는 무엇을 믿느냐가 아니라, 믿는 행위를 통해 반국가적인 조직을 형성했다는 것이다. 트라야누스가 말한 '죄인'은 그런 뜻이었다.

유대교도도 역시 국가 로마의 공직과 병역을 기피하여 로마 사회에서 고립되어 있었지만, 로마는 유대인에 대해서는 유대교에 바탕을 둔 신권 국가를 건설하는 것 말고는 모든 권리를 인정해주었다. 유대인은 공직을 맡지 않고 군대에 지원하지 않아도 되었다. 다만 70년에 반란이 끝난 이후 유대인에게는 유대인세를 부과했다. 이것은 원래 전 세계의 유대교도가 예루살렘 신전에 바치던 봉납금인데, 70년에 그 신전이 불탔다는 이유로 수도 로마에 있는 유피테르 신전에 바치는 봉납금으로 바꾸어버렸다. 하지만 적어도 이 유대인세는 로마 제국의 공직이나 병역에 관여하지 않는 대가로 받아들여지게 되었고, 따라서 기독교도는 대가도 치르지 않고 시민의 의무도 다하지 않는 몰염치한 사람들이 되어버렸다.

트라야누스가 '굳이 색출해내서는 안 된다'고 말한 것은 이 황제가 속주 출신이면서도 로마인의 전통적 종교관을 갖고 있었다는 것을 보여준다. 로마인의 종교관은, 개인적으로는 무엇을 믿든 자유지만 다민족 국가인 로마를 정신적으로 통합하고 있는 '우리의 신들'을 제사지낼 때는 반드시 참여해야 한다는 것이었다. 일본에서 새 건물을 착공할 때 기독교도도 불교도도 신관의 액막이 의식을 받는 것과 비슷하다. 이처럼 신앙은 개인의 문제니까, 그것이 공동체의 신앙과 어긋난다 해도 반공동체적인 행위만 하지 않으면 굳이 색출할 필요는 없다는 뜻이었다. 따라서 '신앙을 버린 자'라는 말도 로마적 종교관에서 보면 신앙을 완전히 버리기보다 임시로 옆에 치워둔다는 느낌에 가깝다. 고대는 이런 의미의 다신교 세계였고, 그래서 남이 믿는 신을 전혀 인정하지 않는 유대교가 고대에는 이질적으로 여겨졌다. 역사가 타키투스는 유대교는 신앙이 아니라 미신이라고 말했다. 기독교는 이런 식으로 여겨진 유대교를 모태로 하여 태어난 일신교였다. 따라서 그들의 처지에서는 임시로 신앙을 옆에 치워둔다는 따위의 사고방식은 도저히 받아들일 수 없는 것이었다.

다음은 기독교도에 대해서도 정식 고발이 필요하다고 말한 부분이다. 고발이 들어오면, 그것을 받아서 수사하는 것은 현대의 어느 나라에서나 사법의 의무로 되어 있다. 입건할 것인지는 그다음 문제다. 따라서 트라야누스의 태도는 법체계를 창립한 로마인을 구현하고 있다. 로마인의 이런 법률관을 가장 단적으로 보여준 것이 '익명 고발은 어떤 법적 가치도 없는 것으로 처리한다'는 구절이다. 그래서 트라야누스가 내린 이 판정이 무려 200년 동안이나 기독교도에 대한 로마 제국의 대처법으로 계속 통용된 것이다.

하지만 트라야누스 시대로부터 100년이 넘게 지난 3세기에 한 기독교 사제가 그것을 물고 늘어졌다. 아프리카 속주의 주도인 카르타고에서 근무하는 백인대장의 아들로 태어나 청년 시절에 기독교에 귀의한 테르툴리아누스가 『변명』(*Apologeticum*)이라는 저서에서 트라야누스에게 다음과 같은 반론을 제기한 것이다.

〈이것은 의도적인 애매함이다. 기독교도 사냥은 하지 말라고 말해놓고, 죄가 명백하면 처벌하라고 말한다. 일부러 찾아다니며 색출하지는 말라고 말해놓고, 한편으로는 박해하라고 말한다. 기독교도의 존재를 무시하라고 권해놓고, 동시에 죽이라고 말한다. 이것이 법인가. 법을 만드는 저 자신을 속이고 있을 뿐이잖은가.

기독교도가 반사회적 존재라고 생각한다면, 왜 끝까지 추적해서 잡지 않는가. 자기 이름을 밝힌 고발이 있든 없든 관계없이, 수사도 철저히 이루어져야 한다. 그렇게까지는 할 필요가 없다면, 왜 기독교도는 모두 무죄라고 인정하지 않는가.

제국은 범죄 중에서도 특히 중죄인 국가반역죄에 대해서는 속주마다 담당관을 두고, 범인만이 아니라 공범자와 증인까지 모조리 찾아내는 것을 일삼고 있다. 그런데 기독교도에 대해서는 담당관이 자발적으로 찾는 것은 정당하지 않으니까 해서는 안 되지만 누군가가 자기 이름을 명기한 고발장을 제출하면 그것을 받는 것은 정당하다고 말한다. 요컨대 그것은 기독교도를 고발하는 그 누군가의 판단에 죄의 유무를 맡긴다는 뜻이다.〉

논리로는 테르툴리아누스가 옳다. 트라야누스의 말은 논리적으로 애매하다.

하지만 인간 세계는 논리적으로나 법적으로나 네모반듯해서는 기능을 발휘하지 못하는 성질을 갖는다. 온갖 다양한 인간이 모여 사는 데 필요한 규칙으로 로마인은 법을 만들었다. 종교도 정어리 대가리를 믿든 뭘 믿든 자유지만, 공동의 자리에서는 많은 사람이 믿는 신을 받들자는 것이니까 '애매하다'고 규탄받아도 별수없다.

하지만 법률은 말하자면 톱니바퀴다. 따라서 다소 애매한 법률 적용은 많은 톱니바퀴가 동시에 계속해서 움직이도록 돕는 윤활유다. 또한 트라야누스를 포함한 오현제 시대에는 기독교도에 대한 대처가 조금 애매해도 상관없을 만큼 기독교도가 소수파였다. 복잡하고 다양한 인간 세상을 신이 준(주었다고 되어 있는) 법률로만 다스리게 되면 과연 신앙의 자유를 지킬 수 있을까. 내가 테르툴리아누스에게 이런 식으로 질문했다 해도 우리 두 사람의 생각이 맞물리는 일은 없었을 것이다. '로마 제국과 기독교'라는 문제는 양쪽의 사고방식 차이, 즉 문명의 차이로 말미암은 것인 만큼, 고발이나 수사로 해결할 수 있는 문제는 아니었다.

제국과 기독교 사이에 이런 논의가 오가게 된 3세기에는 기독교도의 수가 더욱 늘어난다. 앞에서도 말했듯이 3세기에도 기독교도에 대한 탄압은 그리 대단한 규모는 아니었다. 또한 황제가 계속 바뀌었기 때문에 그 탄압도 계속성을 잃어서, 일관되고 철저한 탄압은 결코 아니었다.

그래서 신자가 계속 늘어났을까.

탄압의 비일관성과는 관계없이 계속 늘어났다면, 그 요인은 무엇일까.

종래의 어느 황제보다 철저히 기독교도를 탄압한 것은 4세기 초의 디오클레티아누스다. 이 황제에 대한 서술은 다음 권으로 미루겠지만, 그가 기독교도를 철저히 탄압했다는 것은 기독교 세력이 로마 쪽의 '애매함'을 용납하지 않을 만큼 강력해졌다는 뜻이다. 그렇게까지 강대해진 요인을 지금부터 탐구할 예정인데, 그 배경에는 이 제12권의 태반을 소비하여 서술한 '3세기의 위기'가 있다는 점을 염두에 두고 읽어주기 바란다.

탐구는 두 명의 로마사 권위자의 의견을 검토하는 방법으로 진행하겠다. 그 두 사람은 에드워드 기번과 에릭 도즈다. 200년의 간격을 두고 간행된 저작은 다음 두 권이다.

Edward Gibbon, *The History of the Decline and Fall of the Roman Empire*, 1776~88.

Eric R. Dodds, *Pagan and Christian in an Age of Anxiety*, Cambridge University Press, 1965.

이 두 사람을 선택한 것은 같은 영국인이라서 비교 검토하기가 쉽고, 무엇보다도 기독교가 대두한 요인을 조목별로 일목요연하게 정리해준 몇 안 되는 연구자이기 때문이다.

그러면 지금도 널리 읽히고 있는 기번에게 경의를 표하여 그의 저작부터 시작하겠다. 계몽주의 시대 사람인 기번은 다음과 같은 다섯 가지 요인을 들고 있다.

(1) 단호하게 일신교를 관철한 것. 일신교를 관철한 기독교도의 열의는 완고하고 편협하다 해도 좋을 정도였다. 이 점에서의 불관용성은 유대교에서 물려받은 것이지만, 기독교는 사람들이 유대교를 거부한

원인이었던 지나친 엄격함과 그 결과인 비사회성을 벗어 던진 모습으로 나타났다.

(2) 영혼불멸로 상징되는 미래의 삶을 보장하는 교리를 세운 것. 이 교리가 신도를 늘리는 강력한 무기가 될 수 있었던 데에는 제국의 종말도 가까워진 게 아닐까 하는 당시(3세기 이후) 로마인의 막연한 두려움이 작용했다는 사실을 잊어서는 안 된다.

(3) 초기 기독교회 지도자들이 일으켰다는 수많은 기적.

(4) 기독교에 귀의한 사람들의 순수하고 금욕적인 생활방식.

(5) 규율과 단결을 특징으로 하는 기독교도 공동체가 날이 갈수록 독립된 사회를 구성하게 되었고, 그 기독교도 사회가 로마 제국 안에서 국가 속의 국가가 되어간 것.

그로부터 200년 뒤에 같은 주제에 도전한 도즈 교수는 기독교가 대두한 요인으로 다음 네 가지를 들고 있다.

(1) 기독교 자체가 가진 절대적인 배타성.

기독교가 영혼을 구제받는 길로 기독교 이외의 어떤 선택도 인정하지 않았다는 것은 요즘 같으면 약점으로 여겨질지 모르지만, 불안으로 가득 찬 그 시대를 살았던 사람들에게는 생명력의 원천으로 보였다. 그리스-로마 시대에는 타종교를 너그럽게 받아들이는 것이 당연하게 여겨졌지만, 그 관용성은 결과적으로 구원에 이르는 길을 많이 제공하게 되었다. 로마 세계에는 수많은 신이 공존했고 수많은 제의가 범람했다. 선택이 자유롭다는 것은 많은 사람에게는 오히려 불안의 씨앗이 된다.

기독교는 그것을 모두 없애버리고, 수많은 길 가운데 어느 것을 택할까 망설이며 헤매는 사람들을 그 불안에서 해방시켰다. 어쨌든 구원에 이르는 길은 이것뿐이라고 말하면 그 길을 선택할 수밖에 없으니까, 불안도 망설임도 생길 수가 없다.

이교도의 비판은 오로지 기독교의 이 불관용성을 겨냥하고 있었다. 하지만 불안으로 가득 찬 시대에 사는 사람들은 관용적이고 자유주의적인 종교보다 불관용적이고 전체주의적인 신앙에 더 강하게 끌리는 법이다.

(2) 기독교는 누구한테나 열려 있었다는 점.

기본적으로 기독교는 사회계층 사이의 차별을 무시했다. 육체노동으로 생계를 꾸리는 사람도, 노예도, 추방된 자도, 범죄를 저지른 자까지도 차별하지 않고 받아들였다. 3세기에 들어오면 교회도 조직화하여 성직자 계급이 형성되어가지만, 그래도 그 계급제도 안에서는 출신성분이 아니라 능력에 따라 승진이 결정되었다.

특기할 만한 것은, 기독교 세계에서는—특히 초기에는—신플라톤주의 철학의 세계와는 달리 학력도 교양도 문제되지 않았다는 점이다. 2세기를 거쳐 3세기 말에 이르기까지 기독교 공동체를 구성한 사람들의 태반은 사회 밑바닥에서 살고 있는 사람들이었다.

(3) 사람들에게 희망을 주는 데 성공했다는 점.

3세기의 로마인에게 현세는 매력을 잃었다. 로마인이라는 사실이 갖는 매력은 은 함유율이 계속 떨어지는 은화처럼 평가절하를 멈추지 않았다. 그런 현세에 비하면 기독교가 말하는 내세는 눈부시게 빛나는 세계로 보였을 것이다.

로마인들 중에서도 이 현실을 생각지 않는 사람은 '기독교로 달려가는 자는 영혼이 병든 자뿐'이라고 말하면서 비웃었다. 하지만 그 시대에 병든 영혼은 계속 늘어나고 있었다. 로마인들 중에서도 적지 않은 사람이 의식하든 않든 상관없이 죽음에 대해 저항할 수 없는 매력을 느끼고 있었다. 이것도 기독교로 달려가게 하는 요인의 하나가 되었다.

(4) 기독교에 귀의하는 것이 현실 생활에서도 이익을 가져다준 점.

기독교도 집단은 다른 종교 집단, 예를 들면 이집트에 기원을 둔 이시스교나 아시아에서 생겨난 미트라교에 비해 처음부터 말 그대로 '공동체'의 성격을 강하게 지니고 있었다. 이 집단 구성원이 함께 한 일은 종교 의식만이 아니다. 사고방식부터 생활방식에 이르기까지 모든 것을 함께 나누었다. 기독교 반대론자인 켈수스가 날카롭게 지적했듯이, 이 점이야말로 로마 제국에 가장 위험한 점이었다.

그들은 같은 신도가 불행한 처지에 빠지면 물질적인 도움을 주는 것을 망설이지 않았다. 상부상조가 이 집단의 중요한 역할이고, 그것이 잘 운영되고 있었던 것은 로마도 인정했다.

물론 불우한 사람에게 도움의 손길을 내미는 정신은 결코 기독교에만 한정된 것은 아니다. 하지만 3세기의 로마 제국은 이제까지 로마인의 사회복지 정신을 떠받치고 있었던 공공심이 계속 줄어든 시대였다. 그것이 빠져나온 틈새로 다른 어느 종교보다 상부상조에 적극적인 기독교 공동체가 파고들어간 것이다.

기독교회는 신도들이 살아가는 데 기본적으로 필요한 것을 보장해주게 되었다. 생활이 어려운 과부를 돕고, 고아를 맡아서 돌보고, 노인과 실업자, 그밖에 사회에서 탈락한 자들에게 손을 내밀었다. 가난한 사람을 위해 장례식을 치러주고, 전염병이 퍼지면 병원 역할까지 맡고 나섰다.

하지만 무엇보다도 기독교회가 3세기의 로마인에게 준 것은 소속감이었다. 소속감이 없이는 살아가기 어려운 사람이 많다.

사람을 괴롭히는 것은 자기가 어디에도 소속되어 있지 않다는 고립감이다. 야만족에게 모든 것을 빼앗기고 마을을 떠날 수밖에 없어서 도시로 흘러든 사람들. 농사짓던 땅이 야만족을 맞아 싸우는 전쟁터가 되었기 때문에, 그 황폐해진 땅을 버리고 도시로 나와 다른 일거리를 찾을 수밖에 없는 사람들. 만기 제대는 했지만 전처럼 군단기지 근처에 땅을 받아 농사에서 제2의 인생을 찾기도 어려워져, 친구도 가족도 없는 도시로 흘러들 수밖에 없는 제대 군인. 인플레이션과 디플레이션이 동시에 진행되는 바람에 이자로 살아갈 길을 빼앗긴 금리 생활자. 자유의 몸이 되었지만 옛날처럼 주인과 밀접한 관계를 유지하는 것은 바라지도 못하고 혼자 내팽개쳐진 채 생활 기반을 마련하기 위해 고생하는 해방노예.

이런 사람들이 기독교 공동체에 들어와 인간다운 따뜻함을 얻을 수 있었다. 누군가가 자기를 현세에서도 내세에서도 걱정해준다고 생각할 수 있었다.

농촌보다 도시, 도시 중에서도 로마나 안티오키아나 알렉산드리아 같은 대도시에서 기독교 신자가 늘어난 요인들 가운데 하나는 바로 그것이었다.

이상이 두 전문가의 견해다. 도즈 교수의 견해를 더 길고 상세히 소개한 것은 『불안의 시대의 이교도와 기독교도』라는 제목으로도 알 수 있듯이 이 문제를 직접 다루었기 때문이다. 기번은 『로마 제국 쇠망사』의 일부로 이 문제를 다루었다.

그래도 두 사람 사이에 가로놓인 200년은 역시 200년이라는 생각이 든다. 내가 수많은 현대 연구자 중에서 도즈를 선택한 것은 그가 말한 (4)에 특히 공감했기 때문이다. 그래도 그가 살았던 시대부터 현재까지 벌써 반세기가 지났다. 소속감을 잃고 괴로워하는 사람이 지금은 훨씬 늘어나 있을 게 분명하다. 그리고 이것은 빈부격차는 크지만 사회 전체가 유동적이었던 기번의 시대에는 생각하지 않아도 좋은 문제였다.

하지만 200년의 간격이 있는데도 두 사람의 견해에서는 많은 공통점을 찾을 수 있다. 내가 장난삼아 만들어본 그림으로는 대충 다음과 같이 되지 않을까.

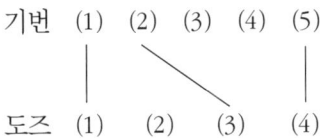

이 그림을 보다가, 기번이 말하지 않은 도즈의 (2)번을 생각했다. 기독교는 누구한테나 열려 있었기 때문에 그들의 공동체 안에서는 계급 차이가 없었다는 견해다. 기번이 이 점에 대해 문제 의식을 갖지 않은 것은, 기번이 계급은 있는 것이 당연하고 그래서 영국이 융성했다는 데 절대적인 자신감을 갖고 있었던 대영제국 시절의 엘리트였기 때문일 것이다. 로마 시민권에 대해 절대적인 자신감을 갖고 있었던 시대의 로마 엘리트를 연상시킨다. 기번은 속주민에게도 로마 시민권을 나누어준 카라칼라 황제의 '안토니누스 칙령'을 지나친 개방 노선이었다는 이유만으로 단죄했다.

다만 기번의 견해 가운데 도즈가 완전히 무시한 (3)번과 (4)번은 내가 보기에 상당히 정곡을 찌른 지적으로 여겨진다.

우선 기적을 언급한 (3)번부터 살펴보자. 기적은 누구한테나 기쁘고 즐거운 법이다. 아직 자기한테는 일어나지 않았지만 언젠가는 일어날지 모른다고 생각하게 해주기 때문이다. 영혼의 구원을 이야기하는 경우에도 기적은 그 가르침에 흥취를 더해준다. 예수의 생애는 비기독교도가 읽어도 매력적인데, 거기에 기적이 묘사되어 있지 않았다면 기독교도만의 성서로 끝났을 것이다. 나는 기적을 전혀 믿지 않지만, 이른바 기적이라고 일컫는 것이 사람들의 마음에 가져다주는 따스함과 희망은 이해할 수 있다. 그리고 21세기가 된 지금도 많은 사람이 기적을 좋아한다.

기번은 기독교도들의 순수하고 금욕적인 생활방식을 네 번째로 들었는데, 이것도 내가 보기에는 함축성 있는 지적이다. 흔히 인간은 어떤 사람의 생각 자체보다 올바른 행동이나 훌륭한 인격을 보고 그 사람의 생각에 공감하게 된다. 저렇게 인품이 고결하고 훌륭한 사람의 말이라면 틀림없이 옳을 거라고 생각해버린다. 어떤 사상이 얼마나 널리 퍼지는가는 뜻밖에도 사상 자체의 내용보다 그 사상을 이야기하는 사람에 따라 결정된다.

이런 식으로 해독하면 결론은 분명하다. 로마 제국에서 기독교가 대두한 요인으로 기번이 든 다섯 가지 요인과 도즈가 든 네 가지 요인이 모두 정답이라는 이야기가 된다.

그래서 이것을 모두 정답으로 하고, 나는 전문가가 아니지만 거기에 몇 가지를 덧붙이고 싶다.

불안의 시대에는 오히려 불관용적인 가르침이 든든해 보인다면, 유대교도 다른 신을 일절 인정하지 않는 일신교였다. 그런데 3세기에 대두한 것은 유대교가 아니라 기독교였다. 그것은 무엇 때문일까.

나는 이렇게 생각한다. 기독교회는 다른 신의 존재를 인정하지 않는 일신교의 관점은 절대 양보하지 않았지만, 그밖의 많은 점에서는 로마 제국에 상당히 양보한 게 아닐까. 그들이 보기에 부차적인 것에 대해서는 상당한 유연성을 발휘한 게 아닐까. 어쩌면 그들은 아무것도 양보하지 않았기 때문에 로마 제국과 정면으로 부딪쳐 결국 옥쇄해버린 유대 국가를 보고, 거기에서 그런 유연성을 배웠을지도 모른다. 어쨌든 유대교와 로마 제국은 정면으로 격돌했지만, 기독교는 어느새 로마 제국 안에 침투해 있었다. 그럼 어떻게?

기독교가 대두한 것은 로마 제국이 기독교에 양보한 결과가 아니라 오히려 기독교회가 로마 제국에 양보했기 때문이 아닐까 하는 내 가설은 다음 네 가지 사항에 대한 기독교의 대처를 바탕으로 세운 추론이다.
(1) 우상 숭배. (2) 할례. (3) 제국의 공직과 병역. (4) 회색지대.

그러면 첫 번째 우상 숭배부터 살펴보자. 이것도 유대교에서는 엄금하고 있지만 기독교에서는 인정한 것 가운데 하나다. 다만 고대에는 아직 인정하지 않았고, 교회가 공인한 것은 중세도 절반이 지난 뒤였다. 성 바울도 우상을 금지했다. 하지만 로마 시대 기독교도가 모인 집회소 벽에는 묘사력은 치졸하지만 예수의 초상이 그려져 있는 경우가 많다. 그 시대 신도들 중에는 아직 유대인이 많았기 때문에 우상을 공인할 수는 없었을지 모르나, 성 바울이 금지한 것은 '금이나 은이나 대리석에 인간의 손으로 새긴 신상(神像)'이니까, 벽에 그리는 프레스코화라면 괜찮지 않은가 하는 느낌으로 묵인하고 있었던 게 아닐까.

하지만 설령 묵인이라 해도 그 효용성은 절대적이었다. 인간은 숭배하는 사람의 얼굴을 보고 싶어 하는 법이다. 게다가 초기 기독교도들이 살고 있던 세계는 인간의 형체를 갖고 있는 아름답고 건강한 그리스-로마의 신상으로 가득 차 있었다. 그 세계에서 오랫동안 살아온 사람들이 예수의 얼굴과 모습을 보고 싶어 하는 것은 당연하다. 기독교의 승리에 가장 크게 이바지한 것은, 우상이라고 부르든 말든 성상 숭배를 인정한 것이라고 나는 생각한다. 기독교도 유대교처럼 성상 숭배를 계속 엄금했다면, 기독교 문화도 후세에 볼 수 있듯이 그렇게 인간적이고 화려하게 꽃을 피우지는 못했을 것이다. 그리고 이 경우의 문화는 올바르지만 위압감을 주는 가르침을 부드럽게 누그러뜨려 신과 인간을 이어주는 작용도 했다.

두 번째는 할례다. 사전에는 할례가 '남자 생식기의 포피를 잘라내는 종교적 관례'라고 설명되어 있다. 유대교도에게 할례는 신과 계약을 맺은 증거이고, 태어난 지 28일째 되는 날 하도록 정해져 있었다. 하지만 갓난아기라면 모를까 어른 남자한테 할례를 하면 엄청난 고통과 많은 출혈이 따른다고 한다. 유대인은 선민사상 때문에 타민족에게는 적극적으로 포교를 하지 않았으니까, 할례 대상을 유대인 사이에 태어난 갓난 사내아이로 한정할 수 있었을 것이다. 하지만 민족과 인종을 초월하여 누구한테나 문호를 개방한 기독교는 사정이 달랐다.

「사도행전」에는 로마군 백인대장이었던 코르넬리우스의 개종을 이야기한 대목이 있다. 하지만 1세기 중엽의 로마 시민권자였던 이 남자에게 할례까지 시켰다는 기록은 없다. 초기 기독교회의 사도들은 할례 주의자였던 모양이지만, 실제로는 할례를 하기가 어려워지고 있었던 게 아닐까. 어쨌든 기독교회는 할례 관습과는 전혀 인연이 없는 사람도 환영했다. 따라서 당연한 일이지만, 새로 신자가 된 사람은 대부분 성인이었을 것이다. 이 현상에 적응하기 위해서라도 할례는 사실상 사라지지 않았을까.

할례를 하지 않아도 된 것은 로마 시대에 살았던 사람들에게는 절대적인 효과를 발휘했을 게 분명하다. 로마인은 옛날부터 할례를 혐오했다. 유대 민족에 대한 경멸감의 절반은 바로 할례 때문이었다고 말할 수도 있다. 하드리아누스 황제는 유대교도에게는 할례를 금지하고 범죄자에게는 할례를 시키는 방법으로 할례의 의미를 떨어뜨리려고 시도한 적도 있다. 그것이 과연 정치적 방책으로서 좋은지 나쁜지는 별문제지만.

이처럼 원래부터 혐오감을 품고 있었던 일인데다 자신들보다 한 단계 아래라고 생각하는 유대인이 중요하게 여기는 관습이고 더구나 격렬한 통증까지 따르는 할례를 하지 않아도 된다니까, 로마인의 기분이 어떠했을지는 쉽게 상상할 수 있지 않은가.

하지만 신앙의 길로 들어서려면 나름대로 입교 의식이 필요하다. 그리스-로마의 종교에는 입교 의식이 없기 때문에, 기독교는 더욱 입교 의식이 필요하다. 또한 할례는 폐지한다 해도 그 자리를 무언가로 메우지 않으면 직성이 풀리지 않는 것이 인간의 본성이기도 하다.

기독교 입교 의식으로 세례 의식을 생각해낸 사람은 천재였다고 나는 생각한다. 할례 같은 고통도 없고 피도 나지 않는다. 일신교이기는 하지만 타종교도 인정한 미트라교에서는 자기 몸에 상처를 내지 않고 소를 죽여 그 피로 입교 의식을 치른다. 그런데 기독교 입교 의식은 머리에 물을 끼얹을 뿐이다. 소박하고 천진하고 평온하고 게다가 값도 싸게 먹히는 방식이다. 그래서 기독교 문지방이 낮아 보이지 않았을까.

세 번째로 든 제국의 공직과 병역을 기독교는 어떻게 생각하고 있었을까. 성 바울은 '공동체에 대한 의무'라 하여 다음과 같이 말하고 있다.

〈인간의 몸에도 많은 부분이 있어서 각기 다른 기능을 하듯이, 그리스도의 가르침에 따라 살아가는 우리 공동체도 제각기 다른 방식으로 이바지하는 많은 사람으로 이루어져 있다. 인간인 이상 타고난 능력에 차이가 있기 때문이다. 따라서 행정을 잘하는 사람은 행정관, 가르치는 일을 잘하는 사람은 교사, 설교를 잘하는 사람은 설교사를 하면 된다.〉

이것은 기독교도라도 로마 제국 공직에 취임할 수 있다는 느낌을 준다. 또한 인간 사회는 윗자리에 서는 사람이 없으면 제대로 기능을 발휘하지 못하는 것이 현실이다. 여기에 대해서도 성 바울은 '권위에 대한 의무'라 하여 다음과 같이 말하고 있다.

〈각자는 모두 윗사람에게 복종하지 않으면 안 된다. 우리의 가르침은 신 이외에는 어떤 권위도 인정하지 않지만, 그렇기 때문에 현실 세계에 존재하는 모든 권위는 신의 지시에 따라 권위가 된 것이다. 그런 권위에 복종하는 것은 결국 현세의 모든 권위 위에 군림하는 신에게 복종하는 것이다.〉

이런 식이면 로마 제국도 전혀 껄끄러울 일이 없을 것 같다. 로마 제국의 어떤 권위도 인정하지 않은 유대교도의 생활방식에 비하면, 기독교회의 유연성에는 그저 경탄할 수밖에 없다. 맨 위에 있는 것은 유일신이라는 조건을 붙여 현세의 권위를 인정하고 그 권력의 세습까지도 인정하는 사고방식이야말로 기독교가 결국 권력자 계급에 받아들여진 첫 번째 요인이었다고 나는 생각한다.

내가 세 번째로 든 것은 공직과 더불어 로마인에게는 국가에 대한 중요한 의무였던 병역인데, 기독교회는 여기에 대해 어떻게 생각하고 있었을까. 사료를 조사해보니 뜻밖에도 기독교는 처음 탄생했을 때부터 그리스도의 가르침과 병역이 양립할 수 없다는 말은 한 번도 하지 않았다. 그러기는커녕 세례자 요한은, 유대교에서 기독교로 개종한 병사들이 유대 왕의 병사이면서 기독교도인 우리는 어떻게 살아야 하느냐고 물었을 때, 이렇게 대답했다.

"왕이 지불하는 봉급에 만족하라. 또한 군사행동을 하더라도 포학한 지경에 이르러서는 안 된다. 군대 안에서의 승진도 동료를 중상모략한 결과여서는 안 된다."

신약성서에도 사도행전에도 로마군 병사라는 이유만으로 비난 대상이 된 예는 없다. 그러기는커녕 규율을 지키는 로마군 병사의 생활방식은 칭찬의 대상이 되었고, 기독교도도 그것을 본받아야 한다고 말하기까지 했다.

요컨대 기독교 쪽에서 보아 서기 1세기에는 그리스도의 가르침과 로마군에서 복무하는 것이 양립할 수 없는 일은 아니었다. 그런데도 로마 군단 내부에 기독교가 침투하지 않은 것은 당시 로마 제국이 융성기에 있었고, 병사들도 자기가 로마 시민이라는 데 긍지를 갖고 달리 의지할 곳을 찾아야 할 필요성을 느끼지 않았기 때문이다. '팍스 로마나'는 자신들이 짊어지고 있다고 그들은 확신했다.

로마 제국이 안정기로 접어든 2세기가 되어도 제국의 공직과 군단에 기독교 세력이 눈에 띄게 침투한 흔적은 보이지 않는다. 다만 그것은 기독교회 쪽에 문제가 있었기 때문이다.

1세기, 정확히 말하면 70년의 예루살렘 함락을 고비로 기독교회는 유대교에 거리를 두기 시작했지만, 유대교에서 분리되자마자 내부 분열을 일으켰다. 이것은 모든 주의나 운동에서 흔히 볼 수 있는 일이지만, 오랫동안 순수를 모토로 내걸고 있으면 이 정도면 됐다는 온건파와 아직 모자란다고 주장하는 급진파로 분열하는 법이다. 2세기의 기독교회도 예외가 아니었다.

온건파는 성 바울이 준 지침을 지키려는 사람들이었고, 주창자인 몬타누스의 이름을 따서 몬타누스파라고 불린 급진파는 로마 제국의 공직이나 병역과 그리스도의 가르침은 절대 양립할 수 없다고 주장하는 사람들이었다. 이 급진파의 세력이 특히 강해진 시기는 바로 마르쿠스 아우렐리우스가 황제였던 시기에 해당한다. 하필 철인 황제의 치세에 기독교도가 처형된 것은 기독교가 로마 제국과 강경하게 대립하는 자세를 보였기 때문이다. 앞에서 트라야누스 황제에게 덤벼든 테르툴리아누스의 말을 인용했는데, 이 사람도 급진파였다.

물론 오현제 시대인 2세기의 로마 군단에 기독교도가 한 사람도 없지는 않았을 것이다. 하지만 있었다 해도 무시할 수 없을 만큼 수가 많지는 않았고, 그들도 미트라를 믿는 사람들처럼 로마의 신들과 자기가 믿는 그리스도 사이에서 뭔가 타협점을 찾아냈을 것이다. 같은 일신교인 미트라교는 로마 군단에 많은 신자를 두고 있었다고 한다. 개인적으로는 무엇을 믿든 자유라는 것이 로마인의 사고방식이었고, 오현제는 이 점에서도 완전히 로마적인 통치자였다.

로마의 콜로세움 남쪽에 있는 성 클레멘테 교회 지하에 미트라교 집회소가 남아 있는데, 그것은 종교라기보다 결사에 가깝다. 비밀결사도 아닌데 좁은 지하실에 모이기를 좋아한 것만 보아도, 같은 신자들 사이의 굳은 결속을 무엇보다 중요하게 여긴 것을 알 수 있다. 도살된 소에서 흘러나오는 피를 입교 의식에 사용한 용맹스러움이 미트라교가 특히 병사들 사이에 널리 퍼진 요인이었을 것이다. 하지만 여자나 아이들한테까지 퍼지기에는 이 용맹스러움이 오히려 장애가 되었을지도 모른다. 지하 깊은 곳에 집회소를 둔 것은 소의 피를 나중에 씻어낼 필요가 있었기 때문일까. 성 클레멘테 교회 지하의 유적 밑에는 지금도 로

미트라교의 집회소(성 클레멘테 교회 지하)

마 시대의 하수관이 묻혀 있어서, 하수가 소리를 내며 흐르고 있다.

3세기 후반에 접어들면 기독교회의 온건파와 급진파의 다툼도 온건파의 결정적인 반격으로 결판이 난 모양이다. 어쩌면 기독교 성직자를 겨냥한 데키우스 황제와 발레리아누스 황제의 탄압으로 급진파 지도자급이 전멸했는지도 모른다. 어쨌든 이 시대에도 기독교도를 탄압할 때 군단을 표적으로 삼는 상황에 이르지는 않았다. 하지만 발레리아누스 황제가 페르시아의 포로가 되자 신이 내린 천벌을 받았다고 기독교도들이 자축한 것은 260년이었다. 그 후 디오클레티아누스 황제가 대규모 탄압에 나설 때까지 43년 동안 로마 황제들은 야만족을 격퇴하는 일에 전념할 수밖에 없었기 때문에 기독교도들은 평온한 세월을 보낼 수 있었다.

디오클레티아누스 황제의 탄압은 로마군에서 기독교도 병사들을 모조리 추방한 것이 특징이었지만, 3세기의 혼란 속에서 등장한 이 황제가 로마군이 와르르 무너져버릴 짓을 할 수 있을 리가 없다. 그렇다

제2부 로마 제국 · 3세기 후반 415

면 기독교로 개종한 병사들을 모두 추방해도 로마군은 군대로서 충분히 기능을 발휘할 수 있었다는 얘기다.

하지만 표면에 나타난 숫자와 활력의 강약은 동의어가 아니다. 콘스탄티누스 황제가 기독교를 공인하기 전에는 기독교도가 가장 많았다는 시리아의 대도시 안티오키아조차도 전체 주민의 20분의 1 정도에 머물렀다는 데 연구자들의 의견은 대체로 일치한다. 5%에 불과했다는 뜻인데, 문제는 나머지 95%가 어떤 상태에 있었느냐 하는 것이다. 20명에 한 명의 비율이라 해도, 그 소수의 사람들만 일치단결해 있었다면? 문제는 수가 아니었다.

기독교가 대두한 네 번째 요인으로 든 '회색지대'는 첫 번째와 두 번째와 세 번째 요인을 종합한 것으로, 기독교가 로마 제국에 양보했다는 내 가설의 결론이라 해도 좋다. 로마와 기독교의 경계가 흑과 백으로 명확하게 구분되지 않고, 기독교의 양보로 '회색지대'가 사이에 끼어 있었다는 것이 내가 생각하는 당시의 실상이다.

인간은 명확한 '백'에서 명확한 '흑'으로 이동하려면 망설임을 느끼고 멈춰서버린다. 그 선을 넘으려면 상당한 용기와 결단이 필요하다. 하지만 '백'에 이어지는 것이 '백'에 한없이 가까운 연회색이고, 그 회색이 알아차리지 못할 만큼 조금씩 진해져서 문득 깨닫고 보니 어느새 '흑' 부분에 들어가 있었다면, 선을 넘을 때 느끼는 저항감도 한없이 약해질 것이다. 3세기의 로마 제국과 기독교의 관계는 이와 비슷하지 않았을까. 반대로 로마 제국과 유대교의 관계는 중간에 넓은 회색지대를 갖지 않은 '백'과 '흑'의 관계와 비슷했다.

사이에 '회색지대'를 두는 방식은 초기 기독교회 지도자들이 갖고 있었던 경탄할 만한 유연성의 산물이었다. 변화에 대해 알레르기를 일으키지 않게 할 것. 변한다 해도 대단한 변화는 아니라고 생각하게 할 것. 선남선녀를 움직이는 데 이보다 더 효과적인 전술도 없기 때문이다. 일신교는 다른 신을 인정하지 않기 때문에 다른 신을 믿는 사람까지도 인정하지 않지만, 다신교 세계인 고대에 살았던 사람들은 그런 사고방식을 이해할 수도 없고 상상도 하지 못했을 것이다. 그것을 유럽 사람들이 깨닫게 된 것은 기독교가 지배한 중세가 1천 년 동안이나 계속된 뒤 르네상스 시대로 접어들었을 때였다.

로마 시대의 지식인들이 기독교에 대해 언급한 글을 읽으면서 통감하는 것은 그들이 일신교를 이해하지 못했다는 것이다. 다신교와 일신교의 차이를 언급한 사람이 하나도 없다. 그것도 어쩔 수 없는 일이다. 많은 신이 공생한 시대가 고대였으니까.

하지만 이것은 기독교의 대두에 저항하여 일어선 로마 시대 지식인한테서 논쟁의 무기를 박탈해버렸다. 그들은 영혼의 구원이라는 무대에서, 말하자면 적에게 유리한 씨름판에서 싸울 수밖에 없었다. 그리고 그리스-로마의 신들은 인간의 영혼을 구원하는 역할을 맡지 않기 때문에, 영혼의 구원을 철학에 의지할 수밖에 없었다.

마르쿠스 아우렐리우스 황제가 쓴 『명상록』에 이런 구절이 있다.

〈영혼이 육체를 떠나야 할 때, 그것을 편안히 받아들일 수 있다면 얼마나 멋질까. 하지만 이 마음의 준비는 인간의 자유로운 이성으로 이룩한 결과여야 한다. 기독교도들처럼 완고한 믿음이 아니라.〉

진솔하게 심정을 털어놓는 태도는 철인 황제라고 불리기에 충분하다. 죽음을 자유로운 이성으로 받아들일 수 있다면 얼마나 좋을까 하고 나도 생각한다. 하지만 그러려면 강인한 정신력이 필요하다. 불안으로 가득 찬 시대인 3세기를 살았던 일반 사람들에게 그것까지 요구할 수 있었을까. 철인 황제 자신도 그가 신봉하는 스토아 철학으로는 충분치 않았는지, 엘레우시스 비의(秘儀)에 입회했다.

엘레우시스 비의란 다신교 세계인 그리스에 옛날부터 있었던 제례 의식 가운데 하나로, 아테네에서 북서쪽으로 20km쯤 떨어진 엘레우시스에서 거행되었기 때문에 그런 이름으로 불린다. 주신은 제우스의 누이이며 대지의 여신인 데메테르다. 비의니까 입회 의식이 어떤 식으로 거행되었는지는 알 수 없지만, 입회하면 죽은 뒤의 평안과 그에 따른 영혼의 구원을 얻을 수 있었다. 하드리아누스 황제도 엘레우시스 비의에 입회했지만, 그의 경우는 그리스적인 모든 것에 대한 애정에 불과했고, 죽은 뒤에 영혼의 평안을 얻기 위해 입회했다고는 생각되지 않는다. 하지만 그의 입회는 진지한 동기에 따른 행동으로 여겨진다. 무슨 일이든 가벼운 마음으로 할 수 있는 사람은 아니었기 때문이다.

엘레우시스 비의도 말 그대로 비의니까 밤중에 신비로운 분위기 속에서 거행되는 것으로 알려져 있었지만, 3세기에 지중해 세계에 퍼진 신플라톤주의 철학도 신비적인 것으로 도피하는 경향은 엘레우시스 비의와 비슷했다. 이런 경향은 마르쿠스 아우렐리우스 이후 로마 제국의 지식인들이 현대식으로 말하면 '정체성 위기'에 빠져 있었던 증거라고 생각한다.

로마 제국의 지식인도 과거에는 당당하게 현세주의를 내세웠고, 그것을 조금도 부끄럽게 여기지 않았다. "로마는 그리스를 정복했지만, 문화에서는 그리스에 정복당했다"고 기원전 1세기의 시인 호라티우스가 말하면, 동석한 사람들은 초대 황제인 아우구스투스까지도 "옳은 말쓺"이라고 맞장구를 쳤다. 철학과 예술과 과학은 모두 그리스인에게 맡기자. 현세의 생활에 필요한 안전보장이나 법률에 따른 정치, 인프라 정비, 식량 보장은 우리 로마인이 책임지고 맡겠다는 식이다. 대(大)플리니우스는 『박물지』(Naturalis Historia)에서, 피라미드는 볼 만하지만 파라오 한 사람의 내세를 위해 만들어진 반면, 우리 로마인은 수많은 사람들의 현세에 도움이 되는 것을 만들고 있다고 잘라 말한다.

그 시대의 로마인에게 '정체성 위기'는 존재하지 않았다. 우리는 왜 살고 있는가 하는 의문에 자신있게 답할 수 있었다. 그런데 3세기에는 답할 수가 없게 되어버렸다. 답을 찾아 신플라톤주의 철학으로 달려가도, 그것은 지식인의 자기만족일 뿐 널리 일반인들까지 납득시킬 수 있는 답은 되지 않았다. 일반인들이 직면해 있는 것은 사후나 장래에 대한 불안보다 지금 현재 눈앞에 있는 결핍과 불안이었기 때문이다. 지적이고 생활도 윤택한 사람이라면 그런 결핍과 불안은 맛볼 필요가 없었다.

거듭되는 야만족의 침입에 따른 살육과 약탈과 방화.

그 결과인 농경지의 황폐와 인구 감소.

생산력이 떨어지고 있는데도 국방비를 늘리기 위해 거듭되는 특별세 부과.

그것을 피해 정든 땅을 버리고 도시로 흘러들어왔지만, 과밀화한 도시에서는 일자리도 찾지 못해 가족과 함께 어찌할 바를 모르는 형편이다.

게다가 사회복지 정책이 약화하여, 전에는 훌륭하게 기능을 발휘하던 식량 무료배급이나 빈곤 가정 자녀를 위한 양육비의 형태로 불우한 사람들을 지원하는 정책도 황제의 체면이 걸려 있는 수도 로마에서만 간신히 지속되고 있을 뿐, 부유한 개인의 기부에 의존하는 비율이 높은 지방자치단체에서는 부유층의 공공심이 줄어들면서 빈 껍데기만 남은 형편이었다.

그리고 이런 현실이 낳은 결과인 희망의 상실.

불행이나 역경에 시달리는 사람들에게 최후의 구원이고 위안이 되는 것은 희망이라고 전성기의 로마인이었던 세네카는 말했다. 그런 로마 제국도 3세기 후반에 접어들면 제국 영내에 사는 사람들에게 '평화'를 줄 수 없게 되었기 때문에, '희망'도 줄 수 없게 되었다. 완고한 신앙심보다 자유로운 이성의 작용을 중시해야 한다는 철인 황제 마르쿠스 아우렐리우스의 말이 과연 그들에게 효과를 기대할 수 있었을까.

기독교가 승리한 요인은 실제로는 로마가 약해지고 피폐했기 때문이다. 로마 제국은 활력을 유지하는 데 가장 중요한 요소인 자신감과 자긍심마저 잃어버렸다.

마르쿠스 아우렐리우스 황제의 초상을 볼 때마다 품격있는 훌륭한 얼굴이라는 생각이 든다. 하지만 약하다는 생각도 든다. 이에 비해 내가 제1권 표지에 사용한 공화정의 창설자 유니우스 브루투스의 얼굴은 불굴의 의지를 느끼게 하고, 제2권에 사용한 스키피오 아프리카누스는 명장 한니발을 이긴 인물답게 국난조차 자양분으로 삼아버릴 만큼 활력에 가득 찬 생기발랄한 얼굴이고, 제3권 표지의 얼굴은 의연하면서도 이상에 불타는 젊은 지도자의 얼굴이다.

제4권과 제5권에 사용한 율리우스 카이사르의 얼굴은 전쟁을 하면 반드시 이기고, 정치를 하면 반드시 자신의 정책을 실현하고, 연설이나 저술처럼 말을 무기로 삼을 때는 정적까지도 감탄하지 않을 수 없는 설득력을 발휘하는 얼굴이다. 이런 사람을 이기려면 육체적으로 말살할 수밖에 없다고 결론짓고 그것을 단행한 브루투스의 심정을 알 것 같기도 하다.

이 카이사르의 웅대한 구상을 구체화한 제국의 초대 황제가 제6권의 아우구스투스다. 고대의 세 미남 가운데 하나라는 이 남자의 얼굴에는 보는 사람의 마음까지 떨리게 하는 냉철함이 감돈다. 미남인 만큼 그 냉철함이 더욱 인상적이다.

제7권의 티베리우스 황제도 세간의 평판에 전혀 신경을 쓰지 않은 귀족적 성품의 뛰어난 지도자였고, 제8권의 베스파시아누스 황제는 지방 출신다운 소박함과 땅에 발을 단단히 딛고 있는 안정감이 느껴지는 얼굴이다. 제9권의 트라야누스 황제와 하드리아누스 황제, 오현제 시대를 대표하는 이들의 얼굴은 그들이 통치한 시대의 로마 제국을 반영하여 자신감에 넘치고, 게다가 그 성과를 의심할 필요가 없었던 사람에게서만 볼 수 있는 의기양양한 분위기마저 감돈다.

이런 로마 지도자들의 얼굴에 비해 3세기 황제들은 어떠한가. 좋은 가문에서 태어난 황제들의 얼굴은 고상하지만 나약해 보이고, 하층민으로 태어나 출세한 사람은 그저 사납고 우락부락할 뿐이다. 그리스의 조형미술이 이상적인 미를 추구했다면, 로마의 조형미술은 현실의 자태를 강조하는 것을 목적으로 삼았다. 이런 로마에서는 지도자의 초상도 그들이 통치한 시대의 분위기를 반영하고 있다.

이탈리아어에 '콜포 디 그라치아'(colpo di grazia)라는 표현이 있다. '치명적인 타격'이라는 뜻인데, 로마 제국과 기독교의 항쟁에서 치명적인 타격은 로마의 신들과 기독교의 신이 가진 성질의 차이였다고 생각한다.

우선 구체적인 예를 들고 싶다. 로마의 신들과 기독교의 신은 부부싸움에 어떻게 대처했는가.

기독교도는 부부 가운데 어느 한쪽이, 또는 둘이 따로 교회에 가서 부부싸움을 했다고 고백하고 참회한다. 고백을 들은 신부는 부부란 하느님 앞에서 맹세한 신성한 관계니까 이혼은 물론이고 싸움조차 해서는 안 된다고 타이른다. 그리고 '주기도문'을 열 번 암송하라는 말로 고백성사를 끝낸다.

그러면 로마인의 신들은 부부싸움에 어떻게 대처했는가. 많을 때는 30만이나 될 만큼 신이 많은 로마 사회니까, 부부 관계에도 전문 수호신이 있다. 비리프라카라는 이름의 여신인데, 그 여신이 하는 일이 무엇이었는지는 제1권에서 이미 서술했으니까 그 대목을 여기에 옮기기로 하겠다.

─부부싸움은 개도 안 먹는다는 말이 있지만, 남편과 아내 사이에 말다툼이 시작된다. 둘 다 자기가 옳다고 생각하기 때문에 주장하는 목청도 점점 높아진다. 잠자코 있으면 진다고 생각하니까, 상대가 입을 열지 못하게 하기 위해서라도 계속 떠들게 된다. 이렇게 되면 상대도 발끈해서 그만 저도 모르게 주먹이 나갈 뻔하지만, 꾹 참고 둘이서 비리프라카 여신을 모시는 사당에 간다.

거기에는 여신상만 있을 뿐, 신관도 없고 아무도 없다. 신전에서 사당에 이르기까지 신을 모시는 모든 성소에 신관을 배치하려면 로마 인구를 전부 다 동원해도 모자랐기 때문이다. 하지만 이 여신의 사당에는 나름대로 규칙이 있었다. 신을 믿는 로마인은 감시자가 없어도 그 규칙을 지켰다. 비리프라카 여신 앞에서 지켜야 할 규칙은 한 번에 한 사람씩 차례로 여신에게 호소해야 한다는 것이었다.

이렇게 되면 어느 한쪽이 여신에게 호소하는 동안 다른 한쪽은 잠자코 듣고 있을 수밖에 없다. 잠자코 듣고 있노라면 상대의 주장에도 일리가 없지 않다는 것을 깨닫게 된다. 이것을 양쪽이 되풀이하는 동안 흥분했던 목청도 조금씩 가라앉고, 결국에는 둘이서 사이좋게 사당을 나오게 될지도 모른다. 그래도 안 되면 어쩔 수 없으니까 이혼하라는 것이 비리프라카 여신의 판정이다.

이 예를 보아도 알 수 있듯이, 기독교의 신은 인간에게 살아갈 길을 지시하는 신이다. 반면에 로마의 신들은 살아갈 길을 스스로 찾아내는 인간을 옆에서 도와주는 존재다. 절대신과 수호신의 차이라 해도 좋다. 하지만 이 차이가 자신의 생활방식에 대해 확신을 잃어가고 있는 시대에 태어난 사람에게는 커다란 의미를 갖게 되었다.

전쟁에 이긴 장군을 기리는 개선식은 카피톨리노 언덕에 서 있는 최고신 유피테르의 신전에서 승리를 보고하고 그 승리를 베풀어준 신들에게 감사하는 것으로 끝난다. 이것을 보아도 알 수 있듯이, 로마의 신들은 전력을 다하는 인간을 수호하는 성격을 갖고 있다. 따라서 로마가 계속 이기고 번영하던 시대에는 참으로 적절한 종교였다.

그런데 3세기의 로마는 패배할 때가 많아졌고, 승리해도 '적이 쳐들어온 뒤에야 반격하여 이기게' 되어버렸다. 그 결과 번영에도 분명히 어두운 그림자가 다가온다. 이렇게 되자 로마인들은 신들이 이제는 자신들을 지켜주지 않는다고 생각하게 되었다. 신들은 로마를 버렸다고 절망하는 사람도 나오게 된다. 고대에는 신과 인간의 거리가 현대인이 생각하는 것보다 훨씬 가까웠다는 사실을 기억해야 한다.

그렇다면 이런 시대에 기독교의 신은 어떤가.
그리스도의 가르침 아래에서는 무슨 일이 일어나든 그것은 모두 신의 뜻이다. 야만족의 살육도, 그들에게 가축처럼 끌려가는 것도, 전염병에 걸려 괴로워하는 것도, 가난 때문에 겪는 고통도, 죽음까지도 모두 신이 바라신 일이다. 아니, 신이 인간에게 주는 시련이다.

따라서 고통은 인간을 정화한다고 여겨졌다. 이 생각이 엉뚱한 방향으로 내달리면 '아우슈비츠'가 되어버리지만, 여기서 논하는 것은 초기 기독교 시대다. 비참한 현실도 신이 내린 시련이고, 고통은 인간의 영혼을 정화하는 데 도움이 되고 게다가 죽은 뒤의 평안까지 보장해준다. 내세를 보고 돌아온 사람은 아무도 없으니까, 아무리 평안을 보장해도 그렇지 않다고 반박당할 염려는 없었다.

기독교가 그 후에도 오랫동안 세력을 유지하고 있는 것은 언제까지나 인간 세계에서 비참과 절망을 추방할 수 없기 때문이기도 하다. 이것은 '팍스 로마나'가 완벽하게 기능을 발휘하던 시대의 로마인에게는 그리스도의 가르침이 필요없었다는 뜻이다. 그래서 예수가 죽은 지 200년이 지나서야 겨우 그리스도의 가르침에 매혹되는 로마인이 늘어난 것이다. 게다가 남이 믿는 신까지 인정하는 것이 신앙의 참모습이라는 생각에 익숙해진 로마인에게도 그리스도의 가르침이 매력적으로 보이게 된 것은 로마의 신들이 설 자리를 잃고 지쳐서 인간을 지켜줄 힘을 잃어버렸다고 로마인들이 느꼈기 때문일 것이다. 반대로 기독교의 신은 강하고 믿음직한 모습으로 보였을 것이다. 인간과 신의 거리가 지금보다 훨씬 가까웠던 고대에는 신이 얼마나 큰 도움을 주는지가 인간에게 매우 중요한 문제였다.

제국의 위기를 타개하기 위해 적극적으로 나선 황제일수록 더 적극적으로 기독교도를 탄압했다. 그것은 로마의 신들을 믿지 않는 것은 곧 로마 제국에 대한 불신으로 이어진다고 느꼈기 때문이다.

기독교도는 로마 제국을 타도할 의도는 갖고 있지 않았다. 그들의 의도를 굳이 말한다면 제국을 '탈취'하는 것이었다. 유대의 독립만을 원했던 유대교도가 가련하게 여겨질 정도다. 그리고 제국 탈취는 착실히 진행된다. 어쨌든 로마 제국이 계속 약해지고 피폐해지고 있었기 때문이다.

끝으로, 카르타고 주교를 지낼 때 순교하여 성인이 된 키프리아누스가 그리스도의 가르침에 귀를 기울이려 하지 않는 친구 데메트리아누스에게 보낸 편지를 인용하는 것으로 이 권을 끝내고자 한다.

〈자네는 말하지. 세계를 깜짝 놀라게 하고 불안에 빠뜨리는 많은 불행은 기독교도들에게 원인이 있다고. 우리 기독교도가 자네들의 신을 싫어하기 때문이라고.

하지만 신성한 우리 경전을 건드리려고도 하지 않고, 그래서 진리에서 멀리 떨어진 곳에 살고 있는 자네도 로마는 이제 늙었다는 것을 인정하지 않을 수 없을 걸세. 전에는 대지를 단단히 딛고 서 있던 튼튼한 발도 이제는 늙어서 자신의 몸무게도 지탱하지 못하고 있네.

그리스도의 가르침이 이것을 명시하지 않았다 해도, 성서가 진실을 증언하지 않았다 해도, 제국의 일몰과 쇠망은 이제 누가 보아도 분명할 걸세. 겨울에도 땅에 뿌린 씨앗이 뿌리를 내리기에 충분한 비가 내리지 않네. 여름이 되어도 태양이 옛날처럼 뜨겁게 내리쬐지 않기 때문에, 밀은 황금빛으로 변하지 않고 수확도 할 수 없네. 봄에도 농작물이 자라는 데 필요한 따뜻한 날이 드물어졌네. 가을에도 가지가 휠 정도로 과일이 열리는 나무를 보기가 힘들어졌네.

채석장에서도 옛날처럼 아름다운 대리석이 나오지 않게 되었네. 광맥도 끊어졌는지, 금과 은의 산출량이 줄어들고 있네. 수원지에서 솟아나는 맑은 물의 양도 계속 줄어들 뿐일세. 밭을 가는 농부의 모습도 보이지 않게 되고, 상선이 바다를 오가는 것도 신기한 풍경이 되어버렸네. 군단기지에서는 병사의 모습이 줄어들고, 포룸 건물은 있지만 거기에서 열리는 재판을 방청하러 오는 사람은 이제 아무도 없네.

그뿐만 아니라 친구들 사이에 있었던 따뜻한 분위기도, 뛰어난 예술적 기량도, 평소의 관습을 다스리는 질서도 모두 다 옛날 같지 않게 되어버렸네.

제국은 늙어가고 있네. 제국이 젊고 활력에 넘쳤던 시대와 같은 든든함을 이 늙어가는 제국에 아직도 기대할 수 있다고 생각하나?

종말이 다가오면 무엇이든 약해지는 법일세. 일몰이 다가오면 햇빛도 약해지고, 아침이 다가오면 달빛도 약해지지.

이것이 세상의 이치일세. 이것이 신의 섭리일세. 세상에 태어나는 모든 것은 죽을 운명일세. 성숙한 뒤에는 노화가, 늙은 뒤에는 죽음이 기다리고 있네. 강력했던 국가도 약해지고, 거대했던 것도 작아지네. 약해지고 작아지다가 이윽고 사라지는 것일세.〉

친구 데메트리아누스가 이 편지를 보고 기독교로 개종했는지 어떤지는 알려져 있지 않다. 하지만 이 편지를 쓴 키프리아누스는 그리스도의 가르침을 관철하고 죽는다. 노화하는 국가인 로마 제국도 온몸의 피를 기독교라는 새로운 피로 바꿔 넣으면 젊은 활력을 되찾을 수 있다고 믿었을까.

부록

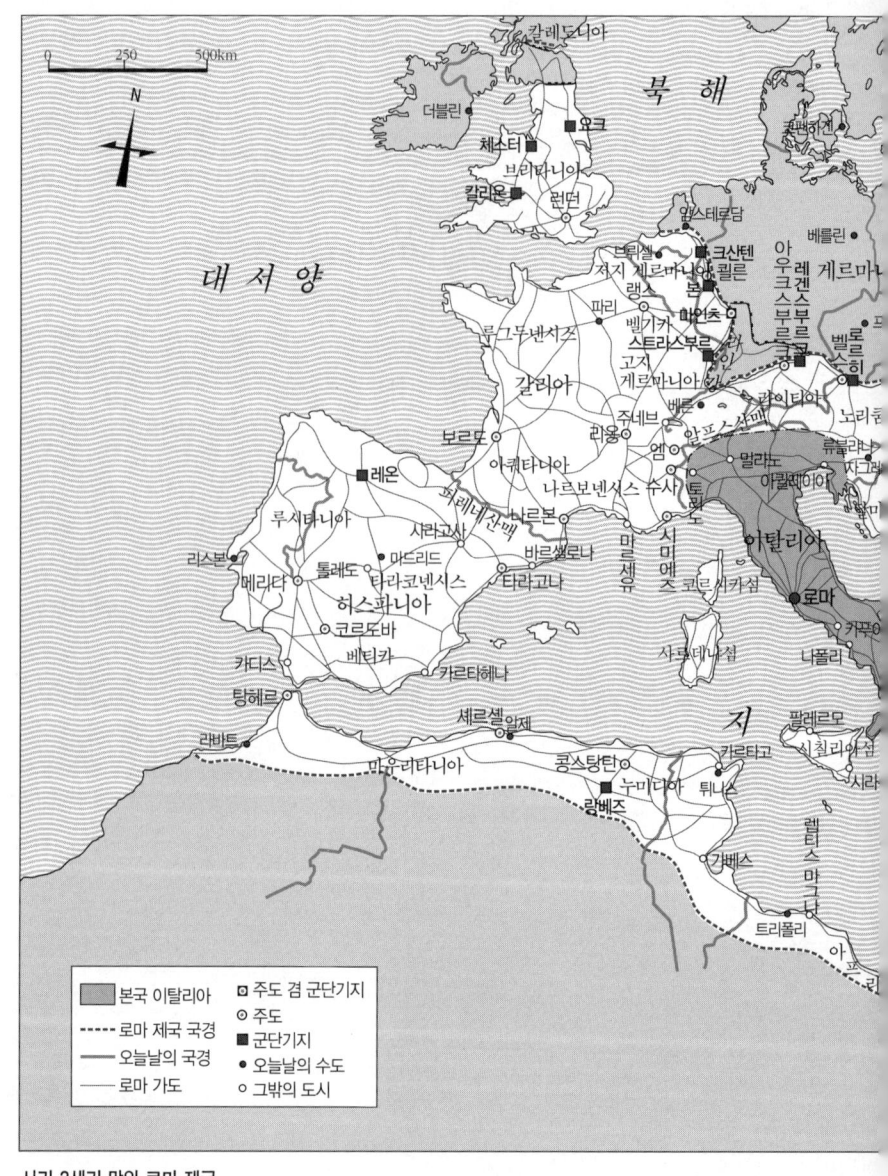

서기 3세기 말의 로마 제국

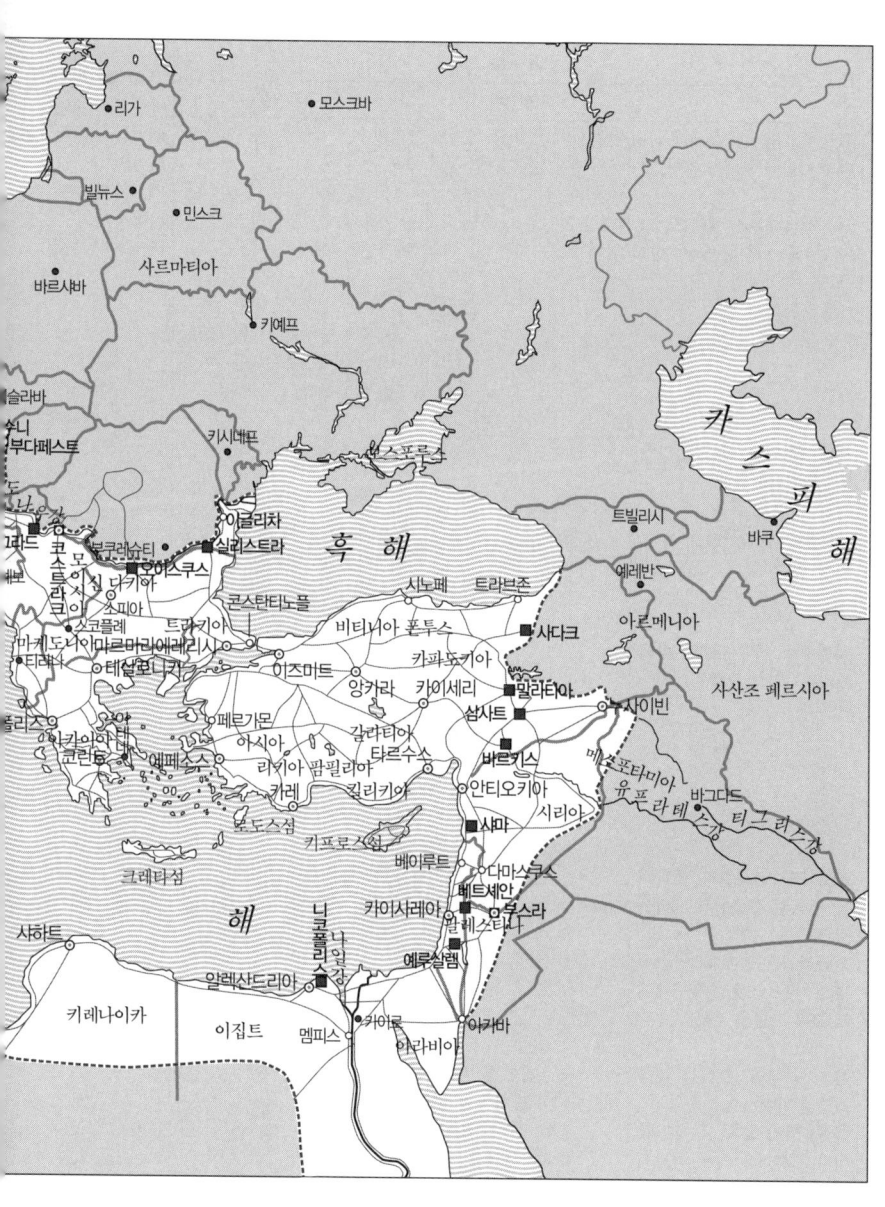

연대	로마 제국			그밖의 세계
	본국	서방 속주	동방 속주	
193년	3월, 페르티낙스 황제가 근위병에게 피살. 이를 계기로 셉티미우스 세베루스를 비롯한 다섯 사람이 황제를 자칭. 그후 4년 동안 황제 난립 상태 계속.			(한국)원삼국 시대 (일본)야요이 시대 (인도)쿠샨 왕조
197년	2월, 셉티미우스 세베루스가 황제를 자칭한 나머지 네 사람 가운데 마지막까지 남아 있던 알비누스와 대결하여 승리. 알비누스는 자결하고, 세베루스가 단독 황제가 됨.			
199년			세베루스, 파르티아에 원정하여 북부 메소포타미아를 속주로 삼음.	
202년	세베루스의 맏아들 카라칼라, 집정관에 취임.			
204년	세베루스의 둘째아들 게타, 집정관에 취임.		세베루스, 이듬해까지 고향 렙티스 마그나에 머물면서 대개조 공사를 전개.	(중국)유비와 손권, 조조를 격파(적벽대전, 208년).
209년	세베루스, 두 아들과 함께 브리타니아로 출정.			
211년		2월, 셉티미우스 세베루스 황제, 브리타니아의 요크에서 사망. 카라칼라, 동생 게타와 함께 황제에 즉위.		
212년	2월 12일, 카라칼라, 팔라티노 언덕의 황궁에서 게타를 살해. 카라칼라, '안토니누스 칙령'을 공포하여 속주민에게도 로마 시민권 부여.			
213년	봄, 카라칼라, 로마를 떠나 라인강 방위선으로 출정. 가을, 카라칼라, 로마로 돌아와 개선식을 거행. 원로원이 '파카토르 오르비스'라는 칭호를 주다.	카라칼라, 라인강 방위선과 게르마니아 방벽을 재정비.		
214년	봄, 카라칼라가 파르티아로	카라칼라, 동방 원정길에 도		

	떠남.	나우 방위선을 시찰.		
215년	카라칼라, 새 은화인 '안토니누스 은화'를 발행.		5월, 카라칼라, 시리아의 주도 안티오키아에 도착. 카라칼라, 파르티아 왕 볼로가세스 5세와 강화를 맺고 이집트로 감. 카라칼라, 알렉산드리아 주민 수천 명을 학살. 파르티아에서 정변이 일어나 볼로가세스의 동생 아르타바누스가 왕위에 오름. 카라칼라, 군단을 이끌고 파르티아로 출병.	
216년			파르티아 전쟁 개시. 카라칼라, 파르티아 공주와 결혼하는 것을 조건으로 강화를 제의하지만, 파르티아 쪽이 거부.	
217년			4월, 로마군이 다시 파르티아로 진격. 4월 8일, 카라칼라, 카라이로 가는 길에 경호대에 피살. 향년 29세. 4월 11일, 근위대장 마크리누스, 군단의 추대로 황제에 즉위. 카라칼라의 어머니 율리아 돔나, 안티오키아에서 자살. 로마군과 파르티아군이 니시비스에서 대결하여 무승부로 끝남.	
218년			마크리누스, 파르티아와 강화를 맺고 메소포타미아 속주를 포기. 율리아 돔나의 여동생 율리아 마이사, 동방 군단을 규합하여 마크리누스에게 반기를 듦. 마크리누스, 도주하다가 비티니아 속주에서 붙잡혀 피	

			살. 향년 53세. 6월 8일, 율리아 마이사의 손자 엘라가발루스, 황제에 즉위.	
219년	9월 29일, 엘라가발루스가 태양신의 신체와 함께 로마에 들어옴.			(중국)조비, 후한을 멸하고 위왕조 수립(220년). 유비, 촉한을 세우고 제위에 오름(221년). 손권, 오나라 건국(222년).
221년	엘라가발루스의 동생 알렉산데르가 카이사르라는 칭호를 받음.			
222년	3월 11일, 엘라가발루스, 황궁에서 피살. 향년 18세. 알렉산데르 세베루스, 황제에 즉위. 율리아 마이사, 울피아누스를 황제의 보좌역으로 기용.			
224년			아르다시르, 파르티아 왕 아르타바누스를 격파.	
226년	율리아 마이사 사망. 그후 황제의 모친 율리아 마메아가 권세를 휘두름.		아르다시르, 왕위에 올라 사산조 페르시아를 창설.	
227년			아르다시르, 크테시폰을 점령(파르티아 왕국 멸망)	
228년	울피아누스, 암살당함.		페르시아, 카파도키아 속주에 침입하여 시리아를 압박.	
232년	알렉산데르 세베루스, 동방으로 출정.			
233년			봄, 로마군이 메소포타미아에서 페르시아군과 대결하여 무승부로 끝남.	
234년	알렉산데르 세베루스, 북방으로 출정.	알렉산데르 세베루스, 라인강 연안의 야만족과 싸우지 않고 강화를 체결.		
235년		3월, 라인강 방위선을 지키		

		는 로마 군단이 봉기하여 알렉산데르 세베루스 황제가 피살. 향년 26세. 어머니인 율리아 마메아도 피살. 신병 훈련 책임자였던 막시미누스 트라쿠스, 황제로 추대됨.	
238년	북아프리카의 농장주들이 아프리카 속주 총독 고르디아누스를 황제로 추대. 원로원도 이를 추인, 고르디아누스가 아들 고르디아누스 2세와 함께 황제에 즉위. 고르디아누스 부자, 누미디아 속주에 주둔해 있는 군단의 공격을 받고 즉위한 지 한 달도 지나기 전에 사망. 막시미누스, 로마 부근을 지키는 군단 병사들에게 피살. 원로원 의원인 푸피에누스와 발비누스가 공동 황제로 즉위. 푸피에누스와 발비누스, 막시미누스 휘하의 군단병에게 피살. 고르디아누스 1세의 손자인 고르디아누스 3세가 황제에 즉위.	막시미누스, 도나우 방위선의 군단을 이끌고 로마로 진격.	
241년	티메시테우스, 근위대장에 임명됨. 고르디아누스 3세, 티메시테우스의 딸과 결혼.		페르시아 왕 샤푸르 1세, 군대를 이끌고 로마 제국 동방에 침입하여 안티오키아로 접근.
242년	티메시테우스, 도나우 군단을 이끌고 황제와 함께 동방 출정. 겨울이 오기 전에 안티오키아에 입성.		
243년			로마군, 북부 메소포타미아에서 페르시아군에 승리하여 메소포타미아 속주를 탈환. 티메시테우스, 로마 진영에서 사망. 부관인 필리푸스가 후임으로 승격.

연표 433

244년			2월, 고르디아누스 3세, 숙영지에서 겨울을 나다가 군단병에게 피살. 향년 19세. 필리푸스 아라부스, 황제에 즉위. 필리푸스 아라부스, 샤푸르 1세에게 강화를 제의하고 다시 메소포타미아 속주를 포기. 필리푸스 아라부스, 페르시아와 강화를 맺고 로마로 출발.	
248년	4월 21일부터 사흘 동안, 로마 건국 천년제 거행. 필리푸스 아라부스, 수도 장관 데키우스를 도나우 전선에 파견.	고트족, 도나우강을 건너 로마 제국 안으로 침입.		
249년	필리푸스 아라부스, 데키우스를 토벌하기 위해 로마를 떠남. 필리푸스 아라부스, 베로나에서 데키우스의 군대와 마주치지만 부하 병사들에게 버림받고 자결. 데키우스, 황제에 즉위.	데키우스, 고트족의 침입을 막음. 도나우 방위선의 군단이 데키우스를 황제로 추대. 데키우스, 로마로 진격.		
250년	데키우스, 비기독교도임을 증명하는 서류 휴대를 의무화. 데키우스, 야만족을 격퇴하러 출정.	여름, 고트족과 반달족이 대거 로마 영토에 침입.		
251년		데키우스, 맏아들 에트루스쿠스와 함께 야만족과 싸우다 전사. 먼 모이시아 속주 총독 트레보니아누스 갈루스, 황제로 추대됨. 트레보니아누스 갈루스, 고트족과 강화를 맺고 로마로 출발.		

252년	로마에 전염병 유행. 데키우스의 둘째 아들 오스틸리아누스도 병사.	먼 모이시아 속주 총독 아이밀리아누스, 도나우강을 건너 고트족 땅으로 쳐들어가 승리를 거둠. 알레마니족, 라인강을 건너 로마 제국 영토에 침입. 북방 야만족, 흑해에서 보스포루스해협을 지나 지중해로 나와서 소아시아와 그리스의 도시들을 약탈.		
253년		모이시아 군단이 아이밀리아누스를 황제로 추대. 같은 무렵, 게르마니아 방벽을 지키는 군단의 사령관 발레리아누스가 황제 즉위를 선언. 6월, 트레보니아누스, 아이밀리아누스의 군대와 싸우다가 사망. 10월, 아이밀리아누스, 발레리아누스의 군대와 싸우다가 사망. 발레리아누스, 황제에 즉위.		
	발레리아누스, 비기독교도 증명서 발행을 재개.			
257년	발레리아누스, 잠정조치법을 공포하여 기독교도의 제의와 집회를 금지.			
258년	기독교를 탄압하는 두번째 잠정조치법이 공포되고, 위반자의 재산을 몰수하기로 결정.			
259년			페르시아 왕 샤푸르, 대군을 편성하여 로마 제국에 쳐들어와서 안티오키아를 점령.	
	발레리아누스, 페르시아와 싸우기 위해 동방으로 출정.			
260년			발레리아누스, 페르시아군에 사로잡힘(그후 언제 죽었는지는 알 수 없음).	

	발레리아누스의 아들이자 공동 황제인 갈리에누스가 아버지의 뒤를 이음. 가을, 먼 게르마니아 속주 총독 포스투무스, 갈리아 제국 창설을 선언하고 황제에 즉위.		갈리에누스, 팔미라의 귀족 오데나투스를 동방 담당 장관에 임명.	
261년	전염병과 지진이 로마 제국을 덮침. 갈리에누스, 원로원과 군대를 분리하는 법률을 제정.			(중국)위나라, 촉을 멸하다(263년). (중국)사마염(무제), 위나라를 멸하고 서진을 건국(265년).
267년			오데나투스, 조카에게 피살. 아내 제노비아가 남편을 대신해서 동방 지배권을 장악.	
268년	갈리에누스, 쿠데타를 일으킨 기병대장들에게 피살. 쿠데타 주모자인 클라우디우스가 황제에 즉위. 클라우디우스, 북이탈리아를 침략한 고트족을 격퇴하여 '고티쿠스'라는 이름을 얻음.			
269년		고트족, 발칸반도를 침략. 클라우디우스 고티쿠스, 고트족을 격퇴.		
270년		1월, 클라우디우스 고티쿠스, 판노니아 속주의 시르미움에서 전염병에 걸려 사망.		
	원로원, 클라우디우스의 동생 퀸틸루스를 황제로 지명. 장병들이 기병대 사령관 아우렐리아누스를 황제로 추대. 퀸틸루스는 자살. 반달족이 이탈리아 중부까지 침입. 아우렐리아누스가 이를 격퇴.			
271년	아우렐리아누스, 통화 발행권을 원로원에서 황제한테로 옮김. 아우렐리아누스, 로마 교외	다키아 속주를 포기하고 고	아우렐리아누스, 동방의 '여	

436

272년	에 '아우렐리아누스 성벽' 건설에 착수(완성은 276년)	트족에게 넘겨줌. 도나우강 남쪽에 '신다키아 속주'를 신설.	왕' 제노비아 정벌에 나섬. 로마군, 팔미라를 함락시키고 제노비아를 사로잡음.
273년	아우렐리아누스, 갈리아 제국을 평정하러 떠남.	가을, 갈리아 제국 황제 테트리쿠스, 아우렐리아누스에게 항복.	
274년	봄, 아우렐리아누스, 로마로 돌아와 개선식을 거행.		
275년	아우렐리아누스, 동방으로 출정. 9월 25일, 원로원, 타키투스를 황제로 지명.		4월, 아우렐리아누스, 소아시아에서 비서의 모략으로 피살.
276년	타키투스, 동방으로 출정. 원로원, 타키투스의 동생 플로리아누스를 황제로 지명. 플로리아누스, 황제 경호를 맡은 병사에게 피살.		6월, 타키투스, 시리아로 가는 도중에 사망. 동방 군단 사령관 프로부스, 황제로 추대됨. 프로부스, 소아시아에 침입한 고트족을 격퇴.
277년		프로부스, 갈리아로 처들어온 야만족을 격퇴. 그후에도 야만족과 전쟁을 계속.	
278년		프로부스, 갈리아 전역에서 야만족을 소탕.	
279년			이 무렵 동방에서 이집트에 걸쳐 장군들이 반란을 일으킴. 프로부스가 이를 평정.
280년		프로부스, 이듬해까지 라인강과 도나우강 전역에서 야만족 격퇴전을 벌여 승리.		(중국)서진, 오나라를 멸하고 중국을 통일(280년)
281년	가을, 프로부스, 로마에 들어와 개선식을 거행.		

282년	프로부스, 페르시아와 싸우러 동방으로 출정.	프로부스, 도나우강변의 시르미움에서 병사들에게 피살. 향년 50세. 근위대장 카루스, 황제로 추대됨.	가을, 카루스, 맏아들 카리누스와 둘째 아들 누메리아누스를 공동 황제로 지명하고, 누메리아누스와 함께 동방으로 출정.
283년			봄, 페르시아 전쟁 재개. 메소포타미아 공략에 성공. 여름, 카루스, 벼락에 맞아 사망. 누메리아누스, 암살당함. 황제 경호대장 디오클레스, 군대를 이끌고 로마로 진군.
284년	카리누스, 암살. 디오클레스, 디오클레티아누스로 이름을 바꾸고 황제에 즉위.		

참고문헌

원사료

"Historia Augusta"(4세기의 작가 4명이 쓴『황제전』, 하드리아누스~카리누스 : 서기 117~284년)

Cassius Dio Cocceianus(디오 카시우스)
 "ΡΩΜΑΙΚΗ ΙΣΤΟΡΙΑ"(『로마사』, 건국~229년)

Herodianus(헤로디아누스)
 "Storia dell'Impero dalla morte di Marco Aurelio"(『마르쿠스 아우렐리우스 사후의 로마 제국사』, 180~238년 : 이탈리아어 번역판)

Caecilius Cyprianus(키프리아누스 : 카르타고 주교, 257년 전후에 순교)
 "Ad Donatum"
 "De habitu virginum"
 "Testimonia ad Quirinum"
 "De lapsis"
 "De catholicae Ecclesiae unitate"
 "Ad Demetrianum"

Κέλσοζ(켈수스)
 "ΑΛΗΘΗΣ ΛΟΓΟΣ"(기독교 반대론)

Ωριγένης(오리게네스)
 "Κατά Κέλσον"(켈수스 반박론)

Lactantius(락탄티우스 : 콘스탄티누스 대제 궁정의 가정교사)
 "De mortibus persecutorum"

Eusebius(에우세비우스 : 콘스탄티누스 대제가 기독교를 공인하는 데 배후 조종했으며, 황제가 죽기 직전에 세례를 주었다고 전해진다)
 "Εκκλησιαστική Ιστορία"(기독교회사)

Tertullianus(테르툴리아누스)
"Apologeticum"(기독교 박해에 대한 반론)
"Iscrizioni funerarie sortilegi e pronostici di Roma antica"
"Notitia dignitatum"

후세에 쓰인 역사서 및 연구서

AA.VV.(저자 다수), *La fine dell'impero romano d'Occidente*, Istituto di Studi Romani, 1978.

Abbott, Fr. & Johnson, A.Ch., *Municipal administration in the Roman Empire*, Princeton, 1926.

Adcock, F.E., *The Roman Art of War under the Republic*, Martin Classical Lectures XIII, Cambridge (Mass.), 1940.

Alföldi, A., *La Grande Crise du monde romain au IIIe siècle*, 《L'Antiquite classique》 7, 1938 ; *Daci e Romani in Transilvania*, Budapest, 1940 ; *The Moral Barrier on Rhine and Danube*, 《Dongress of Roman Frontier Studies(CRFS)》. 1949 ; *Die Hilfstruppen der römischen Provinz Germania Inferior*, 《Epigraphische Studien(ES)》 6, 1968.

Allard, P., *Storia critica delle persecuzioni*, Firenze, 1924.

Amit, M., *Les Moyens de communication et la défense de l'empire romain*, 《La Parola del Passato》 20, 1965.

Ancona, M., *Claudio il Gotico e gli usurpatori*, Messina, 1901.

Applebaum, S. & Gichon, M., *Israel and her Vicinity in the Roman and Byzantine Periods*, Tel Aviv, 1967.

Bachrach, P. & Baratz, M.S., *Two Faces of Power*, 《American Political Science Review(APSR)》 56, 1962 ; *Decisions and Non-Decisions : An Analytical Framework*, 《APSR》 57, 1963.

Badian, E., *Foreign Clientelae(264~70 B.C.)*, Oxford, 1958.

Baradez, J.L., *Vue-Aerienne de l'organisation romaine dans le Sud-Algérien, Fossatum Africae*, Paris, 1949 ; *Organisation militaire romaine de l'Algérie antique et l'evolution du concept défensif de ses frontières,* 《Revue internationale d'histoire militaire》 13, 1953 ; *L'Enceinte de Tipasa* : *Base d'opérations des troupes venues de Pannonie sous Antonin Le Pieux,* 《Quintus Congressus Internationalis Limitis Romani Studiosorum (QCILRS)》 ; *Les Thermes légionnaires de Gemellae,* Corolla Memoriae Erich Swoboda Dedicata, Graz, 1966 ; *L'Enciente de Tipas et ses portes,* Mélanges Piganiol(Chevallier編) II, Paris, 1966 ; *Compléments inédits au 'Fossatum Africae,'* 《Studien zu den Militärgrenzén Roms(SMR)》 I, Cologne, 1967.

Bartoccini, R., *Il Porto di Leptis Magna nella sua vita economica e sociale,* Hommages á Albert Grenier(Renard編) I, Brussels, 1962.

Baynes, N.H., *The Effect of the Edict of Gallienus,* 《Journal of Roman Studies(JRS)》 15, 1925 ; *The Early Church and Social Life* : *The First Three Centuries,* London, 1926.

Becker, A., *Imperatore L. Domitius Aurelianus, restitutor urbis,* Monasterii, 1866.

Bell, R., Edward, D.V. & Wagner, H.R., *Political Power* : *A Reader in Theory and Research,* New York, 1969.

Berchem, D. van, *L'Annone militaire dans l'empire romain au IIIème siècle,* 《Mémoires de la société nationale des antiquaires de France》 80, Paris, 1937 ; *On some Chapters of the 'Notitia Dignitatum' Relating to the Defense of Gaul and Britain,* 《American Journal of Philology》 76, 1955 ; *Conquête et organisation par Rome des districts alpines,* 《Revue des études latines(REL)》 11, 1962.

Bersanetti, G.M., *Gordiano I e II* ; *Gordiano III* ; *Timesteo* ; *Valeriano* ; *Gallieno* 이상 모두 Enciclopedia Italiana, 1933 ; *Massimino il Trace,* Roma, 1940.

Betz A., *Zur Dislokation der Legionen in der Zeit vom Tode des Augustus bis zum Ende der Prinzipatsepoche*, Carnuntina (Swoboda編).

Birley, A.R., *Hadrian's Wall : An Illustrated Guide*, Ministry of Public Building and Works, London, 1963 ; *Marcus Aurelius*, London, 1966 ; *Excavations at Carpow*, 《SMR》 I, Cologne, 1967 ; *Septimius Severus : The African Emperor*, London, 1971.

Birley, E.B., *A Note on the title 'Gemina,'* 《JRS》 18, 1928 ; *The Brigantian Problem and the First Roman Contact with Scotland*, 1952 ; *Roman Britain and the Roman Army : Collected Papers*, Kendal, 1953 ; *Hadrianic Frontier Policy*, Carnuntina(Swoboda編), 1956 ; *Research on Hadrian's Wall*, Kendal, 1961 ; *Alae and Cohortes Milliariae*, Corolla Memoriae Erich Swoboda Dedicata, Graz, 1966 ; *Hadrian's Wall and its Neighbourhood*, 《SMR》 I, Cologne, 1967 ; *Septimius Severus and the Roman Army*, 《ES》 8, 1969 ; *The Fate of the Ninth Legion, Soldier and Civilian in Roman Yorkshire*(Butler編), Leicester, 1971.

Blau, P., *Exchange and Power in Social Life*, New York, 1964.

Bowersock, G.W., *Augustus and the Greek World*, Oxford, 1965 ; *A Report on Arabia Provincia*, 《JRS》 61, 1971.

Brand, C.E., *Roman Military Law*, Austin, 1968.

Breeze, D.J., *The Organization of the Legion : The First Cohort and the Equites Legionis*, 《JRS》 59, 1969.

Breeze, D.J. & Dobson, B., *Hadrian's Wall : Some Problems*, 《Britannia》 3, 1972.

Brezzi, P., *Cristianesimo e impero Romano*, Roma, 1942.

Brisson, J-P. (編), *Problèmes de la guerre à Rome*, Paris, 1969.

Brogan, O., *The Roman Limes in Germany*, 《Archaeological Journal(AJ)》 92, 1935.

Brown, P., *Il mondo tardo antico. Da Marco Aurelio*, Einaudi, 1974.

Bruce, J.C., *Handbook to the Roman Wall* (Sir I.A. Richmond編), Newcastle, 1966.

Brusin, G., *Le Difese della romana Aquileia e la loro cronologia*, Corolla Memoriae Erich Swoboda Dedicata, Graz, 1966.

Bury, J.B., *The Invasion of Europe by the Barbarians*, New York, 1963.

Butler, R.M., *The Roman Walls of Le Mans*, 《JRS》 48, 1958 ; *Late Roman Town Walls in Gaul*, 《AJ》 116, 1959.

Cagnat, R., *Les Frontières militaires de l'empire romain*, 《Journal des savants》, 1901 ; *L'Armée romaine d'Afrique et l'occupation militaire de l'Afrique sous les empereurs*, Paris, 1913.

Calderini, A., *I Severi* : *La crisi dell'impero nel III secolo*, Istituto di studi Romani, 1949.

Cambridge Ancient History (J.B.Bury編) X, XI, XII, Cambridge, 1934~39.

Caramella, S., *La filosofia di Plotino e il Neoplatonismo*, Catania, 1940.

Carcopino, J., *Les étapes de l'impérialisme romain*, Paris, 1961.

Carettoni, A., *Banchieri ed operazioni bancarie*, Roma, 1938.

Cary, M., *The Geographic Background of Greek and Roman History*, Oxford, 1949.

Casson, L., *Ships and Seamanship in the Ancient World*, Prin-ceton, 1971.

Cavaignac, E., *Les Effectifs de l'armée d'Auguste*, 《REL》 30, 1952.

Cecchelli, C., *Cristianesimo e Impero*, Roma, 1938.

Chapot, V., *La Frontière de l'Euphrate* : *De Pompée á la conquête arabe*, Paris, 1907.

Charlesworth, M.P., *Trade Routes and the Commerce of the*

Roman Empire, Cambridge, 1926 ; *Five Men* : *Character studies from the Roman Empire*, Martin Classical Lectures VI, Cambridge (Mass.), 1936 ; *The Lost Province, or the Worth of Britain*, Cardiff, 1949.

Cheesman, G.L., *The Auxilia of the Roman Imperial Army*, Hildesheim, 1971.

Chevallier, R., *Rome et la Germanie au Ier siècle* : *Problèmes de colonisation*, Brussels, 1961 ; *Les Voies romaines*, Paris, 1972.

Chilver G.E.F., *Cisalpine Gaul* : *Social and Economic History from 49 B.C. to the Death of Trajan*, Oxford, 1941 ; The Army in Politics, A.D.68~70, ⟪JRS⟫ 47, 1957.

Christensen, A., *L'Iran sous les Sassanides*, Copenhagen, 1944.

Christescu, V., *Istoria militar´a a Daciei Romane*, Bucarest, 1937.

Ciccotti, E., *Lineamenti della evoluzione tributaria del mondo antico*, Udine, 1921.

Clemente, G., *La 'Notitia Dignitatum,'* Cagliari, 1968.

Collingwood, R.G., *The Purpose of the Roman Wall*, ⟪Vasculum⟫ 8, 1920.

Condurachi, E., *Neue Probleme und Ergebnisse der Limesforschung in Scythia Minor*, ⟪SMR⟫ I, Cologne, 1967.

Costa, G., *Religione e politica nell'impero romano*, Torino, 1923.

Courcelle, P.P., *Histoire Littéraire des grandes invasions germaniques*, Paris, 1964.

Coussin, P., *Les Armes romaines* : *Essai sur les origins et l'evolution des armes individualles du légionnaire romain*, Paris, 1926.

Crees, J.H.E., *The Reign of the Emperor Probus*, London, 1911.

Crump, G.A., *Ammianus and the Late Roman Army*, ⟪Historia⟫ 23, 1973.

Curzon, G.N., *Lord Kedleston, Frontiers, Romanes Lecture Series*,

Oxford, 1907.

Dahl, R.A., *Modern Political Analysis*, Englewood Cliffs (N.J.), 1963.

Daicoviciu, C., *La Transylvanie dans l'antiquité*, Bucharest, 1945 ; *Dacica*, Hommages à Albert Grenier (Renard編) I, Brussels, 1962.

Daicoviciu, C. & Daicoviciu, H., *Columna lui Traian*, Bucharest, 1968.

Davies, R.W., The 'Abortive Invasion' of Britain by Gaius, 《Historia》 15, 1966 ; A Note on a Recently Discovered Inscription in Carrawburgh, Appendix, 《ES》 4, 1967 ; Joining the Roman Army, 《Bonner Jahrbücher(BJ)》 169, 1969 ; The Medici of the Roman Armed Forces, 《ES》 8, 1969 ; Cohortes Equitatae, 《Historia》 20, 1971 ; The Romans at Burnswark, 《Historia》 21, 1972 ; The Daily Life of the Roman Soldier under the Principate, 《Aufstieg und Niedergang der Römischen Welt(ANRW)》 (Temporini編) II-1, 1974.

Degrassi, A., *Il Confine nord-orientale dell'Italia romana : Ricerche storico-topografiche*, Dissertationes Bernenses I-6. Bern, 1954.

Demougeot, É., *La Formation de l'Europe et les invasions barbares : Des origines germaniques à l'avènement de Dioclétien*, Paris, 1969.

Dodds, E.R., *Pagan und Christian in an Age of Anxiety*, Cambridge, 1965.

Doise, J., Le Commandement de l'armée romaine sous Theodose et les débuts des régnes d'Arcadius et d'Honorius, 《Mélanges d'archéologie et d'histoire, École française de Rome》 61, 1949.

Donini, A., *Storia del cristianesimo dalle origini a Giustiniano*, Milano, 1975.

Durry, M., *Les Cohortes Prétoriennes*, 《Bibliothèque des écoles françaises d'Athènes et de Rome(BEFAR)》146, Paris, 1938.

Dyson, L., *Native Revolts in the Roman Empire*, 《Historia》20, 1971.

Eadie, J.W., *The Development of Roman Mailed Cavalry*, 《JRS》57, 1967.

Emmet, D., Function, *Purpose and Powers*, London, 1958.

Euzennat, M., *Le Limes de Volubilis*, 《SMR》I, Cologne, 1967.

Fink, R.O., *Roman Military Records on Papyrus*, 《Philological Monographs of the American Philological Association》26, Cleveland, 1971.

Finley, M.I., *Recensione di 'Manpower Shortage' di A.E.R. Book*, 《JRS》48, 1958.

Fishwick, D., *The Annexation of Mauretania*, 《Historia》20, 1971.

Fitz J., *A military History of Pannonia from the Marcomann Wars to the Death of Alexander Severus(180~235)*, 《Acta archae-ologica Academiae Scientiarum Hungaricae(AArchASH)》14, 1962 ; *Réorganization militaire au début des guerres mar-comannes, Hommages à Marcel Renard* (Bibaw編) I.

Florescu, R., *Les Phases de construction du castrum Drobeta (Turnu Severin)*, 《SMR》I, Cologne, 1967.

Forni, G., *Il Reclutamento delle legioni da Augusto a Diocleziano*, 《Pubbicazioni della facoltà di filosofia e lettere della Università di Pavia》5, Milano & Roma, 1953 ; *Contributo alla storia della Dacia romana*, 《Athenaeum》36, 1958~59 ; *Limes*, Dizionario Epigrafico IV ; *Estrazione etnica e sociale dei soldati delle legioni nei primi tre secoli dell'impero*, 《ANRW》(Temporini編) II-1, 1974.

Frank, R.I., *Scholae Palatinae : The Palace Guards of the Later Roman Empire*, 《Papers and Monographs of the American

Academy in Rome(PMAAR)》 23, Roma, 1969.

Frank, T., *An Economic History of Rome*, Baltimore, 1927.

Frere, S.S., *Britannia : A History of Roman Britain*, London, 1967.

Frova, A., *The Danubian Limes in Bulgaria and Excavations at Oescus*, 《CRFS》, 1949.

Galderini, A., *Le associazioni professionali in Roma antica*, Milano, 1933.

Galliazzo, V., *I Ponti Romani*, Treviso, 1994.

Garbsch, J.G., *Der Spätrömische Donau-Iller Rhein Limes*, Stuttgart, 1970.

Garzetti, A., *L'Impero da Tiberio agli Antonini, Istituto de studi romani*, 《Storia di Roma》 6, Bologna, 1960 ; *Problemi dell'età traianea : Sommario e testi*, Genova, 1971.

Geweke, L.K., & Winspear, A.D., *Augustus and the Reconstruc-tion of Roman Government and Society*, 《University of Wisconsin Studies in the Social Sciences and Philosophy》 24, Madison, 1935.

Ghirshman, R., *Les Chionites-Hephtalites*, 《Mémoires de la délégation archéologique française en Afghanistan》 13, Cairo, 1948.

Giannelli, G., *Trattato di storia romana* (Santo Mazzarino編), Roma, 1953~56.

Gibbon, E., *The History of the Decline and Fall of the Roman Empire*, 1776~88(*Declino e caduta dell'impero romano*, Mondadori, Milano, 1986).

Gichon, M., *Roman Frontier Cities in the Negev*, 《QCILRS》; *The Negev Frontier, In Israel and her Vicinity in the Roman and Byzantine Periods* (Applebaum編) ; *The Origin of the Limes Palestinae and the Major Phases of its Development*, 《SMR》 I, Cologne, 1967.

Gigli, G., *Forme di reclutamento militare durante il basso impero*,

《Rendiconti della classe di scienze morali, storiche e filologiche dell'Accademia dei Lincei》 8, 1947.

Gitti, A., *Ricerche sui rapporti tra i vandali e l'impero romano*, Bari, 1953.

Gonella, G., *Pace romana e pace cartaginese*, Quaderni di studi romani II-1, Roma, 1947.

Goodchild, R.G., *The Limes Tripolitanus* II, 《JRS》 40, 1950 ; *The Roman and Byzantine Limes in Cyrenaica*, 《JRS》 43, 1953.

Goodchild, R.G. & Ward-Perkins, J.B., *The Limes Tripolitanus in the Light of Recent Discoveries*, 《JRS》 39, 1949.

Gordon, C.D., *The Subsidization of Border Peoples as a Roman Policy of Imperial Defense*, University of Michigan, 1948.

Gray, W.D., *A Political Ideal of the Emperor Hadrian*, 《Annual Report of the American Historical Association for the Year 1914》 1.

Gregg, J.A., *The Decian Persecution*, London & Edinburgh, 1898.

Hammond, M., *The Antonine Monarchy*, 《PMAAR》 19, Roma, 1959 ; *The Augustan Principate : In Theory and Practice During the Julio-Claudian Period*, New York, 1968.

Hardy, E.G., *Studies in Roman History*, London, 1909 ; *Augustus and his Legionnaires*, 《Classical Quarterly(CQ)》 14, 1921.

Harkness, A., *The Military System of the Romans*, New York, 1887.

Harmand, J., *L'Armée et le soldat à Rome(de 107 à 50 avant notre ére)*, Paris, 1967 ; *La Guerre antique, de Sumer à Rome*, Paris, 1973 ; *Les Origines de l'armée impériale : Un Témoignage sur le réalité du pseudo-principat et sur l'évolution militaire de l'Occident*, 《ANRW》 (Temporini編) II-1, 1974.

Harmand, L., *L'Occident romain : Gaule, Espagne, Bretagne, Afrique du Nord(31 av. J.C. à 235 ap. J.C)*, Paris, 1960.

Harmatta, J., *Studies in the History of the Sarmatians*, Budapest, 1950.

Hatt, J-J., *Histoire de la Gaule romaine (120 avant J.C. 451 après J.C.) : Colonisation ou colonialisme*, Paris, 1966.

Haverfield, F., *Some Roman Conceptions of Empire*, 《Occasional Publications of the Classical Association Cambridge》 4, 1916년경.

Heali, P.J., *The Valerian Persecution*, London, 1905.

Holmes, T.R., *The Architect of the Roman Empire 27 B.C.~ A.D.14*, Oxford, 1928~31.

Holsti, K.J., *International Politics : A Framework for Analysis*, Englewood Cliffs (N.J.), 1972.

Homo, L., *Essai sur le règne de l'empereur Aurélien(270~275)*, 《Befar》 89, Paris, 1904 ; *Les privileges administratifs du Sénat romain sons l'empire et leur disparition graduelle au cours du IIIe siècle*, 《Revue Historique(RH)》, 1921 ; *Le Siècle d'or de l'empire romain*, Paris, 1947 ; *Vespasien l'empereur du bon sens(69~79 ap.J.C.)*, Paris, 1949.

Hopkins, R.V.N., *The life of Alexander Severus*, Cambridge, 1907.

Howard, M.(編), *The Theory and Practice of War : Essays Presented to Captain B.H.Liddell Hart*, London, 1965.

Hussey, J.M., Obolensky, D & Runciman. S. (共編), *Proceedings of the XIII International Congress of Byzantine Studies*, Oxford, 1967.

Jarrett, M.G., *The Roman Frontier in Wales*, 《SMR》 I, Cologne, 1967.

Jarrett, M.G. & Mann, J.C., *Britain from Agricola to Gallienus*, 《BJ》 170, 1970 ; *The Frontiers of the Principate*, 《ANRW》 (Temporini 編) II-1, 1974.

Jones, A.H.M., *Another interpretation of the Constitutio Antoniniana*, 《JRS》 26, 1936 ; *A History of Rome through the*

Fifth Century(編), New York, 1970 ; *Il tramonto del mondo antico*, Laterza, 1972.

Jouvenel, B. de, *Power* : *Its Nature and the History of Its Growth*, Boston, 1967.

Jullian, C., *Histoire de la Gaule IV*, Paris, 1929.

Kaltenbach, P.E., *Non-Citizen Troops in the Roman Army*, Johns Hopkins University, 1948.

Katz, S., *The Decline of Rome and the Rise of Mediaeval Europe*, Ithaca, 1955.

Keyes, W.C., *The Rise of the Equites in the Third Century of the Roman Empire*, Princeton, 1935.

La Penna, A., *Orazio e l'ideologia del principato*, Torino, 1963.

Laur-Belart, R., *The Late Limes from Basel to the Lake of Con-stance*, 《CRFS》, 1949.

Lemosse, M., *Le Régime des relationes internationales dans le haut-empire romain*, 《Pubblications de l'Institut de droit romain de l'Université de Paris》23, Paris, 1967.

Lesquier, J., *L'Armée romaine d'Ègypte d'Auguste à Dioclètien*, Cairo, 1918.

Leva, C. & Mertens, J., *Le Fortin de Braives et le Limes Belgicus*, Mélanges Piganiol(Chevallier編) II, Paris, 1966.

Levi, M.A. (Canavesi, M.), *La Politica estera di Roma antica*, 《Manuali di politica internazionale》34, Milano, 1942.

Levick, B.M., *Roman Colonies in Southern Asia Minor*, Oxford, 1967.

Lot, F., *Les invasions Germaniques* : *La pénétration mutuelle du monde barbare et du monde romain*, Paris, 1939.

Luttwak, E.N., *The Grand Strategy of the Roman Empire*, Johns Hopkins University Press, 1976.

Lykes, P., *A history of Persia*, London, 1921.

MacMullen, R., *Soldier and Civilian in the Later Roman Empire*, 《Harvard Historical Monographs》 52, Cambridge (Mass.), 1963.

McLeod, W., *The Range of the Ancient Bow*, 《Phoenix》 19, 1965.

Macurdy, Gr.H., *Vassal-Queens and some contemporary women in the Roman Empire*, Johns Hopkins University Press, 1937.

Magie, D., *Roman Rule in Asia Minor to the End of the Third Century after Christ*, Princeton, 1950.

Mann, J.C., *A Note on the Numeri*, 《Hermes》 82, 1954 ; *The Raising of New Legions during the Principate*, 《Hermes》 91, 1963 ; *The Role of the Frontier Zone in Army Recruitment*, 《QCILRS》.

Manni, E., *L'Impero di Gallieno : Contributo alla storia del III secolo*, Roma, 1949.

Marin, A., *Hippagogi*, Dictionnaire des antiquités greques et romaines, Daremberg-Saglio.

Marin & Peña, M., *Instituciones militares romanas*, Enciclopedia Clasica II, Madrid, 1956.

Marquardt, J., *De l'Organisation militaire chez les Romains*, Paris, 1891.

Marsden, E.W., *Greek and Roman Artillery : Historical Develop-ment*, Oxford, 1969.

Marsh, F.B., *The Reign of Tiberius*, London, 1931.

Marucchi, O., *Le Catacombe Romane*, Roma, 1933.

Mazza, M., *Lotte sociali e restaurazione autoritaria nel III secolo d.c*, Laterza, 1973.

Mazzarino, S., *La fine del mondo antico*, Garzanti, 1959.

Mélanges Marcel Durry, 《REL》 47, Paris, 1969.

Mertens, J., *Oudenburg, camp du Litus Saxonicum en Belgique?* 《QCILRS》.

Millar, F., *P. Herennius Dexippus* : *The Greek World and the Third-Century Invasions*, 《JRS》 59, 1969.

Millar, F., Berciu, D., Frye, R.N., Kossack, G. & Talbot, R.T., *The Roman Empire and its Neighbours*, London, 1967.

Minor, C.E., *Brigand, Insurrectionist and Separatist Movements in the Later Roman Empire*, University of Washington, 1971.

Momigliano, A., *Contributo alla storia degli studi classici*, Roma, 1955 ; *Terzo Contributo alla storia degli studi classici e del mondo antico*, Roma, 1966 ; *Ricerche sull'organizzazione della Giudea sotto il dominio romano(63 a.C.~70 d.C.)*, Amsterdam, 1967 ; *Quarto Contributo alla storia degli studi classici e del mondo antico*, Roma, 1969.

Moreschini, C., *Cristianesimo e impero*, Sansoni, 1973.

Morgenthau, H.J., *Politics Among Nations*, New York, 1962.

Moricca, U., *Storia della letteratura Latina Cristiana*, Torino, 1923.

Morris, J., *The Vallum Again*, 《Transactions of the Cumberland and Westmoreland Antiquarian and Archaeological Society (TCWAAS)》 50, 1951.

Moscovich, M.J., *The Role of Hostages in Roman Foreign Policy*, McMaster University, Canada, 1972.

Moss, J.R., *The Effects of the Policies of Aetius on the History of the Western Empire*, 《Historia》 23, 1973.

Musset, L., *Les Invasions* : *Les vagues gernaniques*, 《Nouvelle Clio (NC)》 12, Paris, 1965.

Nock, A.D., *The Roman Army and the Roman Religious Year*, 《Harvard Theological Review》 45, 1952 ; *La conversione. Societa e religione nell'mondo antico*, Laterza, 1985.

Oates, D., *Studies in the ancient History of Northern Iraq*, London, 1968.

Oelmann, F., *The Rhine Limes in Late Roman Times*, 《CRFS》, 1949.

Oliva, P., *Pannonia and the Onset of the Crisis in the Roman Empire*, Prague, 1962.

Oman, C., *The Decline and Fall of the Denarius in the Third Century A.D.*, 《Numismatic Chronicle》, 1916.

Ondrouch, V., *Limes Romanus na Slovensku(il limes romano in Slovacchia)*, Bratislava, 1938.

O'neil, R.J., *Doctrine and Training in the German Army 1919~1939*, The Theory and Practice of War(Howard編).

Osgood, R.E. & Tucker, R.W., *Force, Order, and Justice*, Bal-timore, 1967.

Parker, H.M.D., *The Roman Legions*, Oxford, 1928 ; *The Antiqua Legio of Vegetius*, 《CQ》 26, 1932.

Parsons, T., *On the Concept of Political Power*, New York, 1967.

Paschoud, F., *Roma aeterna : Études sur le patriotisme romain dans l'occident latin à l'époque des grandes invasions*, 《Bibliotheca Helvetica Romana》 7, Roma, 1967.

Paoli, U.E., *Vita romana. Usi, costumi, istituzioni, tradizioni*, Milano, 1997.

Passerini, A., *Gli aumenti del soldo militare da Commodo a Massimino*, 《Athenaeum》 24, 1946 ; *Legio*, Dizionario Epigrafico IV ; *Le Coorti Pretorie*, Roma, 1969. Linee di storia romana in età imperiale(Nicola Criniti編), Milano, 1972.

Pekáry, Th., *Studien zur römischen Währungs und Finanz-geschichte von 161 bis 235 n. Ch*, 《Historia》 8, 1959.

Pelham, H.F., *Essays*(F. Haverfield編), Oxford, 1911.

Petersen, H.E., *Governorship and Military Command in the Roman Empire*, Harvard University, 1953.

Petrikovits, H. von, *Fortifications in the North-Western Roman*

Empire from the Third to the Fifth Centuries A.D., 《JRS》 61, 1971.

Pflaum, H-C., *Forces et faiblesses de l'armée romaine du Haut-Empire*, Problèmes de la guerre à Rome, Brisson.

Piccolo, L., *L'ascesa politica di Palmira dalla conquista romana all'epoca di Zenobia*, Rivista di Storia Antica, 1905.

Piganiol, A., *La Notion de Limes*, 《QCILRS》.

Poidebard, A., *La Trace de Rome dans le désert de Syrie : Le limes de Trajan à la conquête arabe, recherches aériennes (1925~1934)*, Paris, 1934.

Puech, H.C., *Storia del cristianesimo*, Laterza, 1983.

Pugliese, C., *L'età di Valeriano e Gallieno : Appunti di storia romana*, Pisa, 1950.

Rachet, M., *Rome et les Berbères : Un Problème militaire d'Auguste à Dioclétien*, Collection Latomus CX, Brussels, 1970.

Ramsay, A.M., *The Speed of the Roman Imperial Post*, 《JRS》 15, 1925.

Rappaport, B., *Die Einfälle der Goten in das röm*, Leipzig, 1899.

Regibus, L. de., *Problemi d'impero nella storia romana del III secolo*, Torino, 1936 ; *La Monarchia militare di Gallieno*, Recco, 1939.

Rémondon, R., *Problèmes militaires en Egypte et dans l'empire à la fin du IV siècle*, 《RH》 213, 1955 ; *La Crise de l'empire romain de Marc Aurele a Anastase*, 《NC》 11, Paris, 1964 ; *La crisi dell'mondo romano*, Mursia, 1975.

Reynolds, P.K.B., *The Vigiles of Ancient Rome*, Oxford, 1930.

Richmond, Sir I.A., *The City Wall of Imperial Rome : An Account of its Architectural Development from Aurelian to Narses*, Oxford, 1930 ; *Trajan's Army on Trajan's Column*, 《Papers of the British School at Rome》 13, 1935 ; *The Romans in Redesdale*, 《History of Northumberland》 15, 1940 ; *Hadrian's Wall 1939~1949*, 《JRS》 40, 1950 ; *A Roman Arterial Signalling System in the Stainmore Pass*, Aspects of Archaeology(Grimes編) ; *The Roman Frontier Land*, 《History, U.K.》 44, 1959 ; *Palmyra under the Aegis of Rome*, 《JRS》 53, 1963.

Roberti, M., *Le associazioni funerarie cristiane e la proprietà ecclesiastica nei primi tre secoli*, Milano, 1927.

Robertson, A.S., *The Antonine Wall*, 《CRFS》, 1949.

Robinson, H.R., *Problems in Reconstructing Roman Armour*, 《BJ》 172, 1972.

Romanelli, P., *La Cirenaica Romana 96 A.C.~642 D.C.*, Verbania, 1943.

Rostovtzeff, M., *Storia economica e sociale dell'impero romano*, Firenze, 1933 ; *Città carovaniere*, Bari, 1934.

Rougé, J., *Les Institutions romaines : De la Rome royale à la Rome chrétienne*, Paris, 1969.

Rowell, H.T., *The Honesta Missio from the Numeri of the Roman Imperial Army*, 《Yale Classical Studies》 6, 1939.

Saddington, D.B., *Roman Attitudes to the Externae Gentes of the North*, 《Acta Classica, S.A.》 4, 1961 ; *The Development of Roman Auxiliary Forces from Augustus to Trajan*, 《ANRW》(Temporini 編) II-3, 1975.

Saint-Denis, E. de, *Mare Clausum*, 《REL》 25, 1947.

Saitta, A., *2000 anni di Storia. I Cristiani e barbari. Dall'impero di Roma a Bisanzio*, Laterza, 1978~79.

Salama, P., *Occupation de la Maurétanie césarienne occidentale sous les Bas-Empire romain*, Mélanges Piganiol(Chevallier編) III, Paris, 1966.

Salmon, E.T., *The Roman Army and the Disintegration of the Roman*

Empire, 《Proceedings and transactions of the Royal Society of Canada》 III-52, 1958.

Salvioli, G., *Il capitalismo antico*, Bari, 1929.

Salway, P., *The Frontier People of Roman Britain*, Cambridge, 1965.

Saxer, R., *Untersuchungen zu den vexillationen des römischen Kaiserreichs von Augustus bis Diokletian*, 《ES》 1, Cologne & Graz, 1967.

Schleiermacher, W., *Der römische Limes in Deutschland*, Berlin, 1967.

Schönberger, H., *The Roman Frontier in Germany* : *An Archaeological Survey*, 《JRS》 59, 1969.

Segre, A., *Circolazione monetaria e potere d'aquisto della moneta nel mondo antico*, Firenze, 1920.

Shaw, R.C. & Simpson, F.G., *The Purpose and Date of the Vallum and its Crossings*, 《TCWAAS》 27, 1922 ; *Geographical Factors in Roman Algeria*, 《JRS》 34, 1944 ; *The Letters of Pliny* : *A Historical and Social Commentary*, Oxford, 1966 ; *The Roman Citizenship*, Oxford, 1973.

Simpson, G., *The Roman Forts in Wales* : *A Reassessment*, 《SMR》 I, Cologne, 1967 ; *Britons and the Roman Army* : *A Study of Wales and the Southern Pennines in the 1st-3rd Centuries*, London, 1964.

Siniscalco, C., *Il cammino di Cristo nell'impero romano*, Latera, 1987.

Smith, R.E., *Service in the Post-Marian Roman Army*, Manchester, 1958 ; *The Army Reforms of Septimius Severus*, 《Historia》 12, 1972.

Solari, A., *La Crisi dell'impero romano*, Milano, 1933 ; *Il Rinnovamento dell'impero romano*, Milano, 1938.

Sordi, M., *Il cristianesimo e Roma*, Cappelli, 1965.

Starr, C.G., Jr., *The Roman Imperial Navy, 31 B.C.~A.D. 324*, 《Cornell Studies in Classical Philology》 26, Ithaca, 1941.

Steer, K.A., *The Antonine Wall : A Reconsideration*, 《SMR》 I, Cologne, 1967.

Stevens, C.E., *The British Sections of the Notitia Dignitatum*, 《AJ》 97, 1940.

Stevenson, G.H., *Roman Provincial Administration till the Age of the Severi*, Oxford, 1930.

Swoboda, E., *Traian und der Pannonische Limes*, Empereurs ro-mains d'Espagne.

Syme, R., *Rhine and Danube Legions under Domitian*, 《JRS》 18, 1928 ; *Some Notes on the Legions under Augustus*, 《JRS》 23, 1933 ; *The Roman Revolution*, Oxford, 1939 ; *Tacitus*, Oxford, 1958 ; *The Lower Danube under Trajan*, 《JRS》 49, 1959 ; *Hadrian the Intellectual*, Empereurs romains d'Espagne.

Szilágyi, J., *Roman Garrisons Stationed at the Northern Pannonia-Quad Frontier-Sectors of the Empire*, 《AArchASH》 2, 1952 ; *Les Variations des centres de prépondérance militaire dans les provinces frontières de l'émpire romain*, 《Acta Antiqua Academiae Scientiarum Hungaricae(AAntASH)》 2, 1953.

Temporini, H. (編), *Aufstieg und Niedergang der Römischem Welt : Geschichte und Kultur Roms in Spiegel der neueren Forschung* (ANRW), Berlin & New York, 1974.

Thompson, E.A., *A Roman Reformer and Inventor : Being a New Text of the Treatise De Rebus Bellicis with a Translation and Introduction*, Oxford, 1952 ; *The Settlement of the Barbarians in Southern Gaul*, 《JRS》 46, 1956 ; *The Early Germans*, Oxford, 1965 ; *The Visigoths in the Time of Ulfil*a, Oxford, 1966 ; *Una cultura barbarica, I Germani*, Laterza, 1976.

Thompson, H.A., *Athenian Twilight* : *A.D.267~600*, 《JRS》 49, 1959.

Torri, A.P., *Le corporazioni romane*, Roma, 1940.

Tovey, L-C.H., *Elements of Strategy*, London, 1887.

Vannérus, J., *Le Limes et le fortifications gallo-romaines de Belgique* : *Enquête toponymique*, Brussels, 1943.

Várady, L., *New Evidences on Some Problems of Late Roman Military Organization*, 《AAntASH》 9, 1961 ; *Additional Notes on the Problem of Late-Roman Dalmatian Cunei*, 《AAntASH》 11, 1963.

Veyne, P., *La società romana*, Laterza, 1995.

Vigneron, P., *Le Cheval dans l'antiquité gréco-romaine, de guerres médiques aux grandes invasions*, Nancy, 1968.

Vita, A.Di., *Il Limes romano di Tripolitania nella sua concretezza archeologica e nella sua realtà storica*, 《Libya Antiqua》 1, 1964.

Vogt, J., *Il declino di Roma*, Saggiatore, 1966.

Wade, D.W., *The Roman Auxiliary Units and Camps in Dacia*, University of North Carolina, 1969.

Walter, E.V., *Terror and Resistance* : *A study of Political Violence*, New York, 1969.

Waters, K.H., *The Reign of Trajan and its Place in Contemporary Scholarship*, 《ANRW》(Temporini編) II-2, 1975.

Watson, G.R., *The Pay of the Roman Army* : *The Auxiliary Forces*, 《Historia》 8, 1959 ; The Roman Soldier, London, 1969.

Webster, G., *The Roman Imperial Army of the First and Second Centuries A.D.*, London, 1969.

Wells, C.M., *The German Policy of Augustus* : *An Examination of the Archaeological Evidence*, Oxford, 1972.

Wheeler, R.E.M., *The Roman Frontier in Mesopotamia*, 《CRFS》,

1949 ; *Rome Beyond the Imperial Frontiers*, London, 1954.

White, L.T. (編), *The Transformation of the Roman World* : *Gibbon's Problems after Two Centuries*, Berkeley, 1966.

Wilkes, J.J., *A Note on the Mutiny of the Pannonian Legions in A.D. 14*, 《CQ》 13-2, 1963 ; *Dalmatia* : *History of the Provin-ces of the Roman Empire*, London, 1969.

Will, E., *Les Enceintes du bas-empire à Bavay*, 《QCILRS》.

그림 출전 일람

28쪽	(둘 다) 바티칸 미술관(바티칸) ⓒArchivi Alinari, Firenze
52쪽	개인소장
63쪽	대영박물관(런던/영국) ⓒCopyright The Trustees of The British Museum
65쪽	대영박물관(런던/영국) ⓒCopyright The Trustees of The British Museum
77쪽	카피톨리노 박물관(로마/이탈리아) ⓒArchivi Alinari, Firenze
80쪽	카피톨리노 박물관 ⓒArchivi Alinari, Firenze
90쪽	카피톨리노 박물관 ⓒArchivi Alinari, Firenze
95쪽	셉티미우스 세베로스: 52쪽과 동일. 나머지 4개: 대영박물관 ⓒCopyright The Trustees of The British Museum
96쪽	루브르 미술관(파리/프랑스) ⓒRuggero Vanni/CORBIS
100쪽	ⓒArchivi Alinari, Firenze
106쪽	폼페이(이탈리아) ⓒAncient Art & Architecture Collection
111쪽	빈 미술사미술관(빈/오스트리아) ⓒErich Lessing/Pacific Press Service
127쪽	대영박물관 ⓒCopyright The Trustees of The British Museum
130쪽	(둘 다) 대영박물관 ⓒCopyright The Trustees of The British Museum
137쪽	그림: 瀨戶照
140쪽	우피치 미술관(피렌체/이탈리아) ⓒScala, Firenze
164쪽	카피톨리노 박물관 ⓒArchivi Alinari, Firenze
180쪽	(둘 다) 카피톨리노 박물관 ⓒArchivi Alinari, Firenze
187쪽	지도: 峰村勝子
192쪽	왼쪽: 카피톨리노 박물관 ⓒArchivi Alinari, Firenze
192쪽	오른쪽: 알바니 미술관(로마/이탈리아) ⓒArchivi Alinari, Firenze
195쪽	로마 국립박물관: 막시모 궁(로마/이탈리아) ⓒArchivi Alinari, Firenze
201쪽	대영박물관 ⓒCopyright The Trustees of The British Museum
213쪽	바티칸 미술관 ⓒScala, Firenze
219쪽	(둘 다) 대영박물관 ⓒCopyright The Trustees of The British Museum
227쪽	카피톨리노 박물관 ⓒArchivi Alinari, Firenze

242쪽	로마 국립박물관: 아르텐푸스궁(로마/이탈리아) ⓒScala, Firenze
245쪽	루브르 미술관
	ⓒphoto RMN/H. Lewandowski/distributed by Sekai Bunka Photo
253쪽	개인 소장 ⓒBridgeman Art Library
267쪽	나크시 루스탐(이란) ⓒPaul Almasy/CORBIS
273쪽	Ugo Monneret de Villard. "L'Arte Iranica." Verona, 1954, 93쪽에서
280쪽	로마 국립박물관: 막시모 궁 ⓒArchivi Alinari, Firenze
283쪽	대영박물관 ⓒCopyright The Trustees of The British Museum
289쪽	ⓒK.M. Westermann/CORBIS
297~299쪽	지도: 峰村勝子
308쪽	개인 소장
313쪽	브레시아·로마박물관(브레시아/이탈리아)
	ⓒper concessione dei Civici Musei d'Arte e Storia di Brescia
324쪽	대영박물관 ⓒCopyright The Trustees of The British Museum
330쪽	개인 소장
337쪽	대영박물관 ⓒCopyright The Trustees of The British Museum
340쪽	아래: 산 바오로 문 부근(로마/이탈리아) ⓒArchivi Alinari, Firenze
358쪽	국립 오리엔트 미술관(로마/이탈리아) ⓒGiraudon/Bridgeman Art Libary
362쪽	로마 문명박물관(로마/이탈리아) ⓒAraldo de Luca/CORBIS
371쪽	루브르 박물관 ⓒLauros/Giraudon/Bridgeman Art Library
376쪽	카피톨리노 박물관 ⓒMusei Capitolini, Soprintendenza Beni Culturali del Comune di Roma
385쪽	대영박물관 ⓒCopyright The Trustees of The British Museum
387쪽	카피톨리노 박물관 ⓒArchivi Alinari, Firenze
389쪽	왼쪽: 보스턴 미술관(보스턴/미국)
	Photographⓒ2003 Museum of Fine Arts, Boston
389쪽	오른쪽: 카피톨리노 박물관 ⓒArchivi Alinari, Firenze
413쪽	성 클레멘테 교회(로마/이탈리아) ⓒArchivi Alinari, Firenze

지도 제작 綜合精圖硏究所

로마인 이야기 12
위기로 치닫는 제국

지은이 **시오노 나나미**
옮긴이 **김석희**
펴낸이 **김언호**
펴낸곳 **(주)도서출판 한길사**

등록 • 1976년 12월 24일 제74호
주소 • 10881 경기도 파주시 광인사길 37
      www.hangilsa.co.kr
      E-mail: hangilsa@hangilsa.co.kr
전화 • 031-955-2000~3
팩스 • 031-955-2005

ROMA-JIN NO MONOGATARI X
SUBETE NO MICHI WA ROMA NI TSUZUKU
by Nanami Shiono

Copyright ⓒ 2003 by Nanami Shiono

Original Japanese edition published by Shincho-Sha Co., Ltd.
Korean translation rights arranged with Shincho-Sha Co., Ltd.
through Japan Foreign-Rights Centre

제1판 제1쇄 2004년 2월 20일
제1판 제53쇄 2023년 12월 11일

Published by Hangilsa Publishing Co., Ltd., Korea

값 18,500원
ISBN 978-89-356-5485-7 04900

● 잘못 만들어진 책은 구입하신 서점에서 바꿔드립니다.